Sabrina Fox

Wie Engel uns lieben

Wahre Begebenheiten
mit Schutzengeln

Sabrina Fox

Wie Engel uns lieben

Wahre Begebenheiten
mit Schutzengeln

Erweiterte Neuausgabe mit ausführlichem
Frage-und-Antwort-Teil

Knaur
MensSana

Besuchen Sie uns im Internet:
www.knaur.de

Erweiterte Neuausgabe des Taschenbuchs »Wie Engel uns lieben«
Copyright © 2001
Droemersche Verlagsanstalt Th. Knaur Nachf., München
Alle Rechte vorbehalten. Das Werk darf – auch teilweise –
nur mit Genehmigung des Verlags wiedergegeben werden.
Umschlaggestaltung: ZERO Werbeagentur, München
Umschlagabbildung: Creativ-Studio Corinna Voitl
Satz: Ventura Publisher im Verlag
Druck und Bindung: Clausen & Bosse, Leck
Printed in Germany
ISBN 3-426-66652-9

2 4 5 3 1

In tiefster Dankbarkeit
meinen Engeln im Himmel
und auf der Erde.

Inhalt

Vorwort
zur überarbeiteten
und erweiterten Neuausgabe

Meine Lieben,
wir sind nicht allein. Nicht nur, weil wir unsere Engel um uns
haben, nein, wir sind auch von Menschen umgeben, die keineswegs nur an Engel glauben, sondern Engel *erlebt* haben. Die
Zeit der Heimlichkeiten ist auf jeden Fall vorbei. Ist Ihnen das
auch schon aufgefallen?

Genauso finde ich es herrlich, daß es immer mehr Engelbücher
gibt; denn auch dies bedeutet, daß die Zahl der Menschen, die
sich für Engel interessieren, stetig größer wird.

Man spricht heute über Engel fast so selbstverständlich wie
über das Wetter. Engel sind ein akzeptables Gesprächsthema
geworden; und wir, die wir Engel lieben, haben gemerkt, daß
wir »doch nicht so ganz verrückt sind«.

Nun ja, wir sind schon ein bißchen seltsam, nicht wahr?

Das wohl Seltsamste an uns ist aber, daß wir versuchen, »normal« zu sein. Wir schauen uns die anderen an und versuchen,
uns anzupassen. Wir basteln uns regelrecht eine Persönlichkeit
zusammen, an der wir mit der Zeit zu ersticken drohen. Somit
unterdrücken wir viele unserer Erlebnisse und Erfahrungen,
und manchmal haben wir sogar unsere Intuition in die hinter-
ste Schublade unseres Seins gesteckt.

So ging es mir auch: Ich versuchte, so zu sein, wie ich es bei
den anderen sah. Doch das klappt nicht. Die anderen machen
nämlich oft dasselbe. Wir sollen in diesem Leben vielmehr
lernen, aus der Hülle der Erwartungen anderer und natürlich
auch überkommener Gesellschaftsnormen herauszuschlüpfen
und uns selbst so zu zeigen, wie wir wirklich sind. Das läßt sich
mit der Raupe und dem Schmetterling vergleichen. Als Raupe

könnten wir uns vielleicht gar nicht vorstellen, wie es denn ist, zu fliegen. Und doch weiß die Raupe tief in ihrem Sein, daß dies ihre Bestimmung ist.

Auch wir haben diese Flügel – bildlich gesprochen –, und unsere Engel wollen uns beim »Fliegen« helfen.

Es ist ganz schön anstrengend, »normal« sein zu wollen. Dabei verlieren wir unsere Individualität und werden ein Schatten unserer selbst. Wir zeigen uns nicht mit allen unseren Talenten, sondern versuchen, uns selbst so klein wie nur möglich zu halten; und das tut weh.

Wir haben es selbst gemerkt. Unser Herz, unsere Seele und unser Körper fühlen sich nicht selten unerfüllt, einsam und krank an. Wir hatten oder haben noch Angst vor dem, was »die Leute« von uns sagen, und so sind wir zu oft still geworden und haben uns innerlich zurückgezogen. Wir fühlen uns allein und unverstanden. Doch das ist kein Wunder, denn wie sollen uns die anderen verstehen, wenn wir nicht wahrhaftig zeigen, wer wir sind? Manche von uns waren so verzweifelt, daß sie sich ins »Vergessen« geflüchtet haben: durch Alkohol, Drogen, Sex, Besitz, Macht.

Doch auch das hat uns nur kurzfristig abgelenkt.

Als ich aufzuwachen begann, machte ich mir sehr viele Sorgen, was wohl »die anderen« über mich denken könnten; und so verheimlichte ich meine Liebe zu den Engeln. Ganz am Anfang erwähnte ich mein neues Interesse meinem Mann und meinen Freunden gegenüber, und ich konnte an ihren Blicken erkennen, daß sie sich Sorgen machten. Sabrina wird doch wohl nicht verrückt geworden sein? Sie wird doch keiner Sekte verfallen sein? Das legt sich doch hoffentlich wieder?

Aber das Gegenteil war der Fall: Es wuchs und wuchs und wuchs. Wie bei einem Kleinkind, das das Gehen lernt, verlieren wir früher oder später das Interesse am Krabbeln. Unsere Seele hat unsere Persönlichkeit aufgeweckt; und einmal wach geworden, können wir nur kurzfristig so tun, als wäre nichts passiert.

So werden wir immer mutiger, denn Mut ist wie ein Muskel, der trainiert werden will. Da gibt es dann den Zeitpunkt, in dem wir unsere Engelbroschen und -ketten tragen, von unseren Erlebnissen erzählen und das eine oder andere Engelbuch erwähnen.

Kurz danach beginnen wir, offen über Engel zu reden, und dann fällt uns eines auf: Die anderen wenden sich nur selten lachend und kopfschüttelnd von uns ab, die meisten werden neugierig.

Ich konnte es am Anfang selbst kaum glauben, und mein Verstand sagte mir: »Wer weiß, was sie hinter deinem Rücken reden?« Aber dann war es mir schon fast egal. Ich sage »fast«, weil es doch noch ein paar Jahre gedauert hat, bis es mir wirklich ganz und gar gleichgültig war.

Ich werde gelegentlich in Talkshows eingeladen, und da spreche ich über Engel wie andere über das politische Zeitgeschehen. Und ja, manche Leute staunen, und ja, manche Leute werden wohl sagen: »Die spinnt.« Doch als ich zu meinen Engeln das erste Mal über meine Angst sprach, mich lächerlich zu machen, schickten sie mir als Antwort den Gedanken: »Und? Wo ist das Problem?«

Zuerst dachte ich, daß mich meine Engel wohl nicht richtig verstanden hätten, und so wiederholte ich meine Frage. Wieder kam der gleiche Gedanke als Antwort zurück: »Ja, wir verstehen dich. Doch wo ist das Problem?«

Ich dachte darüber nach und stellte fest, daß ich mir doch glatt einbildete, die Meinung anderer manipulieren zu können. Mein Wunsch, von allen geliebt und akzeptiert zu werden, war offensichtlich sehr stark ausgeprägt. Doch seine Erfüllung ist unmöglich: Niemand wird von allen geliebt. Und wieso verbiege ich mich dann und lebe meine Wahrheit nicht, wenn ich eh nicht von allen akzeptiert werde? Durch die ganze

»Verstellerei« hatte ich nämlich vergessen, die wichtigste Person in meinem Leben zu lieben und zu akzeptieren: mich selbst!

Und so beschloß ich endlich, so zu sein, wie ich bin. Denn wenn ich schon kritisiert werde, dann will ich wenigstens *meinet*wegen kritisiert werden und nicht wegen einer Scheinpersönlichkeit, die das Produkt meiner Phantasie und Einbildungskraft ist.

Ich lachte laut los, als ich endlich die Klarheit meiner Engel erkannte.

Ich habe festgestellt, daß sich jedesmal wunderbare Gespräche entwickeln, wenn ich über Engel spreche oder mich jemand danach fragt. Ich versuche dabei nicht, andere in irgendeiner Weise zu überzeugen. Das würde nie klappen – und das wissen wir auch –, denn jeder macht seine eigenen Erfahrungen. Ich erzähle einfach nur, und wenn jemand mehr darüber wissen will, dann wird er schon weiterfragen.

Früher wollte ich jeden überzeugen und fand mich nicht selten in Streitgesprächen wieder. Ich kann das Lachen meiner Engel fast noch hören. Sie haben uns nicht gebeten, ihr Anwalt zu sein, sondern ihr Botschafter.

Unsere Engel helfen uns, uns selbst in unserer wundervollen Einzigartigkeit zu zeigen. Denn wenn wir alle gleich wären, wäre das nicht erschreckend langweilig?

Langweilig ist unser spiritueller Weg auf gar keinen Fall. Manchmal erleben wir mehr Aufregung, als wir uns zugestehen wollen – und doch ist es die schönste Reise, der schönste Traum, den ich mir je hätte vorstellen können.

Im Lauf der Jahre durfte ich viele von ihnen persönlich kennenlernen, und ich erzählte von meinen späteren Erfahrungen auf meinen Reisen und natürlich auch in meinen nachfolgenden Büchern. Dies geschah nicht in der Absicht, Sie zu »führen«, sondern ich will Sie inspirieren, Ihren eigenen intuitiven

Erkenntnissen zu vertrauen. Mir hat es immer sehr geholfen, wenn ich spirituelle Freunde um mich gehabt habe, die schon einiges erlebt hatten und mir so meine Erfahrungen erklären konnten. Manchmal machte ich mir nämlich noch Sorgen – gerade am Anfang meines Aufwachens in mein wahres Sein –, ob das denn alles mit rechten Dingen zugeht. Aber auch das ist gut so; denn schließlich hilft uns eine gesunde Portion Skepsis, genau zu überprüfen, ob und was wirklich für uns stimmt.

Vor diesem Hintergrund ist auch der Frage-und-Antwort-Teil zu sehen, der erstmals in dieser überarbeiteten und erweiterten Neuauflage von *Wie Engel uns lieben* erscheint. Hier kommen die Probleme zur Sprache, die viele von uns beschäftigen und die immer wieder Thema in unseren Gesprächen und Seminaren sind.

Lassen Sie uns bei alldem nicht vergessen, daß unsere Engel uns auf unserem Weg unterstützen, aber gehen müssen wir ihn selbst. Wenn mich zum Beispiel meine Tochter bittet, ihr bei den Hausaufgaben zu helfen, dann ist es ihr am liebsten, wenn *ich* die Aufgaben für sie erledige: »Aber Mama, warum hilfst du mir denn nicht?« quengelt sie dann nicht selten, und ich erkläre ihr, worin ich meine Hilfe sehe: In ihren Augen bedeutet es, daß ich ihr die fertigen Antworten gebe – aus meiner Sicht bedeutet Hilfe, daß ich ihr erkläre, wie man die Aufgabe lösen kann. Es ist *ihre* Lernaufgabe, und nur wenn sie sie selbst erledigt, wird sie die nötige Übung bekommen. Denn wir lernen aus Erfahrung, und zwar am besten aus der eigenen.

So ist es mit den Engeln. Sie zeigen uns, »wie es geht« – aber »machen« müssen wir »es« schon selbst. Denn erst dadurch steigt in uns dann auch wieder die Erinnerung empor, daß wir ein Teil Gottes sind und somit verantwortlich für unsere Welt, die wir kreieren.

In diesem Sinne umarme ich Sie von Herzen und wünsche Ihnen ein weiterhin spannendes Leben.
Gottes Segen für Sie!
Licht und Liebe

Ihre
Sabrina Fox,

im Frühjahr 2002

Vorwort

Früher dachte ich, Engel gehören in die Welt der Märchen und Sagen oder auf kunstvoll dekorierte Christbäume. Damals hatten Engel keinen Platz in meinem Leben. Wozu auch? Ich war viel zu beschäftigt, mir und der Welt zu beweisen, wie unabhängig und klug ich doch bin. Außerdem kannte ich einfach keine unabhängigen und klugen Leute, die über Engel sprachen ...

Es gab bestimmte Worte, die in meinem Sprachgebrauch nicht vorkamen. Eines war »Engel«, zwei andere »Gott« und »beten«.

Das Wort Engel benutzte ich ab und zu, wenn ich knapp irgendeiner Katastrophe entronnen war: »Da muß ich aber einen Schutzengel gehabt haben.«

Das Wort Gott benutzte ich nur in »O mein Gott!« als Ausdruck von Überraschung oder Entsetzen. Ich dachte mir zwar, daß es irgendeinen Schöpfer, irgendeine höhere Macht oder höhere Energie gibt, aber Gott wollte ich das um »Gottes willen« nicht nennen. Das Wort war mir zu männlich besetzt. Ich weiß noch, wie ich mich langsam mit dem englischen Wort »God« anfreundete. Ich benutzte es als »Mutter-Vater-God«, und langsam, nach über drei Jahren mit »Mutter-Vater-God-Schöpfer-Höhere-Macht«, wurde jetzt wieder Gott daraus. Mit dem Wissen, daß Gott weder männlich noch weiblich, sondern einfach die größte Liebe, das größte Licht ist.

Das Wort »beten« benutzte ich nie. Obwohl ich streng katholisch erzogen worden war, begann ich irgendwann, mir meine eigenen Gedanken über Religionen zu machen. Da gab es einiges, was mir sehr gefiel, und anderes, mit dem ich mich überhaupt nicht anfreunden konnte. Ich benutzte das Wort »meditieren«, wenn ich in Stille mit Gott sprechen wollte. Beten paßte mir lange Zeit gar nicht. Allmählich überwand ich meine Vorbehalte gegen dieses Wort und nahm es als das, was es ist:

17

Ein Wort, das ein Gespräch mit Gott beschreibt. Es war nicht einfach, das gebe ich gerne zu. Vielleicht haben Sie dieselben Gefühle, wenn Sie in meinem Buch über Gott und beten lesen.

Es ist unmöglich, über Engel zu sprechen und dabei nicht Gott und unsere Entwicklung zu erwähnen. Das ist wie eine Restaurantbeschreibung, in der das Essen oder Kochen nicht erwähnt wird. Spiritualität ist kein Kleidungsstück, das man sich überhängt und nach dem Meditieren oder dem Kirchgang wieder auszieht. Spiritualität ist eine Kunst des Lebens, die viel Neugierde, Zugeständnisse, Disziplin, Konzentration und Hingabe erfordert. Sich selbst zu erkennen und zu lieben ist für mich die wohl spannendste Herausforderung. Je mehr wir uns selbst verstehen, desto mehr verstehen wir unsere Mitmenschen und die Welt der Engel und die Verbindung zwischen uns. Nur wenn wir Liebe für uns empfinden, können wir Liebe weitergeben.

In diesem Buch beschreibe ich meine Suche nach den Engeln und die Suche von Menschen, die mir begegnet sind. Alle Erlebnisse sind wahr und mit Achtung und Liebe aufgeschrieben, und ich wünsche mir, daß es Sie anregt, mit Ihren eigenen Engeln Kontakt aufzunehmen.

Etwas Wundervolles passiert, wenn wir uns auf die Suche nach unseren Schutzengeln machen. Wir verlassen die manchmal so harte Welt unserer »Realität« und wenden uns einer anderen »Realität« zu. Diese Realität steckt voller Überraschungen, voller überwältigender Gefühle, Lichter, Töne und Wunder, und plötzlich erscheint unsere alte »Realität« nicht mehr so hart.

Mit unserer Neugierde auf die Welt der Engel lassen wir neue Gedanken und Ideen zu und damit auch endlich wieder Wunder. Mit diesen Wundern fühlen wir uns wohler, reicher, friedlicher und fröhlicher. Das Zulassen von Engeln öffnet unseren Verstand, unser Herz und unsere Seele für eine Vision, wie das Leben eigentlich sein soll: Herrlich! Spannend! Fröhlich und friedlich!

Das Gefühl der Einsamkeit verläßt uns: Wir gehören dazu! Zu einem wundervollen Plan, einer weiteren phantastischen Realität, die uns zum Träumen anregt und zum Leben.

Ein Leben, das sich unterscheidet von dem manchmal fast überwältigenden Gefühl der Anstrengung, des Ausgeliefertseins, in der eine Krise der anderen folgt. Das Gefühl der Langeweile oder das Aufgeben unserer Träume, das Flüchten in Lethargie oder Überheblichkeit und Zynismus lassen wir hinter uns, wie ein altes Kleidungsstück, das uns plötzlich nicht mehr paßt.

Denn mit der Suche nach unseren Engeln entdecken wir unser eigenes Ich und daß wir in allen Dingen eine Wahl haben. Diese Wahl ist neben dem Leben das schönste Geschenk Gottes. Wir können unsere Augen weiter öffnen, um die ganze Spannbreite dieser Welt zu fühlen und zu sehen. Wir haben aber auch die Wahl wegzuschauen, wenn Neues auf uns zukommt, Ungewohntes, vielleicht bisher Unerklärtes. Was wählen Sie? Ich habe mich entschieden, alle meine Sinne weit aufzumachen.

Engel fühlen ist recht einfach. Es läßt sich mit einem Gast vergleichen, der geduldig vor der Tür wartet, bis wir sie aufmachen. Am Ende des Buches gibt es einige hilfreiche Meditationen, falls Sie es selbst herausfinden wollen.

Engel haben seit Jahrtausenden Menschen beschäftigt. In vielen Religionen wird über Engel gesprochen, die heiligen Schriften berichten von diesen wundervollen Gestalten, die Gottes Nachrichten überbringen. Was ist aus diesen Engeln geworden? Haben sie in unserer »modernen« Zeit nichts mehr verloren? Sind sie womöglich auf Urlaub? Warum nehmen wir an, daß sie jetzt nicht mehr bei uns sind? Vielleicht haben wir das Klopfen an der Tür überhört. Wir sind es, die die Tür aufmachen müssen.

Ich habe in den letzten Jahren viele Menschen getroffen, die mit Hilfe der Engel ihr Leben verbessert haben. Sie sind glücklicher, liebevoller, ausgeglichener, fröhlicher und weiser geworden. Ich bin eine davon. Vielleicht fühlen Sie auch diese Sehnsucht nach mehr Liebe und Freude. Es liegt an uns, diesen Schritt zu tun, denn unsere Engel sind immer bereit, uns mit ihrer Liebe zu unterstützen.

Wenn ich Sie dazu anregen darf, würde mich das sehr freuen.

Licht und Liebe und Gottes Segen

Sabrina Fox, im Frühjahr 1997

Engel

lauer Wind sanfter Hauch
nicht von dieser Welt
vorbeischleichendes Lüftchen

Stecknadelstichelei im Bauch
Haar welches sich aufstellt
plötzliche Spannung in den Brüsten

feines Klirren im Ohr
könnt ich doch verstehen
die Sprache der heimlichen Stimmen

den wundersamen Chor
könnt ich ihn sehen
wie das kurz aufflackernde Flimmern

vor den Augen die Blitze
geheimnisvolle Lichter
möchte begreifen die Engelwesen
blicken in ihre Antlitze
lächeln in ihre Gesichter
mit meinem Geist in ihrem lesen

ein Gedanke kurz und klar
prägt sich mir ein
der Wunsch ist doch längst Wirklichkeit

ist Einbildung etwa wahr
Gefühl auch eine Form von Sein
Übersinnliches nur starke Sinnlichkeit
Rosina Heumann

1. Kapitel

Von einem Engel im Schlafzimmer und der Frage, warum manche Engel gesehen werden

Irgendwie war Esther anders als sonst. Ihre Umarmung war länger, und sie drückte mich nochmals kräftig, bevor sie mich losließ. Da war ein Funkeln in ihren braunen Augen, das es vorher nicht gab. »Ist alles in Ordnung?« frage ich sie. »Alles bestens und willkommen zu Hause«, begrüßte sie uns. Mein Mann Richard, meine Tochter Julia und ich kommen gerade von einem verlängerten Wochenende aus Santa Barbara zurück, wo wir den Geburtstag meines Mannes gefeiert haben. Esther, unsere Haushälterin, hat sich wie immer in unserer Abwesenheit um unsere Tiere gekümmert. In der Regel zieht sie dann bei uns ein, um den Hund und die Katzen zu versorgen.

Wir leben in Los Angeles, auf einem der Canyons, und wenn man wie ich die meiste Zeit seines Lebens in Bayern verbracht hat, darf das höchstenfalls mit Hügel, aber niemals mit Berg bezeichnet werden.

Als ich 1989 nach Los Angeles zog und zum ersten Mal über das schachtelartige Häusermeer flog, hatte ich keine Ahnung, wie vielseitig diese Stadt ist. Mittlerweile leben wir im Benedict Canyon, und unsere Nachbarn heißen Coyote, Reh und Falke neben diversem Kleingetier wie Spinnen, Mäusen und jeder Menge Ameisen. Leider stehen Katzen auf dem Speisezettel der Coyoten ganz oben, und deshalb habe ich es gerne, wenn meine Katzen sich täglich einmal melden. Eine meiner ersten Fragen gilt immer denjenigen, die uns beim Heimkommen nicht stürmisch begrüßt haben.

Esthers Tochter Roxanna rennt gleich mit Julia davon, mein Mann zieht sich ins Wohnzimmer zurück, um die Post durchzusehen, während Esther und ich ins Schlafzimmer gehen, um auszupacken.

»Gibt's was Neues?« frage ich Esther und hole meine Steine, die ich beim Spazierengehen gesammelt habe, aus der Reisetasche. Keine Antwort. »Esther?« frage ich erneut, vielleicht hat sie mich nicht gehört. Ihr Blick klebt gedankenverloren an dem roten Tuch, mit dem mein Reisealtar umwickelt ist. »Ist alles in Ordnung?« frage ich noch einmal.

»Ich habe deinen Schutzengel gesehen!« flüstert sie mir atemlos zu. »Meinen Schutzengel?« frage ich erstaunt. »Erzähl!« Ich schaue Esther an, wie sie nervös mit ihren wundervollen braunen Locken spielt. »Genau da habe ich ihn gesehen – genau da, wo du jetzt bist.« Sie deutete mit ihrem Finger auf mich. »Da stand er plötzlich.«

»Noch mal ganz von vorne. Wann und wie hast du den Engel gesehen?«

Jetzt strahlt sie über das ganze Gesicht und fängt zu erzählen an: »Also gleich nachdem ihr weggefahren seid, habe ich die Betten frisch bezogen. Roxanna und ich sind anschließend noch mit Sister spazierengegangen. Gegen acht Uhr abends sind wir zurückgekommen, und ich habe uns etwas zu essen gemacht. Mein Mann holte Roxanna ab, und kurz danach wurde ich furchtbar müde und habe beschlossen, ins Bett zu gehen. Ich habe mich auf deine Bettseite gelegt und muß sofort eingeschlafen sein.« Esther holte tief Atem: »Mitten in der Nacht«, erzählt sie, »fühle ich, wie irgend etwas in meinen Körper kommt. Noch nie in meinem Leben habe ich derartiges gefühlt! Das war kein Traum, das war echt. Ich fühlte die Hitze und irgend jemanden, der in mir mich und meinen Körper bewegte. Davon bin ich aufgewacht, und ich beobachtete, wie sich mein linker Arm wie von selbst bewegte.«

»Bewegte?« frage ich erstaunt. »Wie bewegte?«

Sie sucht nach Worten und bewegt dabei ihren Arm in einer Wellenbewegung. Ich beobachte ihre Hand und sage: »Es sieht fast so aus, als ob du jemandem zuwinkst.«

»Das stimmt«, ruft sie erstaunt. »Ich erinnere mich noch, wie ich gedacht habe: Um Himmels willen, was ist denn das? Dann habe ich das Vaterunser gebetet. Ich wollte mich nur auf das Gebet konzentrieren, um dieses Erlebnis so schnell wie möglich zu vergessen. Ich habe mich schließlich in die Mitte eures Bettes gelegt. Deine Seite wurde mir zu unheimlich.«

Erstaunt fragte ich: »Wieso das denn?«

Esther schaut verschmitzt: »Was weiß ich, was du jede Nacht erlebst? Du hast dein Meditationszimmer, bist Hypnosetherapeutin, hast eine heilige Pfeife von den Indianern. Für dich ist das vielleicht normal!«

Ich muß lachen. Es stimmt, ich habe schon einiges Außergewöhnliche erlebt. Aber leider nicht jede Nacht.

»Irgendwie bin ich wieder eingeschlafen«, erzählt sie weiter, und dabei schweifen ihre Augen weit, weit in die Ferne. »Dann fühlte ich es wieder, diese Wärme und die Gewißheit, daß irgend etwas in meinem Körper ist.« Sie schaut mich an: »Verstehe mich nicht falsch. Es war ein tolles Gefühl – nur eben recht ungewöhnlich. Und das ist stark untertrieben.«

Ich nicke ihr aufmunternd zu, und sie fährt fort. Wieder gleitet ihr Blick in die Ferne. »Ich spürte auch wieder, wie mein Arm sich bewegte. Ich öffnete meine Augen und habe das Gefühl, als ob das, was in mir ist, nach vorne, nach außen kommt und sich vor mir materialisiert. Und da sehe ich auch schon diese Farben, die sich zu einer Figur zusammenfinden, die unglaublich schön ist.« Sie lächelt dabei und zeigt mir ihren Arm: »Schau, da kriege ich gleich wieder eine Gänsehaut.«

»Welche Farben hast du gesehen?«

»Das waren Schattierungen von Violett bis Lila und ein starkes Pink. Sie hatte ein wunderschönes Gesicht und lächelte mich an.«

»Sie?« fragte ich.

»Ja.« Esther faltete ihre Hände, »es war auf jeden Fall weiblich.«

»Hast du ihr Gesicht gut erkennen können?« will ich wissen. »Hast Du Haare erkannt oder Flügel?«

»Nein«, antwortet sie, »nichts dergleichen. Die Farben waren es, die die Form ausmachten. Nach außen wurde sie heller und bewegte sich auch in sich ein bißchen. Wie Wasser oder Wolken sich bewegen.«

»Was ist dann passiert?« will ich wissen.

»Dann fing ich wieder zu beten an und sagte zu dem Engel: Ich bin nicht Sabrina, Sabrina ist verreist.«

Ich begann schallend zu lachen. »Esther, das war dein Schutzengel, nicht meiner! Engel wissen, ob wir verreisen oder nicht.«

»Das habe ich mir später auch gedacht«, sagte sie. Nun muß sie auch lachen: »Versetze dich mal in meine Situation. Ich bin in deinem Haus, in deinem Schlafzimmer, in deinem Bett! Da dachte ich, dieser Engel muß deiner sein. Wahrscheinlich kommt er öfters, und du hast mir einfach nichts davon erzählt.«

»Schön wär's«, rufe ich lachend. »Was hat der Engel dann gemacht?« »Der Engel blieb da, während ich betete. Ich dachte mir, vielleicht ist das eine Seele, die nicht weiß, wo sie hingehört. Was weiß denn ich? Deshalb betete ich zur Vorsicht: Lieber Gott, falls diese Seele nicht weiß, wo sie hingehört, bitte hilf ihr, den Weg zu finden. Im Namen des Vaters und des Sohnes und des Heiligen Geistes. Nachdem mein Gebet fertig war, habe ich die Engelgestalt einfach nur noch angeschaut. Sie sah nicht so aus, als ob sie nicht wisse, wo sie hingehört. Sie war ganz ruhig und liebevoll. Nach einer Weile verschwand sie dann langsam.«

»Bist du dann wieder eingeschlafen?« frage ich sie.

»Nein, ich lag noch ewig wach. Es gingen mir so viele Fragen in meinem Kopf herum. Was war das? Warum ist sie gekommen? Warum kam sie zu mir? Suchte dieser Engel nach dir? Ich schaute immer wieder zum Fenster. Ich wollte endlich, daß die Sonne aufgeht.«

»Warum?«

»Die Nacht war zu lang für mich. Ich war ein bißchen nervös, was sonst noch kommen könnte.«

»Ein Engel war genug für eine Nacht«, meinte ich.

»Genau.« Esther seufzt.

Es herrscht eine eigenartige Stille im Schlafzimmer. Keine von uns bewegt sich. Wir lächeln uns an. »Schön, wunderschön«, höre ich mich sagen.

»Weißt du, was das Erstaunliche daran ist?« fragt sie mich. Ich schüttele den Kopf. »Bevor ich das Erlebnis mit dem Engel hatte, war ich, wenn ich schlechte Laune hatte, einfach nur wütend oder traurig.«

Ich schaue sie fragend an.

»Es ist schwer, das auszudrücken. Der Engel gab mir ein Gefühl der Liebe als Geschenk. Wenn ich jetzt wütend oder traurig bin, fühle ich eine Liebe, in die ich jederzeit eintauchen kann. Meine Traurigkeit ist nicht mehr so tief und meine Wut nicht mehr so groß. Weißt du, da ist jetzt mehr in meinem Leben. Es gibt jemanden, der auf mich aufpaßt. Mein Schutzengel. Und ich habe ihn gesehen.«

Ich stehe auf und umarme sie. Wir bleiben eine Zeitlang umschlungen, ich freue mich so für sie.

»Hast du das schon den Kindern erzählt?« frage ich sie. »Nein, nein«, meint sie schnell, »ich wollte es zuerst mit dir besprechen.«

Ich merke an ihrem Zögern, daß sie sich nicht sicher ist, ob die Kinder davon wissen sollen. Wir erzählen unseren Kindern von Engeln und Feen, solange sie in Märchen oder in der Bibel vorkommen, und bei den richtigen Engeln sind wir oft scheu. Ich arbeite als Hypnosetherapeutin und spirituelle Beraterin und höre oft von meinen Klienten: »Wie kann ich meinen Kindern etwas mehr Spiritualität nahebringen?« Und wenn ich dann frage, ob sie ihre Erlebnisse mitteilen, höre ich ein erstauntes »Nein, das würden sie nicht verstehen«. Kinder verstehen besser als wir. Sie sind noch nicht so lange auf der Erde und haben Gott noch nicht vergessen.

Ich mache das Schlafzimmerfenster weit auf und rufe nach den Kindern: »Julia, Roxanna, kommt doch bitte mal.« – »Wir kommen!« antwortet es aus der Ferne, und kurz danach sitzen Roxanna und Julia auf meinem Bett.
»Esther hat einen Engel in diesem Zimmer gesehen.«
»Ist er noch da?« fragt Julia sofort und schaut sich um.
»Wie sah er denn aus?« will Roxanna wissen.
Ich lasse die drei alleine und freue mich, daß diese wunderbaren Erlebnisse mit unseren Kindern geteilt werden. In diesem Alter – meine Tochter ist sechs und Roxanna elf Jahre alt – wird aufmerksam verfolgt, was die Eltern tun. Das beste Vermitteln ist immer noch das Vormachen. Wie herrlich, daß unsere Kinder, wenn sie ihre eigenen Erlebnisse haben, dann offen darüber sprechen können und nicht erschrecken. Schließlich haben sie schon oft davon gehört.
Auf dem Weg zur Küche merke ich, wie sich neben meiner Freude auch noch andere Gefühle einschleichen. Frustration und Ungeduld. Ich weiß genau warum: Ich fühle und sehe meine Engel nur in meinen Meditationen. Warum bin ich noch keinem Engel begegnet? So richtig wach und mit offenen Augen. Mache ich irgend etwas falsch? Bin ich noch nicht so weit? Warum kann Esther ihren Engel sehen und ich nicht? Warum kommen Engel zu dem einen und nicht zu dem anderen? Ich freue mich über Esthers Erlebnis aus tiefstem Herzen, nur wünsche ich es mir auch. Die Sehnsucht danach ist so groß, daß ich einen leichten Schmerz in der Herzgegend spüre. Esther hat nicht einmal darum gebeten, einen Engel zu sehen, und er kommt. Und ich bitte fast täglich darum. Hört ihrer besser als meiner?

Ich muß über vieles nachdenken. Die Frustration und Traurigkeit wollen einfach nicht verschwinden. Eigentlich müßte ich mich ums Auspacken kümmern, meine Post durchgehen, Lebensmittel einkaufen. Mittlerweile weiß ich, daß ich mich um meine Seele genauso kümmern muß wie um meine täglichen Aufgaben. Ich gehe in den Garten, um mich auf eine kleine Bank unter einem meiner Lieblingsbäume, eine Kastanie, zu setzen. Daneben lehnt eine große Schaufel. Frustriert grabe ich die Erde auf. Von der Erde kommt unser Körper, von der Erde kommt unsere Nahrung, von der Erde kommen unsere Heilmittel. Deshalb möchte ich meine Füße tief in die Erde betten. Ich kann jetzt Heilung gut gebrauchen. Ich betrachte den stattlichen Kastanienbaum. Groß ist er, und starke Wurzeln muß er haben, sonst würde er umfallen. Genauso wie wir. Auch wir müssen mit beiden Beinen fest auf der Erde stehen, damit unsere Seele immer höher fliegen kann.

Früher wollte ich immer höher hinauf, am liebsten nur noch meditieren und das schnöde Leben hinter mir lassen. Mein Körper war das Gefängnis meiner Seele. Ich konnte es kaum erwarten, nur noch spirituelle Leute um mich zu haben, die genau wissen, was es bedeutet, wenn ich über Chakren, Energiefelder und frühere Leben erzähle. Ich war haarscharf an der Grenze zur spirituellen Überheblichkeit – nein, ich war die spirituelle Überheblichkeit!

Doch ich lernte schnell. Ich hatte meinen Körper abgewertet zu etwas, das mich bei meiner spirituellen Entwicklung störte. Ich fühlte mich wohl in meinen Meditationen und unwohl in meinem Leben, und es dauerte eine Weile, bis ich kapierte, daß es unsere Aufgabe ist, im richtigen, aufregenden Leben spirituell zu sein. Ich merkte, daß alle meine Wünsche sich im Körperlosen abspielten und keiner es bis zur Erde schaffte, wo sich unsere Wünsche materialisieren. Sie blieben irgendwo in der Mitte hängen, denn ich hatte weder ein besonders gutes Verhältnis zu meinem Körper noch zu der Erde. Ich fing an, mit weisen Indianerinnen zu arbeiten, die mir beibrachten, im Gleichgewicht mit der Natur zu leben.

Mein Körper ist nun Ausdruck und Tempel meiner Seele und wird dementsprechend behandelt. Und – wie ein Wunder – meine Wünsche erfüllten sich wieder. Deshalb achte und verbinde ich mich heute so oft wie möglich mit der Natur. Früher ging ich selten barfuß, ich hätte mir ja weh tun können. Außerdem wollte ich keine schmutzigen Füße haben. Doch irgendwann mußte ich mich entscheiden: Zwischen perfekten Nägeln und meiner Neugierde, Neues zu lernen. Auch meine Tochter wurde bei allen möglichen und unmöglichen Gelegenheiten in ihre Schuhe gedrängt. Heute verbringen wir die meiste Zeit barfuß, draußen wie drinnen.

Ich lasse meine Füße tief in die Erde sinken und spüre die leichte Feuchtigkeit auf meiner Haut und fühle sofort die Kraft, die durch meine Fußsohlen in meinen Körper dringt.

2. Kapitel

Von meinen Engeln, die Lukas, Euphenia und Jao heißen, und warum Iwan nicht immer Iwan der Schreckliche ist

Ich schließe meine Augen und lasse die Frustration wieder zu. Ich suche das Zentrum dieses Gefühls und fühle meine Frustration schwer auf dem Brustkasten liegen. Wie groß ist diese »Schwere«? Ich suche nach der Begrenzung und merke, wie sie sich bis tief in den Nabel zieht. Es pulsiert langsam und mühsam. Da sitzt er, mein Frust, und »liegt mir im Magen«.

Da hilft nur ein Gebet, um mich aus diesem Gefühl herauszuholen: »Im Namen Gottes, dem höchsten Licht der Schöpfung, wo die Wahrheit lebt und vibriert, heiße ich diese Wahrheit in diesem Körper, in dem ich jetzt lebe, willkommen. Ich will die Weisheit, die von Dir kommt, aufnehmen und die Großartigkeit Deiner Lehren verstehen und leben. Alles, was weniger weise ist, möge mich mit dem Wind verlassen. Mein Ziel ist es, das Göttliche in mir zu fördern, die Welt durch Deine Augen zu sehen, und mein Leben in Deinem Dienst zu verbringen. Das schwöre ich. Möge die Wahrheit alle Zweifel und Verwirrung durchdringen. Amen.«

Ich atme tief ein und aus und wiederhole mein Gebet, bis ich merke, wie mein Brustkorb leichter wird und die Schwere schließlich ganz verschwunden ist. Ich fühle langsam eine Wärme, eine Wellenbewegung in mir, und in Gedanken stelle ich mich unter einen Regenbogen. Ich konzentriere mich auf die verschiedenen Farben des Regenbogens und lasse eine Farbe nach der anderen in meinen Körper eindringen. Ich sehe mich kurz darauf auf einem Berg stehen, die Arme ausstrecken und nach oben rufen: »Meine Engel, wo seid ihr? Ich will euch sehen!«

Ich nehme helle Töne wahr und höre: »Wir sind immer da.«

Ich suche nach Jao, einem meiner Engel, der im Moment sehr aktiv mit mir arbeitet. Und da zeigt sich Jao auch schon. Er ist ein junger Mann, der viele Farben in sich trägt. Er lächelt, das weiß ich. Aber vor meinem inneren Auge ist das Bild nicht ganz klar.

»Jao«, frage ich ihn, »warum kann ich euch nicht sehen?«

Die Antwort bekomme ich nach kurzem Warten: »Willst du uns sehen, um uns bestätigt zu wissen?«

Ich höre in mich hinein. Will ich das? Bestätigung? Wohl schon, obwohl ich keine Zweifel habe, daß Engel existieren. Ich möchte, glaube ich, nur das Erlebnis haben, sie zu sehen. Die Verbindung zwischen ihrer unsichtbaren Welt und meiner menschlichen, sichtbaren Welt. Ich merke, wie mir Tränen in die Augen steigen. Nein, das ist nicht wahr. Meine Engel haben recht: Ich will Bestätigung.

Ein Gefühl der Liebe fängt mich auf, und ich weiß, daß meine Engel es mir schicken. Ich fühle mich wieder so klein, so wenig weise, und beschimpfe mich: Wieso kannst du auf diesen Wunsch nach Bestätigung nicht verzichten, er hält dich wahrscheinlich ab, all diese Dinge auch mit deinen Augen zu sehen.

Ich atme ein paarmal tief ein und aus und entscheide mich, diesem Gedanken nicht weiter zu folgen. Ich muß an etwas anderes denken, an etwas, das mir zeigt, wie weit ich schon gekommen bin, was ich schon alles gelernt habe.

»Erinnere dich doch«, sagt Jao in mir, »noch vor kurzem warst du voller Angst und Sorgen.«

Ja, das stimmt. Vor meinem inneren Auge sehe ich wieder diesen Abend in einem Hamburger Hotel 1993. Ich saß einfach nur auf dem Bett, ausgeweint, erschöpft, müde. Ich habe gerade die dritte und – wie mir bestätigt wurde – letzte Samstagabendsendung »Traumjob« im ZDF moderiert und wußte, daß wir »abgesetzt« worden waren – für mich klang das fast wie ein Todesurteil. Meine Fernsehklamotten achtlos über eine Stuhllehne geschmissen, die Haare noch feucht von der Dusche, mein T-Shirt naß von meinen Tränen. Damals befürchtete ich, daß meine Karriere beendet war und dadurch meine Existenz, mein Ich bedroht wurde. Zehn Jahre Fernsehen waren mein Leben. Obwohl ich erst vier Jahre vorher einen wunderbaren Mann geheiratet hatte und nach Los Angeles gezogen war, eine entzückende Tochter, ein wunderschönes Haus und mittlerweile auch nette Freunde hatte, war ich mehr »Ich« im Fernsehen als zu Hause. Mein Beruf gab mir Bestätigung, daß ich es geschafft hatte. Ich, Sabrina, die mit 17 von ihrem alkoholkranken Vater hinausgeschmissen worden war, ohne Abitur, pleite, dafür aber mit 30 Kilo Übergewicht, hatte mich aufgemacht, die Welt zu erobern. Was mir gelungen war. Bis ich sie wieder verlor und mit ihr mein Selbstbewußtsein.

Ich erinnere mich, wie mich dann eine Freundin mit allen möglichen spirituellen Varianten bekanntmachte. In meinem Kopf liefen die Bilder immer schneller ab. »Schau doch, wieviel mehr du jetzt verstehst als früher«, schienen sie mir zu sagen. Ja, das stimmt. Ich lernte zu meditieren, Johrei – die Kunst des Handauflegens, um Liebe und Energie zu schicken. Ich studierte Hypnose und wurde Hypnosetherapeutin. Ich gehe für Tage zum Beten auf Berge, ich gebe Workshops und Seminare über spirituelle Fragen. Ich bin Pfeifenträgerin. Ich schreibe Bücher und Artikel, moderiere Radiosendungen über Gott, Engel und die universellen Gesetze des Lebens. Ich bin ausgeglichen, und ich mache mir keine Sorgen mehr! Alles Dinge, die mir bis vor drei Jahren noch gänzlich unbekannt waren.

»Nein«, kommt es wieder von Jao, »sie waren dir nicht unbekannt. Du hattest sie nur vergessen.«

Danke. Ja, ich muß mich nur erinnern. Wir alle müssen uns nur erinnern. Wie wichtig ist es denn wirklich, die Engel zu sehen? Warum genügt es mir nicht, daß ich sie höre und fühle? Ich weiß doch, daß es sie gibt. Das ist mir oft genug bestätigt worden.

Es gibt für jeden von uns viele Engel, das habe ich vor einiger Zeit herausgefunden. Mein erster Engel wurde mir während eines Workshops von der Seminarleiterin mit Lukas vorgestellt. Da ich Lukas nicht selbst in mir erlebt habe, der Name also von »außen« kam und nicht von innen, hatte ich nie eine richtige Beziehung mit ihm. In meinen Meditationen sah ich einmal eine riesige Nase und einmal geschlossene Augen, das war es aber schon. Ein paar Monate später nahm ich in meiner Meditation einen riesigen weißen, wolkenartigen Körper wahr und hörte den Namen Euphenia. Ein weiblicher Engel. Ein komischer Name, dachte ich damals. Sie kam langsam auf mich zu und umarmte mich. Aus heiterem Himmel fühlte ich Ruhe und Frieden in mir. Bedingungsloses Geliebtwerden. Da war tiefes Vertrauen in mir und tiefe Hingabe. Ich saugte dieses Gefühl auf wie ein Verdurstender Wasser. Ich fragte sie, warum sie zu mir komme. Und sie erklärte mir, daß sie da sei, um mich bei meinen Talenten zu unterstützen.

»Welchen Talenten?« fragte ich.

»Das Talent, deinen Mitmenschen das Verständnis für sich selbst und andere zu vermitteln. Denn du wirst sie durch Kommunikation und Kreativität zusammenführen.« Damals war mir nicht ganz klar, wie das wohl aussehen wird. Heute, knapp drei Jahre später, tue ich genau das.

Dann kam Iwan. Iwan erschien wie eine Sturmflut in einem ausgetrockneten Land. Den ganzen Morgen hing ich am Telefon, um mit dem Reisebüro die Pläne für den Besuch meiner Mutter und meiner Tante Erna durchzugehen. Ich erinnere mich nur noch, daß alles schieflief. Frustriert beschloß ich, erst einmal zu meditieren.

Ich zündete eine Kerze an, verbrannte etwas Salbei und sprach mein Gebet. Dann legte ich mich flach auf den Boden, um zu meditieren. Meine Gedanken liefen immer noch Sturm, und das einzige, worauf ich mich konzentrieren konnte, war der Ärger über die Unfähigkeit des Reisebüros und der Fluglinie.

Während ich »meditierte« und mich dabei eigentlich nur ärgerte, fiel plötzlich eine riesige Person fast flach auf mich, sich nur im letzten Moment mit den Handflächen auffangend. Diese Erscheinung erinnerte mich sehr an einen muskelprotzigen Flaschengeist, und mit dröhnender Stimme schrie sie mich an: »Drop it!« Das bedeutet frei übersetzt: »Hör endlich mit dem Schmarrn auf!« Ich war vollkommen überrascht und dachte auch prompt nicht mehr über die Fehler des Reisebüros nach, sondern starrte den Riesen mit meinem inneren Auge an.

Wenn das ein Engel sein soll, dann muß der aus einem Bodybuilding-Club kommen. Er war im Vergleich zu mir so groß wie ein zehnstöckiges Hochhaus. Er trug arabische Schlabberhosen und hatte seinen muskulösen Oberkörper nur mit einer kurzen Weste bekleidet.

»Ich bin Iwan«, ruft er mir zu. Er steht jetzt aufrecht und hat vor mir seine Arme verschränkt. Ich schaue nach oben. Er ist einfach riesig. Ich muß sofort an Iwan den Schrecklichen denken.

»Du sollst ein Engel sein?« denke ich mir.

Iwan schaut zu mir hinunter, wie ein zehnjähriges Kind auf ein klitzekleines Insekt: »You'll bet I am.« – »Darauf kannst du deinen Kopf verwetten.«

»In den nächsten zehn Wochen werde ich dich lehren. Ich werde ab heute jeden Sonntag kommen und dir deine Aufgaben geben. Diese Woche bringe ich dir bei, dich nicht zu verteidigen. Auf gar keinen Fall. Niemals. Du wirst lernen, daß du andere Meinungen akzeptierst und zu deiner stehst, auch wenn dir niemand zustimmt. Dabei wirst du lernen, dir selbst zu vertrauen und unter keinen Umständen nur dann an deine Wahrheit zu glauben, wenn der Rest der Welt zustimmt.

Wenn jemand dich angreift, eine Meinung, eine Position vertritt, die dich ärgert oder stört, wirst du zuhören und deine

Meinung nicht verteidigen, sondern nur mitteilen. Hast du das verstanden?«

Stumm nicke ich. »Es wird mich doch niemand überfallen oder so was ähnliches?«

Iwan schaut streng auf mich hinunter: »Gut, gut, dann haben wir gleich zwei Lektionen diese Woche: Verteidigungslosigkeit und Vertrauen.« Und da ist er auch schon verschwunden. Ich öffne meine Augen. Was war das denn?

Es ist spannend, sich nicht zu verteidigen. Da war die Frau, die mich fast wie eine Mörderin behandelte, als sie erfuhr, daß meine Katzen draußen herumlaufen dürfen, wo es doch so viele Coyoten gibt. Ich durfte ihr nicht sagen, daß ich der Meinung bin, daß es unnatürlich ist, Katzen in eine Wohnung einzusperren, wenn es einen Garten gibt. Ich durfte ihr nicht sagen, daß ich lieber eine glückliche Katze um mich habe, die ihren natürlichen Instinkten folgen darf. Mit Mühe und Not brachte ich ein »Ich erkenne Ihre Besorgnis, Sie müssen Katzen wohl sehr lieben« heraus. Knirsch! Knirsch! Am liebsten würde ich ... Moment, sie ist wirklich um Katzen besorgt. Sie glaubt einfach, daß die Gefahr durch das Einsperren gebannt werden kann. Ihre Meinung. Nicht meine. Nicht verteidigen. Einfach akzeptieren.

Die ganze Woche verteidige ich mich nicht, und mit der Zeit wird es leichter. Ich suche nicht sofort einen Weg, um den anderen umzustimmen. Ich merke, daß ich dadurch die anderen Personen besser verstehe. Ich bin gespannt auf die nächste Woche.

In der zweiten Woche lehrte Iwan mich die komplette Kontrolle der Gedanken. Kein Tratsch, kein Klatsch, kein Be- und Verurteilen. Am liebsten hätte ich überhaupt nichts mehr gesagt. Gleich nach meiner Meditation kommt eine Nachbarin vorbei, die mir von einer anderen Nachbarin erzählen will. Ist das Klatsch oder einfach Information, versuche ich mich herauszureden. Neugierig bin ich ja schon.

»Hör auf damit«, rufe ich mir zu. »Ich höre ja schon auf, aber meine Nachbarin spricht ja noch!« suche ich nach einer Entschuldigung. »Unterbrich sie.«

Also gut.

»Barbara, ehrlich gesagt, das interessiert mich eigentlich nicht. Was mich mehr interessiert ist, wie es dir geht.«

Barbara starrt mich mit offenem Mund an. »Mir geht's gut, bis auf meine Rückenschmerzen.«

Ich war sehr beschäftigt in dieser Woche. Jeder negative Gedanke wurde weggeschickt mit den Worten: »Ich will dich nicht, ich brauche dich nicht, gehe ins Licht.«

Mir wurde wieder einmal klar, wie aufmerksam ich meine Gedanken beobachten muß, damit sie mir nicht wie eine Horde unerzogener Hunde davonlaufen. Ich habe die Leine in der Hand, und ich kontrolliere, wohin wir gehen.

In der dritten Woche gab mir Iwan einen Stern auf die Stirn und forderte mich auf, immer an diesen Stern zu denken. Er sollte mich daran erinnern, daß ich in mir ein höheres Selbst habe, das mehr und mehr in mein alltägliches Leben einzubeziehen sei. Ich weiß noch, wie überrascht ich war: »Ist das alles?«

»Das ist anstrengend genug.«

Ja, er hatte recht. Ob beim Zähneputzen, beim Duschen, am Telefon, im Auto, beim Einkaufen, im Büro, beim Meditieren, beim Spielen – ich stellte mir immer diesen Stern vor, und interessanterweise schauten mich viele Leute so komisch an. Ich weiß nicht, was sie sahen oder fühlten, aber irgend etwas geschah. Es lächelten mir mehr Menschen zu als jemals zuvor.

Das blieb auch in der nächsten Woche so, als mir Iwan die Aufgabe gab, mir die Farbe Blau um meinen Körper herum vorzustellen.

In der fünften Woche mußte ich mir vorstellen, daß mein drittes Auge – das innere Auge zwischen unseren Augenbrauen – weit geöffnet ist.

In der sechsten Woche forderte Iwan mich auf, meine Chakren, die Energiefelder im Körper, wie große Bälle zu öffnen.

In der siebten Woche zeigte er mir, wie ich meine negativen Emotionen kontrollieren kann, indem ich mir einen Obelisken vorstelle, der alle meine Chakren miteinander verbindet. Als ich das zum ersten Mal tue, stelle ich fest, daß ich damit meinen Herzschlag und meine Tränen kontrollieren kann. Nicht schlecht, Iwan.

In der achten Woche durfte ich nicht über mich sprechen. Ich mußte nur zuhören. Da fiel mir auf, wie oft ich über mich spreche. Wie häufig ich andere nicht ausreden lasse, um meine Ideen und Gedanken einzubringen. Ausreden lassen, sie sind dran! Diesen Satz sagte ich mir ungefähr 1000mal in dieser Woche.

In der neunten Woche lächelte Iwan zum ersten Mal und gab mir meine neue Aufgabe: »Erfreue dich an jedem Moment!« Ah, das scheint endlich ein bißchen einfacher zu sein. Bis ich im Stau stand. »Erfreue dich an jedem Moment?« Bitteschön, was gibt es hier, um mich zu freuen? Also ich sitze bequem, das Wetter ist schön – hm, erfreut kann ich mich nicht bezeichnen. Ich habe ein bißchen Ruhe für mich, ich kann anderen Autofahrern zulächeln, vielleicht ärgern sie sich dann weniger.

Also gut, ich schaue aus dem Seitenfenster, und da ist auch schon mein Fall: Laut vor sich hinschimpfend schaut der Mann zufällig in meine Richtung.

Ich lächle. Er hört mit dem Reden auf und schaut mich wütend an. Ich lächle noch mal. Er schaut weg. Ich zucke mit den Schultern. Er schaut zurück und lächelt!

Ha, langsam genieße ich den Augenblick.

In der zehnten Woche sehe ich Iwan vor mir sitzen, fast zärtlich auf mich hinuntersehend. »Gut gemacht«, lobt er mich.

»Danke«, antworte ich lächelnd.

»Ich werde jetzt gehen, aber ich möchte dir noch erklären, warum du mich in dieser Form siehst.«

Da bin ich aber neugierig.

»Du verstehst Stärke und Disziplin. Und meine Muskeln und meine Größe drücken Stärke und Disziplin aus. Wir dachten uns, du würdest deinen Spaß damit haben.« Kaum verstand ich die Faszination seiner Worte, war er schon verschwunden. Also deshalb zeigen sich uns Engel, wie wir es brauchen? Oder zumindest haben sie die Möglichkeit, sich so zu verändern, wie sie wollen? Warum tun sie das? Wohl, um uns zu helfen. Ein schöner Gedanke, daß sich jemand soviel Mühe macht, sich zu verändern, um uns etwas beizubringen. Aber vielleicht macht ihm das gar keine Mühe, seine Gestalt zu verändern? Vielleicht ist es einfacher, als ich glaube. Sie verändern sich, und damit zeigen sie uns ihre Liebe noch mehr. Ich habe nie mehr einen Engel gehabt, der so fordernd war.

Und dann kam Jao. Zuerst hieß er Jakob, und er stellte sich vor, nachdem ich bei einem Radiointerview über meinen ersten Engel sprach und statt Lukas dauernd Jakob sagte. In einer Meditation wollte ich herausfinden, warum. Da trat er auf, ein junger Mann, farbenprächtig gekleidet, meinte: »Ich dachte schon, du würdest nie nach mir fragen.« Er lehrte mich, mir zu vertrauen, und er änderte nach einer Zeit seinen Namen in Jao. Mehr als Ton als ein Name.

Am Anfang war ich immer etwas besorgt, wenn ein Engel mich verließ und ein neuer hinzukam. In meinem menschlichen Denken stellte ich mir vor, wie traurig der andere Engel sei, wenn ich mich nicht mehr um ihn kümmere. In der Engelwelt gibt es keine Eifersucht. Der eine kommt, wenn er gebraucht wird, und geht, wenn er fertig ist. So lieben uns unsere Engel.

Vor zwei Jahren griffen sie sogar ganz entschieden ein, als mein Leben in Gefahr war. Das habe ich in meinem ersten Buch »Endlich aufgewacht«, einer Art spirituellen Autobiographie, beschrieben. Ein Fernsehteam von Vox war in Los Angeles, um ein Porträt über mich zu drehen. Am zweiten Tag fuhr ich mit dem Kamerateam auf einer vierspurigen Straße und machte sie auf all die Sehenswürdigkeiten dieser vielfältigen Stadt aufmerksam. »Und wenn ihr jetzt nach rechts schaut, seht ihr auf dem Hügel das berühmte Hollywood-Zeichen.« Während ich auf der linken Überholspur fahre, deute ich mit meiner rechten Hand in die Richtung, in der die Schrift gleich zwischen zwei Hochhäusern auftauchen wird. Plötzlich höre ich laut und deutlich ein Kommando in meinem Kopf: Du fährst auf der falschen Straßenseite, fahre sofort nach rechts. – Ich ziehe sofort das Steuerrad nach rechts, schaue jetzt wieder auf den Verkehr und sehe den tief erschrockenen Blick des entgegenkommenden Autofahrers. Ich war ein Geisterfahrer! Das war knapp, höre ich den Kameramann seufzen, der neben mir auf dem Beifahrersitz sitzt. Ich weiß noch, wie ich mich bei meinen Engeln bedankte. Gott sei Dank stellte ich ihr Kommando nicht in Frage. »Du hast viel gelernt in den letzten Jahren«, höre ich in meinem Kopf, »und du wirst noch mehr dazulernen.«

Zum Abschluß der Meditation bitte ich meine Engel, mir ein Gefühl zu schicken. Es scheint von innen in mein Herz zu dringen. Ich fühle mich wohl, geliebt und akzeptiert. Ich genieße dieses Gefühl für eine ganze Weile, bis ich meine Augen wieder öffne.

Ja, ich brauche wieder mehr Zeit für mich. Die letzten Wochen war ich mit Einpacken, Umziehen und Renovieren beschäftigt. Übermorgen fliege ich nach Indien. Eine Reise, die ich schon seit sechs Monaten geplant habe. Jacqueline Snyder, Visionärin, Autorin und spirituelle Beraterin, hat diese Reise zusammengestellt. Ich werde viel Zeit in der Stille und mit Beten und Meditieren verbringen. Ich kann es kaum erwarten. Diese Reisen sind wie ein »spiritueller Fortbildungskurs«. Da ist nichts, was einen ablenkt, nichts, was einen stört. Jede Minute ist ein Lernprozeß, eine Offenbarung. Ich stoße an meine Grenzen, um sie zu durchbrechen. Mindestens zweimal im Jahr gehe ich auf Reisen, um mehr zu lernen, mehr zu verstehen, mehr zuzulassen. Ich bin schon neugierig, was mir dieses Mal passieren wird.

3. Kapitel

Von Engeln, die mit auf Reisen gehen, und was passiert, wenn man der Intuition von anderen folgt

Ich bin mal wieder am Packen. Wir sind viel unterwegs. Ungefähr vier- bis fünfmal im Jahr fliege ich nach Deutschland – in meine Ursprungsheimat – oder gehe zu Konferenzen oder Vision Quests. Mein Mann reist fast jeden zweiten Monat beruflich irgendwo in der Weltgeschichte herum, und wir haben das beste Koffersortiment, das ich kenne.

Dieses Mal packe ich also für Indien. Ein Land, das mich schon als Kind fasziniert hat. Ich reise nur mit Handgepäck: einem »Stewardessenkoffer« mit Rollen und Schlaufen, damit er auch als Rucksack verwendet werden kann, und einer Umhängetasche, in der ich meinen Reisealtar und meine »Sacred Pipe« aufbewahre.

Meinen Reisealtar wähle ich aus, indem ich vor meinem Hausaltar knie, die Augen schließe und frage, welche Objekte dieses Mal mitmöchten. Dann packe ich ein, was mir in den Sinn kommt. Dieses Mal ist es eine Feder, die ich am Meer fand, ein Stein aus Deutschland, ein Engel aus Kristall, den ich von meinem Mann und meiner Tochter zum Muttertag bekommen habe, ein Kreuz aus Bernstein, ein Rosenkranz aus Kristallen und ein Bild meiner Familie.

Mit jedem Gebet konzentriere ich mich auf eine bestimmte Sache. Damit lade ich alle Gedanken ein, die mir für diese Reise nützlich sind. Ideen, von meinen Engeln geschickt, kommen zu mir, und ich habe, wie in allen Dingen, die Wahl, darauf zu hören oder eben nicht. Im Lauf der Zeit merkte ich, wie oft Dinge klappten, wenn ich auf die Ideen hörte.

Dieses Mal kam mir ein Bild von meinem Ersatzrucksack. Die große Reisetasche, die ich zuerst mitnehmen wollte, sah ich nicht vor meinem inneren Auge. Ich hatte schon einmal ein Gepäckstück verloren, das ich mitgenommen hatte, obwohl mir meine Meditation ein eindeutiges Nein gegeben hatte. Dieses Mal höre ich auf meine Engel. Ich vertraue jetzt immer auf ihre Eingebung. Es wird schon seine Richtigkeit haben.

Einige meiner Freunde sind schon seit einer Woche in Rishikesch, am Fuße des Himalajas, ungefähr sechs Autostunden von Delhi entfernt. Da ich mit meinem Mann seinen Geburtstag feiern wollte, habe ich mich entschlossen, erst später nach Indien zu fliegen. Während ich packe, will mein Mann wissen: »Wer holt dich denn vom Flughafen ab?«

»Ich weiß es nicht. Jacqueline sagte, daß sie sich darum kümmern wird.«

»Wie kommst du von Delhi nach Rishikesch?«

»Keine Ahnung.«

Mein Mann schaut mich besorgt an: »Wann kommst du noch mal in Delhi an?«

»Um drei Uhr morgens.«

»Fliegt da noch jemand mit dir mit?« Mittlerweile klingt er hochbesorgt.

»Nein.«

Mein Mann ist Perfektionist, und er plant seine Reisen bis ins Detail. Fassungslos schaut er mich an: »Das gefällt mir nicht, das gefällt mir ganz und gar nicht.«

»Schatz«, springe ich auf und umarme ihn, »mach dir um mich keine Sorgen. Ich habe keine Angst. Meine Engel sind bei mir.«

Das hat er schon oft gehört und rollt mit den Augen. »Ich kümmere mich um einen Wagen, der dich abholt.«

Mit Mühe halte ich ihn zurück. »Das brauchst du nicht, da wird schon jemand sein.«

»Wann hast du das letzte Mal mit Jacqueline gesprochen?«

Ich weiß genau, daß meine Antwort ihn nicht befriedigen wird: »Vor drei Wochen.«

»Vor drei Wochen?!?«

Kopfschütteln. Blankes Unverständnis in seinen Augen. Ich verstehe, daß er das nicht versteht. Ich verstehe mich auch erst seit ein paar Jahren. Vertrauen in Gott, Vertrauen in Engel, Vertrauen in meinen Weg ist der Angst gewichen, daß mir gleich etwas Schreckliches passieren wird. Die Angst wich so langsam, wie die Luft aus einem Luftballon entschwindet, der ein kleines Loch hat. Irgendwann liegt nur noch die verschrumpelte Hülle da und ist wertlos. Zurück bleibt das Erstaunen, daß ich einmal so viel Angst gehabt habe. Früher traute ich mich nicht einmal, nachts die Post aus dem Briefkasten vor unserem Haus zu holen. Heute schlafe ich alleine im Wald.

Die Angst wird kleiner, immer kleiner, bis man irgendwann einmal merkt, daß sie nicht mehr da ist. Ganz selten noch kommt sie für kurze Momente hoch – lang genug für mich, sie zu erkennen, zu beten und mich mit Gott und meinen Engeln zu verbinden. Für Angst habe ich keine Zeit, es gibt so viel zu sehen, und Angst ist wie eine dunkle Brille, die dir die Sicht versperrt.

Ich sitze im Flugzeug nach Manila und mache es mir bequem. Richard gab mir fünf Telefonnummern (»Die kannst du jederzeit anrufen, wenn du in Indien bist. Ich sprach mit allen fünf, sie erwarten deinen Anruf selbst um 3 Uhr morgens.«) und ich ihm einen Kuß. Ich schließe meine Augen, um zu meditieren. Im Flugzeug mache ich das am liebsten.

Es ist Zeit zum Abendessen (oder Frühstück?), und der Mann neben mir möchte sich gerne unterhalten. Ich frage ihn nach seinen Plänen (er reist beruflich nach Manila), seinem Beruf (Import von Kleidung) und nach seiner Familie (verheiratet, zwei kleine Kinder). Nach einer Weile fragt er mich: »And in which business are you in?« Ja, gute Frage, denke ich mir, welche Geschäfte mache ich?

»In God's business«, antworte ich ihm lächelnd.

»In God's business?« An seinem Gesichtsausdruck merke ich, daß er denkt, er hat sich verhört, und nicke.

»But you look so normal.« Ich lache herzlich. Ja, ich schaue recht normal aus, da muß ich ihm recht geben. Ich erzähle ihm, daß ich Bücher über Gott, Engel und Spiritualität schreibe, daß ich als spiritueller Ratgeber und Hypnosetherapeut arbeite, Sterbebeistand gebe und Workshops leite. Neugierig lauscht er meinen Worten.

»I have a question«, fragt er mich. »An welchen Gott glauben Sie denn?«

»Gibt es mehrere?« antworte ich schmunzelnd.

»Nein, ich glaube nicht«, antwortet er. »Sind Sie Hindu?« Lag nahe für ihn, da ich ja schließlich nach Indien fliege.

»Ja«, antworte ich. »Ich bin Hindu, Katholik, Buddhist, Jud...«

»I understand«, nickt er.

»Gott ist für mich wie ein riesiger Kronleuchter. Aus der Mitte kommt der Strom, die Liebe Gottes, das Licht. Und jeder Kronleuchter hat viele Arme, die alle in eine andere Richtung gehen. Jeder Arm verkörpert eine Religion und einen Erleuchteten: Jesus, Buddha, Zarathustra, Mohammed ...«

»Does God need religion?« fragt mein Flugnachbar.

»Nein, ich glaube nicht, daß Gott Religion braucht, aber wir brauchen sie manchmal. Leider haben manche Religionen versucht, durch Angst ihre Mitglieder zusammenzuhalten. Wo Gott ist, kann keine Angst sein und keine Schuld – nur Erfahrungen, die uns weiterbringen.«

Ich ziehe meinen Schal ein bißchen fester um mich herum. Es ist Zeit zu schlafen. Bald muß ich mein Flugzeug wechseln.

Es ist drei Uhr morgens, als ich in Delhi ankomme, und Delhi ist nicht der Frankfurter Flughafen. Die einzige Gemeinsamkeit zwischen Delhi und dem Frankfurter Flughafen sind die Flugzeuge. Ich ziehe mein Handgepäck hinter mir her und danke meinen Schutzengeln, als ich an den frustrierten Mitreisenden vorbei zum Ausgang gehe: Keines der aufgegebenen Gepäckstücke hat es bis nach Delhi geschafft – danke für den Rat mit dem Handgepäck, lieber Jao!

Auf meinem Weg aus dem Flughafen schaue ich in jedes Gesicht und lese jedes Schild, neugierig, irgendwo meinen Namen zu finden. Ich merke, wie ich lächele und entspannt bin. Indische Männer sind sehr respektvoll, das merke ich sofort. Keiner belästigt mich, wie ich da still am Ausgang des Flughafens stehe, um mich herum reges Treiben, Taxen, die kommen und gehen, Lichter und Gehupe. Ich werde in Ruhe gelassen und warte.

30 Minuten später schließe ich meine Augen und beginne mitten auf dem Flughafengelände zu meditieren. Ich stelle mir vor, wie ich meinen Körper verlasse und mich von oben betrachte. Ich steige weiter, bis ich den Flughafen und dann Delhi im Blickfeld habe, weiter nach oben, bis ich Indien überblicke, und noch weiter, bis die Weltkugel in meine Sicht paßt. Dann genieße ich die Ruhe und stelle meinem Engel die Frage: »Werde ich abgeholt?«

Ich warte auf eine Antwort – wohl wissend, daß ich die Antwort nicht suchen muß, sondern sie zu mir kommt. Und da ist auch schon das bekannte Gefühl, als wenn aus meinem Nabel etwas hochblubbert. Und der Gedanke formt sich: »Ja.«

»Wie lange noch?« will ich wissen, und wieder kommt vom Nabel dieses Blubbern, und ich höre: »Bald.«

Ich bedanke mich bei meinem Engel und öffne die Augen. Zwei Minuten später steht ein junger Mann vor mir: »Sabrina?«

»Yes«, nicke ich hocherfreut.

»Wait«, sagt er, nimmt meinen Rucksack und verschwindet gleich wieder. Ich warte und stelle mir vor, was Richard sagen würde, wenn er wüßte, daß ich jetzt auch noch ohne meinen Rucksack dastehe ... mit all seinen Telefonnummern. Ich freue mich immer, wenn ich merke, daß ich anders als früher reagiere. Wie entspannt ich hier warte. Wie sorgenfrei ich mich auf das Abenteuer Indien einlasse. Wie neugierig ich die anderen Menschen beobachte. Da bahnt sich ein dunkler Wagen seinen Weg durch den hektischen Verkehr. Das Fenster öffnet sich, und mein Abholer winkt mir. Ich setze mich nach hinten, vorne sitzt neben dem Fahrer der junge Mann und hält mir einen Zettel hin: »Ich komme von Jacqueline, wir bringen Sie nach Rishikesch, das dauert ungefähr 6 Stunden.« Nun gut, denke ich mir. Ich stelle meinem Abholer ein paar Fragen und merke, warum er mir den Zettel gegeben hat. Er spricht kaum Englisch. Ich stelle mich auf die sechs Stunden Fahrt ein und schaue aufmerksam aus dem Fenster. Wir befinden uns auf einer breiten Straße. Autos hupen sich gegenseitig an, und ich merke schnell, daß die Autohupe das Kommunikationsmittel des Landes ist.

Hup, hier bin ich.

Hup, ich will vorbei.

Hup, ich habe dich überholt.

Hup, fang mich doch.

Plötzlich biegen wir in eine kleine Seitenstraße ab, und ich wundere mich ein bißchen. Das kann doch wohl kaum der Weg nach Rishikesch sein? Die nächste Straßenseite ist noch kleiner, und es wird auch immer stiller. Um vier Uhr morgens schläft dieser Teil der Stadt noch. Wieder biegt der Wagen ab, und trotzdem bleibe ich ruhig. Keine Panik oder: »O Gott, ich bin in Delhi mit zwei Männern im Auto, die ich nicht kenne, mein Gepäck im Kofferraum, kein Mensch weiß, wo ich stecke ...« Nichts von dem. Früher säße ich schon mit einer Nagelschere bewaffnet auf dem Rücksitz. Lachen Sie nicht, das habe ich vor 15 Jahren in Ungarn gemacht, als sich der arme Taxifahrer verfahren hatte – bereit, mein Leben oder meine Ehre zu verteidigen, was immer zuerst in Gefahr war. Bei dem Gedanken muß ich schallend lachen. Meine beiden

Begleiter drehen sich überrascht zu mir um. Ich nicke. Sie nicken.

Plötzlich hohe Mauern an beiden Seiten und ein Tor mit einem Hakenkreuz. Ein Hakenkreuz! Das wird ja immer schöner. Wenn ich das Richard erzähle! Ich schließe kurz meine Augen, stelle mir vor, meinen Körper wieder nach oben zu verlassen, bis ich die Erdkugel im Blickwinkel habe, und frage meine Engel: »Was ist denn das?« Ich warte auf die Antwort, und nach einer Weile kommt das Gefühl vom Nabel, das die Antwort bringt: »Dieses Zeichen ist andersherum.« Ich öffne meine Augen. Ja, das Hakenkreuz zeigt in die andere Richtung. Ich erinnere mich, daß Hitler seine Zeichen überall zusammengesucht und leicht verändert hat. Der Wagen hält im Hof, und beide Männer steigen aus.

»Just a moment« – nur einen Moment, höre ich meinen Abholer sagen, und dann schaue ich mich erst einmal um. An dem Tempel und den verschiedenen Gebäuden erkenne ich, daß ich in einem Ashram bin. Muß wohl der von Swami Chidanand Saraswati sein, dessen Hauptashram ich in Rishikesch besuchen werde. Eine Stunde lang folge ich dem Treiben. Kisten werden in unseren Kofferraum gepackt, und mir wird eine Wasserflasche in die Hand gedrückt. Ich bedanke mich, indem ich beide Handflächen wie zum Gebet zusammenlege, meinen Kopf verneige und »Namaste« sage. Eine Begrüßung, die soviel bedeutet wie: »Ich begrüße das Göttliche in dir.« Ich habe keine Ahnung, was man in Indien für Danke sagt, aber ich denke mir, ein »Namaste« kann nie schaden.

Die Fahrt ist lang, holperig und wie ein Kinofilm. Ich bestaune wundervolle farbenprächtige Saris, das ist der ewig lange Schal, der wie ein Kleid um den Körper geschlungen wird und die Frauen so elegant und weiblich aussehen läßt, sehe die fröhlichen Kinder, Elefanten und Affen, begleitet von ewigem Gehupe und dem Gefühl, in einer nie enden wollenden Achterbahn zu sitzen. Gott sei Dank habe ich meinen Sport-BH an, bei dem Gerumple wäre ich sonst nur damit beschäftigt gewesen, meinen Oberkörper zu halten. Und im Autoradio singt jemand das Lied vom Zahnweh, so hört es sich für meine Ohren zumindest an. Ich würde ja zu gerne bitten, das Radio auszustellen, aber erstens sprechen wir keine gemeinsame Sprache und zweitens scheint das meinem Fahrer bei seiner Konzentration zu helfen, und die braucht man hier wirklich zum Autofahren. Für mich sieht es so aus, als ob jeder Autofahrer Selbstmord begehen will. Wie ein Autoscooter auf dem Oktoberfest, immer kurz vor dem Zusammenstoß – nach dem Motto »Laß uns mal schauen, wer die besseren Nerven hat«. Und irgend jemand, manchmal wir, manchmal der entgegenkommende Wagen, weicht gerade noch rechtzeitig aus. Ich habe keine Ahnung, nach welchem System oder welchen Kriterien. Es ist einfach nur spannend. Ich nehme einen Schluck aus meiner Wasserflasche und beschließe, meinen Vorrat sorgsam einzuteilen. Wer weiß, wo man in Indien auf die Toilette geht, und wie mache ich das meinen Begleitern klar? Diese Frage wird eine Stunde später am Fahrbahnrand beantwortet. Gott sei Dank gibt es genügend Büsche.

Danach legen wir an der Straße eine Pause ein. Ist das ein Café? Ich glaube, es gibt in der deutschen Sprache kein Wort, um diesen Platz treffend zu beschreiben: Da ist eine armgroße Metallschale, in der gekocht wird, drum herum eine Art Theke, davor sind Bänke in einem Quadrat aufgestellt und mit einem Tisch in der Mitte. Das übliche Coca-Cola-Zeichen hängt über einer Art Zelt, das uns Schatten bietet. Meine Begleiter sind wohl hungrig. Und wenn ich darüber nachdenke, bin ich es auch. Wir sind seit drei Stunden unterwegs, und sie zeigen mir mit einer Handbewegung, daß ich mit ihnen zum Frühstücken kommen soll. Ich steige etwas steif aus dem Auto und suche mir einen Platz auf der viereckigen Bank. Mein Fahrer fragt mich etwas, das ich nicht verstehe, entscheide mich aber zu nicken. Das ist spannend: Wozu habe ich ja gesagt?

Schon kommt der Teller aus Blech mit einer Flasche Coca-Cola. Die Gabel liegt über einer viereckigen, beigen Speise. Was könnte das sein? Obwohl immer jedem Reisenden dringend geraten wird, nichts in fremden Ländern zu essen, das unüberschaubar zubereitet ist, hat es mir noch nie etwas ausgemacht. Ich habe Salat in Ägypten gegessen, Hühnchen auf dem Markt in Marrakesch, süße Kugeln in Mombasa, und Montezumas Rache scheint bei mir keinen Erfolg zu haben. Ich liebe es, Neues auszuprobieren, und schiebe mir ein Stück von dem beigen Viereck in meinen Mund. Es schmeckt vorzüglich! Ich habe immer noch keine Ahnung, was es ist, aber ich esse zwei davon. Ich schaue mich um und warte auf meine Mitfahrer. Indien, ein Land, in dem Gottesmänner und -frauen so hoch geschätzt werden, bietet ein ganz anderes Gefühl als Nordamerika oder Deutschland. Ich genieße das Vertrauen in meine Sicherheit, mein Wohlbefinden, das ich während der ganzen Zeit empfinde. Es ist herrlich, ohne Sorgen zu reisen. Zurück im Auto, beginnt wieder die Zahnwehmusik. Gott sei Dank habe ich noch meine Ohrstöpsel vom Flugzeug im Gepäck, und die Klänge wechseln zu einem erträglichen Gesäusel.

Endlich sind wir in Rishikesch, und mein Körper gewöhnt sich langsam an eine aufrechte Haltung. Wieder verschwindet mein Gepäck, außer meiner Schultertasche mit meiner Pfeife und meinem Reisealtar, die ich nie aus der Hand gebe, und ich werde in den Ashram geführt. Alles ist ordentlich und sauber und von wundervoller Stille erfüllt. Die Hindureligion ist sehr lebhaft und farbenfroh, die Götter haben ein reges Sexualleben, und im Zentrum des Ashrams befinden sich Skulpturen, die verschiedene Szenen aus der Bhagavad Gita – den heiligen Texten der Inder, vergleichbar mit der Bibel, dem heiligen Text der Christen – wiedergeben. Gewöhnt an die getragene Ehrfurcht der katholischen Kirchen, betrachte ich neugierig den bunten Schmuck und die farbenprächtigen Malereien der verschiedenen Statuen. Sieht ein bißchen wie Jahrmarkt aus.

Ich habe nicht viel Zeit, mich umzuschauen, denn Swami Chidanand Saraswati, auch Swami Muniji genannt, wartet auf mich. Die Ehre, persönlich von ihm begrüßt zu werden, verdanke ich Jacqueline Snyder, die mit ihm seit vielen Jahren befreundet ist. Ich werde gebeten, meine Schuhe auszuziehen, und darf dann in das »Heiligtum« eintreten. Swami Muniji sitzt am anderen Ende auf einer cremefarben bezogenen Matratze am Boden. Daneben befindet sich ein kleiner niedriger Tisch mit Papier und einigen Stiften. Hinter ihm drei Telefone. Um ihn herum Männer in Geschäftsanzügen, die aufmerksam seinen Worten lauschen und oft nicken. Er lächelt mir zu und fordert mich mit einer Handbewegung auf, mich zu setzen. Er trägt orangefarbene Kleidung und seine langen Haare offen. Er ist klein und zierlich und hat wache, frohe Augen. Augen, die mich an die eines Kindes erinnern. Er freut sich seines Lebens, kommt es mir in den Sinn. Es steht in seinem Gesicht geschrieben. Ich beobachte ihn und seine Gäste. Ich versuche mir vorzustellen, worüber sie sprechen, aber ich bin abgelenkt von all den neuen Eindrücken. Einige der Gäste sitzen im Schneidersitz, andere knien und sitzen auf den Fersen. Zehn Minuten später stehen alle auf, falten die Hände zum Gebet, verbeugen sich mehrfach und verlassen den Raum.

»Your friends are missing you«, nickt mir Swami Muniji zu. »How was your trip?«

Ich bedanke mich für die Nachfrage. »Ich freue mich, hier zu sein.«

»Willkommen zu Hause«, lächelt er mir zu. »Ich hoffe, Sie hatten keine Angst auf dem Weg nach Rishikesch.«

»Ich bin mit Gott, wie kann ich da Angst haben?«

Meine Antwort gefällt ihm. Er lacht. »Gut, gut«, sagt er. »Wir treffen uns zum Mittagessen um ein Uhr. Ihr seid meine Gäste.«

Ich stehe auf, falte meine Hände und verbeuge mich. Draußen erwartet mich der persönliche Sekretär von Swami Muniji, der mich auf mein Zimmer bringt. Die Treppe nach oben gibt den Blick frei auf den Ganges, den heiligen Fluß Indiens, der gleich vor dem Ashram liegt. Ich bleibe einen Moment stehen, um dieses Bild in mich aufzunehmen.

Freundlich wartet Swami Munijis Sekretär. Ich verbeuge mich zu ihm hin und deute an, daß wir jetzt weitergehen können. Ein Stockwerk höher öffnet er eine Tür. Ich fühle meine Freunde in dem Zimmer, obwohl niemand da ist. Drei Zimmer gehen ineinander über, und vier Betten sind gemacht. Einfache Decken mit einem sauberen Kissen. Alles ist klar und ohne Schnickschnack. Ich erkenne an den Altären die Betten meiner Freunde: Da ist Sheila, deren Engelsstatuen auf einem smaragdgrünen Schal stehen. Daneben Sharon mit ihren drei Pfeifen und lavendelfarbenen Tüchern und Linda mit ihrer violetten Decke und ihren Feenbildern. Und das leere Bett wird wohl für mich sein. Niemand ist da, es ist jetzt fast Mittag, und ich strecke mich aus. Gibt es hier irgendwo eine Toilette, eine Dusche? Ich bin zum ersten Mal in einem Ashram und neugierig, was alles passieren wird.

Jedesmal, wenn ich auf eine dieser spirituellen Reisen gehe, will ich etwas lernen. Alte Grenzen durchbrechen, mich weiterentwickeln. Ich bete für das, was ich am meisten suche: Erleuchtung. »Lieber Gott, ich bin in Indien, um zu lernen, weiterzukommen, mehr zu sehen und mehr zu verstehen, mich wieder zu erinnern an all das, was ich bin und sein kann. Ich will mehr über dich und deine Engel wissen. Ich bin bereit. Lehre mich!« Ich atme tief ein und gebe diesem Gebet meinen tiefsten Wunsch und höchste Konzentration mit auf den Weg. Ich weiß, daß unsere Wünsche in Erfüllung gehen, wenn wir ihnen die notwendige Kraft verleihen. Und meine Kraft ist meine Sehnsucht nach Wahrheit. Ich habe gelernt, daß Realität sich aus zwei Komponenten zusammensetzt: zuerst dem Wunsch und dann der Aktion. Deshalb verbringe ich viel Zeit mit Wünschen. Ich stelle mir oft vor, wie ich mein Leben gerne hätte, und dann reagiere ich dementsprechend, um meine Realität zu formen.

Ich suche nach der Dusche. Nachdem ich mich gewaschen habe, fühle ich mich bereit zu neuen Aufgaben, neuen Herausforderungen, doch meine Stimmung ist seltsamerweise etwas weniger fröhlich. Eigentlich müßte ich nach einer Dusche doch jubilieren. Immerhin bin ich seit fast zwei Tagen unterwegs. Doch da hat sich eine kleine Melancholie eingeschlichen, und ich wundere mich, wo sie herkommt. Ich höre meine Freunde kommen, und die Gedanken an den leichten Stimmungswechsel werden von Umarmungen unterbrochen. Linda, eine Massagetherapeutin, Sharon, Malerin, Sheila, Presseberaterin, Jacqueline, die die Reisen mit ihrer Organisation »Sacred Life« zusammengestellt hat, sowie Nancy und Perry, ein Ehepaar, sie ist Hausfrau und er Wissenschaftler, begrüßen mich. Wir haben schon einige Reisen miteinander erlebt, innere und äußere. Ich freue mich von Herzen, sie zu sehen.

Die anderen haben die letzte Woche in Stille und Ruhe verbracht und sind langsam wieder bereit, nach außen zu treten, im Gegensatz zu mir. Ich bin eine Woche später eingetroffen, und was immer an spiritueller Erleuchtung kommt, muß schnell kommen. Ich bin nur für acht Tage in Indien.

Nach dem gemeinsamen Mittagessen fällt mir auf, wie schnell sich meine Stimmung verändert hat. Swami Muniji will uns nach dem Essen sein Krankenhaus zeigen, und wir alle machen uns auf den Weg. Ich weiß, es ist eine Ehre – in Indien ist das ungefähr so, als wenn dir der Papst seine Kapelle zeigen würde –, aber ich halte mich abseits. Auf dem Weg zum Krankenhaus kommen wir an einem Garten vorbei, den der Swami uns zeigen will. Fast widerwillig folge ich der Gruppe. Was ist denn los mit mir? Reiß dich zusammen, fordere ich von mir.

Aber es gibt kein Zusammenreißen, am liebsten würde ich heimlich verschwinden und alleine sein. Der Wunsch danach wird immer stärker, und ich versuche zu meditieren. Ich lehne mich an einen Baum und schließe meine Augen. Ich versuche mir vorzustellen, meinen Körper nach oben zu verlassen. Nichts. Ich fühle nur eine unglaubliche Unruhe, die sich vom lauen Lüftchen zum Sturm entwickelt. Ich würde mich gerne überall kratzen. Ich muß alleine sein, gestehe ich mir zu, und mache mich auf den Weg zu Swami Muniji. Wer sonst würde verstehen, wenn man Stille und Ruhe braucht, wenn nicht das Oberhaupt eines Ashrams? Ich versuche mich so respektvoll wie möglich zu entschuldigen: »I am sorry, I have to excuse myself, I am in need of silence.« Es tut mir sehr leid, aber ich möchte mich entschuldigen. Ich brauche dringend Stille.

Swami Muniji betrachtet mich überrascht, aber verständnisvoll. Er nickt, faltet die Hände und verbeugt sich. Auch ich verbeuge mich mit gefalteten Händen, weiche den Blicken meiner Freunde aus, als ich raschen Schrittes zurück zum Ashram gehe. Ein paar Minuten später liege ich angezogen im Bett, das Laken über meinen Kopf gezogen, und weine ohne die geringste Ahnung, weswegen. Ich weiß nicht, wie lange ich da gelegen bin, als ich meine Freunde hereinkommen höre. Ich drehe meinen Kopf zur Wand, und meine Freunde flüstern leise miteinander, um mich nicht zu stören. Jeder von ihnen kennt und erkennt diese Zeit, die man allein braucht. Sie wissen, daß ich mich an sie wenden werde, wenn die Zeit gekommen ist. Jetzt muß ich mich an Gott wenden.

»Wenden« ist vielleicht nicht der richtige Ausdruck. Ich schreie fast. Die Zeit der Stille hat es an die Oberfläche gebracht: Ich frage mich, warum ich Gott nicht immer hören kann. Jacqueline oder Sharon zum Beispiel sprechen dauernd mit Gott und ihren Engeln. Ich muß immer erst meine Augen schließen, meditieren, suchen. Ich will und ich weiß, daß es möglich ist, Gott und die Engel immer zu hören. Jeden Gedanken, den ich habe, möchte ich begleitet wissen von einem göttlichen Gedanken. In dauerndem Kontakt sein. Aber wie?

Ich versuche zu meditieren. Schließe meine Augen und bitte

meine Engel, sich zu zeigen. Ich bitte und flehe: Wo seid ihr? Vor meinem inneren Auge bleibt es dunkel. Ich fühle nur Selbstmitleid. Tue ich denn nicht genug?

Ich stehe auf und verlasse das Zimmer. Vorbei an betenden Mönchen, vorbei an heiligen Kühen, vorbei am Ganges führt es mich in einen kleinen Wald. Die Tränen laufen mir die Wangen herunter, und ich tue nichts, um sie aufzuhalten. Es ist mir egal, wie ich aussehe. Es ist mir egal, was die anderen denken. Mein einziger Wunsch ist es, Gott endlich immer in meiner Nähe zu wissen. Und so rufe ich laut und fordernd: »Wo bist Du?«

Ich beginne, mir Vorwürfe zu machen. Wenn Gott mich nicht erhört, dann muß ich etwas falsch machen. Doch was? Ist meine Liebe nicht groß genug? Ich will es wissen. Ich lege mich flach auf die Erde und versuche mit Gott zu verhandeln:

»Was willst du von mir? Willst du, daß ich mein normales Leben aufgebe?«

Keine Antwort.

»Willst du, daß ich ein Jahr auf einem Berg verbringe, um mehr zu lernen?«

Keine Antwort.

Zwei Tage lang rufe ich Gott. Zwei Tage lang suche ich nach meinen Engeln. Niemand zeigt sich. Sogar der Wind, der sich immer meldet, wenn ich ihn rufe, ist still.

»Bruder Wind, hilf mir«, flüstere ich. Ich sitze mit geschlossenen Augen und halte meine Beine in den Ganges. Kein Windhauch, keine Antwort, nichts. Je mehr ich suche, je mehr ich Gott rufe, desto stiller wird es.

Ich gehe zurück in mein Zimmer. In mir ist eine tiefe Traurigkeit, so als ob ich versagt hätte. Ein Teil von mir kann es immer noch nicht glauben, daß ich in zwei Tagen überhaupt keine Antwort erhalten habe. Ich weiß, daß meine Engel immer bei mir sind, aber warum melden sie sich nicht? Ich weiß, daß Gott überall ist, doch warum höre ich ihn nicht? Ich bin so tief in meine Gedanken versunken, daß ich erst jetzt bemerke, daß Jacqueline neben meinem Bett steht. Wie ruhig sie wirkt. Sie sieht ein bißchen wie eine arabische Prinzessin aus 1001 Nacht aus. Ihre dichten schwarzen Haare umrahmen ungezähmt ihr altersloses Gesicht. Ihr pinkfarbener Sari paßt zu ihr. Sie liebt Augen-Make-up und farbenprächtigen Schmuck. Sie liebt das Leben. Und sie liebt es farbenfroh und lebhaft. Sie schaut liebevoll zu mir herunter.

»Wie geht's?« fragt sie leise.

Die Tränen schießen mir wieder in die Augen, und leise schluchzend antworte ich: »Schlecht.«

Sie setzt sich auf die Bettkante und umarmt mich. Kaum fühle ich ihre Arme um meine Schultern, fange ich noch mehr zu weinen an. Sachte wiegt sie mich, bis mein Schluchzen schließlich aufhört. Ich suche nach einem Taschentuch, dem ersten in zwei Tagen.

»Hier«, reicht mir Jacqueline ihres.

Ich trockne mir mein Gesicht und putze mir die Nase.

»Möchtest du darüber reden?«

Ich nicke. Ich schaue in Jacquelines dunkle Augen. Ja, sie hört ihre Engel immer. Manchmal, wenn sie mit jemandem spricht, fängt sie mitten im Satz zu lachen an, hält inne und hört in sich hinein. Ihre inneren Dialoge mit Gott sind gefüllt von Weisheiten, Erklärungen und lehrenden Fragen. Jedesmal wenn ich diesen Prozeß beobachte, möchte ich es »auch wollen«. Es ist keine Eifersucht, denn ich gönne es ihr von Herzen. Ich hätte es nur auch gerne. Ob sie weiß, was in mir vorgeht?

»Ich will Gott hören wie du«, bricht es aus mir heraus, und gleich dahinter kommen die Tränen wieder.

Jacqueline lächelt.

»Ich bin bereit, alles, wirklich alles dafür zu tun, aber ich höre einfach nichts! Wo ist Gott, warum sind meine Engel still, warum spricht der Wind nicht mit mir? Was mache ich falsch? Da fliege ich extra nach Indien und höre hier weniger als in Los

Angeles. Was kapiere ich nicht? Warum ist Gott nicht bei mir?« Ich knete mein Taschentuch, und Jacqueline umarmt mich noch einmal. Behutsam wiegt sie mich in ihren Armen.

Und dann kommt dieser Satz, dieser phantastische, alles erklärende Satz von ihr: »Je öfter du fragst, Gott, wo bist du?, desto weiter schickst du ihn weg.«

Klar! Ich weiß, daß meine Gedanken meine Realität formen, und wenn ich glaube, daß Gott weit weg ist, dann ist er es auch!

Mir geht ein Licht auf. Natürlich. Ich bedanke mich bei Jacqueline, nehme mein in Leder gebundenes Journal und eile in den Wald. Ich breite meine Arme aus und sage in tiefer Dankbarkeit: »Gott, hier bin ich.« Und in meinem Kopf höre ich: »Und hier bin ich!«

Das war es, was ich lernen mußte. Wenn ich Gott suche, heißt das, daß ich ihn irgendwo und irgendwann verloren habe! Aber Gott kann man nicht verlieren, man kann sich nur selbst verlieren.

»Soll ich mein Leben verändern? Soll ich irgend etwas aufgeben?« will ich wissen.

»Wozu?« höre ich in mir.

Würde ich Gott mehr dienen, würde ich meine Mitmenschen mehr lieben, ohne die Menschen und Dinge, die mein Leben ausmachen? Nein. Es ist vielleicht einfacher, Gott in einem Ashram zu dienen, aber ist es nicht gerade so, daß wir ihm und seinen Geschöpfen in unserem täglichen Leben dienen sollen? Daß wir unsere Spiritualität von den 20-Minuten-Meditationen auf 24 Stunden ausdehnen sollen. Daß wir nicht nur um Spiritualität wissen, sondern sie auch sind.

»Gibt es irgend etwas, was du von mir willst?« frage ich in Gedanken. »Disziplin.«

Disziplin? »Gibt es eine Disziplin, die mich in meiner Entwicklung unterstützen würde?« will ich wissen.

»Ja.«

»Ich bin bereit.«

»Meditiere zwischen drei und vier Uhr eine Stunde. Schreibe anschließend. Wecke dein Kind um sieben und frühstücke mit deiner Familie. Arbeite bis Mittag. Iß rohes Gemüse und Brot zum Mittagessen. Schlafe draußen auf der Erde für eine Stunde. Tanze und bewege deine Energie. Hole deine Tochter von der Schule ab und verbringe ausreichend Zeit mit ihr. Koche mit Liebe für deinen Mann. Wenn die Sonne untergeht, gehe nach draußen und bete. Gehe zu Bett, wenn du müde bist.«

Ich öffne meine Augen und schreibe alles in mein Journal. Das frühe Aufstehen bin ich von meinem ersten Buch her gewöhnt. Die Zeit war am besten für mich. Ich schlafe auch gerne draußen auf der Erde.

Das Tanzen halte ich immer noch für Zeitverschwendung, ich könnte doch »Wichtigeres« erledigen. Muß ich wieder kochen? Mein Mann ist sehr heikel mit dem Essen, und das Kochen habe ich im letzten Jahr allmählich der Haushälterin übertragen.

Ich erinnere mich, daß Swami Muniji gesagt hat, daß er nur ißt, was mit Liebe gekocht worden ist. Geht Liebe also doch durch den Magen? »Alles ist Energie«, höre ich. Das wird eine Herausforderung werden, mit Liebe zu kochen, wo es mir im Moment überhaupt keinen Spaß macht.

Ich mache mir ein bißchen Sorgen um den Schlaf und erinnere mich an letztes Jahr, als ich jeden Morgen um vier Uhr aufwachte. Ich war den ganzen Tag am Zählen: Heute habe ich vier Stunden geschlafen, dann brauche ich mindestens zwei Stunden Mittagsschlaf, sonst bin ich am Abend furchtbar müde. Ich höre in mich hinein: Wieviel Schlaf brauche ich?

»Wo ist dein Fokus?«

»Ich möchte genügend Schlaf haben, damit ich im Dienste Gottes stehen kann.«

»Wo ist dein Fokus?«

Ich denke eine Sekunde nach.

»Wieviel Schlaf ich bekomme.«

»Soll da dein Fokus sein?«

Nein, beantworte ich mir selber. Mein Fokus ist der Dienst und nicht der Schlaf.

»Der Schlaf wird dich finden«, höre ich in mir, »du mußt ihn nicht suchen.«

Aber, immer dieses Aber, schießt es mir durch den Sinn: »Aber ich muß doch Termine machen. Woher soll ich wissen, wann mein Körper müde wird? Was ist, wenn ich gerade dann einen wichtigen Termin habe?«

Ohne auf die Antwort zu warten, weiß ich, daß es mir nie passieren wird, einen wichtigen Termin wegen Müdigkeit absagen zu müssen. Wozu auch. Das würde meine Absicht nicht unterstützen.

Die Sonne geht unter, und ich lege mich auf die Erde, um zu beten. Ich nehme einen Stein, der neben mir liegt, in meine Hand. Ich werde ihn mit nach Hause nehmen, er wird mich an diesen wunderbaren Tag erinnern. Ich lege eines meiner Haare an den Platz, an dem ich den Stein gefunden habe. Ich nehme nie etwas von der Natur, ohne etwas zurückzulassen. So wird es ein Austausch und nicht einfach ein Nehmen.

Ich schließe die Augen und bedanke mich für die letzten zwei Tage. Was für eine wundervolle Lektion, sie wird mich weiterbringen. Weiterbringen zu dem Ziel, der beste Mensch zu sein, der ich sein kann. Disziplin. Wer hätte gedacht, daß das so wichtig ist? Disziplin ist Konzentration. Worauf man sich konzentriert, bekommt Energie, und alles, was wir mit Energie belegen, wird realisiert. Benutze ich meine Energie, um zu tratschen, nimmt Klatsch einen großen Teil meines Lebens ein. Benutze ich meine Energie, um Sport zu treiben, wird Sport einen großen Teil meines Lebens ausmachen. Benutze ich meine Energie zum Meckern, ist Unzufriedenheit in meinem Leben. Konzentriere ich mich auf meinen Beruf, bestimmt der Beruf mein Leben. Konzentriere ich mich auf Gott, ist Gott ein großer Teil meines Lebens.

Es ist schon dunkel, als ich mich auf den Weg zum Ganges mache. Ich möchte diesen Tag mit einem Ritual abschließen, und meine Engel haben mich zu diesem heiligen Fluß geschickt. Ich vertraue meiner Intuition und meinen Gedanken, daß sie mir das richtige Ritual zeigen werden.

»Steh im Fluß«, höre ich in mir und ziehe meine Schuhe aus, schlinge meinen Sari höher um die Hüften und steige knietief in den kühlen Ganges.

Ich halte meinen Stein ins Wasser, und in Gedanken formuliert sich ein Schwur: »Für die Liebe und meinen Einsatz.« Ich hole den Stein heraus und halte ihn an mein Herz. Ich atme tief ein. Ich fühle, daß ich den Stein noch mal in das Wasser halten muß. »Für Disziplin«, höre ich mich flüstern. Und wieder halte ich den Stein an mein Herz. Und noch einmal senke ich den Stein in den Fluß: »Dein Wille über meinem Willen.« Ich fühle den Stein auf meinem Herzen. Stark, bestimmt, so alt wie die Welt selbst. Da kommt es mir in den Sinn, auch Gott nach seinem Einsatz für mich zu fragen.

Ich nehme den Stein, tauche ihn kurz ins Wasser und halte ihn gegen den sternenklaren Himmel: »Für Liebe und deinen Einsatz.« Wie ich die Hand nach oben halte, fühle ich den Wind stärker werden. Tränen laufen mir die Wangen herunter. Ich bin voller Dankbarkeit und Freude. Danke Gott! Ein zweites Mal tauche ich den Stein ins Wasser und halte ihn mit weit ausgestrecktem Arm. »Für Disziplin!« rufe ich und warte wieder auf den Wind. Doch es bleibt still, und ich lächle. Disziplin ist für Gott wahrscheinlich kein Problem. Zum dritten Mal tauche ich den Stein und hebe meinen Arm: »Dein Wille über meinem Willen.« Und da ist er wieder, der Wind, der mein Bruder ist.

Ich weiß nicht, wie lange ich am Ganges stehe und die Bewegung des heiligen Flusses betrachte. Der Ganges ist die Mutter Indiens. Hier wird der Körper gereinigt, hier werden Gebete mit Hilfe von Blumen dargebracht, und früher wurden die Toten hier auf die Reise geschickt. In diesem heiligen Fluß schwimmt auch viel Abfall, weil keiner den Dreck wegräumen will. Man wird dadurch »unberührbar«, der Unterste im Kastensystem der Hindu-Religion, was eines der größten Probleme Indiens darstellt. Swami Muniji hat angefangen, einmal die Woche öffentlich die Straßen zu kehren. Wenn ein lebender Gott das macht und nicht »unberührbar« davon wird, werden es die anderen auch können. Ein wundervolles Beispiel, um diesem schönen Land zu helfen.

Ich danke meinen Schutzengeln und Gott für die Liebe und die Weisheiten, die ich in mich aufnehmen durfte.

»Sei wie der Fluß«, höre ich in mir, »stark, ruhig, entschieden. Nichts kann ihn ärgern, nichts ändert seinen Weg. Nimm die Negativität, nimm den Schmutz wie der Ganges und bringe ihn zurück zum Ufer und lasse ihn dort liegen. Gehe deinen Weg. Sei wie der Fluß: Stark, ruhig und entschieden.«

Ich verbringe den Abend mit meinen Freunden. Ich erzähle ihnen von den letzten zwei Tagen. Wir sitzen um mein Bett, und ich fühle tiefe Dankbarkeit, bei Menschen zu sein, mit denen ich alles, aber auch alles teilen kann.

Am nächsten Morgen wache ich kurz vor vier Uhr auf und gehe in den Tempel zur Morgenmeditation. Ich war noch nie in einem Hindu-Tempel und schaue mich um. Die Schuhe werden vor der Tür gelassen, leise gehe ich über den Steinfußboden in das Zentrum. Dort liegen schmale Matten auf dem Boden, auf denen man sich zum Beten niederlassen kann. Vor mir befindet sich eine Art Bühne mit einem Glaskasten. Darin wird die Wachsfigur des kürzlich verstorbenen Sri Swami Shukadevanandaji Maharaj aufbewahrt, der den Ashram gegründet hat. Vor acht Jahren gab er ihn an seinen Schüler, Swami Muniji, weiter. Es ist zu früh für das Morgengebet, deshalb bin ich alleine im Tempel.

Dies ist der erste Tag meiner neuen Disziplin. Eine wichtige Bestätigung für meinen Einsatz und mein Versprechen. Ich habe das Gefühl, gerade einen Berg bestiegen zu haben, und bewundere die Aussicht – noch ohne Ahnung, daß vor mir bald ein neuer Berg auftauchen wird ...

Ich habe den Vormittag verbracht, ohne zu sprechen. Swami Muniji erwartet uns zum Mittagessen. Herrliche, frische Speisen, jedes Gericht ist wie ein Weihnachtsgeschenk. Er schlägt uns vor, nach dem Essen eine heilige Nachbarstadt, die wie »Hardware« ausgesprochen wird, zu besuchen, und Jacqueline und er beraten, wer mit welchem Auto fährt. Eigentlich wäre es Zeit für meinen Mittagsschlaf, und ich denke darüber nach, ob ich mitfahren soll.

»Also«, höre ich Jacqueline, »dann treffen wir uns alle um zwei Uhr vor dem Büro.«

»Ich glaube, ich bleibe lieber da.«

Jacqueline schaut überrascht: »Sabrina, diese Stadt solltest du nicht verpassen. Das ist eine der heiligsten Städte Indiens. Die Tempel sind absolut phantastisch.«

Sofort denke ich, Jacqueline weiß vielleicht mehr als ich. Vielleicht haben ihre Engel gesagt, daß ich mitkommen soll. Ich könnte mich ja kurz hinlegen und dann doch mitfahren.

»Also gut, ich komme mit.«

Kaum habe ich den Satz ausgesprochen, nagt leichte Unzufriedenheit an meiner Entscheidung. Ich lege mich auf mein Bett und versuche zu schlafen. Vollkommen ausgeschlossen. Kurz danach höre ich meine Freunde hereinkommen und werde aus dem Bett gescheucht.

Die Fahrt nach »Hardware« soll angeblich nur eine Stunde benötigen, dauert aber zwei. Es ist heißer als sonst, die Tempel sagen mir nicht viel, der Markt ist überfüllt, und da wir die einzigen Touristen sind, werden wir von zahlreichen Bettlern umgeben. Ich bin hundemüde und ärgere mich über meine Entscheidung. Ich setze mich ins Auto und versuche zu schlafen. Unmöglich. Statt dessen spüre ich den Wunsch: Wäre ich doch nur im Ashram geblieben.

Zurück in meinem Zimmer, setze ich mich staubig, müde und verärgert vor meinen Reisealtar und bete. »Also gut, was habe ich nicht verstanden?« Die Antwort von meinem Engel kommt so klar und deutlich, daß ich erstaunt bin, warum mir das nicht früher eingefallen ist: »Du mußt auf deine eigene Intuition hören. Frage immer zuerst Gott. Triff deine Entscheidungen nicht danach, was andere tun, magst du ihnen auch noch so vertrauen. Sie treffen ihre Entscheidungen ihrer Intuition folgend, und du mußt deine Wahl deiner Intuition entsprechend vornehmen.«

Ja, das ist wahr. Ich bewundere Jacqueline, ich bewundere ihre Integrität, ihre Liebe zu Gott, ihren Dienst an den Menschen und ihre Achtung vor der Natur. Aber die Bewunderung für andere darf nicht die »Bewunderung« für mich selbst ausschließen. Ich bin auch der göttliche Funke. Mein tägliches Leben, meine positiven Gedanken, Worte und Taten lassen dieses Licht heller und heller leuchten, und es wird immer Menschen geben, die mir ein Vorbild sind – aber ich kann ihnen nicht folgen. Ich kann nur mir und dem göttlichen Funken folgen. Ich öffne meine Augen und beobachte von meinem Zimmer aus den Sonnenuntergang. Ja, das Ziel für uns Menschen ist dasselbe, doch der Weg ist verschieden. Das war mein zweiter Berg.

4. Kapitel

Von einem Engel, der sich vorübergehend als Mensch zeigt, und wie wichtig die ersten Gedanken am Morgen sind

Ich bin auf dem Weg nach Hause. Während ich über Asien fliege, bedanke ich mich für die Hilfe meiner Engel. Ich fliege gern alleine. Das ist Zeit, die ich ganz für mich habe, und selbst auf die unvorhergesehenen Zwischenfälle freue ich mich. Das Leben wäre sonst wahrscheinlich erschreckend langweilig. Neben mir sitzt ein junger Mann, der mich an Brandon, den Sohn einer Freundin, erinnert. Seine Eltern sitzen in der Reihe vor uns, und er ist gerade mit einem Computerspiel beschäftigt.

Brandon war im letzten Jahr zum ersten Mal nach Asien geflogen, und das auch noch alleine. Er war 15 Jahre alt und wollte seinen Vater besuchen, der als Musiker dort gerade auf Tournee war.

»Mein Engel materialisierte sich, als ich nach Manila flog«, hatte er mir zwischen Tischabräumen und Abspülen erzählt, als er uns mit seiner Mutter besuchte und wir über meine erste bevorstehende Asienreise sprachen.

»Wie bitte?« Ich blieb zwischen Kühlschrank und Waschbecken stehen.

Brandon, mit seinem weiten T-Shirt und seinen noch weiteren Hosen, schaute mir geradewegs in die Augen: »Materialisierte sich. Ich meine, er saß neben mir im Flugzeug.«

»Aha.« Ich weiß nicht, was mich mehr überraschte, daß ein Engel sich materialisieren kann oder daß ein Teenager so natürlich über Engel spricht.

Brandon grinst mich an, wie nur ein Teenager grinsen kann. »Du hast das offensichtlich noch nie erlebt.«

Wohl wahr.

»Ich wollte meinen Vater in Manila besuchen, und meine Mutter konnte nicht weg. Also beschlossen wir, daß ich dieses Mal alleine reisen solle. Du weißt ja, daß das von der Westküste eine richtig lange Strecke ist, und ich war etwas nervös, denn ich mußte in Taiwan umsteigen.

Als ich hier in das Flugzeug stieg, saß neben mir ein asiatischer Mann, der mich freundlich anlächelte. Ich fühlte gleich ein sonderbares Wohlbefinden in mir. Er hatte eine blaugrüne Sportjacke an, und über seinem Herzen war der Name Gil gestickt. Wir kamen ins Gespräch, und weil der Platz in der Touristenklasse ein bißchen knapp war, konnte ich ihn deutlich fühlen.«

»Wie fühlen?« fragte ich ihn.

»Du weißt doch, wie sich das anfühlt, wenn jemand neben dir sitzt oder steht, der dir sympathisch ist.«

Ich kann mir die Bilder einfach nicht verkneifen: »Du meinst dieses leichte Gefühl der Müdigkeit, ohne müde zu sein. Dieses entspannte Gefühl, wenn du nach dem Skifahren heißen Kakao trinkst und dich vor einem offenen Kamin mit loderndem Feuer in eine weiche Decke kuschelst?«

Brandon schaut meinem lyrischen Ausbruch etwas überrascht zu: »So kann man das natürlich auch sagen. Ja, du weißt schon, dieses weiche Gefühl innen drin. Ich fühle mich richtig sicher und gut aufgehoben bei ihm. Während der Reise erzählte er mir alles von Manila, da mußte er nämlich auch hin. Er war dort geboren und wollte seine Familie besuchen. Er erzählte mir von den verschiedenen Gewohnheiten der Menschen, wohin ich zum Einkaufen gehen sollte, was ich als Mitbringsel kaufen kann, wie man sich verhält, wie man sich begrüßt und lauter so Sachen.«

Mit einem Satz setzt er sich auf die Küchentheke und fährt fort:

»Also ich landete in Taiwan und fand mich mit seiner Hilfe sehr gut zurecht. Ich stieg in das nächste Flugzeug, und stell dir vor: Mein Sitz war plötzlich in der sehr viel bequemeren ersten Klasse.« Erstaunt frage ich: »Hattest du mit jemandem gesprochen, damit du in der ersten Klasse sitzen konntest?«

Brandon schüttelte den Kopf: »Nein, gar nichts habe ich gemacht. Ich bin noch nie First Class geflogen und habe auch keine Ahnung, mit wem ich hätte reden sollen und was ich da sagen müßte. Und stell dir vor, mein Reisebegleiter sitzt auch in der ersten Klasse, gleich neben mir.«

»Das ist ja phantastisch.«

Brandon grinst: »Das war es auch. Ich landete in Manila. Mein Vater holte mich ab, und ich vergaß den Mann im Flugzeug. Bis ich wieder heimflog. Auch wieder alleine, aber dieses Mal hatte ich keine Angst mehr, schließlich war das schon das zweite Mal. Und rate mal, wer wieder im Flugzeug war?«

»Der Mann aus Manila?«

»Genau, aber dieses Mal saß er ein paar Reihen hinter mir. So, als ob ich nicht mehr so viel Hilfe bräuchte, schließlich kannte ich mich jetzt ja aus. Cool, nicht wahr?«

»Ja, cool ist der richtige Ausdruck dafür.«

Ich beobachte Brandon, wie er die restlichen Tomaten in den Mund schiebt, und bemerke, wie selbstverständlich er mit diesen Erfahrungen umgeht. Für ihn war es sein Schutzengel, der ihn auf dieser Reise begleitete. War es das wirklich? Da höre ich schon meinen Engel: »Dein Glaube bestimmt deine Realität. Brandon glaubt, daß so etwas möglich ist, deswegen passiert es für ihn. Und du, glaubst du, daß so etwas möglich ist?«

Ich schaue mich im Flugzeug ein bißchen um. Der junge Mann rechts neben mir spielt immer noch mit seinem Computerspiel. Linker Hand sitzt ein Ehepaar, das sich offenbar gerade streitet. Ich lasse meinen Blick über die Sitzbänke wandern. Einige Passagiere schlafen, andere lesen, viele haben Kopfhörer auf. Nur die ältere Dame schräg vor mir dreht sich zu mir herum, lächelt ein weises Lächeln und zwinkert mir zu. Sie wird doch wohl nicht ...

Am nächsten Morgen wache ich endlich wieder im eigenen Bett auf. Der erste Gedanke, der mir kommt, ist: Schade, leider war kein Engel da. Ich muß über mich lachen. Wenn ich mir etwas in den Kopf gesetzt habe, setzt meine bayerische Sturheit ein. Wie jeden Morgen bleibe ich erst einmal eine Weile im Bett liegen und bedanke mich bei allem Schönen und Wundervollen in meinem Leben. Auf Englisch heißt das »I count my blessings«. To count heißt aufzählen, to bless bedeutet segnen, blessings sind die Segnungen, also die positiven, herrlichen Dinge in unserem Leben. Mir ist noch keine gute Übersetzung ins Deutsche eingefallen. Also bedanke ich mich bei meinem Körper, ehre meine Gesundheit, freue mich über meinen Mann und meine Tochter, meine Familie, meine Schwestern, meine Freunde, meine Tiere, mein Haus, meine Freiheit. Dann bedanke ich mich bei Gott und meinen Engeln und meinen spirituellen Lehrern, wie Jesus, Zarathustra, Häuptling Grey Wolf und meinem Adler. Dann wünsche ich meiner Tochter Julia, daß meine Lehrer und Engel auch immer bei ihr sein mögen. Am Schluß bedanke ich mich bei diesem neuen Tag und all seinen Herausforderungen, bestätige noch mal meine Bereitschaft zum Lernen und daß ich mich darauf freue, zu wachsen und ein besserer Mensch zu werden. Der Tag beginnt dadurch anders, fröhlicher, dankbarer.

Früher war mein erster Gedanke oft etwas Unangenehmes. Dinge, die ich hinausgeschoben hatte. Zum Beispiel: Ich muß noch Soundso anrufen, um abzusagen, oder eine unangenehme Konfrontation, eine Aussprache, die mir Tage vorher schon im Magen lag. Und natürlich beeinflußte das meine Stimmung. Das »count my blessings« erinnert mich immer daran, wie gut es mir geht. Es gibt immer irgend etwas im Leben, für das man dankbar sein kann. Und selbst in den schlimmsten Momenten kann man noch »Wundervolles« finden. Manchmal mag es einem klein erscheinen, aber je mehr man sich darauf konzentriert, desto mehr wundervolle Kleinigkeiten findet man, die einem helfen, sich in eine andere Stimmung zu bringen.

Es ist noch dunkel, als ich von selbst aufwache. Fast vier Uhr, wie mein Wecker mir bestätigt. Auch zu Hause fällt es mir leicht, meine neue Disziplin aufrechtzuerhalten. Ich putze mir die Zähne, wasche mein Gesicht und ziehe mir etwas Bequemes über. Der frühe Morgen ist meine kreativste Zeit. Das Haus ist still, jeder schläft; kein Telefon klingelt, und niemand lenkt mich ab. Nur ich bin da, meine Liebe zu Gott und meine Arbeit.

Wir sind vor ein paar Monaten umgezogen, und mein Meditations- und Arbeitszimmer liegt jetzt im Gästehaus. Im alten Haus hatte ich ein »blaues Zimmer«, um zu meditieren. Mein blaues Zimmer war nicht immer blau. Es war einmal eine größere Rumpelkammer, in der neben einem Ersatzbett ein kleiner Schrank und eine Kommode Platz hatten. Als ich anfing zu meditieren, hatte ich Sehnsucht nach einem Platz für mich ganz alleine. So wurde aus der Rumpelkammer langsam mein Meditationszimmer, und als ich die Wände blau bemalte, mein blaues Zimmer. Darin stand mein Altar mit einem Bild von Jesus und Zarathustra, einer Statue von Buddha. Shiva und Franz von Assisi, Engeldarstellungen und jeder Menge Kristalle. Meine Pfeife lag dort in ihr rotes Tuch eingewickelt. Federn, Steine und Erde aus Gegenden, die mir etwas bedeuten, und eine Schale Wasser waren lose um eine Kerze herum arrangiert. Gebündelter Salbei und geflochtenes Sweetgrass lagen in einer Abalone-Muschel.

Mein Büro war damals von meinem Meditationszimmer getrennt. Ich wußte, daß ich in unserem neuen Haus dort arbeiten muß, wo ich auch bete. Das Gästehaus war, bevor wir einzogen, ein professionelles Musikstudio mit dicken schalldichten Wänden. Der Keller und das Erdgeschoß hatten keine Zwischendecke und waren zu zwei großen Räumen verbunden. Es gab einen Raum für die Technik mit all den Reglern, die man so braucht, und einen anderen Raum für die Musiker. Die Fenster waren verdunkelt, und man hatte das Gefühl, in einem tiefen Keller zu stehen. Als wir das Haus kauften, war mir gleich klar, daß dies mein Platz sein wird. Die Wände erfüllt von schöner Musik, wie passend für einen Raum, in dem man sich wohl fühlen soll. Ich brauchte dringend mehr Platz, da es für meine Meditationsgruppen und Workshops im alten Haus zu eng wurde.

Ich ließ alles herausreißen, dann wurden Stufen eingebaut und verschiedene Ebenen, um den riesigen Raum zu gestalten. Ein sanfter ockerfarbener Teppich wurde über die ganze Fläche ausgelegt, und die längste Wand bemalte ich mit meinem Blau, in wundervollen Wellen. Das Wasser als Symbol für Leben, Bewegung, Veränderung, Stille. Von einem kleinen Schreibtisch schnitt ich die Beine ab, um in Zukunft mit verschränkten Beinen auf dem Boden sitzend zu arbeiten. Er steht vor vier riesigen Glasschiebetüren, und wenn ich nach draußen schaue, sehe ich die Hügel auf der anderen Seite des Canyons. Jetzt sehe ich natürlich noch nichts, dazu ist es zu dunkel. Ich öffne die Schiebetür aus Glas und ziehe meine Hausschuhe aus. Auf der anderen Seite steht unter einem großen Fenster mein Altar, und ich setze mich mit verschränkten Beinen davor. Ich zünde eine Kerze an und verbrenne etwas Salbei. Mit einer Feder schiebe ich den Rauch sachte um meinen Körper. Dabei halte ich den Gedanken, mich von allen alten, negativen und belastenden Vorstellungen zu lösen. Von nordamerikanischen Indianern habe ich gelernt, den Rauch des Salbeis als Reinigung zu benutzen. Ich schließe meine Augen und spreche mein Gebet: »Mutter-Vater Gott, geliebte Engel, danke für meine Reise nach Indien und für meine neuen Erfahrungen. Ich freue mich auf meine Disziplin und bin bereit, auch heute wieder etwas Neues zu lernen.« Ich stelle mir vor, wie über mir das Licht Gottes hell, warm und voller Liebe strahlt und wie es durch die Schädeldecke in meinen Kopf dringt. Langsam bewegt es sich mein Rückgrat hinunter, um dann vorne in meinem Schritt anzuhalten. Ich lasse das Licht wie in einer langgezogenen Spirale hinauf zum Herzen, über den Hals und das dritte Auge in meinen Kopf zurückfließen. Durch meine Vorstellungskraft wird dieses Licht angeregt, genau das zu tun, was ich mir wünsche. Ich lasse das Licht in meinem Gehirn kreisen und nach einiger Zeit durch meine Schädeldecke hinaus. Ich fühle mich, als ob ich gerade eine innere Dusche genommen hätte. Ich lasse mich treiben, genieße die Ruhe in mir und warte. Manchmal empfinde ich in meinen Meditationen eine Leere. Vollkommenes Dasein. Kein Gedanke, nur Wohlfühlen. So wie jetzt.

5. Kapitel

Von Engeln, die für Tiere da sind, und was passiert, wenn Gott dein Vater wird

Ich höre Samantha in meinen Gedanken. Sie hat eine wundervolle Stimme. Sie spricht mit soviel Liebe und Zärtlichkeit, daß man sich in ihren Arm legen möchte, um bemuttert und gestreichelt zu werden. Kein Wunder, daß sich alle Tiere zu ihr hingezogen fühlen. Ich erinnere mich an ein Gespräch, das wir über ihre Engel hatten. Vor zwei Jahren hörte ich von einer »Konferenz für Visionäre« in Washington State. Die Liste der Sprecher war lang und imponierte mir sehr. Da gab es Dr. Valerie Hunt, Professorin an der Universität von Los Angeles, die über Energiefelder sprach. David Berry, Mitglied des US-Büros für Umweltschutz, Robert Dean, ehemaliger NATO-Offizier sprach über UFOs, Don Alejandro, Schamane vom Amazonas, der noch nie vorher Peru verlassen hatte. Arvol Looking Horse, der Träger der Original Sacred Pipe, und Samantha Khury, die darüber referierte, wie man mit Tieren spricht.

Die Konferenz erstreckte sich über ein Wochenende. Über 100 gleichgesinnte Leute waren versammelt, und selbst da fiel Samantha auf. Sie sieht wie ein Engel aus: zarte blonde Locken, helle blaue Augen. Sie ist um die 50 Jahre alt, sehr jugendlich, und sie strahlt diese Sicherheit aus, die Menschen haben, wenn sie um sich selbst wissen. Ich hatte das Gefühl, ich würde sie schon seit Urzeiten kennen. Ihre Bewegungen waren harmonisch, ihr Blick offen, verständnisvoll und freundlich.

Das Konferenzzentrum lag ungefähr zwei Stunden vom Flughafen entfernt, und es ergab sich, daß Samantha mit mir im

Auto zurückfuhr. Wir waren kaum auf der Autobahn, als ich sie bat, mir mehr von sich zu erzählen.

»Ich wurde unehelich geboren, meine Mutter war noch ein Teenager«, erzählt sie, »und zu der damaligen Zeit war das eine große Schande. Die ältere Schwester meiner Mutter nahm mich bei sich auf, weil meine Mutter zu jung war, um mich aufzuziehen. Über meinen Vater wurde niemals gesprochen. Es war ein ungeschriebenes Gesetz in meiner Familie, und selbst als kleines Kind stellte ich nie Fragen nach meinem Vater.«

»Hast du oft über ihn nachgedacht?«

»Ja, ich stellte mir vor, wie er aussehen würde und was er zu mir sagen würde. Er war in meiner Phantasie immer vorhanden. Eines Tages nach dem Gottesdienst, ich muß so um die fünf Jahre alt gewesen sein, fragte mich der Pfarrer beim Nachhausegehen: Weißt du, wer dein Vater ist?«

»Er sprach mit dir über deinen Vater?« frage ich sie, mich bemühend, meine Augen nicht vom Autobahnverkehr abzuwenden.

»Warte«, meint Samantha lächelnd, »ich sagte ›Nein‹, und mein Herz begann zu klopfen. Ich dachte mir: ›Endlich erfahre ich mehr über meinen Vater.‹

Samantha macht eine kleine Pause und fährt dann fort: »Der Pfarrer sagte: Gott ist dein Vater. Und ich dachte mir: Gott ist mein Vater! Kein Wunder, daß niemand in meiner Familie darüber spricht.‹«

Ich lachte. »Da mußt du gedacht haben, dir geht es so wie Jesus.«

»Genau«, erwiderte Samantha. »Gott ist mein Vater. Und immer, wenn ich bete, sprach ich zu meinem Vater. Schließlich hatte es mir der Pfarrer bestätigt.«

»Hast du je mit deiner Familie darüber gesprochen? So nach dem Motto: Ich weiß jetzt, wer mein Vater ist?«

»Nein, nein, mir reichte die Gewißheit, daß Gott mein Vater ist«, erklärte mir Samantha. »Von da an war mein Leben leichter.

Gott ist mein Vater. Selbst wenn ich einsam oder traurig war –
und ich war oft einsam und traurig –, gab es tief in mir die
Gewißheit, daß Gott, mein Vater, immer für mich da ist.«

Was für eine wundervolle Fügung, denke ich mir. Ein Kind, das
sich oft einsam fühlt und seinen Vater vermißt, erfährt von der
Autorität Pfarrer, daß Gott sein Vater ist. Ich kann nur ahnen,
welchen Einfluß das auf ihr Leben gehabt haben muß.

»Ich war immer von Tieren umgeben, die Hilfe brauchten, und
das schon als kleines Mädchen«, erzählt sie weiter. »Vögel
fielen von den Bäumen, wenn ich spazierenging, verletzte Igel
lagen auf dem Weg, kleine Feldmäuse waren zu schwach zum
Weglaufen.« Sie lächelte und erklärte dabei: »Ich wurde streng
katholisch erzogen und weiß natürlich, wie oft das Bibelwort
anders ausgelegt wird. Mir wurde gesagt, daß durch den Versuch zu heilen dem Teufel die Möglichkeit gegeben wird, durch
dich zu arbeiten. Doch was sollte ich tun? Ich fand einen verletzten Vogel, den Flügel seltsam nach außen gespreizt, und
mein Gefühl gebot mir, ihn aufzuheben und meine Hände um
den kleinen, zitterigen Körper zu legen. Mein Verstand dagegen sagte, daß ich damit etwas Schreckliches tue.« Sie zuckt
mit den Schultern. »Ich war so erfüllt von dem Wunsch zu helfen, daß ich Gott, meinen Vater, um Rat bat. Gleich danach
fühlte ich, wie meine Hände warm wurden und meine Liebe
für dieses Tier sich wie eine warme Decke um den Vogel legte.
Immer wenn ich mich auf meine Gefühle und meinen Wunsch
zu helfen konzentrierte, wurden meine Hände sehr warm.«

»Wie alt warst du da?« frage ich neugierig.

Sie denkt nach. »Ich muß ungefähr fünf oder sechs Jahre alt
gewesen sein. Vielleicht auch jünger. Ich erinnere mich, daß
ich jedesmal, wenn ich einem Tier half, diese zwei riesigen
Gestalten neben mir gespürt habe. Eine rechts und eine links.«

»Welche riesigen Gestalten?«

»Damals wußte ich noch nicht, daß das Engel waren. Diese
Gestalten waren mir sehr vertraut. Ich schaute immer nach

oben, weil ich erwartete, daß dort jemand stand. Da stand aber niemand. Ich meine, niemand, den ich sehen konnte.«

»Spürtest du denn einen Windhauch oder eine Berührung?«

»Nein«, Samantha schüttelt den Kopf, »es war mehr so, als wenn dir jemand über die Schulter schaut. Du weißt einfach, daß er da ist. Ich erinnere mich noch, wie überrascht ich jedesmal war, daß ich die Engel nicht sehen konnte. Sie waren da, um mich zu ermutigen, weiterzumachen. Meine Hände wurden wärmer und wärmer, und kurze Zeit später plusterte der Vogel seine Flügel auf und flog davon.«

Ich bin fasziniert. »Da müssen dir ja alle möglichen Leute ihre Tiere gebracht haben.«

»O nein«, antwortet Samantha, »ich sprach nicht darüber. Ich war mir ja nicht sicher, ob man das überhaupt darf. Ich tat immer so, als ob ich mit diesen Heilungen nichts zu tun hätte. Das ging Jahre so.« Samantha streicht sich über ihre Hände. »Ich war ungefähr zwölf oder dreizehn Jahre alt, als die verletzten Tiere nicht mehr in meiner Nähe auftauchten. Ich war jetzt viel zu beschäftigt, ein typischer Teenager zu sein. Mit siebzehn Jahren heiratete ich, und nach der Geburt meines Sohnes kamen auch wieder Tiere in unser Haus. Drei Katzen. Eine davon war Frosty, die ich halbverhungert im Garten fand und mit einer winzig kleinen Flasche fütterte. Ich fühlte mich als Frostys Mutter. Sie war so klug, so liebevoll und zärtlich. Sie wußte immer genau, wie mir zumute war. Ich hing sehr an ihr.« Ihr Lächeln wird plötzlich traurig. »Ich war mittlerweile 25 Jahre alt, als ich mich mit Frosty auf den Weg zum Tierarzt machte. Sie hatte seit Tagen nichts mehr gefressen. Mir fiel auf, daß sich ihre Haut um die Schnauze herum zurückzog und ich ihr tief in den Kiefer schauen konnte. Jeden Morgen wurde diese Öffnung etwas größer, und sie hatte sogar Schwierigkeiten zu trinken. Ich hielt Frosty auf meinem Schoß, als der Tierarzt sie sorgfältig untersuchte. ›Das ist unheilbar‹, sagte er zu mir und schlug mir vor, sie einschläfern zu lassen. Frosty hatte eine

Krankheit, bei der die Zellen abstarben und ein Loch hinterließen, das immer größer wurde. Sie werde jämmerlich verhungern, machte mir der Tierarzt klar. Um dem Tier die Schmerzen zu ersparen, sollte ich Frosty gleich einschläfern lassen.«

Ihre Stimme beginnt zu zittern, und ich schaue vom Straßenverkehr schnell zu ihr herüber. Ich sehe Tränen in ihren Augen. Ich erinnere mich, daß sie ihre Tränen auch während ihrer Rede auf der Konferenz nicht zurückgehalten hatte. Sie distanzierte sich nicht von ihren Gefühlen. Sie hatte sie einfach. Nicht wie ich, die versuchte, über den Dingen zu stehen und sich nichts anmerken zu lassen. Die noch darüber nachdachte, was die anderen wohl denken würden, wenn ich jetzt zu weinen anfangen würde. Ich setzte Weinen mit Schwäche gleich, aber da war nichts schwach an Samanthas Tränen. Sie waren der natürliche Ausdruck ihrer Liebe zu Frosty. Ich bin verwirrt. Wie soll ich mich jetzt verhalten? Samantha ließ die Tränen einfach laufen. Langsam merke ich, wie auch meine Augen zu brennen anfangen, wie ich ihren Schmerz in meinem Herzen fühle. Zuerst will ich diese Gefühle unterdrücken. »Spinnst du jetzt?« höre ich in meinem Kopf. Ich fühle, wie sich meine Augen mit Wasser füllen und meine Gedanken bei Frosty und Samanthas Schmerz sind. Dann entschließe ich mich, diese Gefühle zuzulassen. Komisch, ich fühle mich zum ersten Mal beim Weinen nicht schwach und verletzbar. Ich fühle mich seltsam wach – irgendwie größer und stärker. Ich fühle mich in Harmonie mit mir. Samanthas Stimme dringt wieder in mein Ohr: »Ich starrte meinen Tierarzt voller Entsetzen an. Meine Frosty? Einschläfern? Sie war wie mein zweites Kind, und dieses Todesurteil verschlug mir die Sprache. Das war ausgeschlossen, ich konnte sie nicht einschläfern lassen! Ich drückte Frosty noch näher an mich, weinte und schluchzte und stürmte aus dem Behandlungszimmer. Ich weiß noch, wie mir der Tierarzt kopfschüttelnd über soviel Unverstand hinterherrief: Das ist grausam, was Sie da tun. Sie fügen dem Tier nur unnötige Schmerzen zu.

Ich zitterte am ganzen Körper, als ich nach Hause kam. Frosty schaute mich mit ihren klugen Augen an, und die Erinnerung an meine Kindheit kam empor – die Erinnerung, daß meine Hände heiß werden, wenn ich ein krankes Tier halte. Nichts auf der Welt wollte ich in diesem Augenblick mehr, als dieses Gefühl der Wärme zu spüren.«

Ich wischte mir meine Augen mit dem Handrücken ab. Samanthas Tränen tropften ungestört von ihrem Kinn auf ihre gefalteten Hände.

»Ich setzte Frosty auf meinen Schoß, um ihren Kopf legte ich zart meine Hände. Und ich betete mit aller Kraft und Konzentration und Liebe, die ich hatte. Mit aller Inbrunst und Überzeugungskraft, die ich aufbringen konnte, sagte ich: Mein geliebter Gott, bitte sende mir deine göttliche Kraft, damit Frosty geheilt werden kann. Wenn du mir dabei hilfst, verspreche ich herauszufinden, was es mit meinen heißen Händen auf sich hat. Ich werde mein Talent weiterentwickeln, um dir und der Welt zu dienen. Ich werde tun, was immer ich tun muß, bis ich sterbe, das schwöre ich, im Namen von Jesus Christus. Amen. Und ich bat Gott aus tiefstem Herzen, daß diese Wärme wieder durch meine Hände kommt.«

Sie hört auf zu weinen. »Und dann fühlte ich sie wieder: Die beiden Engel, diese riesigen Gestalten meiner Kindheit, wie sie an meiner Seite standen, und ich weiß noch, wie dankbar ich war. Wie unendlich dankbar. Ich fühlte ihre Körper neben meinem, leicht angelehnt, als wenn ich zart umarmt würde. Und ein Gefühl der Sicherheit, daß alles wieder in Ordnung kommt, erfüllte mich. ›Mach weiter, mach weiter. Vertraue deinem Instinkt‹, diese Gedanken kamen laut und deutlich in meinen Kopf. Ich vertraute, und dann wurden meine Hände sehr warm.«

Sie strahlt mich an. »Dreimal am Tag legte ich Frosty meine Hände auf. Morgens, gleich nach dem Aufstehen, holte ich sie auf meinen Schoß und sprach mein Gebet.

Ich fühlte, wie meine Hände immer wärmer wurden. Frosty schnurrte und schnurrte und schnurrte. Mittags eilte ich vom Büro nach Hause. Sie schnurrte während der ganzen Behandlung. Am Abend noch einmal eine halbe Stunde. Nach drei Tagen fühlte ich meine Hände durch ihren Speichel ganz naß werden. Sie ließ ein so tiefes Schnurren ertönen, wie ich es vorher noch nie von ihr gehört hatte. Eine kurze Weile später drehte Frosty sich um und schaute mich direkt an. Sie schob ihren Kopf in meinen Bauch, wie um sich zu bedanken. Ich begann in einer Mischung aus Freude und Dankbarkeit zu weinen. Ich wußte, irgend etwas ist passiert, und war sicher, daß Frosty bald geheilt sein würde. Ich wußte, daß etwas wirklich Wichtiges nicht nur in Frostys Leben passiert war, sondern auch in meinem.«

Wieder füllen sich ihre Augen mit Tränen. Und wieder bin ich fasziniert von der Normalität, mit der sie ihre Gefühle zuläßt.

»Ich beobachtete Frosty«, erzählt sie weiter, »wie sie von meinem Schoß heruntersprang und zu ihrem Futternapf ging. Sie fing zu fressen an! Nach sieben Tagen fraß sie wieder!«

Sie schaut glücklich zu mir herüber. »Durch Frosty begann ich, mein Talent als Heiler zu fördern. Ich wußte jetzt, daß das ein Geschenk Gottes ist. Ich suchte nach einer Art Training. Irgend jemanden, der mir helfen könnte, noch mehr darüber zu lernen. Schließlich landete ich in einer Schule die »Actualism« lehrt. Dort wurde mir beigebracht, daß der Körper mehr ist als eine Ansammlung von Gewebe. Siebzehn Jahre studierte ich, lernte massieren und wie ich Energie für Heilungen nutzen kann. Meine Klienten waren Menschen, die andere Wege suchten, gesund zu werden.«

»Aber wie kam es, daß du lerntest, mit Tieren zu reden?«

»Das war viele Jahre später. Ich war Ende Dreißig, als mein ältester Sohn einen Fasan mit nach Hause brachte, der von einem Auto angefahren worden war. Er war unverletzt, stand aber unter Schock, und ich hatte das Gefühl, daß der Fasan glaubte, daß er sterben wird. Ich baute in der Küche aus ein paar Stühlen eine Art Gehege für ihn. Ich wollte ihn nicht einsperren, sondern ihm nur ein Gefühl von seinem eigenen Platz vermitteln. Ich legte meine Hände um den Körper des Fasans, aber er reagierte nicht. Am nächsten Morgen, als die Kinder aus dem Haus waren, setzte ich mich zu dem Fasan in das Gehege. Ich schloß meine Augen und sprach ein Gebet: Lieber Vater, mein Gott, bitte erlaube mir, eins mit diesem Tier zu sein, so daß ich ihm mitteilen kann, daß er unverletzt ist. Daß er wegfliegen kann, denn er hat sich nichts gebrochen. Daß er wieder Vertrauen in seine Fähigkeit zu fliegen hat und seine Freude am Fliegen zurückkommt.« Samantha schließt ihre Augen, und auch ich fühle in mir ihr Gefühl der absoluten Konzentration. In der nichts anderes zählt als das, was man gerade im Augenblick tut.

»Und plötzlich, so schnell wie wenn man einen Lichtschalter anknipst«, beginnt sie, »war ich eins mit dem Fasan. Ich war nicht mehr Samantha, ich war dieser Vogel! Ich fühlte meine Flügel bis tief in die Spitzen und flog! Ich fühlte den Wind, der durch meine Federn glitt, ich roch die frische Luft, sah die Tannen unter mir, die Erde, Bäume und Büsche. Ich kann mich nicht erinnern, daß ich irgendeine Straße wahrnahm. Ich flog mit einer Leichtigkeit, einer Natürlichkeit, alle Sinne weit geöffnet – und dann fühlte ich die Kraft eines Aufpralls, den Schmerz und die Angst. Ich machte meine Augen auf und war wieder Samantha.«

Ich merke, daß mein Mund offen steht. So etwas würde ich auch gerne erleben wollen.

Samantha hält einen Moment inne, dann erzählt sie weiter:

»Als ich meine Augen öffnete, saß, nur ein paar Zentimeter von meinem Gesicht entfernt, der Fasan und starrte mich an, als hätte ich ihm gerade eine furchtbar spannende Geschichte erzählt. Dann spreizte er seine Federn und flog durchs offene Küchenfenster davon. Es dauerte eine ganze Zeit, bis ich mich wieder bewegen konnte. Ich war überwältigt von diesem Erlebnis. Ich wußte jetzt, daß es mir möglich ist, Informationen von Tieren zu bekommen. Ich hatte nur keine Ahnung, wie.«

»Weißt du denn jetzt, wie du diese Informationen bekommst?« frage ich neugierig.

»Ja. Unsere Gedanken mußt du dir wie lebendige Partikel vorstellen, die in der Atmosphäre herumfliegen. Das beginnt mit unserem individuellen Verstand. Der ist Teil des Gruppenverstandes.«

»Gruppenverstandes?«

»Wenn du zum Beispiel mit Leuten zusammenarbeitest, dann bildet dein Verstand mit den anderen einen sogenannten Gruppenverstand. Deine Gedanken werden oft von den anderen aufgefangen. Dann gibt es den Massenverstand. Je nachdem, wie es der Masse der Menschen geht, ist dieser Verstand von Ängsten oder Liebe geprägt. Übrigens, je mehr wir uns persönlich zum Besseren verändern, desto positiver wird natürlich auch der Massenverstand. Deshalb sind wir dafür verantwortlich. Dann gibt es noch den universellen Verstand. Das ist die Summe aller Lebewesen in dieser und den anderen Galaxien. Und dann gibt es noch den göttlichen Verstand, in dem absolute Weisheit und absolute Liebe wohnen. In diesen verschiedenen Bereichen fängt jeder von uns seine Informationen auf.«

»Das mußt du mir ausführlicher erklären.«

»Angenommen, du gerätst mit einem Flugzeug in eine Gewitterfront. Beim ersten starken Wackeln des Flugzeuges denken viele Passagiere an Absturz. Und selbst wenn du keine Angst hast, kommt oft der Gedanke, daß du vielleicht abstürzen könntest. Du fängst damit die »Gruppengedanken« auf. Die müssen nicht unbedingt deine sein.« Was für ein Konzept! Meine Gedanken sind nicht alle meine Gedanken?

»Aber woher weiß ich denn, welche Gedanken meine sind und welche den anderen gehören?«

»Durch aufmerksames Beobachten all deiner Gedanken.« Das

kann ja anstrengend werden, denke ich mir. Oder denkt das jemand anderer? Ich bin verwirrt. Mir muß das wohl im Gesicht geschrieben stehen, denn Samantha fängt zu lachen an. »Keine Angst, die meisten deiner Gedanken sind deine eigenen. Aber wenn aus heiterem Himmel ein Gedanke zu dir kommt, der gar nichts mit dir zu tun hat, schaue ihn dir einmal genauer an. Nach ein paar Tagen wirst du verstehen, was ich meine.«

»Die Gruppengedanken sind ja nicht so faszinierend. Wie komme ich denn in diese göttlichen Gedanken hinein?« will ich wissen. Wie herrlich würde das sein, wenn ich nur noch göttliche Gedanken hätte. Das würde doch auch bedeuten, daß endlich alle meine Fragen beantwortet werden würden. Ich will unbedingt diese göttliche Gedankengruppe finden.

»Du erreichst sie, indem du dich darauf einstellst.«

»Wie ein Radioempfänger?«

»So ungefähr. Zuerst einmal bittest du darum. Das mache ich mit einem Gebet. Dann glaubst du daran, daß es funktioniert. Du vertraust darauf, daß die Informationen, die zu dir kommen, göttlich inspiriert sind, und lernst, keine negativen Gedanken mehr zu haben.«

Ja, dieses Konzept kenne ich schon: Keine negativen Gedanken mehr zu haben. Jeder negative Gedanke hält uns von unseren Wünschen ab.

»Weißt du, wie das funktioniert?« fragt Samantha.

Ich nicke: »Jeder negative Gedanke ist wie eine Leine, die uns weiter weg von unseren Wünschen zieht.«

»Genau. Da gibt es die tollsten Beispiele. Ich würde gerne Geld haben, aber Leute mit Geld sind Schweine: Autsch, schon zieht die Leine zurück. Ich würde gerne einen tollen Mann finden, doch tolle Männer gibt es nicht mehr – schon holt einen die Leine zurück. Ich würde gerne mein Hobby zu meinem Beruf machen, aber das gibt es ja nur im Märchen. Und wieder hast du die berühmte Leine.«

»Also«, fasse ich zusammen, »um mit Tieren zu reden, hilft es, erst einmal daran zu glauben, daß das möglich ist.«

»Ja, das kann man sagen«, schmunzelt sie. »Und wenn du diesen Schritt gemacht hast, kommst du zum nächsten: Du öffnest dich im Gebet oder in der Meditation dem ›göttlichen Gedanken‹. Das ist eine wundervolle und spannende Sache.«

»Nachdem Frosty geheilt war, hast du deine Praxis aufgemacht?«

»Kurz danach. Ich dachte ja immer, meine Aufgabe wäre es, als Heiler Menschen zu unterstützen, sich selbst zu heilen. Das Heilen von Tieren empfand ich als ersten Schritt, um mich auf das Heilen von Menschen vorzubereiten. Menschen waren meine Klienten, nicht Tiere. Ich mußte an all die Jahre denken, die ich im Studium verbracht hatte. Ich sah mich immer nur als Heiler. Dieses Erlebnis, das wußte ich, wird mein ganzes Leben verändern.« Mittlerweile verlassen wir die Autobahn und sind fast schon am Flughafen.

Samantha schaut zu mir herüber: »Ich mußte dringend mit meiner Lehrerin sprechen. Ich weiß noch genau, wie ich vor ihr saß und ihr von dem Fasan erzählte. Ich sagte ihr, daß ich jetzt mit Tieren kommunizieren wolle. ›Das ist wundervoll‹, antwortete sie mir, ›dann wird es Zeit, daß du die zwei Engel triffst, die mit dem Königreich der Tiere arbeiten.‹ Sabrina, das war so ein wundervolles Gefühl: Sie sprach von meinen Engeln. Den beiden Engeln, die ich schon seit frühester Kindheit immer wieder gefühlt hatte. Sie sprach davon, als wenn das jeder wüßte! Ich fühlte mich zum ersten Mal bestätigt. Da ist jemand, der kennt diese zwei Engel genauso gut, wie ich sie kenne!

Wir meditieren zusammen, und kurz nachdem ich meine Augen geschlossen hatte, sah ich meine beiden Engel. Wie eine helle Glühlampe, die weit über ihre physikalische Form hinaus strahlt. Ich erinnere mich noch genau an die Kurve, die der Flügelform folgte. Ich fühlte wieder dieses wunderbare Gefühl der Geborgenheit, das mir als Kind schon so vertraut war, wenn diese Engel in der Nähe waren. Sie sprachen mit mir durch ein Gefühl. Ein Gefühl, daß es richtig ist, was ich tue. Daß sie immer bei mir sein werden, wenn ich mit Tieren arbeite.«

»Haben sie dir gesagt, wie sie heißen?«

»Ja, aber die Namen habe ich vergessen. Doch das Gefühl bleibt unauslöschlich.«

»Weißt du, ich habe meine Engel noch nie so intensiv gefühlt. Ich hatte noch nie das Gefühl, sie stehen direkt hinter mir. Kann man das denn lernen?«

Samantha läßt sich mit ihrer Antwort Zeit.

»Weißt du, Sabrina, ich glaube, das ist eine Kombination von vielen Dingen. Erst einmal dein Einsatz für Gott und daß du Gutes tun willst und anderen Menschen oder, wie in meinem Fall, Tieren helfen möchtest. Und es hilft natürlich auch, wenn man seine Sensibilität trainiert.«

»Wie trainiert man denn seine Sensibilität?«

»Ich gebe nächste Woche wieder einen Kurs, wie man mit Tieren spricht und das Vertrauen in die eigene Aufnahmefähigkeit findet. Komm doch einfach.«

»Gerne.« Ich freue mich über die Einladung und kann es kaum erwarten.

6. Kapitel

Wie man seine Aufnahmefähigkeit erhöht und wo der Punkt des Wohlbefindens sitzt

Eine Woche später fahre ich nach Manhattan Beach, eine Gegend südlich von Los Angeles. Samanthas Haus ist leicht zu finden. An der Tür lehnt ein Schild: »Willkommen in unserem Heim. Wir folgen dem japanischen Brauch, die Schuhe auszuziehen.«

Ich ziehe meine Schuhe aus und bin froh über meine weißen Socken. Kaum bin ich in der Tür, fliegt mir auch schon etwas entgegen. Ich ziehe schnell den Kopf ein, mache einen Satz nach vorne und trete dabei beinahe auf ein weißes Kaninchen.

»Komm rein«, höre ich Samantha rufen, »ich bin gerade dabei, Albert zu füttern.« Ihr Mann Stan, ein Hawaiianer, begrüßt mich mit einer kräftigen Umarmung und schiebt mich in die Küche. Da sitzt Samantha mit einer Pinzette in der Hand und füttert ein federloses Etwas, das aussieht, als ob es von einem anderen Planeten kommt. Amüsiert stelle ich fest, daß mich selbst außerirdisches Getier bei Samantha nicht im geringsten wundern würde. Und da ist es wieder, das Gefühl der Vertrautheit, als wenn wir uns seit vielen Jahren kennen würden. Wer weiß, wahrscheinlich stimmt es sogar.

»Was ist denn mit Albert passiert?« will ich wissen.

»Er wurde mir von einem Klienten gebracht. Er litt unter einer seltsamen Krankheit, bei der er fast alle seine Federn verlor. Er vermißt das Fliegen.«

»Und woher stammen der Vogel und das Kaninchen im Wohnzimmer?« frage ich neugierig.

»Fluffy ist im Wohnzimmer?« fragt sie mich erstaunt. »Fluffy, komm her!«

Und da kommt das Kaninchen schon um die Ecke gehoppelt. Den Kopf leicht schief gelegt, beobachtet es mich aufmerksam, oder bilde ich mir das vielleicht nur ein? Ich schaue mich um und sehe zwei Nester an Samanthas Deckenlampe. Darunter steht ein Laufstall mit zwei weiteren Kaninchen und mein Blick aus dem Fenster streift vier Katzen, die gerade ihr Abendessen vertilgen. Ich sehe keinen Vogelkäfig. Offensichtlich fliegen die Vögel frei herum. »Hast du keine Angst, daß deine Vögel wegfliegen?« frage ich neugierig.

»Oh, ich will, daß sie wegfliegen«, lächelt Samantha, »das bedeutet, daß sie gesund sind und sich selbst versorgen können.« Eigentlich hätte ich mir das denken können. Es paßt nicht zu Samantha, Tiere als unselbständige Wesen zu behandeln.

Albert scheint satt zu sein. Er hoppelt auf Samanthas Schulter, steckt seinen Schnabel in ihr Ohr und springt dann über ihren Rücken auf den Boden. Dann watschelt er am Kaninchen vorbei und macht es sich in Samanthas Hausschuh bequem.

Samantha schlägt eine gemeinsame Meditation vor, und ich nicke erfreut. Auf dem Weg ins Wohnzimmer fällt mir wieder einmal auf, wie anders mein Leben jetzt abläuft. Vor drei Jahren hätte ich noch tratschend am Küchentisch geklebt. Heute bete ich mit Freunden. Ich freue mich immer, neue Meditationstechniken zu lernen, und bitte Samantha, die Meditation zu führen. Dabei spricht sie leise, was sie innerlich erlebt. So kann ich ihrer Meditation folgen.

Wir sitzen aufrecht im Schneidersitz, die Hände mit den Handflächen nach oben aufeinandergelegt.

»Diese Meditation ist eine meiner Lieblingsmeditationen«, erklärt sie leise, »weil sie so einfach ist: Lausche deinem Atem.« Ich soll meinem Atem zuhören? Das ist alles? Na gut, sie wird schon wissen, was sie tut. Ich wußte gar nicht, daß mein Atem ein Geräusch macht, das ich hören kann.

Ich atme tief ein und aus, und ja, da ist der Ton, den mein Atem macht. Ich atme jetzt normal, und wieder höre ich den Ton. Einen bestimmten beim Einatmen und einen anderen beim Ausatmen. Ich konzentriere mich darauf, und alle anderen Gedanken verschwinden. Ich merke schon nach kürzester Zeit, wie ruhig und gelassen ich mich fühle. Das ist ja herrlich! Die wohl einfachste Meditationsmethode, die mir jemals untergekommen ist.

Kaum sind wir fertig, klopft es an der Tür. Ich lächele. Es fällt mir auf, wie perfekt diese Meditationen immer aufhören. Herrlich, wie das Universum funktioniert.

Einer nach dem anderen kommt barfuß oder bestrumpft in Samanthas und Stans Wohnzimmer. Wir stellen uns vor, und dann beginnt auch schon Samanthas Workshop. Zuerst bittet Samantha, etwas von unseren Haustieren zu erzählen. Da ist Michael, dessen Katze immer in sein Bett pinkelt, wenn er ins Büro geht. Olivia, deren Hund sich so kratzt, daß er schon wunde Stellen an den Beinen hat. Karen, deren Katze nach dem Umzug kaum mehr fressen will. Paul, dessen Papagei, ein African Grey, kein Wort von sich gibt. Linda hat einen Hund, der jeden anderen Hund unbedingt beißen will. Mein Problem ist unser Hund Sister, der Barney, den orangefarbenen Kater, liebt und Boots, unsere schwarze Katze, regelmäßig wutentbrannt aus dem Haus jagt.

Samantha nickt bei all unseren Erzählungen verständnisvoll, und irgendwie habe ich das Gefühl, daß sie das alles schon mal gehört hat. Dann erzählt sie erst einmal von sich, von Gott, ihrem Vater, von ihren ersten Erlebnissen mit den Vögeln, dem Fasan und ihren beiden Engeln, die immer an ihrer Seite sind.

»Tiere kommunizieren durch Gedankenübertragung. Und zwar nicht durch Worte, sondern durch Bilder.« Wir hören ihr aufmerksam zu. »Ist euch schon aufgefallen, was passiert, wenn jemand eine Katzenallergie hat und in ein Haus mit Katzen kommt?« – »Ja«, antwortete Karen, deren Katze nicht mehr fressen will, »alle Katzen kommen sofort zu dieser Person.« Wir nicken, das stimmt. »Warum ist das so?« will Michael wissen.

»Was glaubt ihr«, fragt uns Samantha, »denkt diese Person, wenn sie Katzen sieht?«

Linda kapiert es als erste: »Klar, sie denkt: O mein Gott, schau die Katze, sie wird gleich zu mir kommen, und dann muß ich wieder fürchterlich niesen.«

»Und wie denkt diese Person das?«

»Indem sie sich das in Gedanken vorstellt. Sprich: Bilder losschickt«, antworte ich, und Samantha beendet meinen Satz: »... und dann fühlt sich die Katze gerufen und kommt her.«

»Was sollen wir also denken?«

»Genau andersherum: Stellt euch vor, die Katze macht einen großen Bogen um euch.«

Bei soviel Logik bin ich immer ganz baff. Ich nenne das mein Aha-Erlebnis – also so funktioniert das. Darauf hättest du auch selber kommen können.

Samantha bringt uns bei, wie man Gedanken sendet. Erst einmal geht das nur in Liebe, bei Ärger oder Zorn dringt kein Gedanke bis zum Tier vor. Es zieht sich zurück wie wir Menschen auch, wenn uns jemand anbrüllt. Dann spricht man ein Gebet und stellt sich in Bildern vor – wie Kino im Kopf –, wie man das Verhalten der Tiere gerne hätte. Wenn ich mir dauernd vorstelle, wie Sister Boots aus dem Haus jagt, kann sich nichts andern. Also muß ich mir vorstellen, daß Sister sitzen bleibt, wenn sich Boots ins Haus schleicht. Einfach andersherum. Und dann gehören auch noch die passenden Gefühle dazu.

»Stelle dir vor, wie du dich freuen wirst, wenn dein Tier das und das tut. Die Gefühle sind wie ein Telefonkabel. Sie transportieren deine Bilder zum Tier.«

Das Senden von telepathischen Informationen scheint relativ übersichtlich zu sein, aber wie sieht es mit dem Empfangen aus? Samantha bittet uns, einen Partner zu suchen. Ich drehe mich zu Linda, einer zierlichen Dreißigjährigen, die gleich neben mir sitzt.

»Einer von euch wird senden und der andere empfangen. Stimmt euch ab, und schließt eure Augen«, werden wir von Samantha gebeten. Linda will zuerst empfangen, also sende ich.

»In der Mitte eures Gehirns ist ein Punkt des Wohlbefindens«, fährt Samantha fort. »Stellt euch vor, ihr grabt einen Tunnel von dem Punkt zwischen euren Augen und einen zweiten von eurer Schädeldecke und diese beiden Tunnel treffen sich in der Mitte.«

An meinem Scheitel verläuft eine Linie senkrecht nach unten, und von der Mitte meiner Augenbrauen ziehe ich eine weitere Linie waagerecht. Im Zentrum treffen sie sich, und ich stelle fest, daß ich lächele. Da höre ich auch schon Samanthas Stimme: »Ihr werdet feststellen, daß ihr lächeln müßt.«

Woher weiß sie das, fährt es mir durch den Kopf. »Der Sender stellt sich jetzt ein Objekt vor. Ein einfaches Objekt mit einer starken Farbe. Wenn der Empfänger glaubt, es zu haben, sagt er es einfach.« Was könnte ich mir nur vorstellen? Vielleicht einen roten Ball. Das wird für Linda hoffentlich nicht zu schwer sein. Ich stelle mir vor, wie er sich dreht und springt. Das Rot ist kräftig, und er ist so groß wie ein Fußball. Gar nicht einfach, sich länger als fünf Sekunden auf diesen Ball zu konzentrieren. Plötzlich kommt ein Regenschirm dazwischen. Denke ich den, oder fange ich die Gedanken von jemand anderem auf? Also zurück zu dem Ball. Dann muß ich an Julia, meine Tochter denken: Ich darf nicht vergessen, ihr morgen einen Brief an die Kindergärtnerin mitzugeben. Sabrina, tadele ich mich, woran denkst du denn schon wieder. Und da ist wieder der rote Ball.

»Also, es muß irgend etwas Rundes sein.«

Überrascht öffne ich die Augen. Linda schaut mich fragend an: »Ist es rund?«

»Ja«, nicke ich.

»Orange vielleicht?«

»Fast«, versuche ich ihr zu helfen.

»Irgendwie sprang das Ding, ein Ball vielleicht?«

»Ja! Du bist ja gut!« freue ich mich.

»Nicht orange?«

»Rot, aber orangerot«, lache ich. Das ist ja spannend. Ich bin begeistert. »Jetzt ich.«

Ich schließe meine Augen und suche den »Punkt des Lächelns«. Mein inneres Blickfeld ist dunkel, und ich ertappe mich bei der Frage: Was könnte sich Linda bloß denken? Aufhören, rufe ich mir zu. Warte einfach ab. Ich bemerke bei den anderen eine freudige Stimmung, also müssen sie wohl alle ihr Objekt gefunden haben. Ich merke, wie ich mich unter Erfolgsdruck setze. Bitte, lieber Gott, bete ich, laß es mich auch sehen. Da kommt plötzlich ein Löffel aus der Dunkelheit nach vorne gesprungen. »Ein Löffel«, rufe ich freudig aus und öffne dabei meine Augen. Linda schaut mich überrascht an und antwortet zögerlich »Nein, tut mir leid«. Nächster Versuch. Ich schließe meine Augen wieder und werde von Objekten bombardiert: ein altes Auto, ein gelbes Kleid, eine kleine Katze und ein Brief. Das kann ja heiter werden. Das darf doch nicht wahr sein, fährt es mir durch den Kopf, bin ich der einzige Idiot, der das nicht kann. Jetzt bin ich total abgelenkt, und mit Mühe und Not suche ich mir wieder den »Punkt des Lächelns«. Ich warte oder besser gesagt versuche zu warten. Was könnte sie sich bloß denken, meldet sich mein Verstand wieder. Das ist wie Rätselraten ohne den kleinsten Hinweis. Und wieder strömen mir Objekte entgegen: ein dickes Buch, ein Ski, eine Kerze.

Langsam werde ich ungeduldig. Ich höre die anderen leise miteinander flüstern. Sie sind wahrscheinlich alle schon fertig, und ich bin die einzige, die das noch nicht kapiert hat. Kein Wunder, daß ich keine Engel sehe, ich kann ja noch nicht mal ein Objekt telepathisch auffangen. Also noch mal, rufe ich mich zur Ordnung. Erneut komme ich zum »Punkt des Lächelns« und warte einfach auf das nächste Objekt. »Eine Kuh«, sage ich bestimmt und hoffe sehnsüchtig auf ein begeistertes: »Sabrina, das ist ja fabelhaft. Es stimmt.« An Lindas Blick erkenne ich, daß ich die richtige Antwort nicht gefunden habe. »Was war es denn?« frage ich frustriert.

»Die Sonne!«

Die Sonne! Einfacher geht es wahrlich nicht mehr. Etwas Rundes, Strahlendes, Gelbes. Vielleicht hat jemand in meiner Nähe an eine Kuh gedacht? Wie war das noch mal mit dem Gruppenverstand? Jetzt will ich es wissen und frage. Nein. Niemand? Auch gut. Ich lasse einen tiefen Seufzer los. Jetzt tauschen wir unsere Erlebnisse aus. Bis auf mich und Michael hat jeder seine Objekte gefunden.

»Macht gar nichts«, meint Samantha, »das wird schon.«

Als nächstes sollen wir uns ein Gefühl vorstellen und es zu unserem Partner schicken. Linda wirft mir ein aufmunterndes Lächeln zu. Vom Empfangen habe ich erst einmal genug.

»Macht es dir etwas aus, wenn ich wieder anfange?«

»Nur zu«, meint Linda.

Ich schließe die Augen und suche den Mittelpunkt meines Gehirns. Welches Gefühl soll ich ihr schicken? O ja, ich weiß schon. Ich schicke ihr mein Gefühl der Einsamkeit, das mir früher so vertraut war. Ich hatte nie das Gefühl, daß ich dazugehöre. Ich war so, wie ich dachte, daß die anderen mich haben wollen. Ich spielte eine Rolle. Ich spüre, wie es mir wieder den Magen zusammenzieht. Mein Hals tut mir weh, und meine Augen brennen. Ein Teil von mir beobachtet das Gefühl, wie ein Forscher etwas unter einem Mikroskop betrachten würde. Es fühlt sich an, als ob ein dicker Strick Magen, Hals und Augen miteinander verbindet und zuzieht. Zum ersten Mal beobachte ich meine Gefühle und gebe mich ihnen nicht einfach hin. Es ist spannend, wie viele unterschiedliche Bewegungen dabei ablaufen. Ich fühle die Tränen, die sich hinter meinen geschlossenen Augenlidern sammeln. Dieses Gefühl hatte ich fast vergessen. Wie stark das doch damals war. Ich atme einmal tief durch und öffne meine Augen.

Linda hat Tränen in den Augen. »Das hat so wehgetan«, schluchzt sie. »Alles in Ordnung?« rufe ich erschrocken.

»Ja, da ist dieses Gefühl in der Magengegend, als wenn sich alles zusammenzieht, und dann konnte ich nicht mehr schlucken und begann zu weinen.«

Ich starre sie mit offenem Mund an. Das ist ja Wahnsinn! Ich bestätige ihr jedes Wort.

»Wie fühlte sich das denn an?« will ich wissen.

»Das kann ich gar nicht in ein Wort fassen«, nachdenklich schließt sie ihre Augen noch mal. »Es war so eine Traurigkeit, so ein Verlorensein, eine Einsamkeit, wie wenn man nirgendwo dazugehört.«

Meine Augen füllen sich mit Tränen. Ja, das war's. Dieses Gefühl, das mich damals oft begleitete und das ich immer unterdrückte. Wir umarmen uns. Eine Vertrautheit war zwischen mir und dieser vollkommen fremden Frau, die ich noch nie in meinem Leben gesehen hatte, entstanden. Da war eine Liebe und eine Achtung, ein gegenseitiges Verstehen. Schön war das. Unglaublich schön.

Nun war ich wieder dran. Mit einem tiefen Seufzer schließe ich meine Augen. Mal sehen, wie es jetzt gehen wird. Ich suche mir wieder den »Punkt des Lächelns« und höre noch Samanthas Stimme: »Beobachtet einfach euren Körper. Tastet ihn in Gedanken ab. Wo ist eine Bewegung, ein Gefühl, das vorher noch nicht da war?«

Also gut, dann probiere ich das einmal. Meine Füße fühlen sich normal an. Meine Beine? Vielleicht ein bißchen schwer. Müde. Bin ich das, oder ist das Linda? Der Magen ist normal. Herz auch. Hals. Nichts. Mund. Auch nichts. – Moment mal. Da ist so ein komisches Ziehen an meinem Zahnfleisch. Ganz zart. Einfach nur abtasten, erinnere ich mich. Je stärker ich mich auf meinen Mund konzentriere, desto mehr nehme ich wahr. Die Zähne fühlen sich an, als wenn sie fest aufeinandergepreßt werden. Der Kiefer, als wenn er Muskelkater hätte. Komisch. Das habe ich noch nie gefühlt. Mir fällt ein ärgerliches Pulsieren auf. Ein Gefühl, daß ich nicht sagen kann, was ich will, kommt hoch. Nein, nein, es ist mehr eine Wut, daß ich nicht sagen kann, was ich eigentlich sagen möchte. Ein wütendes Zähneknirschen. Das soll von Linda kommen? Ich kann mir das nicht vorstellen. Sie ist doch so zart, so lieblich. Ja, das Wort paßt zu ihr. Diese Wut kann doch nicht von ihr stammen. Vielleicht ist das noch mein alter Ärger.

»Komm, mach endlich die Augen auf. Du brauchst aber lange«, höre ich in meinem Kopf. Sei still, beruhige ich den hektischen Teil von mir. Das ist zu spannend. Dieser Schmerz im Kiefer ist wirklich unglaublich. Fast wie ein Krampf. Ich mache meine Augen auf und schaue Linda aufmerksam an. Sie hebt fragend ihre Augenbrauen. Wieder fällt mir auf, wie zart, fast zerbrechlich sie aussieht. Schmale Schultern, ein helles, fließendes Kleid, ihre Beine hat sie fest angezogen. Sie soll so wütend sein? »Mach dir keine Gedanken, du liegst sowieso wieder verkehrt«, meckert es in meinem Kopf. Selbstsabotage ist immer noch die effektivste Methode, denke ich mir und schüttele über mich selbst den Kopf. Ich schaue Linda an und fasse mir ein Herz:

»Ich hatte das Gefühl, als ob mein Mund wie ein Schraubstock ist. Verschlossen, ärgerlich und wütend.«

Aufmerksam beobachte ich ihre Reaktion. Ihre Augen ziehen sich zusammen und werden dunkel.

»Ja«, gesteht sie traurig, »das war ein Gefühl aus meiner Kindheit. Ich mußte parieren. Wenn ich sagte, was ich dachte, gab es Prügel.« Ich fühle dieses Verständnis wieder, das wie eine Welle über mich kommt. Wir umarmen uns noch mal. Es ist fast, als ob wir uns gegenseitig von unseren früheren Wunden heilen würden. Als wir uns verabschieden, trifft es Michael auf

den Kopf: »Ich gehe so viel leichter, als ich gekommen bin.«
Wir nicken alle und lachen. Ja, das stimmt.
Ich bedanke mich in Gedanken nochmals bei Samantha. Was
für eine wundervolle Frau sie ist. Ich öffne meine Augen, bleibe
aber noch still vor meinem Altar sitzen.

Es ist schon erstaunlich, wie schnell jeder von uns damals die
Grundbegriffe der Telepathie gelernt hat. Offensichtlich besitzen wir alle diese Fähigkeit. Wir müssen sie nur wieder her-
vorholen. Es ist eine natürliche Gabe, die wir eigentlich alle be-
herrschen, wie Essen oder Trinken. Aber wollen wir denn wirklich telepathisch sein? Ich kann nämlich nicht sagen, ich lasse
auf dieser Seite des Gehirns Telepathie zu, aber auf der anderen
Seite habe ich meine Geheimnisse, und die gehen dich nichts
an. Mit Telepathie gibt es keine Geheimnisse mehr. Nichts, was
wir voreinander verstecken können. Es bleibt nur das einzige,
wahre ICH übrig. Aber das würde ja bedeuten, daß jeder unsere
Gedanken lesen könnte! Was für ein Konzept! Es gäbe keinen
Betrug, keine Mißverständnisse, keine Heuchelei, keine Falsch-
heit, keine Einsamkeit mehr. Meine Gedanken konzentrieren
sich auf diese wundervollen Aussichten. Wir verschwenden soviel Energie damit, unseren Mitmenschen nicht zu zeigen, was
wir fühlen, daß wir mit Telepathie wahrscheinlich sehr viel
entspannter leben würden. Wir könnten uns gegenseitig helfen, ohne den Telefonhörer abzuheben. Wir würden fühlen,
wenn jemand unsere Liebe und Unterstützung braucht. Wir
bräuchten uns nicht mehr zu verstecken, wir könnten einfach so sein, wie wir sind. Ich stelle mir vor, wie anders unsere
Verabredungen ausschauen würden. Liebespaare, Ehepaare.
Eltern. Lehrer. Geschäftsleute. Politiker. Wir würden wahrscheinlich an einem Tag mehr erreichen als derzeit in einem
Jahr. Jetzt schon erlebe ich es oft, daß mich jemand »zufällig«
anruft, wenn ich an ihn denke. Das ist schon Telepathie, wahrscheinlich der Anfängerkurs. Ich spüre dieses Hochgefühl in
mir, diese Freude um die Zukunft. Jetzt müssen wir nur noch

bereit sein, unsere Gedanken lesen zu lassen. Deswegen wohl auch die Dringlichkeit aller weisen Lehrer, daß wir lernen müssen, unsere Gedanken zu kontrollieren. Positiv zu denken. Wieviel Prozent meiner Gedanken bin ich bereit, lesen zu lassen?

Vor drei Jahren hätte ich noch mit 10 Prozent geantwortet. Doch hat sich viel an mir verändert, und ich beobachte sehr genau, was ich denke. 95 Prozent meiner Gedanken würde ich heute, ohne rot zu werden, lesen lassen. Was ist mit den restlichen fünf Prozent?

Wann denke ich diese Gedanken, für die ich mich schäme? Langsam erkenne ich sie: Wenn ich Leute be- und verurteile. Wenn ich jemanden sehe, der wütend ist, und ihn kritisiere, daß er sich wohl noch nie über seine Gedanken »Gedanken« gemacht hat. Wenn jemand dreckig und schlampig ist. Wenn jemand alles auf andere schiebt. Doch wie werde ich diese Gedanken los? Ich muß einfach noch mehr Verständnis für meine Mitmenschen in ihren verschiedensten Situationen entwickeln. Denn wenn ich Verständnis habe, werde ich nicht mehr verurteilen. Jeder Mensch sucht nach Liebe und Geborgenheit und kreativer Erfüllung. Ich verspreche, mich noch mehr darum zu kümmern, mich noch mehr darauf zu konzentrieren.

Und wenn wir alle unsere Gedanken kontrollieren, wenn wir alle telepathisch kommunizieren, welchen Einfluß wird das auf unsere Engel haben? Wird es dann nicht einfacher für sie, sich mit uns auszutauschen? Sind es diese fünf Prozent, die mich davon abhalten, Engel zu sehen? Aber wieso sehen dann andere Leute Engel, die vielleicht ihre Gedanken nicht so kontrollieren wie ich?

Ich schließe noch mal meine Augen. Ich atme ein paar Mal tief ein und bitte Jao, meinen Engel, mir diese Frage zu beantworten. »Wieso sehen andere Leute Engel, die ihre Gedanken vielleicht nicht so kontrollieren wie ich?«

»Woher willst du wissen, daß andere Menschen ihre Gedanken

nicht so kontrollieren wie du. Ist das nicht eine Annahme?«
höre ich in meinem Kopf.

Ja, das stimmt. Das nehme ich an. Da ist vielleicht doch noch
etwas vom spirituellen Größenwahn übriggeblieben. Wenn wir
Engel in den Phasen unseres Lebens sehen, in denen wir positiv
denken, würde das nicht auch bedeuten, daß Kinder sehr viel
mehr Engel sehen als wir? Ich warte auf die Antwort in meinem
Kopf.

»Woher glaubst du, daß all die unsichtbaren Freunde eurer
Kinder kommen?«

Ja, aber es heißt doch immer, daß das nur eine lebhafte Phantasie ist.

»Heißt das so?«

Wollt ihr mir etwa sagen, daß alle unsichtbaren Spielgefährten
unserer Kinder Engel sind? frage ich in mir.

»Das ist es, was wir dir sagen wollen.«

Wie oft stand ich schmunzelnd dabei, wenn Eltern mir von den
Erlebnissen ihrer Kinder erzählt haben. Und wie oft haben wir
uns amüsiert, was für eine lebhafte Phantasie unsere Kleinsten
doch haben. Also doch. Mit dem Älterwerden und dem Akzeptieren der »Realität« verlieren wir den Glauben und damit auch
die Möglichkeit, unsere Engel zu sehen. Ich muß einmal mit
einigen Kindern darüber sprechen. Da gibt es bestimmt viel zu
lernen. Ich denke an meine Tochter Julia. Sie und ich sind auf
jeden Fall telepathisch verbunden. Oft sagt sie Dinge, an die ich
gerade denke. Ich muß es ihr noch öfter sagen, denke ich mir.
Damit sie weiß, was sie tut.

Wir sind enge Freunde geworden, Samantha und ich. Ich nenne sie meine Schwester. Ich weiß noch, wieviel Hoffnung sie
mir gegeben hat. Was sie alles gelernt hat. Daß das Dazulernen
möglich ist. Den Glauben und das Vertrauen an ihre Engel,
auch ohne sie gesehen zu haben. Ist es leichter für sie, weil sie
als kleines Kind schon spirituell war? Weil sie glaubte, daß Gott
ihr leiblicher Vater ist?

Ich hatte immer nur das Gefühl, daß ich bei der Geburt vertauscht worden bin. Ich fühlte mich einsam in meiner Familie. Das einzige Spirituelle, woran ich mich als Kind erinnere, war, daß ich einmal in den Spiegel blickte und mein Gesicht betrachtete. Und ich dachte mir: »So sehe ich jetzt also aus. Komisch.« Ansonsten erinnere ich mich nur, daß ich als Kind immer gewußt habe, daß es besser wird, wenn ich endlich erwachsen bin. Ich konnte es kaum erwarten, alleine zu leben. Wir lebten in engen Verhältnissen. Mein Vater war Raumausstatter, sehr begabt, aber unfähig, mit seinen Finanzen umzugehen, und Alkoholiker. In der Enge unserer Drei-Zimmer-Wohnung ging meine lebensfrohe Mutter ein. Drei Töchter, keine Hilfe, wenig Geld und eine unglückliche Ehe. Ich hatte immer eine ganz bestimmte Vorstellung, wie schön ein Familienleben zu sein hat. Und ich wollte es selbst formen, aber dazu mußte ich erst einmal größer werden. Ich kann mich noch genau an meinen 12. Geburtstag erinnern. Noch sechs Jahre! Sechs Jahre, und dann kann ich endlich alleine leben. Ich spürte, daß es einfacher sein würde, wenn ich endlich meine eigenen Entscheidungen treffen könnte und nicht mehr abhängig von den Stimmungen meines Vaters wäre. Noch sechs Jahre!

Ich hätte gerne von Engeln gewußt und gerne welche gehabt, die mich trösten. Doch soweit ich mich erinnern kann, gab es kein Erlebnis, das auch nur annähernd einer Engelsbegegnung entsprach. Vielleicht ist es ein angeborenes Talent? Einer ist musikalisch oder sprachbegabt, und der andere sieht Engel. Oder ist das Engelsehen etwas, das wir lernen können wie Rechnen und Schreiben. Wie wichtig ist es, Engel zu sehen? Reicht es nicht auch, wenn wir sie spüren? Irgendwie würde ich mit mehr Autorität sprechen können, wenn ich Engel schon einmal gesehen hätte. Schließlich gebe ich Seminare und Workshops darüber, wie man Kontakt mit seinen Engeln aufnehmen kann. Wäre es nicht herrlich, wenn ich sagen könnte: »Ja, ich habe sie schon mit eigenen Augen gesehen. Ich verspreche euch, daß es Engel gibt.« Würde das nicht den Leuten helfen, die zu mir ins Seminar kommen? Ich wäre dann sozusagen der Experte. Bin ich weniger Fachfrau, weil ich sie noch nie gesehen habe? Hm. Ich sehe jetzt schon sehr viel mehr als früher, vielleicht ist das Engelsehen einfach eine weitere Stufe? Vor zwei Jahren lernte ich, wie man eine Aura sieht. Das war recht einfach. Einfacher als schreiben lernen. Ich las damals das Buch *Die Prophezeiungen von Celestine* von James Redfield, und in einem der Kapitel wird beschrieben, wie es funktioniert.

Am besten geht es bei Sonnenuntergang, wenn das Licht nicht so grell ist. Ich konnte es kaum erwarten, bis die Abenddämmerung kam. Werde ich wirklich in der Lage sein, die Aura meines Fingers zu sehen? Ist das so einfach, wie es in dem Buch beschrieben wird? Funktioniert es auch, wenn man kurzsichtig ist? Ich hatte Angst, daß es nicht klappt. Werde ich mir einbilden, daß ich etwas sehe, nur weil ich es unbedingt sehen will?

Kurz nach dem Abendessen ging ich nach draußen. Ich atmete ein paarmal tief durch, um mich zu beruhigen, und sprach ein kurzes Gebet: »Lieber Gott, bitte hilf mir. Ich will unbedingt diese Aura sehen!« Wie war das noch einmal beschrieben? Ich soll meine Hände auf Augenhöhe hochheben und 20 Zentimeter vor meinen Kopf halten. Ich hob sie hoch und streckte meine Zeigefinger aus, ließ sie sich fast berühren und konzentrierte mich auf den Baum im Hintergrund. Gleichzeitig versuchte ich auf meinen Finger zu schauen, ohne mich darauf zu konzentrieren. Im Buch stand, daß man die Aura nicht durch Konzentration wahrnimmt, sondern durch Leichtigkeit. Das ist gar nicht so leicht mit dieser Leichtigkeit, sich nicht auf das zu konzentrieren, was man sehen will. War da nicht ein heller Schein um meine Fingerspitzen? Ich konzentriere mich darauf, und schon ist er verschwunden. Klar, ich habe mich ja darauf konzentriert. Also noch mal. Ich sehe diesen drei Millimeter dicken Schein. Moment mal, der wird ja größer! Komisch. Ich nehme meinen Finger nach unten und betrachte die Hügel im Hintergrund. Wie durch Zufall fällt mir auf, daß jetzt der Baum im Vordergrund steht, und ich sehe um den Baum die Aura. Allerdings größer als um meinen Finger. Pulsierend fast. Ich bin fasziniert. Ich betrachte die Hügelkette und konzentriere mich auf den fast dunklen Himmel. Die ganze Hügelkette hat diesen Schein! Das ist ja unglaublich, daß mir das früher nie aufgefallen ist. Die Erinnerung daran bringt mich zum Schmunzeln. Ich lief damals ins Haus zurück und rief vor Freude aus: »Ich kann die Aura sehen, ich kann die Aura sehen!« Mein armer Mann hat schon einiges mit mir erlebt.

Ich öffne meine Augen und schaue in die Kerze, die ruhig und fast bewegungslos auf meinem Altar brennt. Auch hier sehe ich die Aura der Flamme. Zartes, hellblaues Licht, das sich an die Flamme schmiegt. Kleine Regenbogenstreifen fallen mir bei einer plötzlichen Bewegung des Lichtes auf. Früher habe ich solche Kleinigkeiten nie bemerkt. Ich habe wohl nie genau hingesehen. Vielleicht gilt das gleiche für die Engel? Ich sehe jetzt öfter für Sekundenbruchteile Bewegungen oder komische Fragmente von irgend etwas in meiner Nähe.

Vielleicht ist das ein Engel? Vielleicht muß ich nur mehr auf dieses »irgend etwas« aufpassen, das ich aus meinen Blickwinkeln erhasche?

7. Kapitel

Warum Engel gerne bei Alltäglichkeiten helfen und von der Macht der Gebete

Ich gehe nur ein paar Schritte von meinem Altar zum Schreibtisch. Dieser kurze Weg hat für mich eine tiefere Bedeutung. Ich habe erkannt, daß ich meine Spiritualität und mein Leben nicht trennen kann. Früher war ich »heimlich« spirituell. Nur nicht darüber reden. Ich betete alleine, wenn ich etwas erreichen wollte. Wenn ich zum Beispiel mit einer Gruppe von Leuten zusammensaß und wir gemeinsam an einem Projekt arbeiteten, habe ich die anderen nie aktiv an meinen Gebeten beteiligt. Ich betete *für* sie und nicht *mit* ihnen. Das fiel mir zum ersten Mal auf, als wir umzogen. Das Haus hatte alles, was wir brauchten, war aber renovierungsbedürftig. Unsere einzige Herausforderung war die Zeit. Mir war klar, daß dieser Umbau anders ablaufen mußte als der in unserem alten Haus. Wir gaben damals doppelt soviel Geld aus, wie wir geplant hatten, vieles ging daneben, und die Umbauarbeiten zogen sich über ein Jahr hin. Das wollte ich vermeiden. Doch wie?

»Lebe, wovon du sprichst«, höre ich in meiner Meditation, und ich weiß genau, was damit gemeint ist. Da kam auch schon eine Idee. Ich brauche ein Gebet, eines, bei dem jeder, der zum Haus kommt, das Gefühl hat, daß er ein Teil dieses Schöpfungsprozesses ist und nicht einfach jemand, den wir bezahlen, damit er gefälligst seine Arbeit tut. Diesen Gedanken behielt ich im Kopf und bekam dann von meinem Engel Jao ein Gebet. Ich schrieb es auf ein riesiges Blatt Papier und hängte es über die Haustür.

Wir erbitten Gottes Segen für dieses Land
und dieses Haus.
Mögen alle Neuschöpfungen und
Veränderungen mit
Freude und Harmonie erfolgen
und alle, die daran arbeiten, gesegnet sein.
Wir wünschen einen wundervollen Tag.

Eine Bekannte konnte sich gar nicht mehr beruhigen: »Aber Sabrina, die denken doch, du bist verrückt?« Ich mußte lachen: »Ja, und da ich nicht mehr so tun muß, als wenn ich normal wäre, kann ich endlich tun, was ich für richtig halte!«

Was ist schon normal? Die Vorstellung von normal ändert sich in der Gesellschaft oft genug. Irgendwann wird meine Ansicht einmal normal sein. Ich kann es kaum erwarten!

Dann traf ich mich mit meinem Bauleiter.

»Das dauert mindestens vier Monate«, war seine Prognose.

»Ich habe aber nur sechs Wochen. Glauben Sie an Wunder?«

»Wunder? Nicht auf dem Bau«, antwortete er.

»Schauen Sie, ich weiß, daß ich alles, woran ich glaube und worauf ich mich konzentriere, auch erreichen kann. Ich glaube, wir können das in sechs Wochen schaffen, und ich habe auch schon einen Plan. Wenn Sie aber nicht daran glauben, wird es nie gelingen. Denn Ihre Annahme wird dieses Projekt davon abhalten, in sechs Wochen fertig zu sein. Also, ich kann Sie nur engagieren, wenn Sie daran glauben, daß es möglich ist, in sechs Wochen fertig zu werden.«

Pause. Lange Pause. Er denkt nach, schluckt, Nach einer langen Weile antwortet er: »Nun gut, ich kann es ja mal versuchen. Vielleicht ist es wirklich in sechs Wochen zu schaffen.«

Wir haben es in sechs Wochen geschafft. Meine Engel haben mich unterstützt, wo sie nur konnten. Fast bei jeder Entscheidung fragte ich. Alle Voraussagen (Sind das tragende Mauern oder nicht? Jao: nein) waren richtig. Meine Handwerker haben sich angewöhnt, das Wort »Problem« durch das Wort »Herausforderung« zu ersetzen. Mein wohl phantastischstes Erlebnis war, wie mir mein Bauleiter von einer neuen »Herausforderung« erzählte. Er führte mich in den Garten zur Terrasse, die aus Ziegel besteht. Eines der Regenabwasserrohre darunter war verstopft, und die Arbeiter hatten ohne Erfolg versucht, es durchzustoßen. Nun suchten sie die andere Seite in der Hoffnung, daß es von dort aus gelingen würde. Aber sie konnten das Ende des Fallrohres nicht finden. Da wir auf einem Hügel wohnen, konnte es in jede Richtung gelegt worden sein. Sie glaubten, es ging geradeaus, und seit sieben Stunden wurde am Ende der Ziegelterrasse gegraben. Diese Rohre haben nur sechs Zentimeter Durchmesser, und man kann sie leicht verpassen. »Was ist die Alternative?« frage ich, und mir wird erklärt, daß wir vielleicht die ganze Terrasse abtragen müssen, um es zu finden. Wenn das Rohr verstopft bleibe, gebe es eine Überschwemmung im Haus.

Das kann es nicht sein, denke ich mir und höre auch schon den Gedanken in meinem Kopf: »Du kannst das Rohr finden.«
»Ich?«
»Ja.«
»Nun gut, wenn ihr sagt, daß ich es finden kann, dann wird das schon stimmen.« Ich drehe mich zu meinem Bauleiter, dem Klempner und dem armen Mann, der in der Erde gräbt, und sage: »Mein Engel sagt, daß ich das Rohr finden werde.« Der Klempner schaut mich an, als ob er in meinem Oberstübchen gehörig zu arbeiten hätte, und eine winzigkleine Stimme in meinem Kopf meint: »Wenn du es jetzt nicht findest, hast du dich ganz schön blamiert.« Das ist meine Angst, die sich jetzt schon sehr viel weniger meldet als früher, aber gelegentlich doch noch zum Vorschein kommt. Ich stelle mich auf den Punkt, wo der Klempner die Verstopfung gefunden hat, schließe meine Augen und spreche ein Gebet: »Lieber Gott, liebe Engel, hier bin ich. Was soll ich jetzt tun?«

Ich habe das starke Gefühl, daß ich meine Augen geschlossen halten muß, damit ich mich besser konzentrieren kann. Dann höre ich, wie ich meine Arme nach vorne strecken soll und es heißt: »Fühle.« Die Arbeiter um mich herum sind ganz still geworden. »Was soll ich fühlen?« frage ich in Gedanken. »Fühle«, ist die einzige Antwort. Ich beobachte meinen Körper, taste ihn ab, wie ich es bei Samantha gelernt habe, und spüre ein zartes Ziehen in meinen Fingerspitzen. Langsam bewege ich mich in die Richtung, in die es mich zieht. »Wohin zieht es mich jetzt?« Weiter nach vorne. Also den nächsten Schritt. Noch mal einen Schritt und noch einen. Dann zieht es mich plötzlich scharf nach links und wieder scharf nach rechts. Ich folge mit kleinen Schritten. Irgendwann fühle ich die Hecke an meinen Beinen, die das Ende der Terrasse ankündigt. Ich öffne meine Augen und schaue nach unten. Hinter der Hecke ist schon fleißig gegraben worden. Nur wo ich hinschaue ist die Erde noch unberührt, und ich sage zu den überraschten Männern: »Da müßt ihr graben. Unter dem einzelnen Blatt ist das Rohr.« Mir fällt sofort auf, mit welcher Bestimmtheit ich das äußere. Nicht: Da *könnte* die Leitung sein. Nein, da *ist* die Leitung. Der Bauleiter und ich gehen zur Garage, und kurz danach kommt unser Klempner mit dem erstauntesten Gesichtsausdruck, den ich jemals gesehen habe: »Wir haben das Rohr gefunden.« Er schaut mich an, als ob ich vom Mars kommen würde. »Und es war genau da, wo Sie gesagt haben.« Ich freue mich riesig. Rohre hatte ich bis dahin noch nie gefunden.

»Du hast bisher auch noch nie welche gesucht«, höre ich im Kopf. Auch wieder wahr.

Eine halbe Stunde später kommt der Bauleiter zu mir, und ich merke, es liegt ihm etwas auf der Seele. »Ich hätte da mal eine Frage«, sagte er zögerlich, und ich nicke ihm aufmunternd zu.

»Also, ich bin jetzt schon seit ein paar Wochen da, und ich verstehe ja, daß Sie oft die Augen zumachen und mit Ihren Engeln sprechen.« David, ein großer schlaksiger 40jähriger, schaut mir nachdenklich in die Augen. »Schauen Sie, mir wurde als Kind beigebracht, daß man Respekt vor Gott hat und natürlich auch vor seinen Engeln. Ich meine«, er macht eine Pause und schaut entschuldigend, »die stört man nicht alle fünf Minuten wegen irgendeiner Kleinigkeit. Haben sie nichts Besseres zu tun, als uns beim Wassersuchen zu helfen?« Jetzt ist es raus, und er atmet erleichtert auf.

»Ich verstehe, was Sie meinen, David. Haben Sie einen Verwandten, den Sie nur ab und zu sehen?«

David blickt erstaunt auf. Er weiß nicht, worauf ich hinaus will.

»Ja, ich habe einen Onkel, den ich nur alle Jubeljahre einmal treffe.«

»Würden Sie sagen, Sie haben ein enges Verhältnis zu ihm?«

»Nein.«

»Würden Sie ihn um Rat bitten, wenn Sie Unterstützung brauchen?«

»Nein, ich kenne ihn ja kaum.«

»Genauso ist es mit Gott und seinen Engeln. Je mehr Zeit Sie mit ihnen verbringen, je näher Sie sich kommen, desto besser lernen Sie sie kennen.«

»Das leuchtet mir ein, aber sollte ich Gott nicht mit diesen Kleinigkeiten verschonen?«

»Warum?«

»Vielleicht hat er Besseres zu tun?«

»Vielleicht freut es Gott und unsere Engel, wenn sie um Unterstützung gebeten werden. Vielleicht fühlen sie sich dann willkommen. Und je öfter wir sie einladen, das ist wie bei unseren Verwandten, desto öfter kommen sie und um so natürlicher halten sie sich bei uns auf.«

»Das stimmt.«

»Ich glaube, es ist wichtig, daß wir ein persönliches Verhältnis zu Gott entwickeln. Daß wir mit unseren Engeln ganz normal umgehen, wie mit einem engen Freund, der immer bei uns ist. Ich frage meine Engel sogar nach einem Parkplatz.«

»Nach einem Parkplatz?«

»Ja, immer wenn ich beim Autofahren am Ziel ankomme, bitte ich meine Engel um einen Parkplatz.«

»Und?«

»Ich finde immer einen.«

»Das werde ich jetzt auch einmal probieren«, antwortet David. Er dreht sich um und bleibt dann abrupt stehen. »Da hätte ich noch eine kleine Frage.«

»Nur zu.«

»Muß ich denn irgend etwas Besonderes tun, um mein Verhältnis mit Gott und den Engeln ein bißchen ... ein bißchen enger zu gestalten?«

»David, stellen Sie sich vor, Gott, will bei Ihnen einziehen.«

»Bei mir? In meine Wohnung?«

»Ja, aber ich meine eigentlich mehr in Ihren Körper. Würden Sie sagen: Weißt du, Gott, suche dir lieber jemand anderen. Ich esse nur Fastfood, lache kaum, tanze nie, singe nur an Feiertagen, außerdem gefalle ich mir nicht, wie ich aussehe. Ich bin ein bißchen schlampig mit meinen Klamotten, in meiner Wohnung liegt zuviel Kram herum. Ich glaube nicht, daß du dich bei mir wohl fühlen würdest. Oder sagen Sie: Ich habe schon alles vorbereitet. Ich achte meinen Körper und passe auf, was ich ihm zum Essen gebe. Ich segne meine Nahrung, kümmere mich um mein körperliches Wohlbefinden. Ich bin oft an der frischen Luft, bekomme Massagen und entspanne mich regelmäßig. Ich lache viel und tanze gern. In meiner Wohnung umgebe ich mich mit Blumen und herrlichen Farben, Düften und Musik. Ja, lieber Gott, du kannst bei mir einziehen. Ja, liebe Engel, ihr werdet euch bei mir wohl fühlen. Und wenn ich sonst noch etwas zu eurem Wohlbefinden beitragen kann, werde ich es tun.« In Davids Augen geht ein Leuchten auf.

»Ich verstehe, was Sie meinen. Wir müssen uns achten und uns selbst anständig behandeln.«

Ich nicke.

»Ja, unser Körper ist unsere Kirche, unser Tempel, unser Schloß. Und es liegt in unserer Verantwortung, wie dieser Tempel aussieht. Das ist keine Eitelkeit, sondern hat etwas mit Achtung zu tun. Sich selbst zu achten und zu ehren läßt uns auch andere achten und ehren.«

Nach sechs Wochen verabschiedet sich David. Er hat eine neue Frisur, und mir ist aufgefallen, daß seine Hemden in den Farben lebhafter wurden. Ich umarme ihn am letzten Tag und bedanke mich für seinen Einsatz und seine vielen Talente.

»Übrigens, die neue Brille steht Ihnen gut«, mache ich ihm ein Kompliment.

»Ich dachte mir, wenn Gott schon bei mir einzieht, soll er wenigstens anständig sehen können.«

Wir lachen über seinen Witz.

In Gedanken bedanke ich mich noch mal bei ihm und seinen Mitarbeitern und betrachte liebevoll mein Studio, das mit ihrer Hilfe so geworden ist, wie ich mir das vorgestellt habe.

Dieses Zimmer ist der äußere Beweis dafür, daß ich nicht mehr zwischen Spiritualität und normalem Leben trenne: Ich lebe jetzt ein spirituelles Leben. Das bedeutet, daß ich immer so bin, wie ich bin. Es ist eine Herausforderung, auch dann sein Essen zu segnen, wenn es keiner am Tisch tut. Nicht zu tratschen, wenn jeder über jeden spricht. Da wird die eigene Integrität geprüft. Selbst wenn es für meine Umgebung eine Herausforderung ist, will ich mich nicht verstellen. Bin ich, wer ich bin, oder bin ich, wie die anderen mich haben wollen? Es ist viel einfacher, nur ich zu sein.

Ich zünde die Kerze auf meinem Schreibtisch an. Auch er ist zu einem Altar geworden. Da sind Kristalle und Engelstatuen, da ist eine Kerze, die immer brennt, wenn ich arbeite, eine Schale für die Räucherstäbchen. Statuen von Johanna von Orleans und Albert Einstein stehen hinter den Bildern meiner Familie. Ich umgebe mich gerne mit Dingen, die ich bewundere und die mich inspirieren. Einstein bewundere ich für seinen unkonventionellen Verstand und Johanna von Orleans für ihre Stärke, ihren Visionen zu folgen. Und dann öffne ich den ersten Brief.

Zwei Stunden später kommt meine Tochter verschlafen herein und will auf meinen Schoß. Ich singe mit ihr unser Guten-Morgen-Lied, und wir gehen in die Küche zum gemeinsamen Frühstück. Mein Mann liest seine Zeitung, und eine halbe Stunde später gebe ich beiden ihre Küsse und winke ihnen zu, wie sie gemeinsam im Auto wegfahren. Mein Mann bringt Julia jeden Morgen in den Kindergarten.

Nach dem Duschen kommt auch schon meine Assistentin Sünje, und wir gehen den Tagesplan durch. Termine für meine Klienten, Besprechungen, Besorgungen.

Heute morgen will meine Freundin Deborah Renteria vorbeikommen. Sie ist eine Jin-Shin-Jytsu-Therapeutin, das ist wie Akupunktur ohne Nadeln. Zuerst hört sie am Puls ab, wie der Körper sich fühlt, und dann legt sie zart ihre Fingerspitzen auf die Akupunkturpunkte. Ich wußte am Anfang nie genau, was eigentlich mit mir passiert, nur daß es mir unglaublich guttut. Als ich mehr und mehr meinen Körper verstehen lernte und sehr viel sensibler wurde, begann ich die einzelnen Verbindungen in meinem Körper zu erkennen. Wenn Deborah jetzt ihre Finger auflegt, fühle ich genau, welche Organe oder Körperteile miteinander verbunden und somit ausbalanciert werden. Wir haben eine gemeinsame Patientin, die gerade eine Krebsoperation hinter sich hat, und wollen zusammen meditieren und für sie beten.

Die wundervolle Wirkung von Gebeten wurde mir von meiner Tante Erna und meinem Freund Stan bestätigt. Meine Tante Erna hatte ein schwere Operation vor sich, und am Tag zuvor fühlte sie schon die Kraft der Gebete: »Ich fühle mich so gut, Sabrina«, sagte sie zu mir am Telefon. »Ich fühle mich richtig leicht. So viele Menschen denken an mich, das fühle ich richtig.« Die Operation verlief gut, und nach einer Woche wurde sie nach Hause entlassen. Doch damit hörten auch die Gebete auf.

»Weißt du Sabrina, jetzt wo jeder denkt, ich bin aus dem Gröbsten raus, fühle ich die Gebete gar nicht mehr. Sie haben mir so gutgetan, ich brauche sie noch.« Ich verstand. Die ganze Verwandtschaft fing wieder zu beten an.

Mein Freund Stan, Mitte Sechzig und ein Schrank von einem Mann, hatte einen Herzanfall. Er selbst ging der Idee vom Sterben jahrelang erfolgreich aus dem Weg: »Wenn irgend jemand ernsthaft krank war, konnte ich mich kaum mehr als zwei Minuten am Krankenbett aufhalten und schon fühlte ich mich, als wenn mir die Luft abgeschnitten wird. Ich schickte lieber Blumen oder schrieb einen belanglosen Brief mit ein paar guten Wünschen. Beerdigungen vermied ich und schob schnell eine »unaufschiebbare« Geschäftsreise vor. Ich wollte es nicht zugeben, aber ich hatte panische Angst vor dem Sterben. Ich ließ mich jedes Jahr von meinem Arzt von Kopf bis Fuß untersuchen, und mir wurde immer wieder bestätigt, daß ich rundum gesund sei. Und da erwischte es mich. Ich war im Bodybuilding-Center und fühlte komische Muskelschmerzen in beiden Armen. Ich hatte am Tag davor ein bißchen zuviel gefeiert, zuviel Butter auf meinem Steak und zuviel Bier nachgeschüttet und dachte, ich hätte einfach einen Kater. Ich ging nach Hause, und meine Frau gab mir eine Schmerztablette. Dann ging es mir besser, und ich wollte zum Büro fahren. Im Auto wurde mir gleich wieder schlecht, und ich drehte um. Meine Frau bemerkte, wie grau ich im Gesicht war, und wir riefen einen Freund an, der Arzt ist. Der hörte mir ein paar Minuten zu und schickte mich dann zum Notarzt ins Krankenhaus. Im Krankenhaus machten sie verschiedene Tests, bis sie herausgefunden hatten, daß ich dringendst eine Bypass-Operation brauche, da eine meiner Arterien blockiert war. Die Operation wurde für den nächsten Morgen anberaumt, und meine Frau rief alle unsere Freunde an und bat sie, für mich zu beten. Dreimal am Tag. Jeweils um neun Uhr, um zwölf Uhr und am Abend um acht beteten meine Freunde für mich. Manche alleine, einige unserer

Freunde gemeinsam. Dabei zündeten sie immer eine Kerze an. Am Vortag meiner Operation, nachdem meine Frau mit allen unseren Freunden telefoniert hatte, war das erste gemeinsame Gebet für den Abend angesetzt. Meine Frau zündete eine Kerze neben meinem Bett an. Innerhalb einer Stunde ging es mir besser. Ich war ruhiger, gelassen. Nach zehn Minuten merkte ich, daß ich immer ruhiger wurde. Vorher hatte ich mir irrsinnige Sorgen gemacht. Ich war nervös, hektisch, gereizt und ängstlich. Ich, der dem Tod aus dem Weg ging, stand plötzlich vor einer Operation, die auch schiefgehen kann. Und dann kam diese Ruhe über mich. Die Operation verlief wunderbar, und meine Ärzte bestätigten mir, daß sie noch nie jemand gesehen haben, dessen Narben so schnell verheilten. Ich wußte, daß das mit den Gebeten zu tun hatte. Wenn ich es nicht selbst an mir erlebt hätte, hätte ich es nie geglaubt. Die Ruhe, die Gelassenheit, die Sicherheit und die Liebe, ich fühlte alles in mir. Nicht schlecht, nicht wahr?«

Ich fragte ihn damals auch, ob er Engel gesehen hätte. »Weißt du, ich glaube, es war eine Kombination von Gebeten und himmlischen Kräften. Gesehen habe ich keine Engel, aber ich fühlte mich oft umarmt. Diese Operation hatte einiges für sich. Unter anderem habe ich seitdem keine Angst mehr vor dem Tod. Ich habe nie gedacht, daß ich mich in solchen Krisensituationen heldenhaft verhalten würde, aber mit Hilfe der Gebete habe ich es recht gut gemeistert.«

Alles ist Energie, und kein Gedanke verschwindet auf Nimmerwiedersehen. Jeder Gedanke erreicht sein Ziel. Jedes Gebet den, der das Gebet braucht.

8. Kapitel

Von Engeln, die wie himmlische Tanten sind, und vom Suchen, Fühlen und Vertrauen

Es wird wieder einmal ein herrlicher Tag werden, wie mir der Blick aus meinem Fenster bestätigt. Los Angeles hat fast nur herrliche Tage, und da kommt auch schon Deborahs Wagen. Ich weiß, daß ich heute Deborahs Hilfe brauche. Vielleicht hat sie ein paar gute Ideen, wie ich mit meiner Engelssuche vorankomme. Von Deborah habe ich gelernt, auf meine Instinkte zu hören und auch darüber zu sprechen. Wie einsam fühlte ich mich bei den ersten Schritten in die Spiritualität. Meine alten Freunde sprachen nicht über Gott, frühere Leben oder Engel. Meine spirituellen Lehrer waren in Deutschland, und ich lebte hier ganz alleine. Das dachte ich zumindest. Heute weiß ich, daß Los Angeles eines der spirituellen Zentren ist, und ich muß immer schmunzeln, wenn ich daran denke, daß ich davon damals keine Ahnung hatte.

Meine alten Freunde verschwanden langsam, einer nach dem anderen. Verabredungen wurden abgesagt. Freunde zogen weg oder waren plötzlich zu beschäftigt. Das fiel sogar meinem Mann auf, der sowieso sehr besorgt über die »neue« Sabrina war: »Siehst du«, meinte er, »vielleicht gehst du wirklich etwas zu weit.« Ja, dachte ich, vielleicht tue ich das wirklich. Ist denn niemand hier, mit dem ich reden kann? Damals traf ich Deborah auf einer Party, und wir schlossen uns sofort ins Herz. Sie sprach über Gott wie andere Leute über Nachtisch. So ganz normal. Sie sagte Sätze wie: »Mein Schutzengel meint das und das« oder »Da muß ich erst mal meditieren« oder »Ich habe so ein Gefühl der Traurigkeit« oder »Ich hatte so ein Gefühl, ich muß dich anrufen«. Ich kannte niemanden, der so sprach und so offen mit seinen Gefühlen umging. Und ich traute es mich erst recht nicht. Ich wollte doch so gerne als Intellektuelle dastehen. Zu dem Zeitpunkt dachte ich noch, ich müßte mich zwischen Intelligenz und Spiritualität entscheiden. Mein Verstand ist ganz in Ordnung, lernte ich, ich darf ihn nur nicht dazu benutzen, meine Gefühle zu unterdrücken und ihn alle meine Entscheidungen alleine treffen zu lassen. Mein Leben ist Teamarbeit: zwischen Gott und mir: meinem Verstand, meiner Seele, meinem Körper und meinen Gefühlen.

Ich lernte von Deborah, mich auszudrücken. Nicht nur den Verstandesteil von mir, sondern auch den Gottesteil, den Seelenteil und den Gefühlsteil. Sie machte es mir vor, und ich lernte schnell. »Ich muß dich etwas fragen«, fange ich an, als wir es uns auf den Gartenstühlen bequem machen. Wir sitzen unter einem Dach von orangefarbenen Begonien, und Deborah, eine strahlende Mittvierzigerin, hebt eine der abgefallenen Blüten auf und streichelt sie zärtlich. »Erzähl mir von deinen Engeln«, bitte ich sie, »kannst du sie sehen?«

»O ja«, sagt sie und lächelt dabei. »Habe ich dir jemals erzählt, wie mir meine Engel das Schwimmen beigebracht haben?«

»Nein«, rufe ich aus, »erzähl!« Gespannt lehne ich mich nach vorne.

»Meine Eltern fuhren mit mir in jenem Sommer aufs Land. Wir besuchten unsere Verwandten. Ihr Haus lag neben einem See, und meine Eltern waren ein bißchen besorgt, denn ich konnte noch nicht schwimmen.«

»Wie alt warst du?«

Sie denkt kurz nach: »Ich muß um die fünf Jahre alt gewesen sein. Meine Eltern wollten mir unbedingt das Schwimmen beibringen. Manche Eltern sind bestimmt gute Lehrer, meine waren furchtbar hektisch und nervös«, erklärte sie lachend. »Und natürlich übertrug sich ihre Nervosität auf mich. Irgendwie

108

wollte ich mir das Schwimmen lieber alleine beibringen. Ich brauchte einfach mehr Ruhe dazu. Mein Eltern brachen den Schwimmunterricht entnervt ab, und ich mußte versprechen, daß ich ohne einen Erwachsenen nicht in die Nähe des Sees gehen würde. Ohne Zögern gab ich das Versprechen. Ich war ein sehr zuverlässiges kleines Mädchen, und meine Eltern wußten, daß sie sich auf mich verlassen konnten«, erklärt sie schmunzelnd.

»Komisch. Irgend etwas glaube ich dir daran nicht. Das hast du deinen Eltern doch nur so versprochen?« fragte ich neugierig.

»Das stimmt, ich hatte nämlich schon einen Plan. Für diesen Nachmittag hatte sich Besuch angemeldet. Jugendfreunde meiner Eltern, und ich hoffte auf etwas Zeit alleine. Ich stellte mir vor, wie ich die Erwachsenen unbemerkt alleine lassen würde, um in Ruhe alleine meine ersten Schwimmversuche zu machen. Meinen Badeanzug versteckte ich vorsorglich neben dem langen Bootssteg, der tief in den See hineinragte.«

Deborahs Augen leuchten: »Endlich war es soweit. Der Besuch war da, der Tisch mit Kaffee und Kuchen gedeckt und die Erwachsenen so beschäftigt, daß niemand mich vermißte. Ich tat so, als ob ich in das Gästezimmer gehen würde, und schlich aus der Hintertür zum See. Ich zog meinen Badeanzug an und weiß noch, wie feucht er sich anfühlte. Ich blickte noch mal kurz zum Haus zurück und rannte zum Ende des Bootssteges. Einen Steinwurf entfernt schaukelte ein Boot sanft vor sich hin. Es war eines dieser langen Kanus, die in dieser Gegend oft zum Angeln benutzt werden.«

»Wie sehen die denn aus?« will ich wissen.

»So ungefähr sieben Meter lang und über zwei Meter breit. Sie sind ganz aus Holz«, erklärt sie mir. »Ich stellte mich auf die Zehenspitzen, um zu sehen, ob jemand im Boot war. Vielleicht machte jemand gerade ein Nickerchen. Es war leer, und ich war beruhigt. Ich wollte ganz alleine sein, um schwimmen zu lernen. Langsam ließ ich mich in das kühle Wasser gleiten. Ich hielt mich immer noch am Bootssteg fest. Der See war flach, und ich fühlte bald Boden unter meinen Füßen. Der Schlamm preßte sich durch meine Zehen, und ich sank ein bißchen tiefer ein. Ich hielt einen Moment inne und fühlte plötzlich, daß ich nicht alleine war.«

»Wie meinst du das?« frage ich neugierig.

»Das ist ein Gefühl, das man nur schwer beschreiben kann«, erklärt Deborah. Ihre Augen wandern zum Himmel, als ob es dort geschrieben stünde. »Ich hatte das Gefühl, als ob meine himmlischen Tanten um mich herum waren. Ich fühlte mich von Weiblichkeit umgeben. Ich hörte sehr hohe Töne, so als ob sich die Engel miteinander unterhalten würden. Ich konnte nicht verstehen, wovon sie sprachen, aber es hörte sich wie Musik an.«

Ihre Augen strahlen beim Erzählen, und ich spüre, daß sie vor ihrem inneren Auge alles noch einmal erlebt. »Du weißt ja, daß ich mich seit frühester Kindheit von Engeln umgeben fühlte. Sie waren immer da, soweit ich mich zurückerinnern kann. Aber ich dachte auch, daß Engel etwas ganz Privates sein müssen, weil die Erwachsenen nicht darüber sprachen. Ich fühlte mich oft einsam als Kind«, erklärt sie mir, »und meine Engel gaben mir Sicherheit. Sie waren für mich meine himmlischen Tanten. Manchmal sah ich ihre Gesichter und Körper. Es waren immer mehrere. Sie waren durchsichtig wie milchiges Glas und strahlten von innen heraus. Mein Herz zog sich immer zusammen, wie wenn man etwas besonders Schönes sieht. Ich hatte das Gefühl einer tiefen Erinnerung, oft wie Heimweh. Du fühlst Engel eher innen, tief in dir drin. Als wenn sich deine Seele zum Tanzen aufmacht.« Mich streift einer ihrer liebevollen Blicke.

Ich vergleiche ihr Engelerlebnis mit meinen: Also hat sie ihre Engel auch schon mal gesehen, nicht nur gefühlt. Dann erzählt Deborah weiter: »Wie ich so bis zum Nabel im Wasser stehe, höre ich von meinen Engeln ein schnelles »Nein, nein, nein.«

Ich weiß noch, wie es zweimal kam. »Nein, nein, nein.« Doch ich hatte mich so darauf gefreut, schwimmen zu lernen, daß ich den Stimmen einfach nicht zuhören wollte. Ich zog meine Beine an, streckte mich nach vorne und legte mich voller Zuversicht ins Wasser. Und tatsächlich trieb ich im Wasser. Meine Lungen waren voller Luft, ich hatte die Augen geschlossen und gab mich völlig dem Gefühl des Wassers hin. Ich liebte es zu schwimmen«, erinnerte sich Deborah. »Nicht daß ich groß meine Arme und Beine bewegte, nein, ich genoß einfach die Stille und fühlte mich ein bißchen wie in einer anderen Welt. Ich merkte langsam, daß ich wieder Luft schnappen mußte, doch als ich meinen Kopf aus dem Wasser heben wollte, spürte ich einen harten Schlag und mir wurde schwindelig.«

»Was war passiert?« fragte ich besorgt.

»Die Strömung hatte mich unter das Fischerboot getrieben und nun konnte ich nicht auftauchen. Ich öffnete meine Augen, um nach dem Ende des Bootes zu suchen, aber das Wasser war zu trüb. Ich streckte meine Beine nach unten aus, um wenigstens Halt zu finden, doch der See war an dieser Stelle zu tief. Ich dachte mir, einfach ein bißchen weiter nach vorne zu schwimmen. Doch da wurde ich plötzlich von links abgelenkt. Ich drehte meinen Kopf und hörte beruhigende Stimmen, fast wie wenn jemand singt: »Mund zu und laß deine Augen auf.« Ich drehte meinen Kopf noch weiter nach links, und etwas Strahlendes wartete dort auf mich. In keiner anderen Richtung konnte ich etwas erkennen. Nur auf meiner linken Seite strahlte, wie ein Wunder, etwas Großes. Alles lief wie in Zeitlupe ab. Dieser leuchtende Ball, der mich wie ein Magnet anzog. Ich wußte instinktiv, daß ich auf jeden Fall nach links zu diesem Licht schwimmen mußte. Weißt du«, erklärt mir Deborah, »du fühlst fast mehr als du siehst. Obwohl ich zwei leuchtende Arme erkennen konnte. Es war, wie wenn ...«, sie suchte nach dem passenden Vergleich, »... wie wenn eine Mutter ihre Arme ausstreckt, sobald ihr Kind zu ihr läuft. Ich paddelte ein bißchen mit meinen Beinen und schwamm nach links, geradewegs in die offenen Arme hinein. Je näher ich kam, desto fröhlicher wurde ich. Als ob dort ein Geschenk auf mich warten würde. Ich konnte es kaum erwarten, endlich diese Arme zu fühlen.« Deborah schaut mich lächelnd an: »Und da hörte ich wieder diese hellen Töne, und ich wußte instinktiv, daß ich jetzt meinen Kopf aus dem Wasser heben konnte. Ich erinnere mich noch, wie überrascht ich war, daß diese Arme mich nicht einfach hochhoben. Ich fühlte mich sicher und beschützt. Das Licht war verschwunden, und ich erkannte das Fischerboot neben mir. Meine Kinderarme reichten kaum bis an den Bootsrand, aber ich schaffte es, mich am heraushängenden Ruder festzuhalten.

»Was wäre passiert, wenn du nicht nach links in die offenen Arme geschwommen wärest?« frage ich sie nachdenklich.

»Das Boot war zu lang«, erklärt sie fast flüsternd. »Ich glaube nicht, daß ich das geschafft hätte. Meine Engel halfen mir nicht nur zu schwimmen, sie sorgten auch dafür, daß ich gesund und heil wieder ans Ufer kam.«

»Und deine Eltern?« wollte ich von ihr wissen.

»Ich lief triefend naß, wie ich war, über die Wiese zum Haus und erklärte den staunenden Erwachsenen, daß ich jetzt schwimmen könne. Ich verschwieg allerdings mein Erlebnis mit den Engeln und daß sie mir das Leben gerettet hatten«, vertraut Deborah mir an. »Weißt du, damals glaubte niemand an Engel.«

»Was für ein wunderschönes Erlebnis«, seufzte ich.

Deborah beobachtet mich aufmerksam. Sie kennt mich zu gut, um nicht zu bemerken, daß ich wieder mal – wie sie es nennt – wachsen will.

»Was hast du auf dem Herzen?« will sie wissen.

»Es ist nicht einfach, das in Worte zu fassen«, fange ich an. »Ich habe so ein Gefühl des Versagens in mir. Das nagt an meiner Seele und meinem Wohlbefinden herum.«

»Du und versagen?« Deborah lacht. »Ich kenne niemanden, der so zielstrebig ist wie du. Was andere Leute in einem Jahr schaffen, erledigst du in einer Woche. Was rede ich denn, an einem Tag.«

Das Kompliment tat mir gut. Ja, ich habe mittlerweile anerkannt, wie schnell ich Dinge erledige. Wie hochkonzentriert ich bin. Ich widme mich nur noch einer Sache, anstatt drei Dinge auf einmal zu tun. In dem Moment, wo ich meine Konzentration aufteile, schaffe ich kaum etwas.

Unsere Ideen und Wünsche sind wie Magneten. Je konzentrierter die Kraft, desto stärker sind sie. Das läßt sich mit der Wirkung von Magneten vergleichen. Je stärker der Magnet, um so schneller erfüllen sich deine Wünsche. Zur Zeit konzentriere ich mich auf Engel, und das hätte ich gerne in meinem berühmten einen Tag erledigt.

Deborah beobachtet mich aufmerksam. »Wo warst du?« will sie wissen.

Ich seufze. »Ich merke, wie meine Ungeduld wieder überhand nimmt. Müßte ich nicht schon weiter sein? Müßte ich nicht schon Engel gesehen haben? Andererseits weiß ich, daß alles zur rechten Zeit kommt. Ich muß nur Geduld haben.«

»Hast du mir nicht erzählt, daß du ein Buch über Engel schreiben willst?«

»Ja«, antworte ich, »das soll *Wie Engel uns lieben* heißen.«

»Wie weit bist du denn schon?«

»Ich habe noch nicht angefangen.«

»Wann mußt du es abgeben?«

»In drei Monaten.«

»Kein Wunder, daß du etwas ungeduldig bist«, meint sie trocken.

»Weißt du, ich dachte zuerst, ich sammle wahre Engelsgeschichten von Menschen, die ich kenne, und damit werden dann auch andere inspiriert, über ihre Engel nachzudenken.«

»Hört sich gut an«, antwortet Deborah.

»Da fehlt aber noch etwas«, ich runzele mit der Stirn, »irgend etwas übersehe ich.« Mein Nacken beginnt zu schmerzen. »Mein Körper reagiert schon, wenn ich über meine Zweifel spreche.«

»Was könnte denn fehlen?« fragt sie mich.

»Wie kann ich ein Buch über Engel schreiben, wenn ich selbst noch keine gesehen habe? Da fehlt mir doch einfach die Erfahrung, oder nicht?«

Deborah lächelt. »Du hast Erfahrung im Suchen, im Fühlen und im Vertrauen.«

Stimmt. Langsam dämmert es mir, vielleicht ist es die Suche, das Sehnen nach den Engeln, das Vermissen, das Glauben, das Vertrauen ... darin habe ich Erfahrung. Und verbindet uns Menschen nicht die Sehnsucht nach Engeln?

Ich schließe für einen kurzen Moment die Augen und höre auch schon Jao: »Beschreibe die Suche. Nicht nur das Ziel.«

Und wieder erfüllt mich Dankbarkeit, daß ich Freunde habe, mit denen ich über all das sprechen kann.

9. Kapitel

Wie Engel bei Heilungen helfen und einen vom Sterben wieder ins Leben begleiten

Wann greifen Engel ein und retten einem das Leben und wann nicht? Erscheinen sie, wenn wir unser Leben aus Unachtsamkeit verkürzen würden? Oder wenn wir unsere »Aufgabe« noch nicht erfüllt haben? Sind manche Menschen mehr »wert«, gerettet zu werden, und andere nicht? Nein, das kann und darf es nicht sein. Der Anruf einer Frau kommt mir in den Sinn, die mich während meiner Sendung zum Thema Engel auf Antenne Bayern, einem bayernweiten Radiosender, anrief.

Sie klang sehr traurig am Telefon und stellte mir folgende Frage: »Eine Freundin ist vor kurzem gestorben, und das hat mir sehr viele Schmerzen bereitet. Meine Tochter, sie ist sechs Jahre alt, hat es natürlich mitbekommen und mich gefragt: Mama, wo war denn ihr Schutzengel? Hat der nicht aufgepaßt?«

Ich merke, daß das nicht nur die Frage ihrer Tochter ist, sondern auch ihre Frage, und fühle ihren Wunsch nach einer einleuchtenden Erklärung, die auch ihre Tochter verstehen kann. Nach einer Erklärung, die die Engel nicht auf bloße Zuschauer reduziert, wenn die Zeit für uns gekommen ist, auf die andere Seite zu gehen.

Ich halte kurz inne und bitte um eine Eingebung, und da kommt sie auch schon: »Engel halten uns nicht vom Sterben ab«, erkläre ich ihr. »Wenn die Zeit gekommen ist, helfen Engel uns bei diesem Übergang. Sie sind an unserer Seite, und nachdem wir den menschlichen Körper verlassen haben, heißen sie uns willkommen. Engel nehmen uns die Angst vorm Sterben.

Das ist wie bei einer Raupe, die zum Schmetterling wird. Irgendwann, wenn die Raupe feststellt, daß sie ihren Raupenkörper verlassen muß, um sich in einen Schmetterling zu verwandeln, verspürt sie diese Nervosität, dieses »Kribbeln« vor dem ersten Flug. In diesem Moment sind die Engel an unserer Seite, reichen ihre Hand oder geben uns die Sicherheit, daß wir fliegen können.«

Ich höre einen tiefen Seufzer aus dem Telefon kommen. »Ah, so ist das.« Ich fühle, wie tröstlich diese Erklärung für die Anruferin war. Nein, die Engel lassen uns nicht allein, wenn es uns schlechtgeht. Sie sind an unserer Seite und trösten uns, wir müssen nur zuhören.

Zuhören, denke ich mir, wie wäre es mit zuschauen? Ich muß über meinen Anflug von Selbstmitleid lachen.

Aber verschließen wir uns nicht, wenn wir in Negativität und Traurigkeit versinken? Können wir überhaupt unsere Engel hören, wenn wir nicht versuchen, aus dieser Traurigkeit herauszukommen? Kann mich jemand anrufen, wenn ich mich weigere, den Telefonhörer abzuheben? Und ist unser Versinken in Traurigkeit diese Weigerung? An Engel zu denken bedeutet, Hoffnung zu haben. Und dieses positive Gefühl bringt uns »näher zum Telefon«. Je mehr wir uns verändern, desto lauter hören wir das »Klingeln« ...

Mir geht meine Freundin Teresa nicht mehr aus dem Sinn. Ich habe das starke Gefühl, daß es mit meiner Frage zu tun hat. Was tun Engel, wenn man stirbt? Was genau ist ihre Aufgabe? Und was passiert mit den Hinterbliebenen?

In meinem Kopf sehe ich ein Bild von Teresa und habe den dringenden Wunsch, sie anzurufen. Im Büro suche ich nach ihrer Nummer. Mal sehen, warum ich mich so hingezogen fühle, gerade jetzt Teresa anzurufen.

Oder könnte ich einfach meinen Engel Jao danach fragen? Ich schließe die Augen, um ihn zu hören.

»Teresa hat deine Antwort.« Hoffentlich ist sie zu Hause. Ich

suche nach ihrer Nummer, bedenke die drei Stunden Zeitunter-
schied nach Florida und erreiche ihren Anrufbeantworter.
Ich hinterlasse ihr eine Nachricht und hoffe auf ihren baldigen
Rückruf.

Es ist Sonntagmorgen, und wie immer freue ich mich auf die
Gruppe von Frauen, die zwischen 10 und 12 Uhr zum Meditieren kommt. Wir sind eine lose Gruppe. Wer Zeit und Lust hat,
kommt. Jede bringt beim ersten Mal einen Stein mit, hält ihn
während der Meditation und läßt ihn hier zurück. Damit ist sie
immer in unseren Meditationen dabei, selbst wenn ihr Körper
nicht anwesend sein sollte.

Heute sind wir neun, die es sich in meinem Studio bequem machen. Die Ebene in der Mitte ist wie ein U geformt. Eine große
Schale Wasser steht in der Mitte, darum ungefähr 50 Steine
und Kristalle, die von Frauen mitgebracht worden sind, die hier
schon einmal meditiert haben. Neben dem Wasser ist eine große Schale, die von zwei Porzellanengeln gehalten wird. Darin
steht eine brennende Kerze. Paula, eine Komponistin, Jessika
und Ursula, zwei Schauspielerinnen, Monika, eine Kunsthändlerin, Jenny, eine Musikpromoterin, Deborah, deren Engel ihr
das Schwimmen beigebracht haben, Candice, eine Börsenmak-
lerin, Sandra, eine Kindergärtnerin, und Donna, eine Künstlerin, die Engelbilder malt, sind heute gekommen.

Wir umarmen uns bei der Begrüßung. Candice ist zum ersten
Mal hier, und ich mache sie mit allen anderen bekannt.

Wir reichen uns die Hände, und Donna spricht unser Gebet. Sie
schaut stumm und lächelnd in die Runde, schließt dann ihre
Augen und sagt: »Geliebte Engel, geliebtes Licht, wir sind hier
zusammengekommen, um das Leben und die Liebe zu achten
und zu unterstützen und zu verbreiten. Mögen wir an diesem
Morgen finden, was wir suchen, mögen unsere Fragen beantwortet werden und unsere Körper gestärkt nach Hause gehen.
Amen.«

Wir summen gemeinsam ein Om, bis jede von uns ein Gefühl

der Ruhe und Gelassenheit bekommt. Dann führe ich die Meditation, höre auf meine innere Stimme und öffne öfters die Augen, um zu sehen, wie es jeder geht. Manchmal kommen Tränen oder Emotionen auf, und ich möchte bereit sein, falls jemand während der Meditation eine Umarmung braucht.

Nach der Meditation benutzen wir unseren »Sprechstab«, den Talking Stick. In der Tradition der Indianer darf immer nur der reden, der den »Sprechstab« in der Hand hält. Er redet so lange, wie er will, und niemand unterbricht ihn. Das hat den Vorteil, daß die Konzentration der Gruppe auf der Sprecherin ruht und sie sich soviel Zeit lassen kann, wie sie will. Inklusive aller Sprech- und Nachdenkpausen.

Anschließend legen sich diejenigen, die Heilung brauchen, nacheinander in die Mitte des Kreises, und jede von uns gibt, was sie braucht.

Unser Körper hat eine unglaubliche Kraft, sich selbst zu heilen. Manchmal braucht es nur einen Schubs, um diese Heilkraft zu entfalten. Westliche Medizin verbunden mit östlicher Medizin, der richtigen Einstellung und dem Wissen, daß eine Krankheit dazu da ist, uns auf ein Ungleichgewicht aufmerksam zu machen, wäre die ideale Kombination. Am besten ist es allerdings, wenn wir von vornherein unserer Seele und unserem Körper mehr Aufmerksamkeit zuwenden, damit dieser erst gar nicht krank wird. Unsere Einstellung zur Krankheit entscheidet über die Schnelligkeit des Heilungsprozesses. Die Krankheiten kommen zu uns, weil wir irgend etwas lernen wollen oder weil wir seit einiger Zeit nicht mehr auf den Körper gehört haben und er uns mitteilen will, »was zuviel ist, ist zuviel«. Krankheiten bringen auch oft mehr Verständnis für andere. Ich habe von einem jungen Mann gehört, der fast seine gesamte Kindheit in einem Gipsbett verbringen mußte. Daraus entstand der Wunsch, Arzt zu werden, um anderen Kindern zu helfen, die wie er an dieser Krankheit leiden. Er hat es geschafft und ist ein wundervoller Arzt.

Ich bin so gut wie nie krank, trotzdem erwischte mich vor ein paar Monaten eine starke Grippe. Wenn mich Freunde fragten, was ich denn habe, antwortete ich: »Ich habe einen Fall von schlechtem Hören.«

Die ganze Woche vorher merkte ich schon, wie ich an den Kraftreserven nagte. Daß ich mir zuviel aufgeladen hatte und zu sehr unter Zeitdruck stand. Ich versuchte durch Barfußgehen Kraft zu tanken. In einer Meditation höre ich Jao sagen: »Morgen wirst du den ganzen Tag im Bett verbringen und nichts tun. Du mußt dich entspannen.«

Ich erkannte aus der Dringlichkeit seiner Worte, daß es wichtig war, und folgte seinem Rat. Ich blieb den ganzen Tag im Schlafzimmer. Meine Assistentin Sünje fand einen Zettel vor und schmunzelte. Ja, sie ist schon einiges gewöhnt. Ich sprach mit niemandem, schlief, meditierte, schlief. Das Feuer brannte im Kamin, und ich hatte mir ein paar Kissen und Decken davor aufgebaut. Das Feuer besitzt eine große Heilkraft, und nach jedem Nickerchen fühle ich mich besser. Gegen neun Uhr abends fühlte ich mich großartig. Voller Kraft und Energie. Mein Mann war auf Reisen, meine Tochter im Bett, und ich mußte an die 35 Briefe denken, die ich noch beantworten wollte. Ich holte mein Diktiergerät, alle unbeantworteten Briefe und machte es mir damit im Bett gemütlich.

Alle meine Briefe sind immer etwas länger, und gegen Mitternacht stellte ich fest, daß gut die Hälfte beantwortet war. Erschöpft schob ich das Diktiergerät zur Seite und verkroch mich unter meiner Bettdecke. Ich fange zu meditieren an und sehe Jao vor meinem inneren Auge. Er sagt nur: »Das nennst du entspannen?«

Zu blöd, denke ich mir, damit war wohl niemand ganz zufrieden. Weder meine Engel noch mein Körper. Ich fühle, wie sich mein Hals zuzieht, und beginne wieder zu husten und – welche Überraschung – meine Nase läuft auch.

»Wenn wir einen Tag sagen, meinen wir einen ganzen Tag, und

du weißt das sehr wohl«, höre ich es noch streng. Dann herrschte Funkstille, und ich war drei Tage krank. Jetzt lag ich drei Tage statt einem, und es war »ein Fall von schlechtem Hören.«

Es ist wundervoll zu sehen, wenn eine meiner »Schwestern« in der Mitte dieses Meditationskreises liegt. Völlig entspannt die Atmosphäre genießt, sozusagen ein Energiebad nimmt. Schwesterliche Liebe fühlt und annimmt. Dieses Mal braucht meine Freundin Donna, die Malerin, Hilfe. Ihre Eierstöcke bereiten Schwierigkeiten. Sie ist als Kind von ihrem Vater mißbraucht worden, und manchmal sind ihre Eierstöcke in Unruhe. Sie ist klein und zierlich, fast immer in Weiß gekleidet und hat ihre langen hellroten Haare zum Zopf gebunden. Ich tauche meine Hände kurz ins Wasser und lasse sie dann über die Kerze gleiten. Damit verbinde ich mich mit den Elementen, die uns ausmachen. Ich lege meine Hände mit der offenen Handfläche nach unten über Donnas Körper. Candice schaut neugierig, was ich da tue, und so erkläre ich ihr die Macht der Liebe.

»Ich glaube, daß viele Krankheiten geheilt werden könnten, wenn wir den Menschen einfach tagelang nur halten und umarmen würden. Immer mehr Wissenschaftler finden heraus, wie wichtig gegenseitige Unterstützung ist. In New Jerseys berühmten Columbia-Presbyterian-Medical-Center gibt es sogar Heiler im Operationsraum. Einer der führenden Herzspezialisten in den USA, Dr. Mehmet Oz, hat während seiner Operationen Heiler am Kopfende des Patienten plaziert, damit diese die Energie balancieren. Du kannst dir vorstellen, wie mutig das von diesem Arzt war. Ein anderer Herzspezialist, Dr. Dean Ornish, verschreibt Meditation zur Vorbeugung von Herzanfällen. Und stell dir vor, jetzt haben Krankenversicherungen es in ihr Programm aufgenommen.«

Donna liegt in der Mitte, die Augen geschlossen. »Candice, nimm deine Hände, beide nach unten geöffnet, und laß sie langsam auf Donnas Körper wandern.«

Candice rückt ein bißchen näher und streckt ihre Hände aus.
»Wenn du langsam deine Hände nach unten gleiten läßt, wird dir plötzlich ein leichter Widerstand auffallen. Nur zu«, nicke ich aufmunternd.

Candice schließt die Augen, und hochkonzentriert läßt sie ihre Arme langsam von einem Meter auf 50 Zentimeter, von 50 auf 30 Zentimeter heruntergleiten.

»Da, da«, ruft sie überrascht. »Da fühle ich was.« Sie bleibt mit ihren Armen in dieser Position und öffnet ihre Augen. »Was ist das?« will sie wissen.

»Das ist Donnas sogenannte Aura. Die kann man messen und sogar fotografieren. Du endest nicht mit der Haut. Du bist sehr viel größer als dein Körper.«

Candice schaut mich überrascht an. »Dann habe ich das auch?«

»Genau. Jedes Lebewesen, jeder Stein, jeder Baum besitzt eine Aura.«

»Wozu?«

»Das ist unser Sensorenfeld. Dort sammeln wir Informationen. Es ist dir bestimmt schon mal passiert, daß du in ein Zimmer mit Menschen gehst und dich sofort unwohl fühlst?«

»Ja«, antwortet Candice, »erst letzte Woche war ich auf so einer fürchterlichen Party.«

Ich nicke. »Du hast die Vibrationen, die Schwingungen deiner Mitmenschen aufgenommen. Wir nehmen nicht nur mit unseren Augen und Ohren Informationen auf, sondern besonders mit unserem Sensorenfeld. Dein Sensorenfeld hat die anderen Sensorenfelder berührt – deine Seele hat die anderen Seelen berührt – und damit hast du schon, vor dem ersten Satz, vor der Begrüßung aufgenommen, wie die Stimmung in dem Raum ist.«

Candice zieht ihre Hände zurück. »Nein, nein«, schlage ich vor, »strecke sie nochmals aus.« Sie streckt sie aus.

»Schließe deine Augen.«

Sie schließt ihre Augen.

»Wenn jemand krank ist«, fahre ich fort, »ist der Körper nicht ausbalanciert. Aber er sucht das Gleichgewicht, die perfekte Harmonie. Wann fühlen wir uns harmonisch und im Gleichgewicht?«

Candice denkt nach: »Wenn wir uns wohl in unserem Leben fühlen, wenn wir geliebt werden, wenn wir Spaß haben«, zählt sie auf.

»Genau, und unser Sensorenfeld ist, wenn du so willst, voller positiver Ladung. Wenn der Körper gesund ist, die Seele zufrieden und glücklich, dann pulsiert das Sensorenfeld in den herrlichsten Farben. Candice, gehe jetzt bitte in Gedanken zu einer Zeit in deinem Leben zurück, in der du vollkommen glücklich warst.«

Candice ist still, hat ihre Augen wieder geschlossen und denkt nach. »Ich habs'«, kommt es nach einer Weile, und wir alle können es sehen: Sie lächelt glücklich.

»Jetzt spüre, wie dieses Gefühl durch deinen ganzen Körper geht.« Wir alle beobachten Candice, wie sie mehr und mehr lächelt. »Und jetzt fühlst du, wie dieses Gefühl der Liebe aus allen deinen Poren nach außen tritt.«

Candice nickt.

»Auch aus deinen Handflächen.«

Candice nickt. Ihre Handflächen befinden sich noch immer über Donnas Körper.

Nach einer Weile frage ich leise: »Wie fühlst du dich, Donna?«

»Einfach herrlich. Es kommt sehr warm von ihrer Hand, und ich fühle mich viel leichter.«

»Wirklich?« Candice öffnet überrascht ihre Augen. »Ich wußte nicht, daß ich ein Heiler bin.«

»Ist das nicht phantastisch? Jeder ist ein Heiler«, lache ich, »wir müssen nur damit anfangen.«

Das war der Auftakt für die anderen Frauen, ihre Hände auszustrecken und Donna Liebe zu schicken. Jessika fühlt sich inspiriert, Donnas Füße zu halten. Ich fühle mich inspiriert, ihr in das Herz zu blasen. Der Atem enthält unsere Lebenskraft. Ich blase meine Liebe in Donnas Herz.

Donna genießt die Liebe und Zärtlichkeit von uns Frauen. Jessika ist die nächste. »Es ist ganz schön viel los bei mir zu Hause, ich könnte ein bißchen Liebe gut brauchen.«

Zwei Frauen streicheln ihre Arme, eine hält ihren Kopf, zwei haben ihre Handflächen ausgestreckt, und ich halte ihre Füße. Sie atmet tief und gleichmäßig, und irgend jemand sagt: »Mensch, bist du schön.« Wir alle fangen zu lachen an.

»Weißt du, was das Schönste ist«, sagte Paula, »ich kann einer Frau den Arm streicheln, ohne daß jemand gleich glaubt, ich sei lesbisch.«

Wir wissen alle, was sie meint. Sie will damit homosexuelle Liebe nicht abwerten. Wenn es das ist, was jemanden glücklich macht, wie wunderbar. Aber wie oft haben wir uns mit unseren Umarmungen zurückgehalten, weil die andere vielleicht denkt, »wir wollen was«. Wir sind alle Schwestern, und Schwestern umarmen sich, halten sich und trösten sich.

Meine Freundin Rita erklärte mir einmal, daß ich bei einer Pfeifenzeremonie immer wie ein Mann aussehe. Ja, das stimmt. Die Pfeifenzeremonie bringt meine männliche Seite zum Vorschein. Wenn ich tanze oder heile, kommt mehr meine weibliche Seite zum Vorschein. Unser Ich ist männlich und weiblich.

Die zwei Stunden sind wie immer schnell vergangen. Jessika strahlt. »Danke, meine Damen.« Wir umarmen sie. Ich will noch schnell meine Frage loswerden: »Wie ihr wißt, schreibe ich an meinem Buch und brauche noch ein paar Engelerlebnisse.«

Deborah nickt: »Meines hast du ja schon.«

Donna holt ihre Handtasche und schlägt vor: »Ich kann dir mein Engelerlebnis, wie ich gestorben bin, erzählen.«

Jede von uns bleibt wie erstarrt stehen. »Wie du gestorben bist?« fragt Paula.

»Ja«, antwortet Donna wie selbstverständlich.

»Das will ich hören, soviel Zeit muß sein«, meint Jenny und setzt sich sofort wieder hin.

Wir alle machen es uns wieder bequem, und Donna beginnt: »Ich war auf einer Segelyacht unterwegs und hatte die schlimmsten Nierenschmerzen, und dann merkte ich, wie ich meinen Körper verlasse ...«

»Moment, Moment«, unterbreche ich sie. »Ich brauche den Anfang der Geschichte. Wann hast du zum ersten Mal Kontakt mit einem Engel gehabt?«

Donna braucht keine Sekunde nachzudenken: »Ich war vier Jahre alt. Mein Vater war wieder einmal fürchterlich wütend. Er schlug mich und schrie mich an, wie nutzlos ich sei und wie dumm und daß ich doch nur im Weg bin. Glücklicherweise kam kurz danach eine meiner Tanten, um mich in ein Museum mitzunehmen. Da sah ich ein Bild von Goya hängen, der einen kleinen Jungen gemalt hatte. Ich hörte eine fremde Stimme in meinem Kopf, die mir sagte, daß ich ein Maler werden würde. Ich fühlte mich seltsamerweise besser. Von dem Tag an malte ich die meiste Zeit. Mein Vater sagte dauernd zu mir, daß ich mit dem nutzlosen Zeug nur meine Zeit und sein Geld verschwende.«

»Was war mit deiner Mutter?« fragte Candice.

»Meine Mutter tat immer so, als wenn sie nichts mitkriegen würde.«

»Ja, aber wenn er dich geschlagen hat?« hakt Sandra noch mal nach.

»Dann ging sie aus dem Zimmer.«

Wir starren sie mit offenem Mund an. »Hat er jemals deine Mutter geschlagen?« will Paula wissen.

»Nein, meine Mutter hätte ihn verlassen, also wandte er sich an mich. Ich glaube jetzt, daß er eine gespaltene Persönlichkeit hatte. Ich wußte nie, wann er losbrüllte. Das kam immer so unvorbereitet. Dementsprechend war ich immer nervös und ängstlich. Ich dachte dauernd an Selbstmord. Ich hatte auch

Unterleibsschmerzen, erst vor kurzem kam die Erinnerung wieder hoch, daß er mich zwischen meinem fünften und neunten Lebensjahr sexuell mißbraucht hat. Ich hatte das komplett verdrängt. Eines Tages wurde mein Vater schwer krank, ich muß so um die achtzehn Jahre alt gewesen sein, und meine Mutter sagte ständig, daß das meine Schuld sei. Wenn ich ihn nicht dauernd so aufgeregt hätte, dann wäre Vater nicht im Krankenhaus.«

Donna schaut auf ihre Hände und dann uns an: »Sie sagte, ich sei an allem schuld. Achtzehn Jahre meines Lebens wurde mir gesagt, wie dumm und nutzlos ich sei, und irgendwann einmal habe ich das geglaubt. Ich wurde nie für irgendein Talent gelobt, deshalb dachte ich nicht, daß ich welche hätte. Mit achtzehn hatte ich nichts, wofür es sich zu leben lohnte. Ich sperrte mich mit einem riesigen Küchenmesser im Badezimmer ein und wollte mir die Kehle durchschneiden.« Deborah nimmt Donnas Hand. Donna lächelt ihr zu und fährt fort: »Und wie ich das Messer an meine Kehle setze, sah ich mich im Badezimmerspiegel und hörte wieder diese Stimme in mir, die zu mir gesprochen hatte, als ich vier Jahre alt war. Es sind sie, nicht du! Du mußt verstehen, daß deine Familie krank ist. Du bist völlig normal.«

Donna schluckt. »Das war so befreiend für mich. Leute, die nicht seelisch und körperlich als Kinder mißhandelt worden sind, verstehen das kaum. Wenn dir als Kind immer wieder gesagt wird, wie nutzlos du bist, wenn du nie gelobt wirst, nie in mütterlicher oder väterlicher Liebe gestreichelt und gehalten wirst, dann glaubst du, daß du wertlos bist. Und irgendwann einmal hältst du es nicht mehr aus.«

»Was hast du dann gemacht?« will Monika wissen.

»Ich bin bei Nacht und Nebel von zu Hause abgehauen. Ich hatte Angst, daß mich mein Vater zurückholen würde, aber ich fühlte mich jetzt durch die Stimme im Badezimmer etwas stärker. Irgend etwas ist in mir aufgewacht. Ich würde zur Polizei gehen, wenn er mich noch einmal anfassen würde. Ich übernachtete bei einer Mitschülerin von der Kunstschule, die ich damals besuchte. Ich hatte etwas an, was ich selber entworfen und genäht hatte. Ich brauchte etwas Zeit, um nachzudenken, wovon ich jetzt leben sollte, und am gleichen Tag sprach mich eine der Lehrerinnen an. Ich glaube, sie fühlte, wie schlecht es mir ging. Ich habe ja damals mit niemandem über meine Situation zu Hause gesprochen. Sie meinte, daß meine Kreationen bestimmt auch anderen Leuten gefallen würden, und gab mir die Namen von verschiedenen Geschäften. Ich solle doch mal hingehen und schauen, vielleicht würden die meine Klamotten kaufen. Das machte ich auch, und jede dieser Boutiquen bestellte etwas. Damit begann meine Designerkarriere.«

Wir alle atmen hörbar auf. Gott sei Dank ist diese schreckliche Kindheit vorbei, scheinen wir alle zu denken.

»Einige Jahre später traf ich meinen Ehemann. Er meditierte und war sehr romantisch. Blumen, Limousinen, erster Klasse reisen, nur die besten Hotels, er verwöhnte mich nach Strich und Faden. Er machte irrsinnig viel Geld an der Börse und inspirierte mich auch wieder zu malen. Er spielte mir vor, daß er besorgt um mich war, und erst sehr viel später merkte ich, daß er mich eigentlich nur kontrollieren wollte. Er war als Kind von seiner Mutter in ein Heim abgeschoben worden und hatte irrsinnige Angst, verlassen zu werden. Und er glaubte, je mehr er mich kontrollierte, desto sicherer sei er, daß ich auch bei ihm bleibe.«

»Wie lange warst du denn glücklich mit diesem Mann?« will ich wissen.

»Das erste Jahr war einfach phantastisch. Kurz nach unserer Hochzeit zogen wir nach Australien und hatten eine wundervolle Zeit. Ein Jahr später verkaufte er dort alle seine Geschäfte, und wir zogen nach New York. Er arbeitete dann eine Zeitlang nicht mehr, und ich verbrachte meine ganze Zeit mit ihm. Bald war mir das zu langweilig. Ich wollte wieder malen.

Und dann begannen unsere Probleme. Langsam fing ich auch wieder an, meine Bilder zu verkaufen. Zeitungen schrieben über meine Werke. Damals arbeitete ich mit abstrakten Formen und Spiegeln, und ich bereitete gerade meine erste große Ausstellung vor. Er war besessen von der Idee, daß ich ihn bald verlassen würde. Bei uns ging es zu wie in einem Hotel. Es waren immer irrsinnig viele Leute um uns herum. Sein fast erwachsener Sohn lebte bei uns, ebenso eine meiner Freundinnen, die pleite war. Ich hatte zwei Assistentinnen, die mir bei der Ausstellung halfen, neben den Leuten von der Galerie sowie einer PR-Tante. Ich hatte in der letzten Phase vor der Vernissage kaum Zeit für meinen Mann. Meine Freundin, die bei uns lebte, bot sich an, sich um ihn zu kümmern. Ich hatte einen Bodyguard, Limousine mit Fahrer und ein Handy. Mein Mann wußte immer genau, wo ich war, und konnte mich jederzeit erreichen.«

»Die absolute Kontrolle«, meinte Paula trocken.

Donna nickt. »Mittlerweile machte sich meine Freundin an meinen Mann heran, es war einfach nur noch ein Desaster. Einmal kam ich spät nach Hause, der Schlüssel steckte von innen und ich klingelte vergeblich. Er tat so, als ob er mich nicht hören würde, und ich habe die Nacht im Auto verbracht.«

»Und du hast ihn nicht verlassen?« fragte Jessika neugierig.

»Nein, ich liebte ihn doch. Ein paar Wochen später war dann meine Ausstellungseröffnung, und alles hätte wunderbar sein können. Ich hatte eine tolle Presse, und alle liebten meine Bilder, aber niemand kaufte sie.«

»Warum?«

»Mein Mann bestand darauf, die Preise für die Bilder festzulegen, und er setzte sie viel zu hoch an. Ich war ja kein berühmter Künstler, sondern stand am Beginn meiner Karriere. Ich versuchte ihm zu erklären, daß der Kunstmarkt nicht so funktioniert. Aber er hielt mir entgegen, daß er schließlich der erfolgreiche Geschäftsmann sei und die Millionen verdiene, und er wüßte schon, was richtig ist.«

Donna zuckte mit den Schultern. »Wißt ihr, damals war ich noch nicht selbstbewußt genug, um mich auf mich selbst zu verlassen. Ich dachte zu jener Zeit, ich hätte keine andere Wahl. Gott sei Dank habe ich mittlerweile einiges dazugelernt. Wir haben damals all das Geld verloren, das wir in die Ausstellung gesteckt haben. Peter, mein Mann, war wütend, und das Schlimme war dann auch noch, daß seine Geschäfte, eines nach dem anderen, pleite gingen. Zudem wurde ich krank. Meine Nieren haben mir seit meiner Kindheit riesige Probleme bereitet, und wir mußten alles verkaufen. Unser einziger Besitz war eine 15 Meter lange Segelyacht auf den Bahamas, und wir zogen dorthin, um auf diesem Boot zu leben.«

»Habt ihr denn alles verloren?« frage ich.

»Ja, fast alles. Ich dachte wieder an Selbstmord. Damals war das für mich der einzige Ausweg. Ich versuchte es auch ein paarmal, indem ich weit aufs Meer hinausschwamm und hoffte, daß ich irgendwann einmal so erschöpft sein werde, daß ich untergehe. Aber es klappte nicht. Komischerweise hatte ich dann immer eine unglaubliche Energie, obwohl ich mich während dieser Zeit sehr schwach fühlte. Ich schaffte es immer zurück. Ich war wütend, nicht einmal umbringen konnte ich mich.«

Ihre Stimme wird leiser und ihre Augen suchen die Decke ab, als ob das, was sie jetzt erzählen möchte, dort oben geschrieben steht.

»Es war ein Donnerstag, als ich starb, das weiß ich noch genau. Eine Schlechtwetterfront hatte sich angekündigt, doch Peter wollte unbedingt segeln. Ich lag auf einer Sitzbank und war zu schwach, um zu protestieren. Ich litt unter unglaublichen Nierenschmerzen und hatte das Gefühl, daß Peter wußte, daß ich ihn verlassen werde. Vielleicht wollte er uns da draußen umbringen. Wer weiß. Dann kam das Unwetter, und es war der schlimmste Sturm, den ich jemals erlebt habe. Am hellichten Tag wurde es schwarz wie die Nacht, die Wellen krachten mit irrsinniger Gewalt auf unser Deck. Es donnerte und blitzte, und das Boot schaukelte so stark, daß ich mich auf den Boden legte, denn ich konnte mich auf der Bank nicht mehr festhalten. Peter war kreidebleich, und ich schrie ihm durch das Tosen des Sturms entgegen: ›Ich hoffe, du bist bereit zu sterben. Ich fange jetzt zu beten an.‹ Ich glaube, da wurde ihm erst richtig bewußt, was er angerichtet hatte, und er schrie: ›O Gott, o Gott, ich will nicht sterben.‹ Der Sturm fühlte sich an, als ob er nie aufhören würde, aber irgendwie haben wir es doch überlebt. Wir trieben wieder Richtung Land, und Peter schwamm zum Strand, um Vorräte und ein neues Beiboot zu besorgen. Unseres hatte der Sturm weggerissen.«

»Wie ging es dir?« fragte Jessika.

»So schlecht wie noch nie in meinem Leben. Mein ganzer Körper tat weh. Jeder Muskel war verkrampft. Ich hatte die fürchterlichste Migräne, die Tränen liefen mir nur so herunter. Es waren die schlimmsten Schmerzen meines Lebens, und ich sagte zu Gott, daß ich fertig bin mit dem Leben, daß ich nicht mehr leiden möchte. Ich war mittlerweile dreißig Jahre alt, und seit meinem vierten Lebensjahr hatte ich diese entsetzlichen Kopfschmerzen. Ich war müde, meine Ehe war eine Katastrophe, ich konnte mir nicht einmal mehr Farbe und Leinwand zum Malen leisten, geschweige denn eine Wohnung. Ich war einfach total erschöpft und fertig mit der Welt.«

Donna nimmt ein Kissen und hält es vor ihren Bauch. »Dann fühlte ich mich plötzlich aus meinem Körper herausgezogen, wie von einem riesigen Staubsauger. Ich hatte schreckliche Angst, denn ich wußte nicht, was mit mir passierte. Ich sah ein riesiges helles Licht und wurde nach oben gezogen. Ich hatte absolut keine Kontrolle darüber. Ich erinnerte mich nicht mehr daran, wer ich war oder wie ich hieß! Ich schaute mich nur um, und da waren irrsinnig viele Gestalten, die alle aus diesem hellen Licht gemacht waren, und wie ich an mir herunterblickte, merkte ich, daß auch ich so aussah wie die anderen. Ich fühlte mich so friedlich! Es war das erste Mal, daß ich ein Gefühl der Ruhe in mir hatte. Das erste Mal in meinem dreißigjährigen Leben! Ich dachte an nichts. Ich war einfach nur da. Nichts war mehr wichtig, ich war so ruhig und gelassen, es war wunderschön. Plötzlich bewegte ich mich langsam wieder nach unten. Und plötzlich wußte ich auch wieder, wer ich war, und sah das Boot von oben. Im nächsten Moment war ich in der Kajüte, in der ich gestorben war, und sah meinen Körper dort liegen. Meine Lippen waren ganz blau und mein Gesicht weiß wie eine Wand. Ich wußte, daß ich tot war. Ich habe meinen Vater sterben sehen. Der sah genauso aus.«

»Wie hast du dich dabei gefühlt?« fragt Paula.

»Ich war am meisten überrascht, wie wenig mich mein Körper interessiert. Es war mir völlig egal, daß ich tot war. Ich machte mir Sorgen um Peter und was er wohl tun würde, wenn er mich finden würde. Aber ich schob diesen Gedanken weg und wollte wieder zum Licht gehen. Eine Sekunde später fühlte ich, wie es mich wieder in meinen Körper zurückzog. Ich war wieder in mir. Ich öffnete meine Augen und sah diesen riesigen Engel über mir.«

»Beschreibe ihn mir«, bitte ich sie.

»Er war einfach riesengroß. Die Stehhöhe der Kajüte betrug ungefähr zwei Meter zwanzig, aber er muß mindestens vier Meter groß gewesen sein. Ich überlegte mir, wie er wohl unter Deck paßte. Er schwebte über mir und war von unglaublichem Licht umgeben.

»Irgendwelche bestimmten Farben?«

»Nein, ich weiß nicht mehr genau, wie er aussah. Ich erinnere mich nur, daß er riesig war. Er fühlte sich eher männlich an, das fiel mir auch noch auf. Ich war ärgerlich. Ich wollte nicht in meinem Körper sein. Ich sagte zu ihm, daß ich wieder in das

Licht gehen wollte, aber ich bekam keine Antwort. Nach einer Weile verschwand er.«

»Und du warst wieder am Leben.«

»Ja«, nickt Donna, »ich hatte damals keine Ahnung, wie sehr dieses Erlebnis mein Leben verändern sollte. Fast alle meine Schmerzen waren weggeblasen. Meine Migräne kehrte nie wieder zurück. Sogar meine Nieren waren geheilt. Ich fing auch wieder zu malen an. Ich malte einen Engel mit einem Baby im Arm. Dann verließ ich meinen Mann und ging zu Freunden nach Los Angeles. Ich malte immer noch wie früher, aber keiner kaufte diese Arbeiten. Jeder wollte diese Engelbilder. Und irgendwann malte ich nur noch Engel.«

»Diese zwei in meinem Studio sind von Donna«, und ich deute auf zwei wundervolle große Ölbilder, die ich vor einiger Zeit gekauft hatte.

»Die fielen mir gleich beim Hereinkommen auf«, sagt Candice bewundernd.

»Danke«, antwortet Donna.

»Ich weiß, daß du oft mit deinen Engeln sprichst. Wie fing das an?« frage ich neugierig.

»Es begann mit einem Summen im Ohr. Als ob du nach dem Fliegen deine Ohren nicht freikriegst. Zuerst zog ich von einem Ohrenarzt zum anderen, aber niemand konnte etwas finden. Bis ich merkte, daß meine Engel zu mir sprachen.«

»Wie?«

»Ab und zu hatte ich einen scharfen Schmerz in meinem Ohr, und irgendwann paßte ich auf, in welchen Situationen dieser Schmerz auftrat.«

»Ja?« fragt Jenny neugierig. »Ich habe auch ab und zu ein Summen im Ohr.«

Donna schaut zu Jenny: »Immer wenn ich Menschen um mich habe, die lügen, dann bekomme ich diesen Schmerz.«

»Das ist ja irre«, sagt Jenny. »Ich muß jetzt mal genau aufpassen, wann ich diese Geräusche höre.«

»Ja, dieses eingebaute Warnsystem hat mir schon in vielen Situationen geholfen.«

Paula meint: »Ich hatte auch schon mal das Gefühl, als wenn mich ein riesiger Staubsauger aus meinem Körper zieht. Ich hatte damals fürchterliche Angst und schaffte es mit Müh und Not aufzustehen. Ich habe aber nie gedacht, daß ich da gestorben bin.«

»Dieses Gefühl kenne ich auch«, antworte ich ihr. »Mir passiert es jetzt öfters, daß ich plötzlich in einer anderen Realität bin. Das ist möglich, ohne daß du dabei stirbst. Früher hatte ich dabei fürchterliche Angst. Es war einfach ungewohnt, und ich hatte von so was noch nie gehört! Heute freue ich mich darauf. Ich will ja Neues erfahren. Allerdings habe ich herausgefunden, wie ich jederzeit wieder in meinen Körper zurück kann.«

»Wie?«

»Ich sage einfach zu mir: ›Ich bin ein Kind Gottes und will zurück in meinen Körper.‹ Ich kenne mich ja in diesen anderen Welten noch nicht so aus, und dieser Satz ist sozusagen meine Reiseversicherung. Wenn ich in meinen gewohnten Körper zurück will, sage ich einfach ›Ich bin ein Kind Gottes und will in meinen gewohnten Körper zurück‹. Und umgehend bin ich wieder in meinem Körper.«

»Donna, ich muß zugeben, in meinem Kopf dreht sich jetzt alles.« Candice beugt sich nach vorne. »Woher willst du wissen, daß du tot warst. Ich meine, vielleicht hast du dir das eingebildet? Versteh mich nicht falsch«, erklärt sie besorgt. »Aber ich hab einfach noch nie jemanden getroffen, der schon einmal gestorben war.«

Donna schaut liebevoll zu ihr herüber. »Natürlich ist das ungewöhnlich, und ich verstehe auch deine Zweifel. Doch ich bin mir tausendprozentig sicher, dieses Erlebnis war einfach zu real.« Sie denkt kurz nach und sucht nach einer besseren Erklärung. »Wann hattest du deinen ersten Orgasmus?« fragt sie Candice.

»Wie bitte?« Candice lacht. »Mit 24 Jahren oder so.«

Donna grinst. »Hast du dir vorher Gedanken gemacht, ob du schon einen gehabt hast?«

»Ja«, antwortet Candice, »das stimmt. Bei jedem einigermaßen schönen Erlebnis dachte ich mir, vielleicht war das ein Orgasmus.«

»Und wie du mit 24 Jahren deinen Orgasmus hattest, was war dann?«

»Na klar, da war ich mir absolut sicher, daß das jetzt einer gewesen sein muß.«

»Siehst du, so ähnlich ist es mit dem Sterben auch. Wenn es passiert, bist du dir absolut sicher!«

Wir amüsieren uns köstlich. Candice rollt auf dem Teppich. Sie lacht so sehr, daß sie kaum mehr Luft kriegt. »Und ich dachte, spirituelle Leute wären langweilig.«

10. Kapitel

Wie Engel trösten,
wenn man den eigenen Körper verläßt
und einen anderen bekommt

Meine Freundinnen und ich verabschieden uns. Julia, die gerade ins Studio kommt, bläst alle Kerzen aus, und ich werfe beim Hinausgehen noch einen Blick auf meinen Anrufbeantworter. Er blinkt. Ich drücke die Taste und höre auch schon Teresas Stimme: »Hallo Sabrina, hier ist Teresa. Es ist jetzt Samstagabend, und ich habe morgen frei. Gegen Mittag bin ich auf jeden Fall zu Hause.«

Herrlich, denke ich mir. Das läuft heute wieder wie am Schnürchen. Ich bedanke mich bei meinem Engel, bitte meine Tochter noch um ein bißchen Geduld und schalte den Computer ein.

»Kann ich hierbleiben?« fragt Julia.

»Klar, mein Schatz.«

Julia geht zu ihrem Altar und arrangiert ihn ein bißchen um. Sie hat gestern einen besonders schönen Stein gefunden, und dafür sucht sie jetzt den idealen Platz.

Ich setze mich vor meinen niedrigen Schreibtisch und wähle Teresas Nummer.

»Ja, Teresa hier«, höre ich am Telefon.

»Hallo, ich bin es, Sabrina.«

»Wie geht's? Schön, daß du anrufst.«

»Mir geht es prima. Ich schreibe gerade an einem Buch über Engel, und du kommst mir dauernd in den Sinn.«

Ich höre sie am anderen Ende lachen. »Ja, so funktioniert das am besten.«

Ich stimme ihr zu. »Ich versuche gerade die Frage zu beantworten, was Engel machen, wenn jemand gestorben ist. Hast du vielleicht in deinem Beruf als Krankenschwester irgend etwas in dieser Richtung erlebt?«

Ich höre sie am anderen Ende der Leitung schlucken. »Ja, erst letzte Woche.«

»Kann ich das in meinem Buch erzählen?«

»Ja, klar.«

Ich schiebe das Telefon noch näher an meinen Computer und frage sie: »Macht es dir etwas aus, wenn ich das gleich mittippe?«

»Kommt darauf an, wie schnell du bist?« fragt sie amüsiert.

»Schnell«, antworte ich. »Ich bin soweit.«

»Also, es war letzte Woche Montag. Ich war im Krankenhaus und hatte Frühdienst. Ich fühlte mich den ganzen Tag schon so komisch.«

»Warst du krank?« werfe ich ein, während ich ihre Antwort in den Computer tippe.

»Nein, eigentlich nicht. Ich hatte nur so ein Gefühl, als ob ich dringend nach Hause müßte. So eine Unruhe, und ich spürte, ich muß jetzt gehen. Ich sagte meiner Chefin, daß ich mich nicht wohl fühle, und sie schickte mich nach Hause. Ich war richtig in Eile, fast so, als wenn ich eine Verabredung verpassen würde. Ich sollte auch bald herausfinden, warum. Auf der Schnellstraße bremste ein Auto vor mir plötzlich scharf und bog nach rechts in die Ausfahrt. Ich trat auf die Bremse und hatte Gott sei Dank genug Abstand gehalten. Dann hörte ich hinter mir die Reifen quietschen und sah im Rückspiegel, daß der Fahrer hinter mir die Kontrolle über seinen Wagen verlor und auf die Gegenfahrbahn geriet. Es ging alles furchtbar schnell. Ich schaute nach links, der Wagen schlitterte an mir vorbei, und da hörte ich das Hupen von einem Lastwagen, der entgegenkam. Es war fürchterlich! Mir blieb fast das Herz stehen. Der Lastwagen krachte in die Beifahrerseite, schleuderte das Auto auf den Seitenstreifen und blieb erst 100 Meter später stehen.«

Ich fühlte eine Traurigkeit in mir. Was für ein Alptraum.

»Ich war entsetzt. Ich stellte meinen Wagen ab und rannte zu dem Unfall. Einige andere Autos hielten ebenfalls, da hörte ich schon jemanden schreien: ›Da ist ein Baby drin.‹ Der Fahrer war eine Frau, ihr Sitz war durchgebrochen, und es hatte sie nach hinten geschleudert. Ihre Beine lagen auf dem Rücksitz und ihr Oberkörper hing halb aus dem Auto. Der ganze Wagen war fürchterlich zugerichtet, und einige Leute versuchten, die bewußtlose Frau aus dem Hinterfenster herauszuziehen. Auf dem Vordersitz saß ein 10 Jahre alter Junge, und ein Baby lag auf dem Rücksitz. Einige versuchten mit aller Kraft die verklemmten Türen aufzubekommen. Ich schrie: ›Die Kinder müssen da raus.‹ Jemand holte einen großen Schraubenschlüssel und versuchte, das Fenster einzuschlagen. Die hintere Tür, wo das Baby lag, war total zusammengedrückt, da konnte niemand durchlangen, aber es gab eine Möglichkeit, durch das vordere Seitenfenster nach hinten zu greifen. Ich streckte meinen Arm nach hinten und spürte, wie die zerbrochene Fensterscheibe meine Haut zerkratzte und ich zu bluten anfing.«

»War sonst irgendwo Blut?«

»Nein, nirgends. Ich streckte, so gut ich konnte, meinen Arm nach hinten und erwischte das Handgelenk des Babys. Meine Finger tasteten nach dem Puls. Ich betete, daß ich etwas fühle.« Teresas Stimme wird sehr leise. »Da war keiner mehr. Die Lippen des Babys waren blau. Ich kam nicht nahe genug heran, um Wiederbelebungsversuche zu machen.«

Wir beide sind eine Weile still.

Dann höre ich einen tiefen Atem durch das Telefon: »Ja, der 10jährige Junge atmete noch schwach, aber ich kam nicht nahe genug an ihn heran. Als der Notarztwagen kam, waren beide Kinder tot.«

Ich fühle eine tiefe Traurigkeit in mir und schaue zu meiner

Tochter, die gerade an ihrem Hausaltar spielt. Wie schrecklich muß es sein, sein Kind zu verlieren.

»Die Polizei kam und stellte Abschirmwände auf. Die Rettungssanitäter versuchten, die Mutter aus dem Wagen zu befreien. Ab und zu kam sie zu sich und fing zu schreien an. Ich glaube nicht, daß sie wußte, daß ihre Kinder tot waren. Sie wurde immer wieder ohnmächtig. Ich stand erschöpft am Wegesrand und betete und weinte. Dann fing es auch noch zu regnen an. Ich schaute auf das zerquetschte Auto und sah plötzlich die Engel.«

»Wo?«

»Gleich auf der Beifahrerseite, wo die Kinder saßen. Die Engel bildeten einen Kreis um die Kinder.«

»Wie viele Engel hast du gesehen?«

»Das müssen fünfzehn oder zwanzig gewesen sein. Leuchtend, strahlend, riesig. Sie hatten ihre Flügel so ausgestreckt, daß die Kinder das Auto und ihre Mutter nicht sehen konnten. Ich fühlte plötzlich, wie mir erlaubt war, die Kinder in diesem Kreis zu beobachten. Die Kinder lachten und freuten sich am Fliegen. Die ganze Szene spielte sich etwa zwei Meter über dem Boden ab. Es kam mir vor, als ob sie versuchten, die Kinder abzulenken.«

»Wie alt war das Baby?«

»Circa ein Jahr alt. Ich hatte das Gefühl, als ob das Baby dem 10jährigen Jungen bei dieser Erfahrung half. Das Baby konnte sich ja noch an die Zeit vor seiner Geburt erinnern. Es bewegte sich sehr viel selbstverständlicher in dieser neuen Umgebung.«

»Wie lange hast du die Engel gesehen?«

»Ich weiß nicht, es gab für mich keine Zeit mehr. Ich war völlig durchnäßt. Nach einiger Zeit verlor ich die Engel aus dem Blick. Sie wurden wieder durchsichtig und mit ihnen die Seelen der Kinder.«

»Wo war die Mutter?«

»Sie war immer noch im Wagen eingeklemmt. Es dauerte

lange, bis sie die Mutter aus dem Wagen befreit hatten. Ich hatte das Gefühl, ich müßte die Mutter unterstützen. Du weißt ja, wie unser Sensorenfeld funktioniert. Ich stellte mir vor, es wird größer und größer und berührte ihr Sensorenfeld. Ich schickte meine Liebe und meine Gedanken zu ihr. Die Polizei kam und wollte mich zum Unfall befragen, aber ich bat sie, noch zu warten, da ich noch für die Frau beten wollte.«

»Hat der Polizist das akzeptiert?«

»Ja, das war ein ganz toller Mann. Er lächelte mir traurig zu und nickte. ›Ich verstehe ‹, sagte er noch. Endlich war die Frau aus dem Wagen und wurde ins nächste Krankenhaus gebracht. Ich wartete im Auto auf meine Vernehmung und meditierte, um zu sehen, wie es den Kindern geht.«

»Wie hast du das gemacht?«

»Ich atmete zwei-, dreimal tief ein und sprach ein Gebet, in dem ich fragte, ob ich etwas tun könne, um die Kinder zu unterstützen. Dann öffnete sich meine Schädeldecke, und wie in einem Film sah ich die Kinder mit ihren Engeln. Ich fühlte ihre Freude in mir, wieder fliegen zu können. Ich weiß, daß sie in Ordnung sind. Wie von einem Lasso gezogen, kam ich in meinen Körper zurück, denn der Polizist klopfte an das Autofenster. Das war's.«

»Was für ein Erlebnis. Wie fühlst du, daß es der Mutter geht?« frage ich sie.

»Ich fühle oft ihre Schmerzen. Sie fühlt sich schuldig am Tod ihrer Kinder, und gerade heute habe ich zum ersten Mal versucht, durch das Krankenhaus mit ihr Kontakt aufzunehmen. Ich glaube, es ist wichtig, daß sie weiß, daß ihre Kinder in Sicherheit sind. Ich will ihr unbedingt erzählen, was ich gesehen habe. Ich hoffe, daß es ihren Heilungsprozeß unterstützen wird.«

»O ja, es ist ihr von Herzen zu wünschen. Ich schließe sie in meine Gebete ein.«

»Danke«, antwortet Teresa, »bis bald.«

Mein Hals ist ein bißchen steif, als ich den Hörer zurücklege. Ich wünsche mir von Herzen, daß die Mutter in Florida Trost darin finden wird, daß ihre Kinder »leben«. Ein anderes Leben als das, was wir auf Erden kennen. Das Vermissen ist wohl das Schlimmste. Jemanden nicht mehr berühren, nicht mehr hören können. Nicht einmal Abschied nehmen. Und um wieviel schwerer muß es sein, wenn ich glaube, daß mit dem Tod alles vorbei ist. Diese Endgültigkeit, jemanden nie wieder zu sehen! Ich kann nur die Verzweiflung erahnen, die damit verbunden sein muß. Wieviel Trost doch das Wissen bringt, daß man sich wiedersieht. Wiederfühlt. Oft melden sich die Verstorbenen noch einmal von der anderen Seite. Ich erinnere mich gut, wie eine Freundin von mir ihren erwachsenen Sohn durch einen Autounfall verlor. Ich hörte ein paar Stunden später von dem tragischen Ereignis und rief sie an: »Warum, warum?« war ihre verzweifelte Frage und »Er hatte doch noch sein ganzes Leben vor sich!«

Ich meditierte anschließend und sah ihn vor meinem inneren Auge. Ich fragte ihn, ob es irgendeine Möglichkeit gäbe, daß er sich noch einmal bei seiner Mutter meldet. Er sagte mir, sie solle sich in die Badewanne legen. Ich bedankte mich bei ihm und rief sofort meine Freundin an.

Es dauerte ein paar Tage, bevor sie die Kraft fand, sich in die Badewanne zu legen, und anschließend rief sie mich an. Sie erzählte mir von ihrer Begegnung mit ihm. Sie lag in der Badewanne, schloß ihre Augen, und ein paar Minuten später sah sie ihn. Seine Augen waren geschlossen, und er zeigte sich in verschiedenen Gestalten. Meine Freundin machte ihre Augen überrascht auf und gleich wieder zu. Ja, da war immer noch das Bild ihres Sohnes da. »Was bedeutet das, daß er die Augen zuhatte?« wollte sie wissen. »Ruhe, glaube ich, und Gelassenheit. Daß er sich in verschiedenen Gestalten zeigte, bedeutet, daß er schon mehrere Leben hatte und auch noch mehrere Leben haben wird. Damit wollte er dich beruhigen.«

Leider hielt diese Beruhigung nicht lange. Sie sprach mit vielen Leuten über ihren Sohn und das Erlebnis in der Badewanne. Die anderen glaubten ihr nicht und taten es als esoterische Spinnerei ab. »Das waren die Beruhigungstabletten.« – »Das hast du dir nur eingebildet.« – »Das hast du geträumt.« Und schließlich glaubte sie selbst, daß sie sich alles »nur eingebildet« habe.

Dann kam der Zorn und die Wut auf Gott. Der Tod ihres Sohnes fühlte sich so ungerecht an. Warum mußte er so jung sterben? Der Schock und der Schmerz waren groß. Manche Leute glauben, daß ein langsamer Tod schlimmer ist. Meine Freundin Jacqueline Snyder erklärte mir einmal: »Wird ein Tod schwerer oder leichter, wenn er langsam oder schnell kommt? Ich weiß es nicht. Ich glaube, es ist wichtig zu wissen, daß Menschen, die in Unfällen ums Leben kommen, ihren Körper vor der Gewalteinwirkung verlassen. Ich erinnere mich noch gut an einen Flugzeugabsturz in Seattle, der Stadt, in der ich lebe. Das Flugzeug stürzte auch noch über einer Wohngegend ab, und viele Menschen waren verzweifelt. Ich volontierte damals bei einer Organisation, die sich »Gottes Weg zum Leben« nannte, und eine wundervolle ältere Dame hatte die Gabe, mit Seelen Kontakt aufzunehmen. Viele Verwandte der Toten aus diesem Flugzeugabsturz suchten ihren Rat und kamen zu ihr in der Hoffnung, mehr über den Verbleib ihrer Familienmitglieder »auf der anderen Seite« zu erfahren. Viele Seelen kamen durch, und jede einzelne beschrieb, daß sie von dem Aufprall überhaupt nichts mitbekommen hatten. Sie fühlten sich von hellem Licht umgeben, hörten wundervolle Musik, und einige sprachen von ihren Engeln, die in ihrer Nähe waren. Die Besucher stellten durch das Medium alle möglichen Fragen an die Seelen, um auch sicher zu sein, daß sie wirklich mit ihren verstorbenen Verwandten sprachen. Jeder von ihnen war getröstet.«

Und ich erinnere mich noch sehr gut daran, wie meine Freundin Monika, eine Kunsthändlerin, mir dieses Phänomen bestätigte. »Als meine Mutter erschossen wurde, lächelte sie. Sie war vollkommen ohne Schmerz.«

Ich weiß noch, wie schockiert ich war. Ich hatte keine Ahnung, daß ihre Mutter gewalttätig gestorben war. So fing sie an, mir die ganze Geschichte zu erzählen: »Meine Eltern fuhren wie jedes Jahr im Herbst zu dem Bruder meiner Mutter und seiner Frau nach Korsika. Ich war damals 28 Jahre alt, gerade frisch verheiratet und im achten Monat schwanger. Ich erinnere mich noch genau, daß alle Vorzeichen schlecht standen. Mein Vater wollte in dem Jahr nicht nach Korsika, aber meine Mutter war regelrecht besessen davon. Es gab jede Menge Streit darum, aber sie ließ sich nicht davon abhalten. Selbst die Reise war schwierig. Es gab Pannen und Verspätungen, was in den vorherigen sechs Jahren nie passiert war. Mein Vater war stinksauer. An dem besagten Abend gingen sie zum Essen. Kurz vorher lud mein Onkel sein Gewehr, denn er wollte am nächsten Tag auf die Wildschweinjagd gehen. Der Abend verlief feuchtfröhlich. Jeder trank ein bißchen, wieviel genau, ist nicht mehr zu klären. Meine Eltern und mein Onkel und meine Tante kamen gegen Mitternacht nach Hause, machten noch eine Flasche Wein auf und blödelten noch ein bißchen herum. Mein Onkel und meine Mutter haben immer irgendeinen Blödsinn gemacht. Obwohl meine Mutter schon 47 Jahre alt war, war sie sehr übermütig, immer ein bißchen zu wild. Meine Mutter mußte auf die Toilette, sie stand vom Tisch auf und ging zur Badezimmertür. Mein Onkel kam auf die Idee »die erschreck' ich jetzt«. Er nimmt sein Gewehr, schleicht hinter ihr her und will den Abzugshahn an ihr Ohr halten und sie durch das Klicken des Gewehrs erschrecken.«

»Aber das war doch geladen. Wußte er das nicht mehr?«

»Gute Frage, das muß er irgendwie vergessen haben. Er hat abgedrückt in der Meinung, daß er den Lauf am Kopf vorbeigeschoben hat. Aber das stimmte nicht. Er traf ihren Kopf. Viel, viel später sprach ich mit meinem Onkel über diese Todesnacht, und ich wollte wissen, ob sie Schmerzen hatte und wie sie reagiert hatte. Weißt du, das Gewehr war mit Wildschweinschrot, einem irrsinnigen Kaliber, geladen. Mein Onkel sah meine Mutter nach dem Riesenknall lachen und dachte zuerst, es ist nichts passiert, da ist nur ein 30 Zentimeter großes Loch hinter ihr an der Wand. Als ihre Knie nachgaben und sie an der Wand herunterrutschte, erlöschte ihr Lachen. Anscheinend hat sie den Schmerz nicht mitbekommen. Sie ist aus dem Albern in den Tod gegangen. Das war typisch für meine Mutter. So wie sie gelebt hat, ist sie auch gestorben.«

»Hast du sie nach ihrem Tod noch mal gefühlt?« fragte ich sie. Wohl wissend, daß das sehr oft der Fall ist.

Sie nickt. »Ja. Das Eigenartige war, daß ich ihre Todesnacht in meinem Elternhaus in Freising verbracht habe. Irgendwie wollte ich da hin.«

»Warum?«

»Das kann ich mir nicht mehr erklären. Ich habe keine Ahnung. Ich bin am Abend mit meinem Mann von München nach Freising gefahren. Frage mich nicht warum. Ich habe keine Ahnung. Ich weiß nur noch, wie mitten in der Nacht das Telefon klingelte und mein Opa ins Telefon schluchzte, daß mein Onkel meine Tante erschossen hat.«

»Deine Tante?«

»Ja, das hatte er falsch verstanden. Ich war natürlich schockiert und sagte ihm, daß ich mich sofort darum kümmern werde und in Korsika anrufen werde. Ich rufe also in Korsika an, höre eine Frauenstimme und frage »Mama?« Und dann sagt diese Frauenstimme in einem schrecklich traurigen Ton »nein«. Da wußte ich sofort, daß meine Mutter gestorben war. Es war meine Tante am Telefon. Ich bin dann zusammengebrochen. Mein Mann war sehr besorgt um mich, ich war ja hochschwanger. Zwölf Stunden später war ich immer noch in meinem Elternhaus. Ich konnte mich zu nichts aufraffen. Ich legte mich zu einem Mittagsschlaf hin und wachte auf, da mich jemand an der Stirn berührte. Ich öffnete meine Augen, schaute nach oben und roch meine Mutter! Diesen ganz speziellen Geruch ihrer Haut, ihres Parfums. Ich sagte »Mama« und war hellwach. Mir war ganz klar, daß sie hier bei mir im Zimmer war. Das war ihr Geruch! Das Ganze dauerte ungefähr zehn Sekunden und es tat mir richtig gut. Da ist auch noch etwas Eigenartiges mit ihrer Katze passiert. Sie reagierte plötzlich komisch, und ich brachte sie zum Tierarzt. Er stellte fest, daß sie einen riesigen Nierentumor hatte. Drei Wochen vorher war sie noch kerngesund. Der Tierarzt konnte es nicht fassen. An dem Tag, an dem meine Mutter beerdigt wurde, die Überführung der Leiche hat etwas gedauert, ist ihre Katze gestorben. Komisch, nicht wahr?«

»Ihre Katze wollte auch gehen.«

»Ja, das sieht fast so aus. Weißt du, was noch auffallend war? Meine Tante Gerda erzählte mir, daß am Tag, als meine Mutter erschossen wurde, sie beide am Strand lagen und meine Mutter zu ihr sagte: ›Mir graust es so vor dem Altwerden, es wäre doch ganz schön, wenn ich jetzt sterben könnte. Meine Tochter ist glücklich verheiratet und schwanger. Eigentlich ist alles erledigt.‹ Weißt du, Sabrina, meine Mutter war richtig ausgelaugt. Sie war so müde, als sie nach Korsika ging. Sie hatte irgendwie mit ihrem Leben abgeschlossen.«

»Sie wußte, daß ihre Zeit gekommen war. Der dringende Wunsch, nach Korsika zu gehen, das Gespräch mit deiner Tante, alles deutet darauf hin«, antwortete ich ihr.

»Ja, ich glaube, du hast recht. Das letzte Jahr ihres Lebens sah sie furchtbar erschöpft und müde aus. Ich glaube, daß sie ihr Ende herbeigesehnt hatte.«

Es ist unser Schmerz, unsere Einsamkeit, die zurückbleibt. Aber wir können uns auch klarmachen, daß der geliebte Verstorbene mehr als ein Körper ist, der plötzlich aufhört zu funktionieren. Es ist eine Seele, eine Energie, die nie aufhört. denn nichts in der Physik kann sich in »nichts« auflösen. Das bedeutet nicht, daß man auf die Trauerarbeit verzichtet und so tut, als wenn nichts gewesen wäre. Wir können uns die Frage stellen, warum der Verlust uns schmerzt? Manchmal ist es unsere eigene Angst vor dem Sterben; manchmal finden wir uns wie im Schock, daß sich Dinge »so stark« verändern können. Unser zerbrechliches Gebäude der »Sicherheit« ist zusammengebrochen, und wir versuchen es panisch wieder aufzubauen. Manchmal warten spirituelle Fragen auf Beantwortung, und mit dem Tod wird die Frage nach dem Sinn des Lebens wieder gestellt. In unserem Schmerz und unserer Wut zu verharren hält uns davon ab, dazuzulernen. Das Leben ist Veränderung, auch wenn es schwerfällt. Die Erkenntnis, daß es den Verstorbenen »gutgeht«, wird oft den gesuchten Trost bringen.

Ich betrachte das Leben immer wie einen langen »Abenteuerurlaub«. Irgendwann ist es Zeit, nach Hause zu gehen. Manche reisen länger, manche kürzer. Manche bekommen früher, manche später »Heimweh«. Manche haben eine Gruppenreise gebucht, und einige von ihnen beschließen, die Reise früher abzubrechen. Selbst wenn wir unsere Reisegefährten vermissen – wir wissen, daß wir uns alle »zu Hause« wiedersehen werden.

11. Kapitel

Wenn klitzekleine Engel nach einer Aufgabe suchen und wie große Engel beim Geschichtenerzählen helfen

Heute ist ein besonderer Tag: Ich muß mich langsam auf den Weg in Julias Vorschule machen. Einmal die Woche darf ein Kind sein Lieblingsbuch zum Vorlesen mitbringen, und diese Woche ist Julia dran. Ihre Lieblingsgeschichte habe ich erzählt, als Julias Freundin Mattie bei uns übernachtete.

Mattie, ein lebhaftes sechsjähriges Mädchen, hat mich zu ihrem Engelexperten auserkoren. Nach einem lebhaften Nachmittag war es Zeit für die Kinder, ins Bett zu gehen. Nachdem ich nach der üblichen Gute-Nacht-Geschichte und dem Beten ihr Zimmer verlassen hatte, hoffte ich, daß die beiden irgendwann einmal ihr Geflüster und Gekichere einstellen und langsam einschlafen würden.

Pustekuchen. Die nächsten zwei Stunden hörte ich Gekicher, Geraschel und Lichtschalter an- und ausgehen. Alle halbe Stunde bin ich auf dem Weg in Julias Zimmer, um mit relativ ernstem Blick die Kinder zu bitten, im Bett zu bleiben und zu versuchen einzuschlafen. Ich verstehe ihren Spaß und kann mich noch gut an meine Aufregung erinnern, wenn ich als Kind bei einer Freundin übernachten durfte.

Natürlich haben die beiden viel zuviel Spaß, und an Einschlafen wollen sie überhaupt nicht denken. Beide haben sich fest vorgenommen, um Mitternacht heimlich Eis zu essen, und können vor Aufregung nicht zur Ruhe kommen. Es ist fast 23 Uhr, als Julia zu mir ins Wohnzimmer kommt und meint: »Mama, Mattie weint so laut, da kann ich gar nicht schlafen.«

145

»Die Mattie weint?« frage ich erstaunt. »Was ist denn passiert?«
»Ich glaube, die will heim zu ihrer Mama«, meint Julia und
schmiegt sich an mich, froh, daß ihre Mama da ist. Ich trage
sie zurück in ihr Bett und schaue auf ein Häufchen Elend, das
sich zitternd und schniefend unter seiner Bettdecke verkrochen
hat.
»Mattie?« sage ich sachte und streichle ihre blonden Haare.
»Bist du traurig?«
»Ich will zu meiner Mama«, kommt es schluchzend, aber
entschieden unter der Bettdecke hervor.
Das hatte ich befürchtet. Matties Eltern wohnen eine halbe
Stunde von uns entfernt, und die Vorstellung, Mattie mitten in
der Nacht nach Hause zu fahren, versetzt mich nicht gerade in
Hochstimmung. »Bitte«, schniefend zieht sie ihre Bettdecke so
weit zurück, daß ich ihre zitternde Unterlippe sehen kann. »Ich
will nach Hause zu meiner Mama.«
Bitte, schicke ich ein Stoßgebet zu meinem Engel, ich brauche
dringend eine gute Idee, um Mattie zum Einschlafen zu bringen. Ich atme tief durch und höre mich plötzlich sagen:
»Kennst du eigentlich den allerkleinsten Engel?«
»Nein«, kommt es zaghaft, aber doch neugierig.
»Was hältst du von meinem Vorschlag: Ich erzähle dir die Geschichte vom allerkleinsten Engel, und wenn du anschließend
immer noch nach Hause willst, bringe ich dich heim.« Dabei
denke ich, meine lieben Engel, hoffentlich ist eure Geschichte
gut, ich habe nämlich keine Lust, heute noch Auto zu fahren.
Mattie denkt kurz nach und meint dann: »Okay, aber dann
bringst du mich zu meiner Mama.« – »Wenn du das nach der
Geschichte noch möchtest, werde ich das gerne tun«, verspreche ich ihr. Mattie liegt oben auf Julias Stockbett, und ich mache es mir auf dem Boden bequem, so daß beide mich sehen
können.
»Also«, beginne ich, ohne die geringste Ahnung zu haben, wie
es weitergeht, »es war einmal ein klitzekleiner Engel.« Ich atme

146

tief ein, und schon formuliert sich ein Satz nach dem anderen ohne mein Zutun.

»Er war so klein, daß sogar die anderen Engel ihn nicht immer finden konnten. Klitzeklein war er. Er war so klein wie die kleinste Spitze einer Schneeflocke«, fuhr ich fort, »oder der kleinste Teil von einem Zuckerstück oder der kleinste Teil von Zimt. Dieser Engel roch sogar ein bißchen danach. Aber der klitzekleine Engel war traurig. Ihm war langweilig. Er hatte nämlich nichts zu tun.«

Beide Mädchen schauen mir gebannt zu, Mattie schluchzt nicht mehr, und ich bedanke mich in Gedanken bei meinen Engeln. Die Geschichte hört sich gut an – ich bin gespannt, wie sie weitergeht. »Jeder Engel paßt auf jemanden auf. Entweder auf ein Mädchen oder einen Jungen. Eine Mama oder einen Papa. Einen Onkel oder eine Tante, eine Oma oder einen Opa«, erzähle ich. »Einige Engel passen auf Hunde, Katzen oder Pferde auf. Wieder andere kümmern sich um Delphine oder Meerschweinchen. Aber der klitzekleine Engel hatte niemanden, auf den er aufpassen konnte.« Ich gerate ins Stocken und weiß auch genau warum. Ich hatte mir gerade überlegt, was als nächstes passieren könnte, und habe mich von meinem Vertrauen in die Engel ab- und meinem Verstand zugewandt. Nichts gegen meinen Verstand, der ist wunderbar, aber einfach limitiert. Er ist wie ein Computer, der gespeicherte, sprich gelernte Programme wiedergibt. Das sind logische Gedanken, und sie sind sonst sehr nützlich, nur meine Intuition, meine Gefühle, mein Vertrauen und meine Kreativität kommen da einfach nicht her.

»Weiter, Mama«, kommt es fordernd von Julia. Ich atme tief ein und bekomme wieder das Vertrauen, mich einfach darauf zu verlassen, was mir in den Sinn kommt. Ich lasse mich treiben und höre mir selbst und meiner Geschichte zu.

»Bei Vollmond treffen sich alle Engel auf einem Berggipfel. Mutter Mond sieht wie eine große Käsepizza aus, und die Engel versammeln sich, um gemeinsam zu lachen und zu tanzen und um sich gegenseitig Geschichten von uns Menschen zu erzählen. Genauso wie wir unseren Freunden unsere Geschichten und Erfahrungen erzählen.«

Von dem oberen Bett fragt es besorgt: »Dann ist am Vollmond nie ein Schutzengel da?«

»Engel können an mehreren Plätzen gleichzeitig sein«, beruhige ich Mattie, »genauso wie du, wenn du schläfst. Dein Körper liegt im Bett und schläft, während deine Seele ins Traumland wandert und wunderbare Abenteuer erlebt, an die wir uns beim Aufwachen oft nicht mehr erinnern können. Also ein Teil des Engels paßt jetzt auf dich auf, während der andere Teil im sanften Mondlicht tanzt.« Beide Mädchen sind beruhigt.

»Alle Engel sehen verschieden aus. Genauso wie wir. Manche Engel haben riesige Regenbogenflügel, manche tragen glitzernde weiße Kleider, andere sind mit Blumen bedeckt. Es gibt Engel, die luftig und durchsichtig sind, andere sind warm und flauschig. Manche kichern und tanzen, während andere sich anmutig durch die Nacht bewegen. Die Engel sitzen jetzt im Kreis und erzählen von ihren Erlebnissen. Und in der Mitte steht jemand, der sehr traurig ist. Aber wo ist er? Das muß unser klitzekleiner Engel sein. Er ist so klein« – »daß die anderen Engel ihn gar nicht sehen können«, beendet Julia meinen Satz.

»Genau.« Es sieht nicht so aus, als ob die beiden bald einschlafen würden, denke ich mir.

»Warum ist der klitzekleine Engel so traurig?« will ich von den Kindern wissen.

»Vielleicht will er auch zu seiner Mama«, kommt es von Mattie.

»Nein, deswegen ist er nicht traurig. Er beklagt sich bei den anderen Engeln, daß er niemanden hat, auf den er aufpassen kann. ›Ich will auch für jemanden sorgen. Das ist nicht gerecht‹, ruft er. Nun, da hättet ihr die anderen Engel sehen sollen. Der klitzekleine Engel tat ihnen sehr leid. Sie konnten sich gut vorstellen, wie er sich fühlte. ›Nun‹, sagten sie, ›warum kommst du nicht mit uns als kleiner Helfer?‹ ›Ich will kein

kleiner Helfer sein‹, antwortete der klitzekleine Engel bestimmt, ›ich will ein großer Helfer sein.‹ Der klitzekleine Engel
wirbelte im Kreis herum, und Regenbogenfunken sprühten. Die
anderen Engel fühlten, wie wütend er war. Dann flog der klitzekleine Engel davon. Die anderen Engel sprachen immer noch
zur Mitte des Kreises, wo der klitzekleine Engel vorher ge-
standen hatte. Sie hatten noch nicht einmal bemerkt, daß er
davongeflogen war. So klein war er. Mutter Mond schaut
auf den klitzekleinen Engel herab und sieht ihn in traurigen
Wellen durch die Luft fliegen. Die Spitzen seiner Flügel hängen
schlapp nach unten. Um ihn zu trösten, sendet Mutter Mond
ihm einen ihrer ganz speziellen Strahlen. Der klitzekleine Engel
fühlt sich ein bißchen besser. Aber er braucht immer noch
Hilfe, und Engel bekommen ihre Hilfe – genau wie wir – von
Gott.« Mattie und Julia kuscheln sich tiefer in ihre Kissen.
»Der Mondstrahl führt den Engel zu einem Kirschbaum voll
schöner rosa Kirschblüten, die herrlich süß duften und sich
ganz sanft anfühlen. Der klitzekleine Engel landet auf einem
Zweig. Er kuschelt sich in eine Kirschblüte, wickelt seine Flügel
als Decke um sich herum und schließt seine winzigen Augen.
Er atmet tiiiief ein und denkt an Gott.
›Lieber Gott‹, fragt er, ›wie kann ich jemanden bekommen, für
den ich sorgen darf?‹ Dann ist er ganz still ..., still ..., sehr ...
still, und Gott schickt ihm einen Gedanken: ›Du hast eine ganz
besondere Aufgabe, mein wunderbarer Engel.‹
›Aber was ist meine ganz besondere Aufgabe?‹ fragt der klitzekleine Engel.
›Suche danach, und du wirst sie finden‹, hört er in seinem winzigen Kopf. Er fühlt Gottes Liebe und freut sich. ›Wenn du mir
sagst, daß ich jemanden finden kann, dann weiß ich, daß es in
Erfüllung gehen wird.‹ In Gedanken gibt der klitzekleine Engel
Gott einen großen Kuß und macht seine Augen wieder auf.
›Ich muß dringend los‹, ruft er seinem Freund, dem Mondstrahl
zu. ›Ich werde jetzt meine Aufgabe finden.‹ Die Zeit der Nacht

ist fast vorbei, und Mutter Mond ruft den Mondstrahl zurück. ›Danke, Mutter Mond, danke Mondstrahl, bis heute abend.‹ Der klitzekleine Engel winkt glücklich mit seinen Flügeln zu Mutter Mond hinauf.«

»Dann muß aber gleich die Sonne kommen«, murmelt Julia.

»Genau«, antworte ich, »der Engel streckt seine Flügel aus und schießt wie eine Spirale in die Luft. ›Hallo, wunderschöner Tag, ich komme!‹ singt er und fliegt davon. Und da geht auch schon Vater Sonne auf und lächelt.

Zuerst fliegt der klitzekleine Engel nach Osten, wo alles beginnt, und er findet ein großes Meer. Er schaut auf die Fische und paßt auf, ob er ein Zeichen sieht oder ein Gedanke kommt, der etwas mit seiner neuen Aufgabe zu tun hat. Aber er bemerkt nur, daß alle viel zu groß für ihn sind!

Also fliegt er nach Süden, wo alles weitergeht. Dort findet er einen großen Wald mit Löwen und Rehen und paßt auf, ob er dort etwas bemerkt. Aber er sieht nur, daß alle viel zu groß sind! Also fliegt er nach Westen, wo alles aufhört und sich verändert. Er findet eine Wüste und sieht Kamele und Elefanten. Aber er sieht kein Zeichen und bemerkt nur, daß alle viel zu groß sind!

Er hofft nun sehr, daß er im Norden etwas findet, wo sich alles ausruht für einen neuen Anfang. Er fliegt auf einen Berg, um sich die Adler und Bären besser anschauen zu können, und paßt auf, ob er ein Zeichen bemerkt, doch alle sind viel zu groß!«

»Der arme klitzekleine Engel«, flüstert Mattie – oder war es Julia?

»Er ist sehr traurig. Seine Flügel werden allmählich müde. Vater Sonne geht langsam unter, und Mutter Mond kommt zurück, gerade als der klitzekleine Engel wieder beim Kirschbaum landet. Der Mondstrahl wartet schon auf ihn, als er sich langsam zum Fuß des Kirschbaumes heruntergleiten läßt.

›Was habe ich falsch gemacht?‹ schluchzt der klitzekleine Engel enttäuscht und zuckt mit den Flügeln. ›Gott hat mir gesagt, daß ich meine Aufgabe finden werde‹, teilt er dem Mondstrahl mit. ›Warum habe ich sie immer noch nicht gefunden?‹ Wieder versucht der klitzekleine Engel seine Gedanken zu beruhigen, um herauszufinden, was Gott zu sagen hat. Er atmet zweimal tief ein, ist wieder ganz still, und da hört er ein Geräusch. Jemand weint! Aber wo? Der Engel blickt sich suchend um. Hinter dem Kirschbaum steht ein kleines Haus mit einer leuchtend roten Tür, das von einem alten Gartenzaun umgeben ist. Ein Fenster steht offen, und Bruder Wind trägt das Geräusch eines weinenden Kindes zu dem Engel. Schnell schlägt er mit seinen Flügeln, und mit einem Windstoß landet er im Zimmer. Ein kleines Mädchen liegt zusammengerollt im Bett und weint. Die Ohren des klitzekleinen Engels klingeln, so laut weint dieses Mädchen. Über das kleine Mädchen gebeugt, steht ihr großer Schutzengel. Er versucht, es zu trösten, aber das kleine Mädchen scheint ihn nicht wahrzunehmen.

›Was ist denn los? Warum hilfst du ihr nicht?‹ fragt der klitzekleine Engel den großen Schutzengel. Der Schutzengel zuckt traurig mit den Flügeln. ›Ich hab's versucht‹, antwortet er, ›es hat Angst, alleine in diesem Zimmer zu schlafen, und ich versuche, ihm zu sagen, daß ich immer bei ihm bin. Aber es weint so laut, daß es mich nicht hören kann. Es konzentriert sich auf alle traurigen Gedanken.‹

›So ein Mist‹, sagt der klitzekleine Engel. Er war viel mit Kindern zusammen und weiß, was sie in solch einer Situation sagen würden. Der klitzekleine Engel fliegt näher zu dem Mädchen hin und schaut es an. ›Hm‹, sagt er. In seinen Gedanken sucht er nach einer Idee. Da hört er Gott sagen: ›Schau dir das Mädchen genau an. Es gibt etwas, das nur du tun kannst.‹ Der klitzekleine Engel ist ganz aufgeregt. ›Was? Was ist es?‹ Er starrt das kleine Mädchen an, das noch immer vom Weinen geschüttelt ist. Tränenströme kommen aus seinen Augen und sogar ein bißchen aus seiner Nase, und der klitzekleine Engel denkt: ›Wenn sie nur zu weinen aufhören würde und zuhören könnte.‹ Und dann schaut er auf die Ohren des Mädchens und ... hat eine Idee! Schnell dreht er sich zum großen Schutzengel um und sagt stolz: ›Ich kann dir helfen. Und nur weil ich sehr, sehr winzig bin, und nur allerkleinste Engel können hier helfen.‹ Er rückt seine Flügel zurecht und fliegt direkt in das linke Ohr des Mädchens. In dem Ohr des kleinen Mädchens gibt es enge Kurven, und der klitzekleine Engel fliegt vorsichtig, um nirgendwo anzustoßen. Am Ende des langen Ohrtunnels gibt es eine kleine Stufe, die sieht fast wie eine Bank aus. Der klitzekleine Engel setzt sich hin und fängt an zu reden: ›Kannst du mich hören? Ich bin's, dein Engel!‹

Das kleine Mädchen war gerade dabei, tief einzuatmen, um weiterzuweinen, als es mittendrin innehält. ›Spricht da jemand mit mir?‹ fragt es in Gedanken. Engel können natürlich Gedanken genauso gut wie Worte hören. Und so antwortet der klitzekleine Engel: ›Mach dir keine Sorgen, kleines Mädchen, du bist nie allein. Deine Engel sind bei dir.‹

Das Mädchen dachte, es träumte. Es setzte sich im Bett auf und öffnete seine Augen. Niemand war in seinem Zimmer. Es schaute sich um und bekam Angst. Es wollte gleich weiterweinen und machte seine Augen wieder zu. Aber der klitzekleine Engel redete auf sie ein. ›Hallo, kleines Mädchen. Ich bin's, dein Engel.‹ ›Nein, ich habe nicht geträumt‹, denkt das kleine Mädchen, ›ich kann meinen Engel im Kopf hören.‹ ›Wir sind immer bei dir‹, sagt der allerkleinste Engel, ›hör einfach kurz mit dem Weinen auf.‹ Das kleine Mädchen hörte auf zu weinen und versuchte, still zu sein. ›Sehr gut‹, lobt der klitzekleine Engel. ›Wenn etwas in deiner Welt passiert, hörst du oft zwei Stimmen in deinem Kopf. Eine hat Angst, und wenn du auf diese Stimme hörst, bekommst du auch Angst und fühlst dich einsam und traurig und gar nicht gut. Die andere Stimme ist voller Liebe und Hoffnung. Und wenn du auf diese Stimme hörst, wirst du dich sicher und glücklich fühlen. Du kannst dich also entscheiden! Würdest du lieber auf die Stimme hören, die dir angst macht, oder auf die, die dir Freude bringt?‹

Das kleine Mädchen weiß, was es will: ›Ich möchte auf die Stimme hören, die mir Freude bringt. Aber‹, fragt sich das kleine Mädchen, ›wie kann ich die Angststimme loswerden? Die ist so laut.‹ ›Genauso wie bei einem Fernsehprogramm, das dir angst macht. Du schaltest einfach um‹, antwortet der klitzekleine Engel. ›In deinen Gedanken bedeutet das, daß du an etwas Wundervolles denkst.‹

Nun lauschte das kleine Mädchen nur noch dem kleinen Engel und nicht mehr der Angststimme. ›Es ist ganz einfach‹, sagte der klitzekleine Engel. ›Jedesmal wenn du Angst bekommst, denk einfach an uns und wie sehr wir dich lieben.‹

Das kleine Mädchen kuschelte sich wieder in sein Bett und fragte seinen Engel: ›Aber ich weiß nicht, wie sehr du mich liebst.‹ Der klitzekleine Engel antwortete: ›Frag einfach, und wir schicken dir unsere Liebe.‹ Das kleine Mädchen lag ganz still in seinem Bett, und bald fühlte es sich ganz warm und wohl. Und es fühlte sich so gut, wie wenn man ein Geschenk aufmacht oder bekommt, was man wirklich wollte ... wie ein Eis an einem sehr heißen Tag ... wie wenn deine Eltern etwas Albernes tun und du vor lauter Lachen Tränen in den Augen hast ... wie eine kleine Katze, die an deinem Bein entlangstreicht ... wie wenn jemand, den du liebst, dich den ganzen Tag auf dem Arm herumträgt ... so gut fühlen sich Engel an. Wenn du traurig bist, vergiß nicht, wieviel schöne Sachen du in deinem Leben hast.‹ Und der klitzekleine Engel erklärt weiter: ›Dein großer Engel ist immer um dich herum. Sag einfach, daß du ihn fühlen willst, und dann spürst du ihn.‹

›Super‹, denkt das kleine Mädchen, ›das macht viel mehr Spaß, als auf diese Angststimme zu hören.‹

Das kleine Mädchen vertraut jetzt darauf, daß sein Engel immer bei ihm ist, selbst wenn es alleine im Zimmer schläft. Sein Körper kann im Bett bleiben und seine Seele das Traumland besuchen und mit den Freunden und Engeln spielen. Als der Mondstrahl ins offene Fenster hereinschaut, ist das kleine Mädchen schon eingeschlafen.

Der klitzekleine Engel flog aus dem Ohr des Mädchens und hielt vor dem großen Engel an. ›Du bist wunderbar‹, sagte der Schutzengel. Der allerkleinste Engel war sehr glücklich. Er funkelte in allen Regenbogenfarben, und seine Flügel klangen wie stolze Glöckchen. ›Ich habe die richtige Aufgabe für mich gefunden. Ich werde für all die Kinder sorgen, die nachts traurig sind, und ihnen von ihrem Schutzengel, der auf sie aufpaßt, erzählen‹, sagte er glücklich. Er umarmte den großen Engel ganz fest. Na ja, so fest es eben ging für einen sehr, sehr winzigen Engel. Aber ihr wißt ja, es spielt keine Rolle, wie groß der Körper ist. Es ist der Geist und die Entscheidungskraft, die zählt. Und unser allerkleinster Engel weiß das ganz genau ...«

Ich höre tiefes Atmen von Julia und Mattie. »Gute Nacht, meine Engel«, flüstere ich ihnen zu, nachdem ich ihnen einen Kuß gegeben habe. »Und euch auch, meine himmlischen Engel.« Ich ging in mein Büro und wußte, daß ich diese Geschichte gleich aufschreiben mußte. Zwanzig Kopien habe ich davon auf meinem Lieblingswolkenpapier ausgedruckt und bringe sie heute in die Vorschule mit. Julia hat sich gewünscht, daß ich genau diese Geschichte ihren Freunden erzähle, und jedes Kind bekommt eine Kopie für zu Hause.

In Julias Vorschulklasse finden sich alle möglichen kulturellen Hintergründe, und das Tolle an Engeln ist, daß sie in jedem kulturellen und religiösen Leben auftauchen. Sei es bei Muslimen, Juden, Christen, überall wird von diesen göttlichen Botschaftern mit Flügeln gesprochen, die Gottes Wort in unsere Erinnerung bringen.

Ich öffne die Tür zu Julias Klasse, und da springt sie mir schon entgegen: »Mama, Mama, wir haben dir einen Stuhl bereitgestellt, und ich darf auf deinem Schoß sitzen, hat die Lehrerin gesagt.«

Ich begrüße die Lehrerinnen und Kinder, die vor mir im Kreis auf einem runden Teppich sitzen. Ich bin oft hier, in Los Angeles ist es üblich, daß sich die Eltern aktiv an der Schule beteiligen. Ich werde in Julias Schule eingeladen, wenn es um spirituelle Fragen geht.

Erst vor kurzem wurde eine neue Leiterin für den Kindergarten und das Vorschulprogramm gesucht, und der Direktor der gesamten Schule wählte vier Eltern aus, die bei dem Bewerbungsgespräch dabeisein sollten. Jeder von uns stellte an die vier Interessentinnen eine Frage, und meine war: »Glauben Sie, daß Bäume reden können?« Die Schule hat sich mittlerweile an meine Art gewöhnt, und es war spannend, die Reaktion der Bewerber zu sehen. Zwei lachten nervös, und ihre Blicke in meine Richtung deuteten an, daß sie dachten, ich hätte nicht mehr alle Tassen im Schrank. Eine andere überging die Frage und meinte, daß Kinder das nicht wirklich interessiert, und die letzte schaute mich an und bemerkte, ohne mit der Wimper zu zucken: »Ich würde gerne von den Kindern wissen, wie die Bäume mit uns reden.« Das gefällt mir, dachte ich. Julias Schule legt viel Wert auf die Förderung von Verständnis füreinander und unterstützt Individualität und Kreativität. Die Antwort zu dieser Frage war bei der Entscheidung mit ausschlaggebend, wie ich später vom Direktor erfuhr.

Ich war auch schon Gast in der ersten Klasse, als über Indianer und ihre Weisheiten gesprochen wurde. Ich hatte meine Zeremonienpfeife, meine Trommeln und meine Federn dabei. Doch dieses Mal, in Julias Klasse, ging es um Engel, und ich fragte die Kinder, ob sie schon mal einen Engel gefühlt haben.

»Ja«, meint Mattie, »wie ich bei dir übernachtet habe.« Sie grinst über beide Ohren und schaut stolz in die Runde.

»Möchtet ihr denn mal euren Schutzengel fühlen?« frage ich die Klasse.

»Ja, ja«, kommt es begeistert von allen.

»Also gut, dann legt euch einfach hin und macht die Augen zu.«

Jeder, der mit Kindern zu tun hat, weiß, wie schwierig es ist, eine Gruppe Fünf- bis Sechsjähriger zum Stilliegen und Augenzumachen zu bewegen. Ein Blick auf die erstaunten Lehrerinnen Linda, Fränzi und Michele zeigte mir, wie überrascht sie waren, daß alle Kinder sich sofort hinlegten.

Julia möchte lieber auf meinem Schoß sitzen bleiben, und so beobachten wir beide ihre Schulkameraden. Es ist schwer zu beschreiben, wie schön das aussieht, wenn sich eine ganze Vorschulklasse zum Meditieren hinlegt. Ich war gerührt und über den Anblick zutiefst dankbar.

»Also«, meine Stimme wurde leise und sanft, »jetzt atmet mal ganz tief ein, bis zum Nabel ... und dann atmen alle wieder aus.«

Ich weiß, daß ich nicht viel Zeit habe. Zwanzig Vorschulkinder halten es nicht lange mit geschlossenen Augen aus.

»Jetzt stellt euch vor, über euch ist ein riesengroßer Regenbogen, und ihr steht darunter und seht all die wunderschönen Farben.« Julia sitzt regungslos auf meinem Schoß, und selbst die Lehrerinnen haben ihre Augen geschlossen.

»Jetzt bittet ihr euren Schutzengel, daß er euch ein Gefühl schickt, und dann beobachtet mal euren Körper, wie sich das anfühlt.«

Ich habe das noch nie mit einer Gruppe von Kindern gemacht und bin sehr gespannt auf ihre Reaktion. Erwachsene haben in der Regel ein Gefühl des Friedens, der Liebe oder der Ruhe. Ich bin neugierig, was die Kinder zu sagen haben. Ich beobachte ihre Gesichter, die meisten angespannt, konzentriert, einige lächeln, bei anderen steht der Mund leicht offen.

Sam reißt die Augen auf und ruft mir zu: »Da war so ein Kribbeln im Bauch, das war vielleicht lustig. Sind Engel denn auch lustig?«

»Ja«, bestätige ich, »sie wollen, daß wir Spaß haben.«

Rachel, die neben Sam lag, schaut verschmitzt: »Mich hat ein Flügel an der Nase gestreichelt.« Ich lächele ihr zu.

»Mir hat mein Engel meine Haare ganz zerzaust. Das war schön.« – »Mir wurde ganz warm, wie wenn ein Ofen an ist.« – »Mich hat jemand am Ohr gekitzelt!« – »Mir hat mein Engel innen drin ein Bussi gegeben.«

Ganz aufgeregt rufen die Kinder ihre Erlebnisse durcheinander, und das Leuchten in ihren Augen zeigt mir, wieviel Spaß es gemacht hat, seinen Schutzengel zu fühlen.

David hat eine Frage, die ihm besonders am Herzen liegt: »Wenn ich etwas Schlechtes getan habe, haben mich die Engel dann nicht mehr lieb?« Tiefe Verzweiflung ist in seinem Gesicht eingegraben. Er ist ein kleiner Strolch und hochbesorgt um die Liebe seines Schutzengels. »Engel lieben dich immer! Egal, was du gemacht hast«, antworte ich ihm. David grinst über das ganze Gesicht. »Aber«, fahre ich fort, und David schaut gleich wieder besorgt, »Engel wollen dir auch helfen, das beste Kind zu sein, das du sein kannst. Deshalb höre in dich hinein, was dir dein Schutzengel sagt, bevor du etwas machen willst.« David nickt begeistert.

»Sind die Engel denn echt?« fragt Erika, »kann man sie auch sehen?«

»Ja«, antworte ich, »viele Menschen sehen Engel, und andere fühlen sie, und wieder andere hören sie. Es macht keinen Unterschied, ob du sie fühlst, siehst oder hörst, sie sind trotzdem immer da.« Das ist wieder mein Lieblingsthema ...

»Mein Freund Tom sagt, Engel gibt es nicht«, meldet sich Noah schüchtern.

Alle Blicke richten sich auf mich. Als »Engelexperte« muß mir jetzt etwas Gescheites einfallen. Hilfe, rufe ich in Gedanken nach oben. Ich warte eine Sekunde, und da kommt mir auch schon der Gedanke: »Schau mal, Noah, Engel sieht man meistens nicht, wie die Luft, die siehst du auch nicht, aber sie ist trotzdem da.« Er nickt aufmerksam. »Oder die Liebe. Wenn du jemanden liebhast, dann kannst du die Liebe auch nicht sehen, nur fühlen, nicht wahr?«

Ein merkliches Aufatmen geht durch Julias Klasse und auch durch mich.

»Also, seid ihr bereit für die Engelsgeschichte?«

Die Kinder schieben sich näher zu mir, und ich bitte Julia, die Kopien zu verteilen.

Zehn Minuten später klopft die erste Mutter an die Klassentür, gerade rechtzeitig zum Ende der Geschichte. »Mama, ich habe meinen Schutzengel gefühlt«, springt Miranda auf und läuft zur Tür, um ihre Mutter zu begrüßen. »Das ist ja toll«, meint sie und, ohne mich gesehen zu haben, »ist Sabrina dagewesen?«

Die Lehrerinnen fangen mit mir zu lachen an.

12. Kapitel

Wie uns der Regenbogen zu den Engeln bringt und von Kindern, die mit unsichtbaren Freunden sprechen

Am Abend sitzen Julia und ich in unserer Gartenschaukel, und ich erzähle Julia von dem neuen Buch, an dem ich schreibe. »Worüber schreibst du denn?« fragt sie mich. »Über Engel«, antworte ich ihr. »Kannst du mal deinen Schutzengel bitten, daß er mir hilft?« frage ich sie. Sie zieht sich ihre Kuscheldecke ein bißchen höher und meint: »Mama, ich weiß doch gar nicht, wie mein Engel heißt. Mach das mit dem Regenbogen auch mal bei mir.« Julia hört mir oft zu, wenn ich Meditationen leite. Meistens bitte ich die Teilnehmer, sich vorzustellen, auf einer Wiese zu sein. Sie beobachten die Pflanzen, die Gerüche, die Bäume, und dann bitte ich sie, nach oben zu sehen, wo sie einen Regenbogen finden werden, und dieser Regenbogen läßt seine Farben in den Körper dringen und Heilung bringen. Was danach kommt, ist sehr verschieden. Manchmal gehen wir zum Meer, manchmal auf einen Berg, eine Insel oder einen Baum. Ich verlasse mich ganz auf die Eingebung meiner Engel. Da ich jeden Sonntagmorgen die Meditationsgruppe leite, ist Julia oft dabei und hört zu. Sie bekommt recht viel von meiner Berufung, über Gott und Engel zu sprechen, mit.

Ich gebe auch Sterbebeistand, und ab und zu ruft jemand an, der Hilfe braucht, um den Prozeß des Abnabelns vom Menschsein zu verstehen. Am Anfang wollte ich Julia bei diesen Telefonaten immer gerne aus dem Zimmer haben, weil ich mir nicht sicher war, wie sie diese Gespräche verkraften würde. Ich bekam als Kind so etwas nie mit. Wenn jemand im Sterben lag, hörte ich nur, daß jemand krank ist, und dann war er plötzlich gestorben. Es wurde kurz geweint, und das war's dann, so schien es mir. Wenn wir die Hinterbliebenen trafen, war es immer etwas unangenehm. Nie wurde über den Verstorbenen gesprochen, und die Verwandtschaft schaute sich nur mit dem Blick an: »Wir wissen es.« Als Kind dachte ich mir oft: »Komisch, das Sterben. Es muß etwas Schreckliches damit verbunden sein, weil keiner darüber spricht.«

Julia ließ sich nie ganz aus dem Zimmer schicken, wenn ich mit Menschen über das Sterben spreche. Sie ging kurz hinaus und kam dann sofort wieder zurück, still und aufmerksam meinen Teil des Gesprächs verfolgend. Ich war verwirrt. Ist das gut oder schlecht, wenn sie so früh mit dem Sterben konfrontiert wird? Was nimmt sie davon auf, was versteht sie und was nicht? Wird sie davon Alpträume bekommen?

Ich frage sie anschließend immer, ob sie irgendwelche Fragen dazu hat, und höre fast immer ein Nein. Ich glaube, daß für sie das Sterben viel natürlicher ist, als es für mich als Kind war. Sie hat keine Alpträume und keine Berührungsängste. Sie hat keine Angst vor toten Lebewesen. Vögel oder Mäuse werden interessiert betrachtet und dann von uns begraben. Wir sprechen ein Gebet, und sie weiß, daß der Körper »leer« ist, daß er nur noch eine Hülle ist, wie wenn der Schmetterling den Raupenkörper verläßt. Einmal war ihr Freund Sam da, und ich erwischte sie, wie sie Spinnen zerquetschten. »Was macht ihr da?« wollte ich wissen. »Sam hat angefangen«, antwortete Julia schnell. »Das sind doch nur Spinnen«, meinte Sam.

»Es ist mir egal, wer damit angefangen hat«, sagte ich streng zu Julia. »Es ist deine Entscheidung mitzumachen, und ich möchte, daß du dir deine Entscheidungen vorher genau überlegst.« Ich schaue von Julia zu Sam: »Wie würdet ihr euch fühlen, wenn irgend jemand Großes von oben käme und euch aus heiterem Himmel zerquetschte?« will ich wissen.

»Das würde mir nicht gefallen«, meint Sam leise.

»Aber Mama«, meint Julia verschmitzt, »die Spinne kriegt dann einfach ein anderes Leben.«

Das habe ich nun davon, daß ich ihr von Reinkarnation erzähle, daß jeder Mensch und jedes Tier viele Leben hat und daß wir nie sterben, sondern nur von einem Körper in den anderen gehen, daß wir unsere Zeit dazwischen mit Gott verbringen, um das alte Leben zu verarbeiten und uns auf das nächste Leben vorzubereiten. O Gott, was soll ich darauf antworten? Ich schaue in das Gesicht meiner Tochter, deren Lächeln mir sagt: Siehst du, Mama, ich habe doch schon einiges gelernt.

Endlich kommt mir die Antwort in den Sinn: »Das stimmt, Julia, aber die Spinne soll entscheiden, wann sie dieses Leben verläßt und ein anderes Leben bekommt, und nicht du.« Danke, Gott, gute Antwort.

»Ich verstehe, Mama«, antwortet sie, und auch Sam verspricht, sich darüber Gedanken zu machen.

Ich sitze also mit Julia auf der Schaukel, und sie meint: »Komm Mama, ich will jetzt auch zum Regenbogen gehen.« Sie macht die Augen zu und kriecht ein bißchen tiefer unter ihre blaue Baumwolldecke. Ich spreche laut ein kurzes Gebet: »Mutter, Vater Gott, meine Schutzengel, laßt mich eins sein mit der göttlichen Weisheit und der Liebe, die immer zu uns kommt. Mögen meine Worte Julia helfen, ihren Schutzengel zu finden. Amen.«

»Also, mein Schatz, atme tief ein ... und tief aus ... tief ein – und tief aus – stell dir vor, du bist auf einer wunderschönen Wiese. Du siehst die Blumen und ein paar Schmetterlinge und auch ein paar Vögel ... was für Farben haben die Blumen denn ... laß deine Augen zu ...«

»Sie sind blau und grün und pink und gelb«, antwortet Julia. Jede meiner geführten Meditationen ist anders. Ich verlasse mich ganz auf meine Inspiration. Ich lasse meinen Gedanken freien Lauf, was immer mir in den Sinn kommt, wird gesagt, ohne es zu analysieren. In meinem Gebet erkläre ich Gott mein

Ziel, meinen Wunsch für diese Meditation. Und natürlich werde ich erhört. Das habe ich von Samantha, meiner Freundin, die mit den Tieren spricht, gelernt. Ihr wurde als Kind gesagt, ihr Vater sei Gott, und selbstverständlich hört unser Vater zu, wenn wir ihn um etwas bitten. Also bitte ich um Unterstützung für die Meditation meiner Tochter. Ich öffne damit die »Leitung« für die Gedanken, die zu mir kommen. Das hat etwas mit Vertrauen zu tun und dem Glauben, daß es mehr gibt, als ich mich bis jetzt erinnere. So vertraue ich den Gedanken, die zu mir kommen, und Julia geht in ihrer Meditation auf einen Berg.

»Ganz hinten am Ende der Wiese siehst du einen Berg.«

Julia nickt.

»Am Fuße des Berges ist eine Tür, die hineinführt. Mach die Tür auf und sag mir, was du siehst.«

Es ist eine Weile Pause, und dann antwortet sie: »Ich sehe ganz viele Tiere wie in einem Dschungel.« Gut, sie hat vor den Tieren keine Angst. Sie lächelt.

»In der Mitte des Berges führt eine Treppe nach oben, und ich möchte, daß du sie hochgehst, du wirst danach ein großes wundervolles Schloß finden. Sag mir, wenn du da bist.«

»Ich bin da, Mama.«

Ich weiß, daß es nicht wichtig ist, jede Bedeutung von dieser Meditation zu erkennen. Was bedeuten die Tiere? Das Schloß? Die Treppe? Setze ich mich damit auseinander, würde ich die Meditation analysieren. Das kann ich, aber das muß ich nicht. Ich vertraue meinen Engeln, daß sie wissen, was sie tun.

»In diesem Schloß ist ein Zimmer mit einem Regenbogen«, kommt mir in den Sinn, und ich gebe es an Julia weiter. »Such das Zimmer und geh hinein.« – »Bist du drin?«

»Ja.«

»Dort liegt eine Glocke, und wenn du mit ihr klingelst, erscheint dein Engel.«

Ich beobachte Julia aufmerksam. Unter ihren Augenlidern

bewegen sich die Augen, eine Bestätigung dafür, daß sie in einem anderen Bewußtseinszustand ist.

»Ist dein Engel da?« frage ich sie sachte.

»Ja.«

»Frage ihn, wie er heißt.«

»Jennifer.«

»Du kannst ihr jetzt eine Frage stellen.«

Julia ist für eine Minute ganz still, und dann öffnet sie ihre Augen.

»Was hast du sie gefragt?« will ich wissen.

Julia kuschelt sich näher an mich heran. »Wo sie wohnt.«

»Und was hat sie geantwortet?«

»In einem Wolkenhaus.«

»Hast du das gesehen?«

Sie erzählt begeistert. »Ja, Mama, das hat gefunkelt und gestrahlt und war aber doch durchsichtig. Wie eine Wolke. Nur mit mehr Funkeln.«

»Wie sah denn dein Engel aus?«

»Sie hat auch gefunkelt und gestrahlt. Und ganz lange Haare hat sie gehabt.«

Es wird langsam kühl im Garten und die Zeit naht, ins Bett zu gehen.

»Was hältst du davon, mein Schatz, wenn du dir von meinem Altar einen Engel aussuchst, der dich immer an die Jennifer erinnern wird.«

Begeistertes Nicken, und wir machen uns auf den Weg zum Studio. Julia verbringt zehn Minuten vor meinem Altar und untersucht jeden Engel. Keiner scheint sie so richtig zu befriedigen. Da fällt mein Blick auf eine Engelsglocke, die ich schon vergessen hatte. »Schau mal, da ist so eine Glocke mit einem Engel drauf, wie die Glocke, mit der du deinen Engel gerufen hast. Möchtest du die haben?«

Ich hoffte auf einen Begeisterungssturm – ich fand die Glocke faszinierend –, aber Julia suchte sich lieber einen Bilderrahmen mit Engeln. »Ich nehme lieber das, Mama. Da kann ich meinen Engel selber malen.« Das ist eine sehr schöne Idee, und wir ziehen uns in ihr Zimmer zurück, und ich schaue ihr beim Engelmalen zu.

Jetzt ist es aber wirklich Zeit, ins Bett zu gehen, und Julia stellt den Rahmen mit ihrem Engel auf ihren Nachttisch.

»Mama, bitte noch eine ›Lektion in Meisterschaft‹«, fordert sie. Jeden Abend, vor dem Beten, gebe ich ihr eine ›Lektion in Meisterschaft‹, wie ich das nenne. Sie lernt dabei, ihren Körper zu kontrollieren und nicht jedem Impuls sofort nachzugeben. In den nächsten fünf Minuten darf sie sich nicht bewegen. Egal ob ihr Körper juckt, kratzt oder kitzelt, ein Meister ist in der Lage, sich trotzdem nicht zu bewegen. Julia liebt dieses Ritual. Einer Freundin erklärte sie es mal folgendermaßen: »Wenn du willst, gibt dir meine Mama auch eine ›Lektion in Meisterschaft‹, da darfst du dich aber nicht wie ein Baby benehmen.« In einer Meditation wurde mir diese Idee gegeben. Wenn ich verreise, nehme ich für jeden Tag eine Lektion in Meisterschaft auf Tonband auf. Die Lektionen gehen von Entspannungsübungen (Fühle deinen kleinen Finger, deinen Ringfinger, deinen Mittelfinger) bis zu Chakra-Übungen (Über dir ist eine große strahlende Sonne, und das Licht kommt durch deinen Kopf in deinen Körper, am Rücken nach unten, am Schoß nach vorne), und manchmal berühre ich sanft den Körperteil, von dem gerade gesprochen wird. Neben Liebe und Geborgenheit möchte ich meiner Tochter gerne die Wichtigkeit von Disziplin und Konzentration beibringen. Und das macht ihr sehr viel Spaß.

Am nächsten Tag besucht mich meine Freundin Sunny mit ihrer erwachsenen Tochter April und ihrem fünf Monate alten Nachwuchs Zacharias. Sunny ist wie ich Hypnosetherapeutin, und ihre Tochter April zog nach einer glücklosen Ehe wieder zurück zu ihrer Mutter und deren zweitem Ehemann. Zacharias ist eines dieser »Traumbabys«. Er lacht viel und schläft noch mehr.

Sunny, April und ich sitzen in der Küche am Tisch und schneiden Früchte für einen Obstsalat.

»Wir haben dir ein Erlebnis für dein Buch mitgebracht«, eröffnet mir Sunny, und April fragt mich: »Hast du schon einmal von Kindern gehört, die unsichtbare Freunde haben?«

Schon wieder! Erst vor kurzem habe ich darüber nachgedacht, und nun taucht jemand auf, der mir mehr davon erzählen kann. Julia hat mir noch nicht von unsichtbaren Freunden erzählt, und nach öfterem Nachfragen scheint es da auch niemanden zu geben.

»Ja, aber bisher habe ich noch niemanden getroffen, der mir davon erzählt hat.«

»Heute ist dein Glückstag.«

»Hattest du einen unsichtbaren Freund?« frage ich April.

»Ja, und mit uns bekommst du sogar die Doppelversion: Einmal von meiner Mama und einmal von mir.«

»Wer will anfangen?«

April nickt ihrer Mutter zu: »Fang du mal an. Ich melde mich dann schon, wenn ich was hinzufügen möchte.«

April schiebt sich eine Weintraube in den Mund, und Sunny beginnt zu erzählen: »April war ein stilles Kind. Sie war eine Träumerin. Sie konnte sich stundenlang alleine beschäftigen. Sie sprach mit ihren Puppen und ihren Stofftieren. Ich glaube, du warst drei Jahre alt, als wir einmal im Auto fuhren und du anfingst, mit Tuman zu sprechen.«

»Tuman?« frage ich.

»Ja«, antwortet April, »sie hieß Tuman. ich kann mich nicht erinnern, wann sie zum ersten Mal aufgetaucht war. Sie war einfach immer da, und ich hatte immer jemanden, mit dem ich spielen konnte. Ich war nämlich ein Einzelkind.«

»Wußtest du denn, daß Tuman unsichtbar war?« will ich wissen.

Sie schaut mich überrascht an: »Am Anfang dachte ich, daß jeder Tuman sehen konnte. Ich wußte immer, daß sie die Wahl hatte, ob sie gesehen werden wollte oder nicht. Aber ich merkte erst später, daß andere Leute Tuman nicht sehen konnten.«

»Wie sah Tuman aus?«

»Tuman sah mir sehr ähnlich. Sie war immer im gleichen Alter. War ich drei Jahre, war sie drei Jahre, war ich sechs Jahre alt, war sie sechs. Sie war ein bißchen größer als ich und hatte meine hellblonden Haare. Ihre waren ein bißchen länger, aber gewellt wie meine.«

»Und ihr Gesicht?«

»Das habe ich nur verschwommen im Gedächtnis. Dazu kann ich nichts sagen«, schüttelt April ihren Kopf.

Sunny lächelt April an: »Wir hatten einen Stuhl am Tisch für Tuman, sie saß hinten mit April im Auto. Wenn wir zum Beispiel beim Einkaufen waren, dann drehte sich April oft um und sagte aus heiterem Himmel: Hallo, Tuman.«

»Kam Tuman oft?«

»Fast jeden Tag. Tuman tauchte immer irgendwo auf. Eines Tages, als ich April in die Vorschule brachte, bat mich die Lehrerin um ein Gespräch. Sie erklärte mir, wie unaufmerksam April war, daß sie nie wußte, wovon die Lehrerin gesprochen hatte, wenn sie aufgerufen wurde. Sie war eine Tagträumerin, und die Lehrerin wußte nicht mehr, was sie machen sollte. Als April nach Hause kam, fragte ich sie, warum sie in der Vorschule nicht aufpaßte. Weißt du noch, was du mir geantwortet hast?« fragte Sunny ihre Tochter April.

»Ja, Tuman kam mit mir in die Vorschule, und die meiste Zeit spielten wir zusammen. Ich weiß noch, wie du mir gesagt hast, daß ich Tuman erklären muß, daß sie nicht mehr mit in die Schule kommen kann. Daß das meine Zeit sei, in der ich lernen müsse, und sie könne gerne jederzeit nach der Schule kommen.«

»Und hat sich Tuman daran gehalten?« frage ich.

Beide nicken. »Ja.«

»Da fällt mir gerade die Geschichte mit Mexiko ein. Erinnerst du dich noch daran?« fragte April ihre Mutter.

»Was war mit Mexiko?« frage ich neugierig.

Sunny erzählt: »Ich arbeitete damals als Assistentin für einen Privatdetektiv, und wir suchten nach einem Mann, der viel Geld unterschlagen hatte und verschwunden war. Irgendwie hatte ich die Idee, daß Tuman uns helfen könne. An dem Abend bat ich April, ob sie nicht Tuman fragen könnte, wo der Mann abgeblieben sei.«

April nickt: »Tuman zeigte mir ein Bild, und ich beschrieb dieses Bild. Dazwischen gab sie mir Worte wie Mexiko und Oaxaca. Ich beschrieb ein bestimmtes Haus, das ich in meinem Kopf sehen konnte.«

»Was war Oaxaca?«

»Das war ein kleines Nest in Mexiko. Mit Aprils Beschreibung fanden wir dieses Haus. Es stellte sich heraus, daß der Mann den wir suchten, sich dort tatsächlich aufgehalten hatte«, fährt Sunny fort.

»Habt ihr ihn denn gefunden?« frage ich neugierig.

»Nein, leider waren wir zu spät.«

April fügt hinzu: »Weißt du, ich erinnere mich noch genau, wie besorgt ich war, daß die Information über Mexiko auch wirklich von Tuman kam. Ich muß sieben Jahre alt gewesen sein, und ich fragte mich, ob ich das nicht einfach erfinde. Ich hatte nie von so einer Stadt gehört, und es war doch der Chef von meiner Mama, der diese Information haben wollte. Damals war ich noch nicht sicher, ob das, was mir Tuman sagte, auch wirklich von Tuman kommt oder ob mir meine Phantasie einen Streich spielt.

Eine Woche später erzählte mir dann meine Mutter, daß sie die Stadt und das Haus gefunden haben und daß die Person tatsächlich dort war. Von dieser Zeit an fühlte ich mich sicher, wenn Tuman mir irgend etwas sagte. Alle Zweifel waren wie weggewischt. Ich wußte, daß ich mich immer auf Tuman verlassen konnte.«

»April, gibt es ein Erlebnis, das dir am meisten im Gedächtnis geblieben ist?«

»Außer dem von Mexiko? O ja, das war, als Mama mich fragte, ob sie denn auch Tuman sehen könnte.«

Ich drehte mich zu Sunny hin: »Konntest du?«

»Das war recht spannend. Ich war natürlich mittlerweile neugierig auf Tuman, und April sagte mir: ›Klar, Mama.‹ Wir gingen in ihr Zimmer, und ich schloß die Vorhänge, so daß das Licht nicht mehr so grell war.«

»Warum das?«

»Ich hatte vor kurzem gelernt, wie man Aura sieht, und ich wußte, daß es einfacher ist, wenn das Licht nicht so grell ist. Dann bat ich April, Tuman zu rufen, und wir saßen ungefähr drei Minuten still da, und dann erkannte ich plötzlich ein orangegefarbenes Licht. Erinnerst du dich an Raumschiff Enterprise, wenn die Leute hergebeamt wurden?«

»Ja klar, das war als Kind eine meiner Lieblingsserien im Fernsehen.«

»Erinnerst du dich, daß wenn sie Leute hergebeamt haben, es mit einem Flimmern begann, und erst nach ein paar Sekunden materialisierte sich der Körper? So war das mit diesem orangegefarbenen Licht. Es hatte die Größe von einem Kind und ging bis zum Boden. Dann bewegte sich diese orangefarbene Flimmergestalt vom Ende des Bettes zum Kleiderschrank. Und ich sagte zu April, daß ich eine orangefarbene Gestalt sehen könne, die zum Kleiderschrank gehe, und April sagte mir: ›Das ist Tuman, Mama.‹«

»Sabrina, das hat mich natürlich noch mal bestärkt, daß es Tuman wirklich gab. Schließlich konnte meine Mama sie jetzt auch sehen.«

»Hat jemand außer euch Tuman gesehen?«

»Ja, meine Freundin Anita. April und ich lebten bei ihr im Haus, nachdem ich mich von meinem ersten Mann, Aprils Vater, getrennt hatte. Ich war auf Geschäftsreise in San Diego, ungefähr zwei Stunden von unserem damaligen Zuhause entfernt. Ich hörte im Radio von einem Waldfeuer, das in unserer Wohngegend ausgebrochen war. Ich war furchtbar besorgt, doch hatte die Polizei alle Straßen abgesperrt, und ich konnte nicht mehr nach Hause. Endlich bekam ich meine Freundin Anita an den Apparat, und sie erzählte mir, daß April bei ihr im Bett liege. Das Feuer sei unter Kontrolle, und ich brauche mir keine Sorgen zu machen. Ich merkte, daß Anita noch etwas auf dem Herzen lag, und ich fragte sie, ob alles in Ordnung sei. Da sagte sie, daß sie gerade etwas sehr Seltsames erlebt hätte. April sei in ihrem Bett eingeschlafen und hätte sich die ganze Zeit unruhig hin und hergewälzt. Sie stöhnte im Traum und schwitzte fürchterlich. Plötzlich, so erzählte mir Anita, sah sie, wie ein kleines hellblondes Mädchen am Ende des Bettes auftauchte, um das Bett herumging und April den Rücken streichelte. Und während sie das tat, wurde April zusehends ruhiger und rollte sich schließlich entspannt zur Seite. Dann verschwand das kleine Mädchen. Ich weiß noch, wie überrascht meine Freundin war, als ich sagte: ›Oh, das ist Tuman.‹«

»So etwas würde ich auch gerne mal sehen«, gebe ich von mir – wobei wir wieder bei meinem Lieblingsthema wären.

»Sunny, du hattest nie daran gezweifelt, daß es Tuman wirklich gab?«

»Nein«, Sunny schüttelt den Kopf, »ich hatte eine spirituelle Basis. Ich glaubte, daß es Engel gibt, und ich glaubte, daß unsichtbare Wesen mit unseren Kindern kommunizieren. Ich glaubte anderen Eltern nicht, die sagten, daß ihre Kinder nur eine lebhafte Phantasie hätten.«

»Ist Tuman immer noch bei dir?« fragte ich April

»Wenn ich meditiere, kommt sie öfter.«

»Ist sie immer noch so alt wie du?«

»Sie hat sich verändert. Am Anfang war sie ein Mädchen, und ich muß ungefähr zwölf Jahre alt gewesen sein, als mir auffiel, daß sie männlich und weiblich war. Ich ließ sie in meiner

Pubertät fast verschwinden. Ich fühlte sie zwar noch ab und zu, wenn ich mal alleine war und mich auf sie konzentrierte, aber sie war nicht mehr so präsent wie früher.«

»Und heute? Du bist jetzt wie alt?«

»Ich bin jetzt 23 Jahre alt. Letztes Jahr hat sie eingegriffen, um mich vor einem Unfall zu bewahren.«

»Wie ist das passiert?«

»Ich fuhr in der Stadt von der Arbeit nach Hause und kam zu einer Kreuzung. Die Ampel zeigte grün, und plötzlich höre ich Tumans Stimme, die mir sagt: ›Langsam.‹ Also gehe ich vom Gas runter und steige sogar ein bißchen auf die Bremse. Kein Auto weit und breit. Ich wunderte mich noch, und gerade als ich in die Kreuzung reinfahre, kommt mit einem Affenzahn von der anderen Seite jemand angerauscht. Der ist voll bei Rot durchgefahren. Wenn ich nicht abgebremst hätte, hätte er mich erwischt.«

»Was glaubt ihr, was Tuman ist? Ein Engel, ein geistiger Führer?« frage ich die beiden.

»Ich weiß es nicht, ob man da einen Unterschied machen kann. Vielleicht ist es ein und dasselbe? Engel können vielleicht die Form annehmen, die gerade passend ist«, antwortet Sunny.

Und April fügt dazu: »Weißt du, für mich ist das Wundervollste an Tuman, daß ich immer das Gefühl habe, es sorgt sich jemand um mich. Ich bin nie alleine. Das hat mein Leben sehr geprägt. Ich habe diese Einsamkeitsgefühle nicht, die ich von vielen meiner Freunde kenne. Selbst wenn ich alleine bin, bin ich nicht einsam. Diese andere Welt ist auch meine Welt.«

Und wie auf Kommando meldet sich Zacharias aus seinem Mittagsschlaf zurück in dieser Welt.

Als ich wieder alleine bin, denke ich über meine Kindheit nach. Gab es für mich einen unsichtbaren Freund? Nein, da war niemand. Ich hatte zwar eine lebhafte Phantasie und neben einem Pferd im Keller noch andere wundersame Gestalten erfunden, aber die waren alle von dieser Welt. Allerdings machte ich mir als Kind oft Gedanken, ob ich das, was ich erlebte, nicht träume. Und ich kann mich noch genau an dieses Gefühl erinnern, daß mein Leben einfacher wird, wenn ich erwachsen werde. Das kam mir als Kind immer wieder ins Gedächtnis. »Wenn du erwachsen bist, dann lachst du darüber.« Diesen Satz hörte ich immer wieder, wenn ich durch die großen und kleinen Krisen meiner Kindheit schlitterte. Dieser Satz wurde mein Mantra, und langsam fing ich an, ihn selbst zu wiederholen: »Wenn du erwachsen bist, dann lachst du darüber.« Und ich stellte mir vor, wie ich erwachsen bin, mit hohen Stöckelschuhen und einem Pudel an der Leine, das weiß ich noch. Das muß für mich der Inbegriff einer erwachsenen Frau gewesen sein: Stöckelschuhe und Pudel. Das will ich erst gar nicht analysieren ...

Ich hatte einmal das Gefühl, ich hätte mich als erwachsene Frau in meiner Kindheit besucht und mich getröstet. Zeit, wie wir sie kennen, eine »logische« Abfolge von Sekunden und Stunden, Wochen und Jahren, ist nur unsere Wahrnehmung. Zeit und Raum kann überbrückt werden. Ist es nicht so, daß uns eine Stunde mal lang und mal kurz vorkommt, je nachdem, wie wir sie verbracht haben? Warten wir auf jemanden, dann zieht sich eine Stunde in die Unendlichkeit; haben wir Spaß, vergeht sie schnell. Wir können also jetzt schon erahnen, daß die Zeit, wie wir sie kennen, sich verändern wird.

Vor über zwei Jahren studierte ich Hypnosetherapie. Dabei wird man selbst oft hypnotisiert, damit man auch versteht, was die Klienten empfinden. Ich sah mich, wie ich als erwachsene Frau mich als zwölfjähriges Mädchen in einem Traum besuchte. Ich lag in meinem Bett und wälzte mich unruhig hin und her. Ich saß als 37jährige Frau neben meinem Bett und streichelte meine kindliche Wange. »Es wird alles gut werden«, sage ich zu mir, »wenn du erwachsen bist, wird es einfacher. Du wirst sehen. Schau mich an. Ich weiß das.« Ich hatte dabei ein eigenartiges Gefühl, so als ob ich mein eigener Engel wäre. Als ich aus der Hypnose wieder in mein Tagesbewußtsein kam, besprach ich die Szene mit meiner Lehrerin. Sie hat schon oft von solchen Fällen gehört. »Es scheint so zu sein, daß das ›erwachsene Ich‹ zu dem ›kindlichen Ich‹ kommt und es tröstet. Die herkömmliche Psychologie vertritt die These, daß das nur im Kopf passiert und daß man damit ›das Kind in sich‹ tröstet. Wenn man aber davon weiß, daß Zeit und Raum sich verändern können, dann öffnet sich eine andere Tür. Nämlich die Möglichkeit, daß man Zeit und Raum überbrücken kann, um sich als Kind selbst zu trösten.«

Ich fand das faszinierend und fühle mich immer sehr wohl bei dem Gedanken, daß ich mich selbst trösten kann.

13. Kapitel

Von einem Engel, der ein Meister ist, und meinen Augen, die plötzlich durch einen Körper sehen

Mein Mann und ich sitzen im Wohnzimmer vor dem Kamin, und meine Augen folgen dem Feuer. »Das Feuer verzaubert die Seele«, erklärte mir einmal meine Freundin Jacqueline Snyder. Und während ich in das Feuer schaue, muß ich an einen großen erleuchteten Meister denken: Zarathustra. Er war es, der mir beibrachte, daß ich mein Leben selbst forme. Daß ich nicht ein Opfer diverser Umstände bin, die sich nicht ändern lassen. Daß meine Gedanken, meine Worte und meine Taten mein Leben gestalten. Daß alles, was ich von mir gebe, irgendwann einmal zurückkommt. Das universelle Gesetz von Ursache und Wirkung. Und wie wichtig es ist, klare und reine Gedanken zu haben. Ich fühle in meinem Körper Wellenbewegungen, die sich von meinem Bauch zu meinem Herzen bewegen. Zarathustra.

2000 Jahre vor Jesus Christus lebte er in Persien und lehrte im Freien, den Himmel, das Universum über sich, das Feuer, das Symbol des Lebens, vor sich, die Erde, aus der unser Körper gemacht ist, unter sich. Er war der erste, der von einer Seele sprach, er war derjenige, der erklärte, wie wichtig die Kontrolle der Gedanken im Leben ist: Gute Gedanken, gute Worte, gute Taten. So einfach beschrieb er das Leben. Die drei Weisen aus dem Morgenland, die den neugeborenen Jesus begrüßten, sollen zoroastrische Priester gewesen sein. Zarathustra, Zoroaster, ein anderes Wort für die gleiche Person.
Als junger Mann, so geht die Legende, ging Zarathustra eines

Tages schwimmen, und als er aus dem Wasser kam, legte er sich am Flußufer nieder, um sich auszuruhen. Er schlief ein und sah einen riesigen Engel, der auf ihn zukam. Dieser Engel hob ihn zärtlich auf und nahm ihn auf eine Reise mit. Während dieser Reise wurden ihm alle Realitäten gezeigt, die Realität der Engel, der verschiedenen Dimensionen, des Universums und die der anderen Welten. Ihm wurden Dinge gezeigt, von denen er bis dahin nicht einmal geträumt hatte. Als er später aufwachte, erinnerte er sich an jede Einzelheit dieser Reise, wurde erleuchtet.

Während meiner ganzen Kindheit nannte mich mein Onkel Alwin: »Zarathustra, mein Weib«, und ich nahm es hin als etwas, was mein Onkel einfach sagt, und ich dachte nie darüber nach. Ein Vierteljahrhundert später erwähnt mein Masseur Malcolm den Namen Zarathustra, und ich bekomme daraufhin sofort eine Gänsehaut.

Wie wundervoll, daß sich der Körper manchmal vor dem Bewußtsein erinnert. Meine Gänsehaut, ein Zeichen des Adrenalins, das nicht nur bei Gefahr, sondern auch bei freudiger Aufregung ausgesondert wird, erinnerte sich an ein lang gegebenes Versprechen.

Ich habe schon viele »Channels« getroffen, Menschen, die Seelen aus dem »Jenseits« – irgendwie ein komisches Wort, an das ich mich nicht gewöhnen will – durch ihren Körper sprechen lassen. Dabei versetzt sich das Medium in einen Trancezustand, und jemand, der keinen eigenen menschlichen Körper besitzt, benutzt das Medium. Manchmal nur die Stimme, manchmal den ganzen Körper. Natürlich nur mit gegenseitigem Einverständnis.

Es kommt immer auf die Integrität des Mediums an, wie gut die Informationen von der anderen Seite durchkommen und wer da von der anderen Seite spricht!

Angenommen, ein Raumschiff von einem anderen Planeten würde auf der Erde landen und die Insassen würden einen

Hund, ein Kleinkind und eine 40jährige weise Frau treffen und allen die gleiche Frage stellen: »Wie lebt es sich hier auf der Erde?«

Der Hund würde vielleicht sagen: »Es gibt regelmäßig etwas zum Fressen. Ich habe eine schwarze Katze, die ich jage, das macht mir am meisten Spaß. Mein Fell juckt oft, da sind so kleine Tiere drin, und ansonsten schlafe ich viel.«

Das Kleinkind würde vielleicht antworten: »Ich muß immer zu früh ins Bett, und dann darf ich auch keine Süßigkeiten essen. Meine Mama zieht mich jeden Morgen an, und mein Papa macht mir das Frühstück. Dann spiele ich im Sandkasten. Ich liebe mein Stofftier Schnuffel. Wenn Oma und Opa kommen, bringen sie mir immer ein Malbuch.«

Die 40jährige weise Frau: »Wir sind hier auf Erden, um zu erkennen, daß wir das Göttliche verkörpern, um diese Welt zu dem zu machen, was sie sein soll, nämlich ein Paradies.«

Angenommen, die Lebewesen in diesem Raumschiff treffen nur den Hund, welchen Eindruck würde der andere Planet von uns bekommen?

Genau so wichtig ist es, wer von wem gechannelt wird. Erleuchtete Meister, die ihren Körper vorübergehend mit einem Menschen teilen, haben erleuchtete Antworten auf alle Fragen. Sie verurteilen nicht. Erschrecken nicht. Sie können uns sagen, wie unsere Zukunft aussehen wird, wenn wir uns weiter so entwickeln wie bisher, aber sie machen nie präzise Voraussagen. Der erleuchtete Meister sieht das Potential in uns und weiß um die Wahl, die wir haben. Wir wählen unser Leben aus, wir treffen tagtäglich Entscheidungen. Und es kommt auf unsere Entscheidungen an, wie unsere Zukunft aussehen wird. Ein erleuchteter Meister weiß, daß es keine guten und schlechten Entscheidungen gibt. Es kommt nur darauf an, daß wir jede Entscheidung in eine richtige verwandeln. Das ist die Freiheit und die Zukunft.

Zarathustra ist ein Meister. Diese Meister sind Seelen wie wir. Jesus, Buddha, Moses, Zarathustra, Mohammed und noch viele mehr sind Seelen, die die Erleuchtung erreicht haben. Einmal fragte ich Zarathustra: »Wie kommt es, daß du so weit bist, soviel gelernt hast, und ich bin immer noch hier?« Zarathustra schaute mich durch Jacquelines Augen an und meinte dann liebevoll: »Das würde ich auch gerne wissen.« Ich mußte lachen. Ja, warum brauche ich so lange?

Vor zwölf Jahren wurde Jacqueline Snyder in einer Meditation an ihr Versprechen erinnert, das sie vor ihrer Geburt gegeben hatte, ihren Körper mit Zarathustra zu teilen. Sie hatte die Wahl, ob sie das tun möchte oder nicht. Sie war verheiratet, hatte zwei Söhne, einer war erwachsen, der andere gerade drei Jahre alt. Diese Entscheidung betraf sie nicht nur alleine. Diese Entscheidung betraf auch ihre Familie. Sie entschied sich dafür, ihr Versprechen einzuhalten, und zog alle notwendigen Konsequenzen. Es erforderte Disziplin, hohe Konzentration und das Wissen, ihr Leben im Dienst zu verbringen. Wochenlang trainierte sie im Kreis von spirituellen Freunden, wie man sich auf ein Gebet konzentriert. Egal, was um sie herum geschieht. Und langsam, so wie man ein Musikinstrument lernt, war es Zarathustra möglich, Jacquelines Körper zu benutzen. Zuerst nur die Augen, später auch die Stimme, dann den Oberkörper, und schließlich konnte er sogar mit Jacquelines Körper gehen.

Jacqueline Snyder ist nicht jemand, der seinen Körper zur Verfügung stellt wie andere Leute ihr Gästezimmer. Sie ist Autorin und respektierte Visionärin, sie sprach auf dem Earth Summit in Rio, organisiert Sacred Events und Konferenzen, sie ist der Spiritual Adviser der Cherokee Nation, Pfeifenträgerin und leitet Reisen zu den heiligen Plätzen dieser Welt. Sie ist viel zu aktiv, um nur ihren Körper zur Verfügung zu stellen. Sie lebt vor, was Zarathustra lehrt. Dadurch ist sie für mich eine große Inspiration.

Zarathustra hielt seine Zusage, durch sie zu uns zu sprechen. Meine skeptischen Freunde glauben, daß »Channels« einfach nur Sachen erfinden, um Geld zu machen, Macht anzuhäufen, Menschen unter Kontrolle zu bringen. Obwohl ich noch nie einen solchen »Channel« getroffen habe. Ich glaube, niemand könnte mich ernsthaft an der Nase herumführen. Gott sei Dank haben wir unseren gesunden Menschenverstand und unsere Gefühle.

Ein erleuchteter Meister hat schlichtweg bessere Antworten als ein Hochstapler. Er weiß mehr, er liebt mehr, und er erklärt mehr. Und immer wenn ich in Zarathustras Nähe bin, fühle ich ihn. Da ist eine Bewegung in meinem Bauch, tief in mir drin, wie eine Welle, die sich ihren Weg durch meine Zellen bahnt. Da ist eine Sehnsucht im Herzen und gleichzeitig eine Leichtigkeit, die ich noch nie vorher gefühlt habe. Und es gibt Emotionen, die manchmal hervorbrechen wie aus einem Vulkan. Da ist dieser eine Satz, den Zarathustra spricht, bei dem ich plötzlich zu schluchzen anfange. Tief in mir erinnert sich meine Seele, und ich fühle die Wahrheit, lange bevor ich sie verstehe.

Das war nicht immer so. Die ersten Male mit Zarathustra beobachtete ich ihn einfach nur aufmerksam. Ich analysierte jede seiner Bemerkungen und Worte. Ich stellte ihm Fragen wie »Was ist mit meiner Freundin Olga los?«, ohne ihm irgendeine zusätzliche Information zu geben, und er beantwortete mir detailliert, in welcher Situation sie sich befand. Seine Ratschläge waren weise und liebevoll. Ich hörte ihm stundenlang zu, wenn er auf Vision Quests und Workshops anderen ihre Fragen beantwortete. Sein Wissen war unendlich. Jede Frage wurde zur Zufriedenheit des Fragers beantwortet. Ich erinnere mich noch gut an einen Wissenschaftler, dessen Frage ich nicht einmal verstand. Und wie der Wissenschaftler mit offenem Mund dastand, als Zarathustra ihm ein Problem detailliert erklärte. Er war fassungslos. Zarathustra beantwortete komplizierte Vorgänge aus der Physik, der Chemie, der Medizin mit einer

Klarheit, die jeden anwesenden Experten erstaunte. Am Anfang wurde ich in seiner Nähe schnell müde. Ich konnte mir das nicht erklären. Jetzt weiß ich, daß sich mein Sensorenfeld erst an seine hohe Frequenz, seine hohe Schwingung gewöhnen mußte. Wochen später hatte ich mich mehr an ihn gewöhnt und bemerkte, wie sich die Frequenz im Raum veränderte. Ich fühlte meinen Körper prickeln, wenn er in Jacquelines Körper eintrat. Als ob ich in eine heiße Badewanne steigen würde. Alle meine Zellen waren aktiv und auf »Empfang« eingestellt. Jetzt fühle ich ihn auch mit geschlossenen Augen. Mein Sensorenfeld ist »trainiert«, ich empfange mehr Signale, da ich mich besser konzentriere. Und ich habe meine eigene Frequenz, meine eigene Schwingung erhöht, durch die Kontrolle meiner Gedanken und durch die Liebe, die ich meinen Mitmenschen gebe, dadurch werde ich jetzt in seiner Gegenwart nicht mehr müde.

Ich merke, wie ich unruhig werde, wenn ich über Zarathustra schreibe. Ich habe das Gefühl, ihn beschützen zu müssen, vor Meinungen von Leuten, die ihn nicht kennen.

Während ich diese Zeilen niederschreibe, höre ich seine Stimme: »Mache dir keine Sorgen. Gott wird täglich beschimpft. Ich verstehe die Fragen und die Zweifel.«

Das ist wahr. Wie oft hat er meine Zweifel verstanden. Ich weiß noch, wie jemand ihm die Frage stellte: »Warum soll ich dir zuhören? Wer sagt mir, daß du die Wahrheit sprichst?« Er lächelte und antwortete: »Ich sage nicht, du sollst mir zuhören. Du hast die Wahl, zu gehen oder zu bleiben. Triff deine Entscheidung mit deinem Verstand und deiner Intuition, und lade deine Seele dazu ein. Vertraue der Tiefe deiner Seele. Es ist deine Seele, die mich kennt. Wir kommen beide daher, wo das Licht gemacht wird.« Sie blieb. Am Ende der zwei Stunden hatte sie Tränen in den Augen und ich auch. Ich lerne viel von Zarathustra.

Das Wichtigste ist wohl, die Gedanken zu kontrollieren: »Jeder Mensch«, so Zarathustra, »hat die Möglichkeit, daß jeder gedachte Wunsch in Erfüllung geht. Aber was würde auf dem

Planeten passieren, wenn jeder eurer Wünsche in Erfüllung gehen würde?«

Ich dachte sofort an die Hunderte von Autofahrern, die auf Nimmerwiedersehen verschwinden würden.

»Ihr werdet lernen, eure Gedanken zu kontrollieren. Jeder negative Gedanke bringt euch weiter weg von der Erfüllung eurer Wünsche. Überlegt euch, ob euch dieser negative Gedanke die zusätzliche Zeit wert ist.«

Ich erinnere mich noch gut, als ich mich wieder einmal beschwerte, daß ein Freund nicht auf meinen guten Rat hörte und ich ihn am liebsten schütteln würde, damit er mir zuhört. Zarathustras Antwort war wie so oft nur eine Frage: »Hat er dich um deinen Rat gebeten?«

Zögerlich kam meine Antwort: »Nicht direkt. Aber es wäre wirklich wichtig, daß er zuhören würde.« Ich winde mich, da ich merke, worauf Zarathustra hinauswill.

»Du kannst nur einen Rat geben, wenn der Betreffende auch einen Platz dafür frei gemacht hat. Das ist wie ein Schrank. Versuch in einen Schrank mehr hineinzustopfen, als hineingeht. Beim nächsten Aufmachen fliegt alles wieder hinaus.«

»Soll ich denn gar nichts mehr sagen?« fragte ich verwirrt.

»Stell ihm eine Frage: ›Ich habe da ein paar Ideen zu deiner Situation. Würdest du sie hören wollen?‹ Damit gibst du ihm eine Wahl.«

Darauf hätte ich auch früher kommen können, das hätte mir viele Frustrationen erspart.

Er brachte mir bei, daß ich Gefühlen wie Ärger, Angst oder Einsamkeit nicht einfach folgen muß: »In deinen Zellen ist jedes Gefühl, das du jemals hattest, gespeichert. Tausch ein Gefühl, das du nicht haben willst, mit einem Gefühl, das du haben willst, aus! Bereite dich darauf vor, indem du dir drei Gefühle aussuchst, die dir Liebe und Freude bringen, und dann konzentriere dich auf diese Gefühle, wenn du die anderen loswerden willst. Vergiß nie: Eines der größten Geschenke an die Menschheit ist die Möglichkeit der Wahl! Du hast die Wahl!«

Ich dachte über meine schönen Gefühle nach. Meine Liebe zu Zarathustra, Jesus und Buddha, meine Liebe zu meinem Mann und meiner Tochter, meine Liebe zu meiner Familie und all meinen Schwestern. Und es funktioniert. Jedesmal wenn ich mich ärgerte, alleine fühlte oder in Selbstmitleid badete, dachte ich einfach an meine Liebe zu Gott und meiner Familie, und prompt kam dieses Gefühl ähnlich einer Entspannung bei der Massage. Und jedes dieser Gefühle war anders. Mein Gefühl für Gott ist ein anderes als für meine Familie oder meine Schwestern. Ich habe die Wahl! Etwas, das ich nie, nie vergessen darf.

Er brachte mir bei, daß es nicht unsere Aufgabe ist herauszufinden, was an anderen Leuten nicht funktioniert, wo ihre Schwierigkeiten liegen oder was sie noch lernen müssen. »Suche immer nach dem positiven Potential in den Männern und Frauen, die dein Leben kreuzen. Forsche nicht nach ihren Problemen und schlechten Angewohnheiten.

Sag nie: ›Das weiß ich nicht!‹ Sage statt dessen: ›Das würde ich gerne wissen wollen‹ oder ›Ich bin neugierig, wie das und das wohl aussieht.‹

Wann immer etwas passiert, warte und sage: ›Ich finde nur Segnungen in meinem Leben, welche Segnungen bringt mir diese Situation.‹ Erwarte Segnungen in deinem Leben.«

Vor 2000 Jahren wurden in Persien nur Männer unterrichtet. Frauen hatten damals andere Aufgaben. Aber Zarathustra wußte um das gleiche Recht für alle Seelen, egal ob sie sich für die weibliche oder die männliche Form entschieden haben. Er sprach klar und laut, wohl wissend, daß sich viele Frauen in der Nähe aufhielten und heimlich seinen Lehren lauschten. Eines Tages ging er auf diese Frauen zu und versprach ihnen wiederzukommen, um sie zu lehren. Zarathustra erzählte mir diese Geschichte, und ich lauschte ihr fasziniert. Dann lehnte er sich zu mir nach vorne und schaute mir tief in die Augen: »Du bist eine dieser Frauen.«

In diesem Moment werde ich zurückversetzt nach Persien, ich rieche Eukalyptus und verschiedene Blumen, fühle die Hitze, fühle loses Leinen auf meiner Haut und ein tiefes Gefühl des Heimwehs, das mich zum Weinen bringt. Die Sehnsucht schwappt über mich, wie eine Welle den Strand. O ja, ich erinnere mich. Plötzlich. Ohne Vorwarnung. Einfach so.

Ich war erschöpft danach und verwirrt. Da war sie hundertfach vergrößert: Meine Sehnsucht! Mein Vermissen. Das Gefühl, daß ich »aus Versehen« auf Erden bin. In mir diese Melancholie, die selbst in den glücklichsten Momenten meines Lebens nie ganz verschwinden wollte. Diese Traurigkeit: Was mache ich hier? Warum bin ich hier? Da muß es noch mehr geben, und ich will es finden. Wer suchet, der findet, schießt es mir durch den Kopf.

Ich fühle mich wie auf einer Schnitzeljagd: Hier ein Stück und dort ein Stück. Könnte ich das bloß ein paar Jahre überspringen und endlich das Ergebnis in Händen halten. Das Ziel: die tiefe Zufriedenheit und den tiefen Frieden, die kindliche Freude und das Verständnis für alles und jeden. Warum ist das so schwer? Warum geht es so langsam? Müßte ich nicht weiter sein? Halt! Aufhören! Wie war das mit den negativen Gedanken? »Warum ist das so schwer?« Ich mache es schwer. Jeder negative Gedanke zieht mich weiter weg von meinem Ziel. Ich höre auf damit. In dem Moment, in dem ich mich entscheide, diesen Gedanken nicht weiter zu unterstützen, kommt ein anderes Gefühl auf: dieses Gefühl der Dankbarkeit. Dieses Gefühl, mit offenem Mund dazustehen und nur zu denken »O mein Gott!« Da ist mehr, als ich je erahnte, soviel mehr, als ich mir je vorstellen konnte. Das Leben ist jetzt spannender, aufregender als jemals zuvor.

In diesem Universum werden Versprechen von über 2000 Jahren eingehalten. Mein Onkel fühlt sich aus irgendeinem Grund inspiriert, mich durch meine ganze Kindheit hindurch »Zarathustra, mein Weib« zu nennen, und ich treffe mit 34 Jahren auf Malcolm, meinen Masseur, der dann auch noch ein Jahr später mit mir über seine Freundin Jacqueline spricht, die Zarathustra channelt. Solche langfristigen Pläne macht Gott mit unseren Seelen. Zufall auf Nimmerwiedersehen! Wenn das Universum so funktioniert, wenn die Engel uns so unterstützen, wenn Gott uns so liebt, wie wundervoll wird unser Leben erst sein, wenn wir das alle erkannt haben und wir alle dieses Vertrauen, diese Sehnsucht und die gleichzeitige Erfüllung fühlen werden.

Meine Gedanken haben mich weit in die Vergangenheit gebracht, und langsam kommen sie wieder zu mir zurück. Meine Augen starren immer noch ins Kaminfeuer, ich verliere mich in der Kraft des Lichts.

Sehen. Ja, endlich alles sehen. Alle Engel, alle Gefühle, alle Feen, alle Gnome, alle Gedanken. Ich bin so neugierig und ungeduldig.

Malcolm, mein Masseur, vereinbarte damals einen Termin für mich, und als ich Zarathustra zum ersten Mal gegenüber saß, dachte ich nur: Hoffentlich sieht mich keiner! Da sitzt er nun in Jacquelines Körper, in weißen Hosen und einem weißen Hemd, die langen schwarzen Locken zum Pferdeschwanz gebunden, und fordert mich auf, zu ihm zu kommen und ihn zu umarmen. Ich knie vor dem Sessel und lehne mich langsam zu ihm hin. Kann das denn alles wahr sein, schießt es mir durch den Kopf. Zarathustra löst meine Umarmung, hält meinen Kopf in seinen/ihren Händen und schaut mir tief in die Augen: »Yes, yes, yes«, lächelt er mich an und ich denke mir: Er wird doch wohl nicht meine Gedanken gelesen haben? »Yes, yes, yes.« Und ich sehe dieses Zwinkern in seinen Augen, das ich noch viele Male herbeisehnen werde.

Ich kann mich nicht mehr genau erinnern, was ich bei diesem ersten Mal gefragt habe – ich hatte vor lauter Aufregung vergessen, das bereitstehende Tonband einzuschalten –, ich erinnere mich nur, daß ich von meinem größten Wunsch sprach: Endlich mehr zu sehen. »Du wirst mehr sehen, als du je zu träumen gewagt hast.« Dieser Satz ist mir am meisten in Erinnerung geblieben. Und meine nächste Frage mit all der Kraft, die meine Sehnsucht beinhaltet. Wann?

»In einem Jahr wirst du schon mehr sehen als jetzt, und du wirst erkennen, daß deine Sehnsucht, dein Erstaunen über das Leben und die Welt, dein Streben und dein Fokus dir deine Wünsche erfüllen.« Er hatte recht. Habe ich nicht innerhalb eines Jahres gelernt, Aura zu sehen?

An mehr erinnere ich mich nicht. Ich lege noch etwas Holz nach, nicht ohne respektvoll das Feuer um Erlaubnis zu bitten. Ich schaue tief in die Flammen, ich weiß, daß Jacqueline das Feuer lesen kann, und ich frage mich, wann ich das lernen werde. Ich muß über mich selber lachen. Ja, da ist sie wieder, meine Neugierde, meine unersättliche Neugierde, oder ist es einfach eine Erinnerung, daß da noch so viel mehr ist?

Ich kuschele mich wieder zurück in die Couch und lehne mich an meinen Mann, der in seinem Buch weiterliest. Ich muß an ein Erlebnis denken, das ein dreiviertel Jahr nach Zarathustras Voraussage stattfand. Ich hatte gerade mein Studium als Hypnosetherapeutin beendet und »übte« an meinen Freundinnen. Eine davon ist Kim, die in Washington lebt und mich übers Wochenende besuchte. Kim ist eine wunderschöne Mittdreißigerin, die ich auf meinem ersten Vision Quest, einer Suche nach Visionen, auf einem Berg in Montana getroffen habe.

Zarathustra sprach bei meinem ersten Treffen mit ihm von einem Wochenende, das Jacqueline mit 20 Leuten auf einem Berg verbringen werde, um zu beten, zu lernen und Visionen zu finden. Ein uraltes indianisches Ritual, bei dem Jungen am Beginn ihrer Pubertät alleine in die Wildnis geschickt wurden, um ihre Lebensvision zu finden. Dabei waren sie kaum bekleidet, ohne Essen und vollkommen alleine. Diese Quests dauerten manchmal bis zu einer Woche, in der der Junge zum Mann wird. In der Einsamkeit und der Stille, unterstützt durch jahrhundertealte Rituale, fand der junge Mann seinen Sinn des Lebens und seine Berufung. Als Zarathustra von diesem Berg sprach, wußte ich, daß ich da hinauf wollte. Ich mußte es nur noch meinem Mann schonend beibringen. Damals war mein Mann hochbesorgt, daß ich mich zu einer Verrückten verändern würde. Womöglich rasiere ich mir noch die Haare, trage orangefarbene Roben und folge irgendeinem Scharlatan. Mit meinem Hausaltar konnte er sich gerade noch abfinden – wenigstens war da ein Bild von Jesus drauf –, aber mit einer Gruppe wildfremder Menschen für ein langes Wochenende auf einen Berg zu steigen, ohne Telefon und ohne mich erreichen zu können, das ging nun doch zu weit.

»Was willst du denn da oben?«

»Mich finden«, antwortete ich gereizt. Damals war ich oft gereizt, wenn ich gefragt wurde, warum ich etwas tue. Ich fühlte mich immer persönlich angegriffen.

»Kannst du das nicht auch hier im Garten tun?« fragt er genervt.

Ich komme mir vor wie ein kleines Kind, das seinen Vater um Erlaubnis bittet, und werde mit jeder Sekunde ärgerlicher. Mit Mühe und Not versuche ich etwas versöhnlicher zu klingen und schlage einen Kompromiß vor:

»Schau mal, das ist so, wie wenn du mit Freunden zum Tennisspielen gehen willst.«

»Ich gehe für kein Wochenende ohne dich zum Tennisspielen«, kommt es trocken. Das stimmt, was nun?

»Du kannst ja mitkommen!« schlage ich vor.

»Für so einen Schmarrn habe ich keine Zeit«, schimpft es mir entgegen.

Wochenlang stand die Stimmung auf Sturm, wenn es um diesen Berg ging, und ich wußte nur eines: Ich muß da hin! Endlich war es soweit, mir platzte der Kragen! Nach der hundertsten Diskussion um diesen Berg schaute ich meinen Mann wütend an und schrie ihm entgegen (ich, die nie schreit): »Und wenn es das letzte ist, was ich tue, aber ich gehe auf diesen Berg, ob es dir paßt oder nicht.« So, jetzt ist es raus. Ich atme tief durch, um sein Gewitter aufzufangen.

»Nun gut, ich sorge dafür, daß ich an diesem Wochenende nicht verreisen muß, damit ich mich um Julia kümmern kann.« Ich traue meinen Ohren nicht, hätten wir das nicht ein paar Monate früher haben können?

Mein Mann und meine Tochter bringen mich zum Flughafen. Meinen ersten Schlafsack fein verstaut, warme Unterhosen und Ersatzkontaktlinsen im Gepäck. Biologisch abbaubare Seife und ein neues Notizbuch. Ich fliege nach Denver, und die anschließende Fahrt mit dem Leihwagen bringt mich in zwei Stunden nach Steamboat. Ich bin eine der letzten, die zum Treffpunkt ankommt. Die Hälfte von uns sind über 50 und gar nicht verhuscht – ich muß zugeben, ein bißchen verhuscht habe ich schon erwartet. Einer stellt sich als katholischer Pfarrer vor, wenn das Richard wüßte.

Und da ist Kim. Sie hat lange blonde Haare, meine Größe, meine Augen und auch sonst irrsinnig viel Gemeinsames. Wir setzen uns in eine Ecke und fangen zu erzählen an, und es kommt mir vor, als ob wir uns schon lange kennen würden. Es kommen noch mehr Leute, und es werden Stühle gebraucht. Wir springen beide auf, um zu helfen. Einiges muß noch auf den Berg gebracht werden – gleichzeitig heben wir die Hand, um zu zeigen, daß wir noch Platz im Auto haben.

Oben auf dem Berg werden wir gebeten, uns ein passendes Zelt auszusuchen, und Kim fragt mich, ob ich mit ihr ein Zelt teilen möchte.

Kim und ich hatten beide dasselbe Gefühl füreinander. Das einer lang verlorenen Schwester. Ich fragte sie, was sie auf den Berg brachte.

»Mein Schutzengel schickt mich. Er sagte, ich werde dort jemanden aus meiner Familie treffen.«

Ich kann mich noch gut an die Gänsehaut erinnern, die dabei über meinen Körper jagte.

Monate später, immer in regen Kontakt bleibend, besuchte mich Kim in Los Angeles. Sie arbeitete als Krankenschwester, obwohl sie eine begnadete Malerin ist. »Warum zögere ich nur, meine Bilder herzuzeigen?« fragte sie mich, und mit meinen neugewonnenen Hypnosetalenten lag die Antwort auf der Hand. »Das finden wir raus.« Hypnose ist für mich wie Detektivarbeit. Spannend und zutiefst befriedigend: Du findest immer den »Täter«. Irgendwo in unserer Vergangenheit sind die Ereignisse vergraben, die uns zu dem gemacht haben, was wir jetzt sind. Alle unsere Ängste haben einen Ursprung, und es gilt diesen Ursprung zu finden. Er mag entweder in unserer Kindheit begraben liegen oder in einem unserer früheren Leben. Das Phantastische dabei ist: Wir kennen diesen Ursprung, haben aber im aktiven wachen Zustand oft Schwierigkeiten, uns daran zu erinnern. Durch Hypnose öffnet sich die verschlossene Tür zum Unterbewußtsein, und die Suche kann beginnen. Man fühlt sich dabei wie kurz vor dem Einschlafen. Fast alle erinnern sich an das Erlebte, aber zur Sicherheit läuft immer ein Tonband mit, das der Klient mit nach Hause nimmt. Sigmund Freud hat zeit seines Lebens Hypnosetherapie als Unsinn abgetan und erst kurz vor seinem Tod anerkannt, daß es eine der wichtigsten Therapieformen ist. Ein guter Hypnosetherapeut begleitet den Klienten mit Verständnis und Liebe in sein Unterbewußtsein, wobei der Therapeut niemals starr und unbeugsam seine eigene Vorstellungen durchsetzt. Deshalb spreche ich vor jeder Therapie zusammen mit meinem Klienten ein Gebet, in dem ich um Gottes Hilfe bitte, die Erfahrungen und Erkenntnisse, die für den Klienten am wichtigsten sind, ins Bewußtsein zu bringen.

Kim macht es sich auf meiner Couch im Gästezimmer bequem, damals hatte ich noch kein Behandlungszimmer. Sie schließt während des Gebetes die Augen, und ich folge ihrem Atem, um sie durch die Behandlung zu führen.

Einatmen: »Mit jedem Atemzug ...«

Ausatmen: »... stellst du dir vor ...«

Einatmen: »... wie die klare Luft ...«

Ausatmen: »... in deinen Körper kommt ...«

Einatmen: »... deine Lungen füllt ...«

Ausatmen: »... und dich ...«

Einatmen: »... entspannt ...«

Ausatmen: »... tief entspannt ...«

Meine Stimme ist leise und monoton und folgt Kims Atem. Während ich mit ihr spreche, beobachte ich, wie sich ihre Augen hinter den geschlossenen Augenlidern bewegen.

Einatmen: »... und durch deine Füße ...«

Ausatmen: »... verlassen dich alle Sorgen ...«

Einatmen: »... getragen durch deinen Atem ...«

Ihre Augenlider bewegen sich schneller. Ein Zeichen für ein tieferes Stadium der Hypnose. Leise läuft das Tonband, das alles aufzeichnet. Ich lehne mich noch ein bißchen weiter nach vorne, um ihren Atem zu beobachten. Wie von alleine erfolgen meine Anweisungen. Etwas, das mir oft passiert, wenn ich vorher meine Gebete spreche. Sei es bei geführten Mediationen oder jetzt während einer Therapie – ich verlasse mich auf meine Intuition. Selbst wenn mein Verstand bei dem, was ich von mir gebe, des öfteren mal schluckt. Mein Verstand verbindet sich nicht mit der anderen Seele und hat deshalb nur ein begrenztes Auffassungsvermögen, was mein Mitmensch in diesem Moment wirklich braucht. Meine Seele hat sich durch das Gebet mit der anderen Seele verbunden, um sie zu unterstützen und zu achten. Ganz zu schweigen von meinen Engeln, die leider immer noch unsichtbar, aber fühlbar im Raum sind. Es fühlt sich an wie ein leichtes Prickeln auf der Haut, das man leicht übergehen kann, wenn man nicht still ist. Es ist ein Gefühl im Herzen, als wenn die Zeit stillsteht. Und dann diese hohen Töne, die ich früher nur hörte, wenn ich lange Zeit in einer Diskothek verbracht hatte und anschließend noch für Stunden diese komischen Schallwellen im Kopf spürte. Oder waren das schon damals meine Engel? Kleine Morsesignale im Kopf, Wellenbewegungen, Töne, die scheinbar nur ich höre – oder sprechen die anderen einfach nicht davon?

Wenn ich meine Engel fühle, muß ich anschließend immer tief einatmen. Es ist mir immer ein Bedürfnis, mich ganz mit dieser Ruhe aufzufüllen.

Kim liegt ganz entspannt auf der Couch, eine kleine Falte ist zwischen ihren Augenbrauen zu sehen, die Haare sind zum Zopf gebunden, die Hände leicht geöffnet an ihren Körper gelehnt.

Einatmen: »... findest du dich ...«

Ausatmen: »... unter einem Regenbogen ...«

Einatmen: »... und läßt die Farben ...«

Ausatmen: »... langsam in deinen Körper dringen ...«

Sie hat nun die Phase erreicht, in der ich tiefer ins Unterbewußtsein gehe.

... »neben dem Regenbogen findest du eine Gestalt, deinen Schutzengel ... nicke, wenn du ihn siehst ...«

Ich sehe sie nicken.

»... beschreibe mir, wie dein Schutzengel aussieht ...«

Kims Stimme klingt verschlafen, und sie verschluckt manche Silben: »Er ist mehr männlich als weiblich ... groß ... lächelt ... streckt die Arme aus ... lila Robe ...«

»Dein Schutzengel wird deine Hände berühren und dir ein Gefühl geben. Beschreibe das Gefühl.«

Sie ist lange Zeit still. Das Gesicht hochkonzentriert, die Zeit genießend. »... Frieden ... Familie ...« Freudentränen treten ihr aus den Augen. Sie atmet tief ein: »... mein Herz ist ganz weich ... unendlich weich ...«

»Dein Schutzengel wird dich begleiten ... alle Fragen, alle

Situationen kann dir dein Schutzengel erklären ...« Ich lasse
sie auf einer Zeitlinie gehen, die sie dorthin zurückführt, wo ihr
Problem zum ersten Mal aufgetaucht ist: Woher kommt die
Angst, ihre Bilder zu zeigen?
Sie erzählt mir von einem Leben als Maler, sie war ein Mann
und wurde wegen ihrer Bilder beschimpft.
»... sie waren zu weit fortgeschritten, für die damalige Zeit ...«
flüstert sie. »... sie haben sie nicht verstanden ...«
»Was passiert mit dir?«
»Sie töten mich.«
Liebevoll schaue ich auf ihr Gesicht. Ich weiß, was diese Er-
kenntnis bedeutet. Durch mein Studium bin ich Hunderte von
Malen hypnotisiert worden und erkannte die »Lehren«, die ich
durch bestimmte Leben zog. Tiefe Erinnerungen, wie die von
Kim, die umgebracht worden ist, weil sie ihre Bilder hergezeigt
hat. Verständlich, daß sich diese Angst noch heute zeigt. Das
Wissen um die Situation löst die Angst, denn jetzt gibt es eine
Erklärung dafür, und unser Verstand hat die wundervolle Aufgabe, uns immer daran zu erinnern.
Die Falte zwischen ihren Augenbrauen ist verschwunden. Doch
plötzlich verschwinden ihre Augenbrauen! Ich komme nicht
einmal zum Denken, ich beobachte nur, wie sich ihr Körper vor
meinen Augen verwandelt. Zuerst werden die Augenbrauen
buschiger, dunkler. Genau das gleiche geschieht mit ihren Haaren, die zwar lang, aber jetzt gelockt und tiefschwarz sind. Ihr
Körper wird durchsichtig. Milchig.
Ich kann die Couch darunter sehen, und in ihrem Körper sehe
ich Dreiecke, Kreise und Spiralen in verschiedenen Farben und
von verschiedener Intensität. Ich versuche verzweifelt, nicht zu
blinzeln. Ich habe Angst, daß das nur einen Moment dauern
wird, und ich will doch so viel wie möglich sehen! Da, ihr Kopf
verändert sich wieder! Dieses Mal ist es eine Frau mit langen,
fast rötlichen Haaren.
Das einzige Unveränderte ist ihr Mund, mit dem sie spricht:

»Ich sehe mich als Frau ... ich bin im Garten ... ich bin traurig ... mein Kind ist krank ...«

Meine Augen fangen zu brennen an, ich kann nicht mehr. Ich muß jetzt einfach blinzeln. Ich öffne meine Augen so schnell ich kann und – ich kann es kaum fassen – sehe immer noch Kim mit ihrem durchsichtigen Körper, die Lippen bleiben gleich, aber der Rest verändert sich, je mehr sie spricht.

»... suche dir einen Baum und betrachte die Situation von oben ..., du bist nur ein Beobachter ... nicke, wenn du auf dem Baum bist ...«, antworte ich ihr.

Der rothaarige Kopf nickt. »Warum ist dein Kind krank?«

»... kein Essen ...«

»Warum?«

»... mein Mann malt ... keiner will seine Bilder ... wir sind hungrig ...«

»Was hast du aus diesem Leben gelernt? Frage deinen Engel, er wird dir helfen.«

Eine lange Pause, in der sich die Dreiecke in ihrem Körper drehen und eine lange, helle Welle von ihrem Hals in die Nabelgegend fließt.

»Er sagt, ich lernte in diesem Leben ... ich kann um Unterstützung bitten, und mir wird geholfen ...«

»Hast du damals um Unterstützung gebeten?« fragte ich sachte.

»... nein ... Stolz ...«

Sie hat also gelernt, um Unterstützung zu bitten, das ist wohl auch der Grund, warum sie nach einer Hypnosetherapie gefragt hat. Kein gelebtes Leben war umsonst. Ich betrachte weiter mit Erstaunen Kims Körper. Endlich. Endlich darf ich auch etwas sehen.

Noch fast eine halbe Stunde verändert sich Kims Körper vor meinen Augen, und als wir die Therapie beenden, wird Kim wieder Kim. Langsam verdichtet sich der Körper, und ich erkenne wieder den Unterschied zwischen der Couch und ihren

Jeans. Ihre Haare sind wieder ihre Haare, und der Oberkörper schließt sich wie der Deckel einer Schatztruhe.

Kim öffnet langsam ihre Augen. »Danke.«

»Du dankst mir? Ich habe dir zu danken!«

Ich hätte damals den Körper aufzeichnen sollen, denke ich mir, wie ich in mein Feuer starre. Aber ich war viel zu begeistert, um daran zu denken. »Das brauchst du nicht aufzuzeichnen«, höre ich in meinem Kopf, »das wirst du nie vergessen.« Das ist wahr. Ich weiß noch, wie entscheidend mich dieses Erlebnis beeinflußt hat. Bis zu diesem Augenblick hatte ich immer noch Zweifel, ob ich mir das alles nicht nur einbilde. Daß ich vielleicht langsam, aber sicher durchdrehe, und ob nicht meine Phantasie schlicht und ergreifend mit mir durchgeht. Doch nachdem ich Kims Körper in einer anderen Dimension beobachten durfte, bei hellem Tageslicht, für über 30 Minuten, war mir klar, daß das ein Geschenk Gottes ist. Das habe ich mit meinen eigenen Augen gesehen, und wenn das möglich ist, müssen doch meine Engel auch irgendwo zu sehen sein, oder nicht?

Ich lasse langsam das Feuer ausgehen und folge meinem Mann ins Schlafzimmer. Vielleicht kommt heute nacht ein Engel, wer weiß ...

14. Kapitel

Von normalen Engeln, Schutzengeln und Meisterengeln und wie wir mit ihnen verbunden sind

Ich rufe in Jacquelines Büro an: »Ich brauche dringend einen Termin mit Zarathustra. Ich habe so viele Fragen für mein Engelbuch.«

Ich habe schon vor einigen Monaten um einen Termin gebeten, aber nichts ist passiert. Ich weiß auch warum. Zarathustra gibt immer erst dann einen Termin, wenn man irgend etwas vorher selbst erledigt hat. Den einzigen Hinweis, den er mir zu meinem Buch gab, hörte ich von ihm vor einigen Monaten.

Jacqueline Snyder kommt einmal im Monat von Seattle nach San Diego geflogen, zwei Autostunden von Los Angeles entfernt, um zu unterrichten. In der Regel treffen wir uns samstags um zwölf Uhr und hören zuerst Jacqueline für zwei Stunden zu und dann Zarathustra.

Außer mir gibt es eine lose Gruppe von Menschen, die teilweise schon seit Jahren dabei sind. Meist lädt uns Zarathustra nach einer Weile ein, Fragen zu stellen, und meine Engelfrage brannte mir schon eine ganze Zeit auf der Seele.

Ich glaubte, ich hätte alles getan, was man nur tun konnte: Ich betete, meine Engel zu sehen; ich glaubte an Engel, da ich sie ja fühle und in meinem inneren Auge mit ihnen ausführlich kommuniziere, und ich schrieb sogar eine Wunschliste.

Ich glaube, daß alles, wonach ich mich sehne und worauf ich mich konzentriere, mir auch passieren wird. Und ich wollte dem Universum mit dieser Wunschliste zeigen, daß ich bereit bin, mich auf dieses Ziel zu konzentrieren. Eine Freundin hörte in ihrer Meditation einmal von dieser Wunschliste: »Schreib dir für 21 Tage auf, was du willst. Jeden Tag die gleiche Liste. Ohne Wenn und Aber. Ohne Sorgen, daß das unmöglich ist. Ohne den Gedanken, daß das sowieso Spinnerei ist. Wenn du die himmlischen Kräfte um Unterstützung bittest, sind sie bereit, dir zu helfen. Wenn du daran glaubst, gibst du deinen Wünschen die Kraft mit auf den Weg, sich zu materialisieren. Wenn du daran zweifelst, ziehst du deinen Wunsch dadurch zurück, und nichts passiert.«

Das hatte ich ja schon damals mit Samantha besprochen: die Macht meiner Gedanken und meiner Wünsche. Jeder erfolgreiche Mensch hatte irgendwann einmal eine Vision, hatte irgendwann einmal einen Traum, wie das Endresultat auszusehen hat. Und mit Hilfe dieses Traumes, mit dem Festhalten an diesem Endziel, haben sie sich ihre Wünsche erfüllt.

Ich habe früher immer Leute bewundert, die 25 Dinge gleichzeitig erledigen konnten. Ein Buch schreiben, ein Theaterstück schreiben und ein paar Gedichte. Oder eine Talkshow, eine Magazinshow und eine Kindersendung. Oder eine Idee verwirklichen und nebenbei noch eine andere Ausbildung machen. Das wollte ich auch können. Aber immer wenn ich mich auf verschiedene Dinge konzentrierte, wurde nichts daraus. Das eine schien dem anderen die Kraft wegzunehmen. Bis mir bei meinem letzten Vision Quest, ich war für zwei Tage allein auf einem Berg in Montana, die Geistwelt Fokus und Konzentration erklärte.

Ich flog nach Montana zu meiner Freundin Tana Blackmore, die in Pryor einen Berg besitzt. Dort hat sie Sacred Ground aufgebaut. Inmitten dieser heiligen Berge stehen eine Anzahl von Tipis. Während der warmen Monate kann man sich dort anmelden und in den Zelten leben. Es kommen viele Gruppen, die ums Lagerfeuer mit Indianern über Visionen und Pfeifen sprechen. Es wird ihnen beigebracht, wie man Medizinbeutel macht und auf Trommeln spielt. Manche kommen zu ihrem eigenen

Vision Quest auf diesen Berg, so wie ich. Ich wollte drei Tage alleine auf dem Berg verbringen und stand mit Schlafsack, meinem Pfeifenbeutel und einer kleinen Reisetasche auf dem Flughafen von Los Angeles. Eine Stunde vor Abflug wartete ich in einer Schlange, um mein Ticket abzuholen. Es war beim Versand verlorengegangen, und mir war am Telefon bestätigt worden, daß ich damit kein Problem haben würde. Ich hatte ein Magazin dabei und tat, was ich beim Warten sonst nie tue, ich las.

Endlich komme ich am Schalter an. Die Dame schaut mich an, ich erkläre ihr meine Situation, und sie erklärt mir, daß sie mich nicht mitnehmen könne, das Flugzeug sei ausgebucht und ich sowieso zu spät. Ich konnte es nicht fassen. In mir kommt in der nächsten Sekunde eine Welle des Versagens hoch, und plötzlich fange ich zu weinen an. Ich weine? Wegen einem verpaßten Flugzeug? Ich kann diesen Tränenfluß nicht kontrollieren. Ich fühle, daß ich irgend etwas falsch gemacht habe. Aber was? Ich will auf einen Berg zum Beten und verpasse ein Flugzeug? Wie ist das möglich, schreie ich in meinem Kopf zu meinen Engeln. Tut was, macht was, helft mir.

Es war aussichtslos. Sie diskutierte mit mir, daß ich sowieso zu spät gekommen sei. Ich erklärte ihr, ich stehe hier schon seit einer Stunde, aber es war hoffnungslos. Was ist da passiert? Mit einiger Verspätung lande ich dann in Billings und werde von Tana abgeholt. Sie bemerkt meine Unruhe. Ich erzähle ihr von dem Erlebnis, und auch sie hat keine befriedigende Erklärung für mich.

Ich werde von Tana auf den Berg gebracht und nehme ein paar Äpfel und zwei Wasserflaschen mit. Wir setzen uns zum Beten hin. Ich bitte meine Engel, mir ein Zeichen zu schicken, in welche Richtung ich gehen soll, und da sehe ich vor meinem inneren Auge einen Schmetterling tanzen. Ich weiß, was das bedeutet. Ein Schmetterling wird mich führen. Ich öffne meine Augen und erkläre Tana meine Vision. Sie nickt.

Ich schaue mich um, und ein paar Sekunden später kommt schon mein Schmetterling. Ich freue mich! Wie herrlich das Universum funktioniert. Tana und ich folgen dem Schmetterling den Berg hinauf. Er scheint immer wieder auf uns zu warten. Doch plötzlich finde ich ihn nicht mehr. Ich warte, bete, und da taucht er schon wieder auf. Nach einem Marsch von 20 Minuten befinde ich mich auf einer wundervollen Lichtung mit einem großen Stein in der Mitte. Der Schmetterling umkreist den Stein viermal und setzt sich dann darauf. Ich frage den Schmetterling: »Wenn das der Platz für meine Zeit auf dem Berg ist, bitte bleibe sitzen, wenn nicht, fliege davon.« Der Schmetterling bleibt sitzen, und ich lege meine Pfeifentasche auf den Boden. Tana und ich verabschieden uns. Sie verspricht, für mich zu beten und eine Kerze anzuzünden.

Ich setze mich auf den Boden, bedanke mich bei dem Schmetterling und fange zu meditieren an. Ich höre eine Zeitlang meinem Atem zu. Dann betrachte ich mich von oben, gehe höher, bis ich den Berg sehe, Montana sehe, die Staaten sehe, die Weltkugel sehe und frage meine Engel: »Warum habe ich mein Flugzeug verpaßt?«

»Fokus ist niemals schlampig! Vergiß das nicht!«

»Klar. Ich habe gelesen. Ich habe mich nicht darauf konzentriert, daß ich dieses Flugzeug erwischen will«, verstehe ich plötzlich.

»Wenn du dich auf etwas konzentrierst, dann hat dein Fokus eine Kraft, die hundertprozentig ist. Alles geht in diese Richtung. Jeder Gedanke, jedes Wort und jede Tat sorgen dafür, daß alles möglich wird. Teilst du deinen Fokus, dann teilst du auch deine Kraft, und jeder zweite Gedanke, jedes zweite Wort und jede zweite Tat haben mit deinem Wunsch zu tun, und damit dauert es doppelt so lange, bis deine Projekte fertig werden. Je mehr Projekte du hast, desto weniger Fokus. Tanze auf einer Hochzeit, konzentriere dich auf eine Aufgabe, und du wirst sie schneller und erfolgreicher zu Ende bringen, als du dir das jemals gedacht hattest.«

Nach ein paar Tagen verließ ich den Berg wieder, mit einer der wichtigsten Lektionen meines Lebens: Fokus ist niemals schlampig.

Ja, das stimmt. Ich habe das bei dem Umbau an unserem neuen Haus gesehen. Eigentlich hätte ich zur gleichen Zeit an meinem Buch schreiben sollen, aber das war nicht möglich. Ich wußte, daß ich mich ganz auf diesen Umbau konzentrieren mußte, und so schaffte ich es, das Haus in sechs Wochen fertig zu kriegen.

Jetzt konzentriere ich mich ganz darauf, meine Engel zu sehen, und es kommt NICHTS!

WARUM? schreit es in mir. Ich stehe auf, um Zarathustra meine Frage zu stellen. Zarathustra schaut mich an und sagt schmunzelnd: »Ich höre dich, und ich höre dich schon seit langem.«

Ich lächele zurück: »Zarathustra, ich glaube, daß alles, worauf ich mich konzentriere, passiert. Ich habe für 21 Tage meine Wunschliste notiert, und jeden Tag schrieb ich, daß ich meine Engel sehen will. Warum kann ich sie nicht sehen? Was mache ich falsch?«

Zarathustra macht eine Handbewegung, als wenn er sich über einen Bart streichen würde, den er früher hatte. »Warum glaubst du, daß du etwas falsch machst?«

Das ist wieder eine seiner Trickfragen. Da will er wieder auf irgend etwas hinaus, und wo er hin will, war ich noch nicht.

»Vielleicht hast du einen Hinweis?« frage ich.

»O ja, ganz bestimmt habe ich einen Hinweis, aber zuerst möchte ich von dir wissen, warum du glaubst, daß du etwas falsch machst?«

»Weil ich sonst recht gut im Manifestieren bin. Weil Sachen passieren, auf die ich mich konzentriere und die ich mir wünsche. Und da ich gelernt habe, nichts auf andere zu schieben, gehe ich davon aus, daß ich irgend etwas noch nicht begriffen habe.

Außerdem wird es langsam knapp. Ich will mein Buch über Engel schreiben und habe noch nicht einmal welche gesehen.« Zarathustra lächelt milde über meine Frustration: »Es gibt viele Bücher über Engelerfahrungen, das ist nichts Neues, nicht wahr?«

Ich weiß, er will auf etwas Bestimmtes hinaus, aber was? Deshalb antworte ich zögernd: »Ja?«

»Was glaubst du, wie sich die Leser fühlen, wenn sie über Erfahrungen lesen, die andere gehabt haben, und sie hatten noch keine?«

»Sie wundern sich wahrscheinlich wie ich, warum.«

Zarathustra hebt den Kopf und meint: »Ah ...«

Ah? Was ah, denke ich mir. Einige in der Gruppe brechen in dieses befreiende Lachen aus, wenn jemand etwas verstanden hat, was so offensichtlich ist. Zarathustra lächelt immer noch in meine Richtung.

»Sie wundern sich wahrscheinlich wie ich.«

Ich denke noch mal über diesen letzten Satz nach. Mir fehlt die Erleuchtung.

Da hilft mir Zarathustra: »Wenn du deine Engel schon gesehen hättest, würdest du in deinem Buch nur Engelerfahrungen aufzählen und nicht, *wie* man zu solchen Engelerfahrungen kommt.« Langsam dämmert mir etwas, und Zarathustra fährt fort: »Du mußt den Weg beschreiben, wie du deine Engel suchst, nimm deine Leser mit auf die Reise, und zeige ihnen nicht einfach das Endergebnis.«

Ich habe Tränen in den Augen. Klar. »Werde ich denn meine Engel sehen?«

Zarathustra beugt sich nach vorne: »Das wird spannend werden, nicht wahr?«

»Ja«, antworte ich und höre auf nachzufragen. Ich weiß, daß er mir die Antwort nicht geben wird. Es hängt von mir ab. Von meinem Wunsch, meiner Sehnsucht und was ich bereit bin, dafür zu tun.

»Wir werden noch mal später darüber sprechen«, versprach er mir damals, und später ist jetzt.

»In drei Wochen muß mein Buch fertig sein, und ich brauche dringend mehr Informationen«, faxe ich an Jacqueline. Als ob Zarathustra das nicht schon wissen würde.

Offensichtlich ist der richtige Zeitpunkt gekommen. Kaum drei Tage später ist Jacqueline auf dem Weg nach Los Angeles. Sie wird bei mir übernachten, und am nächsten Morgen wird Zarathustra mit mir über Engel sprechen.

Ich bereite einen Stuhl für ihn vor, auf den sich zuerst Jacqueline setzen wird, um dann nach einem fünfminütigen Gebet ihren Körper zu verlassen. Wenn sie dies tut, fällt ihr Oberkörper immer leicht nach vorne und ist komplett still. Nach einer Minute hört man zuerst dieses tiefe, fast röchelnde Einatmen, und ich weiß, daß Zarathustra langsam einzieht. Er hat noch Jacquelines Augen geschlossen, die ihre Haare wie immer zum Pferdeschwanz gebunden hat. Jacquelines Körper steckt in weißer Hose und weißem Hemd. Dann bewegt er langsam die Arme, und schließlich öffnet er Jacquelines Augen.

Ich sitze vor ihm auf dem Boden, neben mir mein Tonbandgerät, das ich gut zehnmal überprüft habe, und eine Kerze. Zarathustra schaut zärtlich auf mich hinunter und sagt mit seiner Stimme, die etwas anders als Jacquelines klingt und den Akzent eines Ausländers besitzt:

»Sei gesegnet, mein Kind. Du sitzt immer noch mit demselben Erstaunen in deinen Augen da, wie du es vor so langer Zeit im Tempel hattest. Weißt du, daß es das Staunen und die große Neugier sind, die den Raum schaffen, durch den die Meister zu euch kommen können.« Tempel? Er muß wohl davon sprechen, wie ich ihn in seinem Leben als Zarathustra kennengelernt habe. Mein Herz wird weich, und ganz tief in mir kommt für den Bruchteil einer Sekunde eine Erinnerung auf.

Ich wußte nicht, wie wichtig Staunen und Neugierde sind.

Eigentlich logisch, da sie den Motor aller Evolution darstellen. Zarathustra fährt fort:

»Was weißt du von deinen Engeln, die du zu sehen begehrst?«

»Ich weiß, daß sie da sind.«

»Du kannst ›er‹ statt ›sie‹ sagen.«

»Er?« frage ich. Also männlich, denke ich mir. Zarathustra nickt.

»Ich weiß, daß er da ist. Ich weiß, daß er sich kümmert und ...«

Plötzlich wird mir klar, wie wenig ich weiß. Ich werde traurig: »... das ist alles, was ich weiß ...« Ich atme tief ein, und Zarathustra lächelt gütig. Er versteht meine Trauer. Ich lasse mir Zeit und fühle, wie die Sehnsucht nach mehr Wissen und mehr Weisheit meinen ganzen Körper durchdringt.

»Kommen Engel in ›er‹ und ›sie‹?« frage ich schließlich.

»In der Tat. Sie haben das, was ich Integration nenne, welches ihre Vibrationen, ihre Schwingungen sind. Sie können sich als das eine oder andere ausdrücken. Das, was ihr als Erzengel Gabriel bezeichnet, ist eigentlich Gabriela und das, was ihr Erzengel Michael nennt, ist Michaela.«

»Haben die weiblichen und männlichen Engel Beziehungen zueinander, die sich mit unseren vergleichen können?« frage ich.

»Nein, sie erfahren Liebe auf andere Weise. Ihre Liebe ist eine ätherische Liebe, es kommt nicht zu einer körperlichen Verbindung, wie die Menschen das tun. Sie müssen sich nicht vermehren. Sie haben Verbindung zueinander durch ihre Frequenz. Frequenzen, die sich ähnlich sind, fühlen sich stärker zueinander hingezogen. Engel leben auf unterschiedlichen Frequenzebenen. Die Höhe der Vibration hängt von ihrem Wissen und ihrem Mitgefühl ab. Ähnlich wie eure Schwingungen.«

Ja, ich weiß, was er damit meint. Wir haben einen elektromagnetischen Körper und sind nicht nur eine Ansammlung von Gewebe. Dieser elektromagnetische Körper schwingt auf einer bestimmten Ebene. Bin ich glücklich und verliebt, helfe ich anderen, habe ich Spaß und Erfolg in dem, was ich tue, dann fühle ich mich leichter. Bin ich unglücklich, traurig, einsam, dann fühle ich mich schwerer. Die Geschwindigkeit meiner Schwingungen verändert sich, und das drückt sich in dem Gefühl der Schwere oder Leichtigkeit aus. Das bedeutet, daß ich meine Schwingungen beeinflussen kann, indem ich Dinge tue, die mich glücklich machen, Gedanken denke, die positiv sind, und mich von alten, negativen Gewohnheiten trenne.

Zarathustra fährt fort: »Auch Engel haben je nach Wissen und Mitgefühl verschiedene Stufen der Schwingungen. Sie sind eine Art Vorbild für die Menschheit, ihr könnt auch so ›leicht‹ werden wie sie. Und sie halten diesen perfekten göttlichen Zustand, bis er von der Menschheit übernommen wird. Deshalb unterstützen sie Menschen auf verschiedenen Ebenen.«

Ich nicke. Engel sind sozusagen das Vorbild der Menschen, denke ich mir. Was für ein Vorbild.

»Sehr gut, fahre fort«, fordert mich Zarathustra auf.

Es kommen so viele Informationen auf einmal zusammen. Was soll ich um Himmels willen als erstes fragen?

»Wenn es Engel auf verschiedenen Ebenen gibt, dann dienen sie so wie wir Menschen. Das bedeutet aber auch, daß sie durch Verständnis und den Dienst an der Menschheit ein höheres Niveau erreichen?«

»Viel besser«, lobt mich Zarathustra. »Das ist, was du fragen sollst. Sehr gut. Hast du von dem Ausdruck ›Engel verdienen sich ihre Flügel‹ gehört?«

Ich nicke.

»Das ist ein entzückender Ausdruck, aber es wäre besser, wenn dies als höhere Schwingungen bezeichnet würde. Damit bringen sich Engel in eine neue Atmosphäre. Genau so wie den Menschen. Wenn du gute Taten vollbringst, fühlst du dich dann nicht besser? Und fühlst du dich in deiner Verbesserung nicht glücklich? Wenn du dann in einer leichteren Atmosphäre lebst, wird das deine neue Umgebung. Wirst du aber wütend und ärgerlich, verfällst du wieder in einen härteren und schwereren Zustand. Richtig?«

»Ja.« Das habe ich oft genug gefühlt. Ein falsches Wort von jemandem, und schon war ich unten. Mittlerweile passiert das nicht mehr so häufig. Ich bin viel aufmerksamer, ob mich jemand runterziehen will, und lasse das nicht mehr zu. Ich habe mehr Verständnis für die andere Person, die das versuchen will, und nehme es nicht mehr persönlich. Ich suche jetzt das Bedürfnis des anderen zu ergründen. Er braucht etwas. Und weil er es nicht hat, wird er ärgerlich. Ich habe Verständnis für den Betreffenden und verurteile ihn deshalb nicht mehr. Etwas, was mir noch vor einigen Monaten gänzlich unmöglich war.

Zarathustra erklärt: »Es kommt auf dich an, wie lange du dich in dieser neuen leichteren Atmosphäre aufhältst. Zuerst sind es vielleicht nur kurze Momente, aber sie werden länger und länger, bis es dein Zuhause geworden ist.«

»Wo beginnt ein Engel seine Frequenz aufzubauen?«

»Ein Engel beginnt mit der Liebe Gottes und dem Willen, ihr zu dienen, was in der Tat der physische Bereich oder der menschliche Bereich dieser Liebe ist. Deshalb sind Engel nicht vollständig unsichtbar, nicht wahr?«

Ich bin verwirrt. »Das verstehe ich nicht ganz«, gestehe ich.

Zarathustra nickt: »Wenn die Menschheit beginnt, sich gegenseitig zu dienen und zu unterstützen, dann ruft sie diese Engelsschwingungen in sich selbst hervor. Wenn sie in ihren Schwingungen so aufgestiegen ist, daß sie die Atmosphäre der Engel berührt, werden der menschliche Bereich und der Engelbereich eins werden.«

»Und dann sieht man Engel!« wird mir plötzlich klar.

»Dann siehst du sie. Hör gut zu: Wenn Menschen engelgleich werden, kannst du sie ebenfalls sehen oder nicht. Ich werde dir das erklären, obwohl es mir lieber gewesen wäre, du hättest das erst später gefragt. Wenn bestimmte Menschen solch ein Niveau erreicht haben, können sie sich an mehreren Plätzen wiederfinden. Sie können sich sichtbar oder unsichtbar machen; aber es ist für sie schwieriger, unsichtbar zu sein, als für Engel, sichtbar zu sein.«

Moment, habe ich das richtig verstanden? Wenn wir unsere Schwingungen erhöhen, durch den Dienst an der Menschheit, durch die Liebe zu unseren Mitmenschen, dann werden wir in der Lage sein, uns sichtbar und unsichtbar zu machen? Wir werden dann an verschiedenen Plätzen gleichzeitig sein können?

Zarathustra nickt mir zu. Er liest wieder meine Gedanken.

»Wählt ein Engel aus, ob er gesehen werden will oder nicht?«

»Ein Engel bestimmt, ob er gesehen werden will oder nicht. Wie lange er gesehen wird, hängt von den Schwingungen ab, die ihn umgeben. Deshalb können Engel länger bei Kindern als bei Erwachsenen verweilen.«

»Waren Engel jemals Menschen?«

»Es gibt verschiedene. Manche waren nie Menschen und werden nie Menschen sein. Sie verkörpern für die Ewigkeit das göttliche Ideal des Menschen. Verstehst du?«

Ja, ich verstehe. Engel zeigen uns, wie wir Menschen sein können. Zwar engelgleich, aber in menschlicher Form. Eine wunderbare Aussicht.

»Erzengel zum Beispiel sind mit der höchsten Schwingungsfrequenz – das ist Gott – verbunden. Das wurde von der Menschheit so interpretiert, daß sie an Gottes Seite stehen oder Gottes Licht sind. Dadurch geben sie ein menschliches Bild von der göttlichen Existenz. Die göttliche Existenz ist dort, wo die Liebe am schnellsten schwingt.«

»Sind Erzengel aufgrund ihrer Dienste für die Menschheit ausgewählt worden?«

»Die Erzengel bewahren einen Teil des ursprünglichen Seelenausdrucks, dem die Menschheit entgegenstrebt. Aufgrund einer männlich dominierten Vergangenheit wurden die Erzengel männlich. Aber sie haben einen gleichwertigen weiblichen

Ausdruck. Wäre die menschliche Vergangenheit von Frauen dominiert gewesen, wären die Erzengel weiblich geworden. Es war nicht Gottes Entscheidung, daß sie männlich sind.«

»Würden sie ihr Geschlecht jetzt ändern, da die Welt sich mehr dem Gleichgewicht zuwendet?«

»Sie werden ihr Geschlecht nicht ändern, da das Männliche und Weibliche nur eine Frage der menschlichen Wahrnehmung ist.«

Verstanden. Wir haben sie als männlich gesehen, weil alles Mächtige damals männlich war.

»Sie werden also in Zukunft ausgewogener sein?«

»Die Engel waren immer schon ausgewogen, es ist eine Frage der Wahrnehmung. Die Engel werden sich verändern, wenn ihr eure Wahrnehmung verändert.«

Ich muß lachen. Logisch. Warum sollen sich die Engel verändern, wir müssen uns verändern.

»Wie entsteht ein Engel? Wie wird er geschaffen?«

Zarathustra streicht wieder um seinen unsichtbaren Bart und antwortet mit einem verständnisvollen Lächeln:

»Ein Engel ist ein Punkt des Lichts, der durch die Stärke seiner Schwingungen in der Lage ist, sich in verschiedenen Atmosphären aufzuhalten. Entsprechend seiner Absicht bewegt er sich in verschiedenen Dimensionen, verstehst du?«

»Aber wir Menschen sind doch auch Punkte des Lichts?«

»Das ist es, was ich am Anfang gesagt habe. Ich will es dir besser erklären. Ihr seid Lichtpunkte, deren Talent es ist, durch machtvolle Gedanken dichte Masse zu schaffen. Aber ihr könnt auch wieder Lichtpunkte werden. Leicht und mit der Wahl, sichtbar oder unsichtbar zu sein. Das hängt von eurem Verhalten, euren Gedanken, euren Taten ab. Je mehr euer Verhalten die Engelatmosphäre widerspiegelt, desto näher kommt ihr an den Lichtpunkt in euch selbst heran. Je mehr die Gedanken, die Worte und die Taten von der Liebe unter den Menschen bestimmt werden, desto öfter findest du dich in deinem Herzen erhoben. Damit bist du auch den eigenen Engelschwingungen näher. Zur Zeit wird mehr über Engel gesprochen und werden mehr Engel gesehen als jemals zuvor.«

Das muß also heißen, daß wir unseren eigenen Engelsschwingungen immer näher kommen.

Zarathustra nickt bei meinem Gedanken. »Ich werde dir ein kindliches Bild geben, damit du verstehst, was ich meine. Falls Gott hier wäre«, und Zarathustra streckt seine linke Hand nach oben aus, »was er nicht ist, das ist nur die Illusion, und der Mensch hier«, er deutet mit seiner anderen Hand nach unten, »dann sind die Engel in der Mitte.«

»Also je mehr sich der Mensch so wie ein Engel verhält, sprich Verständnis hat, dient, Liebe zeigt, desto näher kommt er an die Engel heran, und die Begegnung zwischen ihnen findet häufiger statt.«

Zarathustra nickt und legt beide Hände auf seinen Schoß.

»Wie wählen sich Mensch und Engel aus?«

»Erinnere dich, was du über Schwingungen und Frequenz weist. Es gibt verschiedene Atmosphären, bei Menschen wie bei Engeln. Engel entwickeln sich oft in der Nähe verschiedener Menschenleben. Sie haben bestimmte Aufgaben und halten sich für eine Weile bei dem einen oder anderen Menschen auf. Ändert der Mensch seine Schwingung, kommt ein anderer Engel, der zu diesen Schwingungen besser paßt, und der vorherige Engel wird frei für jemand anderen.«

»Also war es keine Einbildung, daß ich schon mehrere Engel gehabt habe, die mit mir an meiner Entwicklung gearbeitet haben?« stelle ich mehr fest, als daß ich frage.

»Aber natürlich!« ruft Zarathustra aus. »Da gibt es ganz verschiedene, entsprechend der unterschiedlichen Dynamik in der Welt. Das, was ihr Schutzengel nennt, ist tatsächlich während deines ganzen Lebens und deiner anderen Leben bei dir. Er trägt in sich das Bild deines höchsten Selbst, deines Ideals. Und er behält diesen Platz in diesem Leben und den vorherigen

Reinkarnationen bei. Nun. Dein Schutzengel verkörpert den höchsten Platz, den ein Individuum erreichen kann. Dann gibt es Engel, die Meister sind und Vorrang haben. Du bist jetzt auf einer Stufe, wo du mehr Informationen über das Erreichen der Meisterschaft, die der menschlichen Form innewohnt und mit Gott verbunden ist, erfahren sollst. Diese Boten des Göttlichen sind ebenfalls als Engel bekannt. Sie haben in menschlicher Form gelebt und sich von dort aus entwickelt.«

»Das heißt also, daß es ›normale‹ Engel gibt, die nie Menschen waren. Sie unterstützen uns in unserem täglichen Wachsen. Dann gibt es den Schutzengel, der immer bei uns ist und uns unser Ideal vor Augen hält. Und dann gibt es noch die, ich sage mal ›Meisterengel‹, die einmal in menschlicher Form gewesen sind. Also so wie wir. Und wir haben auch die Möglichkeit, so ein ›Meisterengel‹ zu werden. Wie Jesus, Moses, Buddha und du zum Beispiel?«

»In der Tat«, antwortet Zarathustra. »Man soll nicht sagen, daß diese ›Meisterengel‹ über dem Schutzengel stehen, denn das würde wieder die These unterstützen, daß es eine Hierarchie gibt und Meister, so wie ich, nie direkt mit Menschen sprechen können. Dem ist nicht so.«

Das sehe ich ...

»Durch die allgemeine Interpretation einer Hierarchie entstand die Idee, daß ›Himmel‹ oder ›Göttlich‹ etwas ist, was außerhalb von dir existiert. Es wird dem Verstehen weichen, daß das Göttliche in dir selbst ist und daß du für dein Leben die Vorherrschaft des Göttlichen wählen kannst. Du entscheidest auch, wie lange du in der Atmosphäre deines göttlichen Ichs lebst, das heißt denkst und handelst. Wenn du in der Atmosphäre deines göttlichen Ichs agierst, wirst du eins sein mit der Brüderschaft der Menschheit, die natürlich die Schwesternschaft der Menschheit mit einschließt. Die Geschöpfe, die als Menschen gelernt haben, aus ihrem göttlichen Ich zu fühlen und zu handeln, formen das, was Gott genannt wird.«

Das bedeutet, daß Jesus nicht nur der Sohn Gottes ist, sondern ein Teil von Gott, wie die anderen erleuchteten Meister auch. Alle zusammen bilden die Einheit Gott. Es ist phantastisch, daß jeder von uns den göttlichen Funken und damit das Ziel in sich trägt, durch Liebe und den Dienst an der Menschheit sich wieder vollständig mit Gott zu vereinen.

Zarathustra erklärt weiter: »Was ihr den Himmel, das Paradies nennt, liegt bei euch. Der Himmel wird durch eure Gedanken, eure Worte, eure Taten in die körperliche Existenz aufgenommen werden.«

15. Kapitel

Von Engeln, die in den Schlafzimmern unserer Kinder sind, und wann wir Engel sehen können

Mein Blick fällt auf die Fragenliste vor mir. Ich weiß, daß ich nur eine halbe Stunde mit Zarathustra habe. Die nächste Frage betrifft die berühmten Lichtpunkte, die Kinder oft in ihren Zimmern sehen.

»Wenn Kinder kleine Funken sehen, sind das Engel?«

»Das sind Engel. Dieser Lichtpunkt hat die Möglichkeit, größer zu werden und sich zu einer Engelsform zu entwickeln, damit ein Kind es leichter hat, mit dieser Form umzugehen. Aber es beginnt bei einem Lichtpunkt.«

»Soll ich Kindern raten, sich auf diesen Lichtpunkt zu konzentrieren, damit er sich in einer Engelsform zeigt?«

»Es ist besser, wenn sich das Kind auf die Liebe zu Gott konzentriert. Der Lichtpunkt kommt von dort, wie du weißt, und wird darauf reagieren. Aus diesem Blickwinkel werden sie mit allem in ihrem Leben liebevoll umgehen.«

»Gilt das auch für Erwachsene?«

»Es ist für alle Menschen dasselbe. Wenn du dich mit jedem Lichtpunkt, den du siehst, austauscht, wird er sich entwickeln.

Wichtiger ist es, daß dieser Gedanke, verbunden mit einem Gefühl, direkt aus deinem Herzchakra kommt. In diesem Fall kann der Lichtpunkt nur ein Engel werden.«

»Wie können wir mit unseren Engeln in Kontakt treten? Durch das Gefühl in unserem Herzen?«

»Durch die Liebe in ihrem Herzen. Wenn das Gefühl der Liebe

weiter wächst, ist das die größte Einladung, die man einem Engel schicken kann.

»Das glaube ich auch.« Ich lächele. »Wenn ich die Meditationen in meinen Workshops führe, ist das ein richtiger Weg?«

»Das ist ein richtiger Weg, und er wird weiter wachsen. Wenn Menschen singen, eine Melodie benutzen und sie durch ihren Körper wandern lassen, erhöhen sie ihre Schwingungen, und jede Zelle in ihrem Körper wird im Licht vibrieren. Oft hören Menschen in der Kirche Chorgesang und fühlen sich Gott nahe, manche müssen sogar weinen und sagen: ›Hat unser Chor nicht wieder herrlich gesungen, ich fühle mich Gott so nahe.‹ Zu singen ist sicher etwas Wundervolles.«

Er schaut mir tief in die Augen und teilt mir auf seine herrliche Weise mit, daß ich mehr Töne in meine Meditation und meine Seminare aufnehmen soll. »Ich verstehe«, sage ich in meinen Gedanken, und Zarathustra lehnt sich zufrieden im Stuhl zurück.

»Entwickeln sich Engel ebenfalls, indem sie gute Taten vollbringen?«

»Ja, auch sie entwickeln sich. Aber es ist besser zu fragen, ob sich die Frequenz erhöht und damit ihre Atmosphäre, in der sie sich aufhalten. Das gilt für die Engel wie für die Menschheit.«

»Was tun Engel, außer bei uns zu sein?«

»Sie existieren in der himmlischen Herrlichkeit. Die Engelsphäre, die aus Herrlichkeit, Versprechen und Hoffnung besteht, sind eure Gedanken. Eure Gedanken, die Herrlichkeit, Versprechen und Hoffnung herbeisehnen. Die Engel leben von euren Gedanken, und indem sie gedeihen und existieren, geben sie ihre Herrlichkeit, ihre Versprechen und ihre Hoffnung an euch zurück. Verstehst du das?«

Ich bin sprachlos. Wie wundervoll. Wir sind also nicht nur die armen Schlucker, die verzweifelt versuchen, bessere Menschen zu werden, um endlich einmal den Himmel auf Erden zu haben. Es gibt einen viel besseren Plan: Wir erhalten mit unseren

Gedanken nach Hoffnung und Herrlichkeit die Engelwelt. Wohlgenährt haben sie dann die Macht, uns zu unterstützen. Was für ein herrlicher Kreislauf.

Zarathustra erklärt: »Es gibt ein konstantes Gefühl füreinander. Wenn jemand verzweifelt ist und an einen Engel denkt, schickt er diese Verzweiflung zu den Engeln. Doch versucht, in Entzücken, in Begeisterung an Engel zu denken. Laßt euch von den Engeln verzaubern, dann wird diese Begeisterung, dieses Entzücken zu den Engeln strahlen, und sie werden es zu euch, den Göttern in körperlicher Form, zurückschicken.«

Also haben wir auch eine Verantwortung für die Engel. Nicht nur die Engel für uns. Darüber werde ich noch mal eine Zeitlang nachdenken müssen.

»Ist mein Schutzengel Jao?«

»Nein. Jao war einer deiner vielen Engel, die dich unterstützt haben.«

Mir ist schon aufgefallen, daß er immer seltener in meinen Meditationen erscheint. Ich höre jetzt nur eine allgemeine Stimme, ohne eine Gestalt oder eine bestimmte Farbe dazu. Er wird wahrscheinlich schon woanders sein, denke ich mir. Ich schaue zu Zarathustra, der mich anlächelt und nickt.

»Hat mein Schutzengel, der das höchste Bild von mir hält, einen Namen?«

»Ja, aber alle Namen folgen Tönen. Zuerst haben sie einen Ton.«

»Kenne ich diesen Ton?«

»Natürlich kennst du diesen Ton!«

Die Art und Weise, wie er das betont, zeigt, daß er nicht gewillt ist, mir diesen Ton vorzusingen.

»Ist er mein Om?« Das ist ein bestimmter Ton, den ich in der Regel vor jeder Meditation summe.

»Er ist dein Om, aber nicht darauf beschränkt. Dein Engel verbindet sich mit dir in diesem Ton. Beschränke dich nicht selbst durch einen Ton. Deine Schwingungen sind dein inneres Wesen, deine Güte, dein Beitrag, die Welt zu verbessern, dein

Gefühl, was Dienst und dienen ist. Dies läßt dich und deinen Engel nahe kommen.«

»Kann ich etwas tun, um diesen Abstand zu verringern?«

»Das tust du schon. Die Veränderungen des vergangenen Jahres haben dir größere Nähe gebracht. Und du bist dir dessen bewußt. Ist da nicht eine Ruhe in dir und ein Frieden, der dir früher unbekannt war?«

Ich nicke. Ich kann vor Dankbarkeit nicht sprechen. Im letzten Jahr hat sich viel verändert. Am meisten ist mir aufgefallen, daß ich mich jetzt am Leben freue. Die Melancholie ist verschwunden, die ich früher immer hatte. Ich lebe jetzt so, wie es meine Seele verlangt. Ich muß mich nicht mehr verstecken, selbst wenn ich manchmal eine Herausforderung für meine Umgebung bin.

»Du hast immer wieder in Gebeten und Meditationen gefragt, wie du dein Leben im Dienst Gottes verbringen kannst. Du hast den Dienst gewählt, und du hast dein Leben so verändert, daß der Dienst dein Leben geworden ist. Es ist ein Teil deines Verzichts, deine Engel nicht gesehen zu haben. Das ist der einzige Grund ...«

Ich fange zu weinen an. Da ist erst einmal eine Dankbarkeit für die Erklärung, aber gleichzeitig eine Traurigkeit über diesen Verzicht.

»Wenn du deinen Verzicht verstehst, erkennst du, daß du ihn mit anderen Menschen teilst, die auch gerade keine Engel sehen können. Später wird es von größerer Bedeutung sein, wenn du mitteilen kannst, wie du sie gesehen hast. Wie willst du Verständnis für die Suche entwickeln, wenn du schon immer Engel gesehen hast. Darin liegt dein Verzicht.«

»Ich verstehe«, sage ich und greife nach einem Taschentuch.

»Aber dieser Verzicht enthält eine Belohnung. Es geht darum, daß die Leute tatsächlich vertrauen, daß Engel existieren und daß sie bei ihnen sind. Vollbringe gute Taten, und du wirst Engel sehen! Zuerst werden sie einen Engel in sich fühlen, und das Sehen wird eine Art Wiedervereinigung sein.«

Zarathustra schaut mir tief in die Augen: »Wenn die Menschen darauf warten, daß der Messias wiederkommt, muß dies zuerst von jedem einzelnen gefühlt werden. Die Wiedervereinigung auf physischer Ebene wird erfolgen, wenn der innere Christus allen Seins gefühlt worden ist.«

Zarathustra machte eine Pause: »Ich spreche zu dir, um durch dich auch zu anderen zu sprechen. Das ist der Grund, warum ich zu dieser Frau (Anm. Jacqueline Snyder) kam. Und durch sie auch zu all den anderen. Das ist der Grund, warum du dich zu mir hingezogen fühlst. In allem, was du berührst, werden die anderen diese Schwingungen durch dich fühlen. Als ich die menschliche Ebene in diesem Körper betrat, bin ich gekommen, um die Lehrer zu lehren. Sei den Menschen gegenüber bedingungslos in deiner Liebe. Du bist die Frucht eines großen Baumes, nähre die Leute, wie ich dich genährt habe und nähren werde. Laß sie in dir die Wahrheit sehen, die Realität dessen, was ich in Gott bin. Wenn sie diese Worte lesen, werden einige das Gefühl des wahren Wiedererkennens haben und sich wünschen, statt deiner zu sein. Laß sie bei einer Kerze sitzen und einen ruhigen Moment finden, dann werde ich bei ihnen sein, nicht für den Ruhm des Namens, sondern für das, was der Schöpfer allen Lichtes ist, das in jeder Zelle des Lebens vibriert. Für den großen Atem des Lebens bin ich im Dienste. Sie werden die Liebe Gottes fühlen, in der Stille am Feuer sitzend. Du weißt, daß ich bin, was ich bin, und ihr es ebenfalls seid.«

Zarathustra atmet tief ein.

»Mehr wird von diesem Licht fließen, mehr als du jetzt weißt, wird dir beigebracht werden. Sage ihnen, daß die Schwingungen zwischen den Engeln und den Gnomen, den Zwergen und dem Feenreich fest in ihrer Kultur verankert sind. Sie leben als Riesen zwischen tatsächlichen Zivilisationen von kleineren Wesen. Diese sind sanft, verspielt und weise. Wie die Weichheit und die Sanftheit aus dem Herzschlag der Völker fließt die Geistesverwandtschaft der kleinen Leute.« Zarathustra beugt sich zu mir vor: »Frage sie nach Geschichten, die ihre Mütter und die Mütter ihrer Mütter erzählt haben. Laß sie hineingreifen in die Schatzkiste der Erinnerungen und die Mythen und Legenden und Geschichten finden. Stelle deine Fragen, du wirst sie noch in einem anderen Buch wiedererzählen. Ich werde diese Geschichten für dich zusammenflechten, wie sie sich verbinden mit all dem Mythos in der Geschichte dieser Welt. Das wird den Menschen in ihrer großen Vereinigung helfen, die kommen wird. Mit dem Verbinden der Vergangenheit durch Mythen und Legenden und dem Wunsch nach Frieden durch alle Zeiten und Dimensionen wird endlich Frieden erreicht werden.«

Zarathustra hält mein Gesicht in seinen Händen. Ich schaue in seine Augen, die immer viel dunkler als Jacquelines sind.

»And so be it.« – So wird es sein.

Ich stammle ein »Danke«, mein Herz übervoll von der Gnade, mit ihm sprechen zu können, und diesem Gefühl des »Ewigkennens«. Er breitet seine Arme aus zu einem stillen Segen und schließt die Augen. Ich atme noch einmal tief ein, um die Schwingungen von Zarathustra in mir aufzunehmen, da fällt der Oberkörper auch schon in sich zusammen. Ich nehme das Glas Wasser, das ich schon vorbereitend auf die Seite gestellt habe. Immer wenn Jacqueline zurückkommt, geschieht es meist mit einem Husten, und ihre Kehle braucht sofort etwas Flüssigkeit.

Ich summe leise, und es reißt ihren Oberkörper mit dem bekannten Husten hoch. Mit der linken Hand öffnet Jacqueline den obersten Knopf ihres Hemdes und holt gleichzeitig tief Luft. Das Gefühl im Raum ist anders. Jacquelines Seele ist wieder zurück. Während meiner Kindheit war ich, wie wir alle, sehr sensibel und fühlte sofort jeden Stimmungswechsel, der in der Luft lag. Im Lauf meines jungen Erwachsenseins merkte ich, wie schmerzhaft diese Sensibilität ist, und versuchte sie loszuwerden. »Hätte ich doch nur ein dickeres Fell«, flehte ich, hoffend, daß ich dann nicht mehr soviel leiden müßte, nicht mehr soviel weinen würde. Ich hoffte, daß ich »groß und stark« werden würde, und legte mir eine gehörige Portion Zynismus zu, denn zynische Leute bewunderte ich damals. Schien ihnen doch kein Kommentar etwas auszumachen, im Gegenteil, das war die Munition für ihr Feuer, und sie schossen scharf und schmerzhaft zurück. Doch ich schaffte es nie, diese Haut dicker zu kriegen, ich baute nur Mauern auf und versteckte meine – wie ich glaubte – wehrlose, arme, zarte Seele dahinter. Bis die Mauern durch den Knick in meiner Fernsehkarriere zusammenbrachen und meine verwundete Seele bloßlegten. Ich erkannte in den letzten Jahren, daß meine Sensibilität ein enormes Talent ist, und habe es seither gefördert, indem ich Gefühle zulasse und beobachte, wohin sie mich bringen. Ich folge ihnen nicht blind, wie einem Wasserstrudel, bei dem man keine Kontrolle mehr hat, nein, ich beobachte meine Gefühle wie einen Film, der in meinem Leben abläuft, und lerne daraus. Als ich anfing, meine Sensibilität stärker zuzulassen, begann ich auch, mehr Dinge in meinem Körper zu fühlen. Wenn mein Körper nicht im Gleichgewicht ist, weiß ich jetzt genau, wo das Zentrum der Krankheit liegt, und fühle mich nicht allgemein »schlecht«. Ich merke, wo sich etwas bewegt, verkrampft, weich ist oder unsicher. Ich fühle Stimmungsschwankungen in Menschen und Tieren besser, und so habe ich meinen Körper zu einem sensiblen Empfänger ausgebildet. Nein, das stimmt nicht. Ich habe das natürliche Talent meines Körpers, Schwingungen zu empfangen, wiederentdeckt. Wenn Zarathustra in Jacquelines Körper eintritt, fühle ich das auch mit geschlossenen Augen. Seine Frequenz verbindet sich mit meiner, und meine Schwingungen werden dadurch erleichtert. Oft sträuben sich die Haare leicht, manchmal kommt eine Gänsehaut dazu, ein Pulsieren in meinem Körper, ein Gefühl des tiefen Friedens, aber auch der freudigen Erwartung. Wenn Zarathustra Jacqueline verläßt, bleibt seine Frequenz immer noch im Raum. Jacqueline öffnet die Augen.

»Bist du zufrieden?« fragt sie mich.

»Danke. Vielen Dank.« Es ist anstrengend für Jacqueline, ihren Körper jemand anderem zur Verfügung zu stellen, und ich bewundere ihre Selbstlosigkeit, mit der sie das tut.

»Gut«, nickt sie mir zu. Wenn Jacqueline zurückkommt, weiß sie nicht gleich, worüber wir gesprochen haben. Sie hebt plötzlich den Kopf: »Er hat mit dir auch über Feen gesprochen.«

»Ja«, sage ich, während ich ihre Beine massiere, die eingeschlafen sind. Ich nehme etwas Wasser aus der Schale auf meinem Altar und berühre damit ihre Fußsohlen.

»Ah, das tut gut.«

Ich blase in ihre Knie. Unser Atem ist unsere Lebenskraft. Und ich benutze ihn oft, um zu helfen. Die tiefe Liebe, die ich im Herzen trage, wird durch den Atem zum anderen transportiert. Und dessen Zellen reagieren immer auf die Zuneigung.

»Danke«, sagt Jacqueline und steht langsam und noch ein bißchen wackelig auf. »Wieviel Uhr ist es?« will sie wissen.

»Zwölf Uhr.«

»Gut, dann haben wir noch genug Zeit, zum Flughafen zu kommen.«

Im Auto habe ich noch ein paar Fragen.

»Zarathustra sprach viel darüber, wie wir zu unserem Engelpotential aufsteigen können. Wie wichtig es ist, gute Gedanken zu haben, um unsere Schwingungen zu erhöhen. Was ist aber, wenn jemand schwer krank wird oder sogar stirbt, welchen Einfluß hat das auf seine Schwingungen und sein nächstes Leben?«

»Da ergibt sich oft das Gefühl, daß man versagt hat. Übrigens erlebe ich das auch bei Menschen, die sich um diese Schwerkranken kümmern. Denke nur an Suzane.«

Meine Freundin Suzane ist letztes Jahr von Los Angeles in einen kleinen Ort nach Wisconsin gezogen, um ihre krebskranke Mutter zu versorgen. Sie arbeitete damals für mich, gab ihren Job und ihre Wohnung auf und zog mit Sack und Pack in dieses Nest. Erst ein paar Monate vorher war ihr Vater ebenfalls an Krebs gestorben, und ich weiß noch, wie sie mir bei der

Verabschiedung mit Tränen in den Augen sagte: »Ich bin nicht bereit, jetzt auch noch meine Mutter zu verlieren.«

Ihre Eltern bewirtschafteten eine Farm, und Suzane fuhr ihre Mutter zweimal im Monat für vier Stunden in die nächstgrößere Stadt zur Chemotherapie. Suzane ist sehr spirituell, sie weiß von der Macht der Gedanken, des Gebets und diversen alternativen Heilmethoden. Sie kannte Kräuter, um die Aggressivität der Chemotherapie zu lindern und das Immunsystem wieder aufzubauen. Sie massierte ihre Mutter, legte ihr die Hände auf und sprach mit ihr über Gott, ihre Seele und ihre Wahl, ob sie gesund werden will oder nicht.

Ihre Mutter war nach einem langen Farmleben, dem Aufziehen von acht Kindern und der langen Pflege ihres Mannes erschöpft. Suzane besuchte uns mit ihrer Mutter ein halbes Jahr nach ihrem Umzug. Damals sprachen wir alle drei oft über die Wahl, die sie hat. Suzane schlug ihrer Mutter vor, den kalten Winter über in eine wärmere Gegend zu ziehen, aber ihre Mutter wollte nach Hause, auf ihre Farm in Wisconsin. Suzane gab ihrer Mutter alles, was man nur geben konnte: Liebe, Zärtlichkeit, Unterstützung in allen ihren Entscheidungen, und trotzdem fragte sie sich nach dem baldigen Tod ihrer Mutter, ob sie nicht etwas übersehen hätte. Ob sie nicht mehr hätte tun können, damit ihre Mutter weiterleben kann.

Jacqueline fährt fort: »Suzane hat alles getan, was man nur tun konnte. Sie zeigte ihrer Mutter alternative Heilungsmethoden, sie redeten über Gott und die Wahl, die jeder Mensch in seinem Leben hat, und ihre Mutter ist trotzdem gestorben. Ihre Mutter hatte beschlossen, sich von ihrem Körper zu trennen, das bedeutet aber noch lange nicht, daß ihre Seele sich nicht in eine höhere Frequenz begeben hat. Der Heilungsprozeß fand nämlich auf emotionaler, intellektueller und geistiger Ebene statt. Ihre Mutter akzeptierte neues Wissen und verstand es auch. Sie fand Frieden und Heilung und hat durch Suzane viele ihrer Erfahrungen in diesem Leben aufgearbeitet. Sie verließ ihren Körper anders, als wenn Suzane sich nicht um sie gekümmert hätte. Wenn jemand mit diesem Frieden in sich stirbt, erreicht die Seele eine andere Atmosphäre. Vielleicht war es ein bestimmtes Buch, das weitergeholfen hat. Vielleicht war es eine Umarmung, ein Blick, ein Händedruck, der soviel Liebe ausdrückte und soviel Wärme, daß derjenige in Frieden verstorben ist.«

»Doch was kann man gegen das Gefühl des Versagens tun, wenn jemand gestorben ist, obwohl man gebetet hat und auch sonst alles Menschenmögliche und Seelenmögliche versucht hat?« frage ich sie.

»Viele Menschen wurden geheilt und sind trotzdem gestorben«, erklärt mir Jacqueline. »Vielleicht waren sie einfach erschöpft vom Leben, vielleicht wollten sie endlich wieder mit Gott vereint sein. Ich habe erst vor kurzem mit der berühmten Wissenschaftlerin Dr. Valery Hunt, einer anerkannten Expertin auf dem Gebiet des »Mindfields«, des Sensorenfeldes um den Körper, gesprochen. Oftmals ist das Sensorenfeld um den Körper geheilt worden. Dieses Sensorenfeld reflektiert unsere Seele und unser spirituelles Wissen. Die Seele ist ja nicht, wie du weißt, irgendwo im Körper. Die Seele ist im und um den Körper herum. Jede Krankheit kann in diesem Sensorenfeld erkannt werden, und Dr. Valery Hunt war in der Lage, dieses Sensorenfeld wissenschaftlich nachzuweisen. Ihr Buch *Infinite Mind* erklärt diesen Prozeß noch genauer. Krankheit wie Heilung findet immer zuerst im Sensorenfeld statt. Aber warum stirbt der Mensch trotzdem, wenn das Sensorenfeld geheilt ist? Trotzdem ist nicht das richtige Wort, die Seele hat ein anderes Niveau erreicht. Obwohl der Mensch sich bewußt oder unbewußt entschieden hat zu sterben, wurde in der Seele alle Heilung vollzogen. Das ist wichtig zu wissen.«

»Hoffen wir nicht manchmal eigennützig, daß auch der Körper geheilt wird, damit wir diesen Menschen nicht verlieren?«

»Je klarer uns wird, daß wir nicht nur ein Körper sind, desto klarer wird uns werden, daß Heilung mehr bedeutet. Das hat mit dem Glauben an das große universelle Prinzip von Ursache und Wirkung zu tun: ›Wie man in den Wald hineinschreit, kommt es zurück.‹ Jede Zärtlichkeit, jede Geste, die Liebe beinhaltet und jemandem Unterstützung bringt, der sie braucht, Freunden oder Fremden, in Krankheit oder während der Sterbezeit, wird Gutes tun. Denn Zeit und Raum sind ewig.«

Wir sind am Flughafen angekommen, und ich verabschiede mich mit einer Umarmung von Jacqueline. Ich bin dankbar um all die wundervollen Menschen in meinem Leben. Dieses Unterstütztwerden und Unterstützung geben. Jeder von uns ist Lehrer und Schüler zugleich, gibt, was er weiß, und empfängt, was er lernen will. Auf dem Rückweg genieße ich die Zeit der Stille im Auto. Was für ein Trost, denke ich mir. Das Wissen, daß nichts umsonst ist. Selbst der kleinste Händedruck hat noch eine Wirkung. Natürlich empfängt die Seele die Liebe, die Zärtlichkeit, die wir ihr geben. Und es ist wahr, daß Suzanes Mutter erschöpft war. Als sie mich besuchte, sprachen wir über ihre Entscheidung, ob sie weiterleben will. Es gab eine lange Pause, bevor sie antwortete. Ihr Gesicht schien dünner zu werden, als sie darüber nachdachte. Die Augen fielen noch tiefer in ihre Höhlen, und ihre Hände, die sie auf dem Schoß hielt, fielen auseinander.

»Sag es nicht Suzane«, und sie sucht nach Verständnis in meinem Blick, »aber ich bin einfach furchtbar müde.«

Ich weiß noch, wie meine Liebe für sie wie Wasser aus einem übervollen Eimer schwappte. Ich nahm zärtlich ihre weiße, leichte Hand. Die Hand, die es gewohnt war, für acht Kinder zu kochen und zu waschen, die Hand, die die Gemüsebeete gepflanzt und beackert hatte, die Hand, die ihren Mann pflegte, als er krank war, die Hand, die jetzt einfach nur daliegen wollte, ohne irgend etwas tun zu müssen – ich hielt sie einfach nur leicht in meiner. Erahnte ich doch, daß selbst das Drücken für sie zu anstrengend war. Sie war müde, sie wollte nach Hause, ihr wahres Zuhause. Vier Monate später ist sie gestorben.

16. Kapitel

Von einer Nacht im Wald und Feen, die auch Engel sind, nur ein bißchen kleiner

Ich verbringe in den nächsten Tagen viel Zeit alleine. Ich genieße die Logik in Zarathustras Erklärungen. Früher, als ich noch nichts über Frequenzen und Sensorenfelder, Engel und die Macht der Gedanken wußte, kam mir das Leben ungerecht vor. Da wird jemand »aus heiterem Himmel« in irgendeine Familie hineingeboren, ohne irgendeinen Sinn für »Gerechtigkeit«, dann gibt es einige, die ein »leichtes« Leben, und andere, die ein »schweres« Leben haben. Es gibt »Glück« und »Unglück«. Plötzlich ereigneten sich tragische Augenblicke, die das ganze Leben »durcheinander« brachten. Ich fühlte mich hilflos den »anderen« ausgeliefert, die entweder immer »schuld« waren oder einfach »gegen« mich. Ich habe erkannt, daß ich mir auf der Seelenebene Situationen aussuche, um zu wachsen. Seien es die Umstände meiner Geburt, meine Eltern, meine Umgebung. Da ist niemand »gegen« mich und versucht »ungerecht« mein Leben zu verschlechtern. Ich habe immer und überall eine Wahl. Ich habe zu jeder Situation in meinem Leben irgendwann einmal »ja« gesagt, oder mein »Nein« war manchmal nicht laut genug. Ich habe früher nie die ganze Palette meiner Möglichkeiten erkannt. Wenn ich mich mit meinem Mann stritt, gab es für mich nur eine »Antwort«: Ich wollte das Streitgespräch »gewinnen«. Ich nahm nicht seine Gefühle wahr, ich wollte sie einfach nicht erkennen. Ich dachte nur an mich, und was ich fühlte und warum ich das so und so haben wollte. Ich wußte nicht, daß ich bei jedem Streit verschiedene Möglichkeiten habe. Ich kann still sein, weggehen, meditieren, lachen, umarmen, trösten, fragen, einfach nur zuhören. Ich war mir über die Breite der Auswahl nicht bewußt. Ich wußte nur, was ich »schon immer« getan habe. Alte Reaktion für altes Benehmen.

Wieviel leichter ist das Leben jetzt geworden. Meine Angst und meine Sorgen sind einem tiefen Vertrauen in Gott und unsere Engel gewichen.

Zarathustra sagte einmal, daß Feen für die Gnome und Wichtel das sind, was Engel für uns sind. Auch ein schöner Gedanke.

Ich erinnere mich, wie ich nach Breitenbusch in Oregon fuhr, um dort mit Freunden zu meditieren. Ich freute mich auf dieses Wochenende. Ich nahm meinen Schlafsack mit, ohne den ich fast überhaupt nicht mehr reise, und genoß die zwei Stunden Fahrt von Portland, wo ich gelandet war, bis nach Breitenbusch. Der Ort liegt mitten in einem wunderschönen, uralten Wald. Heiße, natürliche Quellen, denen Heilkräfte nachgesagt werden, schießen in fünf Gräben aus dem Boden. Diese Gegend war einer der wichtigsten Sammelpunkte für Indianer. Um die Heilquellen herum wurden Friedenspfeifen geraucht, wurde getanzt und gebetet. Mittlerweile gruppieren sich dort 25 kleine Blockhütten um ein größeres Gebäude und eine pyramidenartige Kapelle.

Ich wollte drei Nächte dort verbringen. In einer Meditation am Tag zuvor wurde mir gesagt, daß ich keine der Nächte in den einfachen Blockhütten verbringen werde. Ich solle jede Nacht unter freiem Himmel schlafen, und natürlich hielt ich mich daran. Die ersten beiden Nächte kampierte ich neben der Blockhütte, und wenn ich nach oben sah, konnte ich die Sterne durch die Baumwipfel beobachten. Es war fast Vollmond, und ich genoß die verschiedensten Geräusche des nahen Waldes.

Am dritten Tag gegen sechs Uhr morgens gehe ich einen kleinen Waldweg den Berg hinauf, um mich in eine der heißen Quellen zu setzen.

Plötzlich höre ich »Halt« und schaue mich verwundert um. Dieses »Halt« war in meinem Kopf, und ich wundere mich, wer es wohl ausgelöst hat. »Du wirst heute nacht im Wald schlafen. Ganz alleine. Wir führen dich. Vertraue. Bis bald.«

Immer noch habe ich keine Ahnung, wo dieser Gedanke herkommt. Aber ich vertraue darauf, daß das schon seine Richtigkeit haben wird.

Den Tag verbringe ich schweigend. Ich genieße die Ruhe, meine Mahlzeiten nehme ich alleine zu mir. Ich beobachte die Blätter der Bäume, sitze am Flußbett, höre den Eichhörnchen zu und betrachte die Vögel. Dieser Tag des Schweigens beruhigt mein Sensorenfeld. All die Eindrücke, die tagtäglich auf uns eindringen, überreizen uns. Gerade im Zeitalter der Information fühlen wir uns oft erschöpft. Das ist kein Wunder, wenn man bedenkt, wie wenig Ruhe wir uns gönnen. Ich versuche, einmal in der Woche einen »Schweigetag« einzulegen. Während dieser Zeit lese ich nicht, höre keine Musik, schaue nicht fern und beschäftige mich mit nichts, das mich von mir ablenken könnte. Ich bin ganz bei meinen Gedanken, meinen Gefühlen, meinem Körper. Ich erinnere mich noch, wie furchtbar gelangweilt ich beim ersten Mal war. »Was soll ich denn jetzt machen?« Eine Unruhe bedrängte mich, war ich es doch gewöhnt, schnell und aktiv zu sein. Gedanken aus meiner Kindheit schießen mir in den Kopf. »Sitz nicht so faul herum, tu was!« Tagträumen wurde als Zeitverschwendung angesehen. Heute weiß ich, wie wichtig das ist. Unsere Träume formen unsere Realität. Und die Zeit fürs Tagträumen ist genauso wichtig wie die Zeit des Tuns und Machens.

Ich genieße die Gegend um Breitenbusch. Ich höre dem Fluß zu, der mir von dem Fluß des Lebens erzählt, und ich denke wieder an Indien: Sei wie der Fluß. Ich betrachte eine Gruppe von Schmetterlingen, die um mich herumfliegt. Ich hebe einen Stein auf und fühle seine Kanten und Rundungen, schließe meine Augen, um ihn zu fühlen.

Mittlerweile ist es dunkel geworden, und ich ziehe meinen Trainingsanzug an, hole Schlafsack und Taschenlampe und nehme einen meiner Kristalle mit. Eine Brille stecke ich noch ein und nehme mir vor, meine »Wegwerf-Kontaktlinsen« einfach wegzuwerfen, da ich keine Lust habe, mitten im Wald mit Kontaktlinsenflüssigkeit herumzuhantieren. Ich bleibe einen Moment stehen, um zu fühlen, in welche Richtung ich gehen soll. Geradeaus fühle ich ein Ziehen, und festen Schrittes marschiere ich zum Waldrand. Alles ist still, die anderen sind beim Essen, und ich stehe an einem Waldweg. Ich halte kurz, um meine Taschenlampe anzumachen. Der Mond schafft es nicht, durch das Laub der Bäume durchzuscheinen, da höre ich auch schon in meinem Kopf: »Laß die Lampe aus. Du sollst nicht alle mit deinem Licht aufstöbern.« Gut, denke ich mir, und plötzlich kommt mit Wucht: Bist du wahnsinnig, im Wald zu schlafen? Vergewaltigung! Mord! Totschlag!

Die Angst versucht, die Oberhand zu gewinnen. Nein, das lasse ich nicht zu. Ich muß diese Angst loswerden, und ich weiß auch, wie: durch ein Gebet. Ich setze mein Gepäck ab, gehe auf die Knie, lege meine Handflächen auf die Erde und bete: »Lieber Gott, ich bin hier auf Einladung der Geisterwelt und weiß, daß Gottes Liebe immer bei mir ist. Ich will nur die Gedanken unterstützen, die mich in meinen Schwingungen und meiner Liebe erhöhen.« Die Angst versucht immer noch ein paar Schlagwörter unterzubringen, aber ich wiederhole einfach mein Gebet. Hochkonzentriert fühle ich die Erde an meinen Handflächen und denke nur an die Liebe Gottes, da werde ich auch wieder ruhig und sicher. »Gut gemacht«, lobe ich mich. Ich kontrolliere meine Gedanken und folge nicht irgendeiner Angst.

Langsam gehe ich in den Wald. Nach ein paar Schritten bleibe ich stehen und füge ein zweites Gebet hinzu: »Liebe Welt des Waldes, ich komme auf Einladung und mit Liebe zu dir und deiner Welt. Ich möchte heute nacht kein Getier in meinem Schlafsack finden und nicht von irgendwelchen unheimlichen Geräuschen aufgeweckt werden. Bitte laßt mich ungestört schlafen. Wenn es ein Erlebnis gibt, das für mich wichtig ist, weckt mich bitte auf, ansonsten laßt mich schlafen.« Ich warte eine Weile, und ich fühle, wie ein Wind aus dem Nirgendwo mich zärtlich umarmt. Für mich ist es die Antwort, die mir der Wald gibt. Er hat mich verstanden.

Ich bleibe auf dem Waldweg, der immer kleiner wird. Nach einer halben Stunde habe ich plötzlich das Gefühl, zu weit gegangen zu sein. Mit kleinen Schritten gehe ich langsam zurück, um bei einem »Halt« sofort stehenzubleiben. Noch einen Schritt und noch einen, da höre ich auch schon »Halt.« Ich versuche mich umzuschauen, aber viel kann ich nicht erkennen. Da scheint ein umgefallener Baumstamm zu liegen. Ansonsten ist der Weg flach und gerade, und ich sehe vor meinem inneren Auge, daß das mein Schlafplatz sein wird.

Ich lege mich zur Probe in meinen Schlafsack, um Unebenheiten des Bodens abzutasten. Erstaunlicherweise gibt es nicht den kleinsten Stein, der mich stört. Also bleibe ich gleich liegen. Ich merke, wie der liegende Baumstamm mir das Gefühl einer Umarmung gibt. Ich stecke meine Brille in die Innentasche des Schlafsackes, und nach all den Geräuschen, die ich beim Reinlegen in den Schlafsack und mit dem Reißverschluß gemacht habe, wird es endlich ruhig.

Ich liege bequem und lausche auf die verschiedene Geräusche des Waldes. Ich bin gespannt, wie ich auf die verschiedenen Knack- und Knirschgeräusche reagieren werde. Es ist still. Absolut still! Kein Knacken, kein Knarren, nicht einmal ein zartes Blätterrauschen. Ich muß an mein Gebet denken. Habe ich nicht um ungestörten Schlaf gebeten? Was für ein Aufwand, den ganzen Wald ruhigzustellen. Ich fühle mich geehrt und

222

schicke meine Dankbarkeit in den Wind. Der Wind streicht mir zart übers Gesicht, und ich fühle mich unglaublich wohl. So muß sich ein Baby auf dem Arm seiner Mutter fühlen. Wohl, sicher, geborgen. Unsere Erde ist unsere Mutter. Das fühle ich zum ersten Mal.

Gegen fünf Uhr wache ich auf und höre in meinem Kopf: »Schau nach links.« Da liegt der Baumstamm, der auch schon gestern da war, ansonsten kann ich beim besten Willen nichts entdecken. »Schau nach links.« Ich setze mich im Schlafsack auf und nehme meine Brille. Nichts. »Da neben dem Blatt.« Neben mir befindet sich ein kleines Blatt. »Da liegt ein kleiner Zauberstab.« Ein kleiner Zauberstab? Der Wald wird mir doch nicht in den Kopf gestiegen sein?

Tatsächlich sehe ich etwas Winziges, mit einer lustigen grünen Spitze dran. Ich deute mit meinem Finger darauf und frage in Gedanken: »Ist es das?«

»Ja, das ist für deine Tochter.« Daneben liegt noch etwas Grünes, Flauschiges, Moosiges. »Das ist auch für deine Tochter«, höre ich. »Daraus machen wir unsere Kleider. Das wird ihr gefallen«, sagt eine andere Stimme in mir. »Wer seid ihr?«

»Wir sind Feen, wir wohnen hier.«

»Kann ich euch sehen?«

Ich höre Kichern. »Nein, nein, das reicht für heute.«

»Danke«, flüstere ich in den Wald, als ich die zwei kleinen Geschenke sorgfältig in ein Blatt wickele und in meine Brusttasche stecke. Was für eine Nacht.

Ich erinnere mich, wie stolz ich war, diese Nacht im Wald verbracht zu haben. Daß ich meiner Angst nicht einfach aus alter Gewohnheit gefolgt bin. Vielleicht bin ich auch aufmerksamer, welche Informationen ich zu mir lasse. Ich weiß um die Welt und ihre Schwierigkeiten, um Kriege und Gewalt, Unverständnis und Bosheit. Aber was für einen Einfluß hat dieses Wissen auf mich? Glauben wir ernsthaft, daß schlechte Nachrichten, gewalttätige Filme, negative Bücher, zynische Menschen, wütende Musik keinen Einfluß auf unser Wohlbefinden haben? Ich habe vor einem Jahr aufgehört, Nachrichten zu hören. In den Vereinigten Staaten sind sie besonders marktschreierisch aufgemacht. Ich schaue dann wieder Nachrichten, wenn man auch gute Nachrichten sendet. Wer bestimmt eigentlich, daß Nachrichten grundsätzlich schlecht zu sein haben? Meine Informationsquelle ist die Zeitung, dort fällt mir das Selektieren leichter. Seitdem ich nicht mehr tagtäglich von Mord und Totschlag höre, denke ich nicht mehr jeden Tag daran. Ich umgebe mich mit Dingen und Menschen, die mir guttun. Das heißt nicht, daß ich die »andere« Welt – ich weigere mich, sie »wirkliche« Welt zu nennen, wir formen unsere eigene Wirklichkeit – ignoriere. Ich helfe, wo ich kann. Ich habe mich lediglich entschlossen, das Positive zu fördern. Es gibt genügend Leute, die sich um das Negative kümmern. Ich schreibe es auch meinem selektiven Nachrichtenfluß zu, daß ich keine Angst mehr habe. Ich möchte jemand sein, der Liebe und Frieden verbreitet und nicht Angst und Schrecken. Weltfrieden fängt bei uns persönlich an. Wenn wir uns lieben und mit uns in Frieden leben und das jeder von uns tut, wird die ganze Welt in Frieden leben. Irgendwann müssen wir damit anfangen. Ich kann nur bei mir anfangen und meiner Tochter. Julia darf die meisten Kinderfilme nicht anschauen. Ich prüfe immer vorher im Kino, ob dieser Film für sie paßt. Manchmal fragen mich die Kinder in ihrer Schule: »Warum darf Julia den Film nicht anschauen?« Dann erkläre ich ihnen: »Ich glaube, daß manche Filme glücklich machen und andere ängstlich. Und ich möchte nicht, daß Julia ängstlich wird oder vielleicht sogar schlecht träumt, deshalb darf sie bestimmte Filme nicht anschauen. Ich möchte, daß Julia glücklich ist.« Ich bin immer wieder überrascht, wie schnell Kinder das verstehen, wenn wir es nur verständlich erklären.

Wohlfühlen ist meine Leidenschaft. Früher dachte ich, ich müßte mich den Grausamkeiten des Lebens stellen. Ich habe geglaubt, daß Menschen, die fröhlich und glücklich sind, einfach den »Realitäten« des Lebens aus dem Weg gehen. Dabei übersah ich die Realitäten meines Lebens und wie wichtig das Wohlfühlen für mich war. Vor ein paar Jahren kam dieser Gedanke, und ich versuchte ihn so schnell wie möglich loszuwerden. Das würde ja meine gesamte Lebenseinstellung vollkommen durcheinanderbringen. Zu wem würde ich mich verändern? Vielleicht zu einem dieser verhuschten Verrückten, die nur noch lächelnd die größten Katastrophen an sich vorbeigehen lassen? Nein, ich wollte intelligent sein und klug.

Ich weiß noch, wie mir mein damaliger Engel Gabriella in einer Meditation den Gedanken schickte: »Klugheit ist wichtig, aber willst du nicht lieber weise sein?« Was bedeutet das, weise zu sein? Bedeutet es, Verständnis zu haben? Zu unterstützen, zu verstehen, zu lieben? Das Wort allein ist schon sehr viel milder als »klug«. Klug klingt wie ein Schwert, weise wie eine zarte Berührung. Vielleicht ist Klugheit gepaart mit Liebe das, was wir weise nennen.

Ich muß an ein Abendessen denken, bei dem ich vor ein paar Wochen mit Freunden saß. Mein Mann und ich waren bei Monika und Niki eingeladen. Monika hatte mir vor einiger Zeit von dem gewalttätigen Tod ihrer Mutter erzählt. Sie ist Kunsthändlerin, er Regisseur. Beide hatten Besuch von einem Ehepaar aus Deutschland. Wir saßen um den Kamin und unterhielten uns über alles mögliche. Irgendwann sprachen wir über »die Lage der Nationen«. Ich hörte, wie die Männer über ihre Version der Welt sprachen. Sie sahen alles immer schlimmer werden. Ich versuchte auch die andere Seite zu sehen. »Haben wir nicht schon große Fortschritte gemacht? Gibt es jetzt nicht mehr Verständnis als noch vor 20 Jahren?« Ich merkte an ihren Blicken, daß sie mich für naiv hielten. »Aber Sabrina, schau dir doch nur die Nachrichten an!«

»Wäre es nicht besser, wenn wir alle etwas tun würden, damit die Welt besser wird und wir nicht nur mit dem Kopf schütteln?

Wir müssen uns fragen, was jeder von uns tut, damit diese Welt besser wird.«

An dem Abend ging ich still nach Hause. Irgend etwas hatte ich noch nicht kapiert. Ich will nicht Leute missionieren oder zu irgendeiner Meinung überreden. Ich erkläre, woran ich glaube, und akzeptiere die Meinungen anderer. Aber dieses Hin und Her in unserer Diskussion klappte nicht ganz.

Zu Hause setzte ich mich vor meinen Altar und betete. Ich bat meine Engel, mir einen Hinweis zu schicken, wie ich mich hätte besser erklären können. Was hätte ich tun können, um in der Diskussion eine Hoffnung zu vermitteln und nicht ein Gefühl des unbedingt »Rechthabens« zu hinterlassen.

»Schreibe deine Vision der Welt auf und verschicke sie. Zeige, wie du die Welt der Menschheit siehst.«

Wie wundervoll! Ich muß nicht endlos diskutieren und alles Negative in Positives umwandeln wollen. Wenn ich meine Sicht der Welt mitteile, kann ich die anderen anregen, diese Vision noch besser, noch schöner, noch glorreicher zu machen. Was für eine herrliche Idee. Ich bedanke mich bei meinen Engeln und setze mich an den Computer. Es ist weit nach Mitternacht, aber ich will nicht auf den Morgen warten.

17. Kapitel

Wie die Welt aussehen wird,
wenn alle ihren Engel sehen

Wir werden erkannt haben, daß alles Energie ist. Energie, die unentwegt fließt. Jeder Gedanke, jedes Wort, jede Tat ist Energie, die fließt, und wir werden dementsprechend handeln. Es beginnt damit, was wir an Nahrung zu uns nehmen. Wir werden nur das essen, was natürlich gewachsen und gehalten worden ist. Wir werden wissen, daß Tiere, die in Angst und Schmerzen leben, diese Energie in sich halten und wir mit ihrem Fleisch auch ihre Angst und Schmerzen aufnehmen. Angst löst sich nicht auf, nur weil wir das Fleisch panieren. Wenn es Zeit ist, die Tiere zu töten, wird es eine Zeremonie geben, und wir werden ihr Opfer mit Dankbarkeit und Liebe annehmen. Meine Freundin Samantha traf einen Schäfer, der seine Schafe, bevor er sie tötet, küßt und segnet. Und im Gegensatz zu all den anderen Schafen sterben seine in absoluter Stille. Kein Schrei, keine Angst.
Wir werden gelernt haben, daß Energie auch von anderen Quellen kommt. Deswegen wird das eigentliche Essen, das wir zu uns nehmen, sehr viel weniger sein. Wichtige Energie für unseren Körper werden wir auch von der Erde beziehen. Wir werden viel barfuß gehen, um die Mineralstoffe durch unsere Fußsohlen in unseren Körper dringen zu lassen. Wir werden öfter im Freien schlafen, um uns Energie von dem Licht der Planeten und Sterne zu holen. Und wir werden in einer streßfreien Umgebung aufwachsen, die uns keine Energie nimmt, sondern zuführt. Wir werden auf dem Land leben, außerhalb der großen Städte, denn wir wissen, daß ver-

schiedene Gebiete mehr Energie abgeben als andere. Die Städte werden Zentren für Kommunikation sein, wo selten jemand lebt.

Wir werden in Wohnungen und Häusern wohnen, die unsere Körper und Seelen unterstützen. Wir werden gelernt haben, daß wir uns nur mit Gegenständen umgeben, die uns erfreuen. Wir werden die Macht der Farben erkannt haben, die der Düfte, der Pflanzen und Steine. Es wird keine eckigen Wohnungen und Häuser mehr geben, sondern alles wird rund sein. Wir werden gelernt haben, daß unsere Energie in einer runden Umgebung leichter fließen kann. Wir werden gelernt haben, daß wir nichts mehr ansammeln. Wir werden nichts Unnötiges um uns haben. Unsere Schränke werden Kleider haben, die wir auch tragen, unsere Wohnungen werden gefüllt sein mit Dingen, die wir lieben.

Wir wissen, daß unsere Gedanken unsere Realität, unser Leben schaffen, und deshalb passen wir auf, was wir denken. Wir werden unsere Kinder lehren, die Erde und alle Lebewesen zu ehren. Das wird ganz natürlich für sie sein, denn sie werden uns als Beispiel haben. Sie werden gelernt haben, daß der Mensch gütig und gut ist. Wir werden uns gegenseitig unterstützen, da Liebe und Wohlstand nicht limitiert sind wie ein Kuchen, an dem die Anzahl der Stücke begrenzt ist. Wir werden erkannt haben, um wieviel wohler wir uns fühlen, wenn wir miteinander leben und nicht gegeneinander.

Wir werden alle wissen, daß wir viele Leben haben und daß jedes Leben dazu da ist, daß wir uns verbessern. Wir werden alle telepathisch miteinander kommunizieren, denn wir müssen unsere Gedanken nicht mehr verstecken. Unsere Gedanken werden voller Respekt und Liebe sein. Niemand wird etwas tun, was ihm keinen Spaß macht. Arbeit als solches wird es nicht mehr geben. Wir werden alle unsere Hobbys zu unserem Beruf machen. Und jede Minute, die wir arbeiten, wird Freude für uns sein. Wir werden gelernt haben, daß die vielen Produkte, die ohne Liebe gemacht werden, Langeweile und Verzweiflung in sich tragen. Da wir diese Produkte nicht mehr haben wollen, werden sie nicht mehr produziert werden.

Wir werden alles haben, was wir wirklich wollen, denn wir werden im Gleichgewicht mit der Natur und unseren Mitmenschen leben. Wir werden mit mehr Verständnis in unsere eigene Vergangenheit schauen, und wir werden erkennen, wie wir früher unser Leben mit unbrauchbaren Dingen angefüllt haben, da wir uns einsam, alleine und unsicher fühlten. Genauso wenig werden wir Statussymbole brauchen, langweilige Partys, streßvolle Jobs, denn unser Leben wird mit Freude, Produktivität und Zufriedenheit ausgefüllt sein. Wir werden uns gegenseitig unterstützen und unsere Talente und Produkte neu austauschen. Versicherungen, Gefängnisse und langweilige Schulen werden neben vielem anderem ausgestorben sein.

Weil wir gelernt haben, wie wertvoll jeder neugeborene Mensch ist, werden wir Kinder nicht haben, weil unser Leben leer ist und wir jemanden brauchen, der uns liebt, so wie wir sind. Wir werden Kinder haben, um den wiedergeborenen Seelen zu helfen, sich weiterzuentwickeln. Wir wissen, daß Gott uns eine Wahl gegeben hat, und diese Wahl beinhaltet auch, wie viele Kinder wir in die Welt setzen. Wir werden unsere Körper so kontrollieren können, daß der reine Gedanke unsere Geburtenkontrolle sein wird. Und weil wir die Ausbildung dieser Kinder weiter führen als früher, werden wir sehr viel weniger Kinder auf die Welt bringen.
Wir werden gelernt haben, wie wir unseren Körper, unsere Seele und unseren Verstand mit purem Licht und Energie nähren. Wir werden neue Zeremonien während der verschiedenen Mondphasen haben. Wir werden wissen, daß es einfacher ist, sich von Altem zu trennen, wenn der Mond abnimmt, und daß es leichter ist, Neues anzunehmen, wenn der Mond zunimmt.

Wir werden lange Zeiten der absoluten Stille in unserem Tagesablauf haben, und wir werden aus unserem höheren Selbst heraus handeln.

Krankheiten werden Geschichten aus der Vergangenheit sein. Jeder wird seinen Körper verstehen, und weil wir ohne Umweltverschmutzung leben werden, werden es unsere Körper sehr viel leichter haben. Wir werden alle gelernt haben, wie wir uns gegenseitig durch unsere Hände, unseren Atem und mit Hilfe der Elemente heilen. Wir erkennen und akzeptieren die ersten Symptome einer Krankheit als ein Warnsignal. Denn diese Warnsignale wurden von unserem Körper geschaffen, um uns darauf aufmerksam zu machen, daß wir an unserem Lebensstil etwas verändern müssen. Wir werden statt Krankenhäusern Heilzentren haben. Ärzte werden dort wieder sein dürfen, was sie eigentlich sind: Heiler. Sie werden Zeit haben und mit anderen Heilern zusammenarbeiten. Diese Zentren werden eine Oase der Liebe sein: wundervolle Musik, herrliche Düfte, Berührungen, Massagen, Körperübungen, Gespräche und Gebete, Stille und Tanz.

Wir werden nicht miteinander schlafen, weil wir einsam und alleine sind, sondern weil wir uns gegenseitig achten. Wir werden erkannt haben, daß Energie auch durch den sexuellen Verkehr fließt, und wir werden diese Energie nur in Liebe austauschen. So werden nicht nur unsere Körper vereint werden, sondern auch unsere Seelen.

Wir werden mit allen Lebewesen auf dieser Erde kommunizieren, den Feen, Engeln und Wichtelfamilien und dem Königreich der Tiere. Wir werden diese leichteren Lebewesen sehen, und auch wir werden leichter werden. Überdies sind wir alle in der Lage, uns sichtbar und unsichtbar zu machen.

Wir werden ohne Flugzeuge reisen, da wir gelernt haben, uns selbst von einer Ecke der Welt in die andere zu transportieren. Wir werden liebevolle Kontakte pflegen mit unseren Schwestern und Brüdern jenseits unseres Planeten- und Sonnensystems. Diese Besucher werden in der Lage sein, unter uns zu leben, da mit der Erhöhung unserer Schwingungen die Möglichkeit geschaffen worden ist, ihre Schwingungen aufzunehmen.

Wir werden wissen, daß alles, was wir zu uns nehmen – jedes Geräusch, jedes Bild, jede Berührung, jeder Bissen, jedes Getränk, jeder Gedanke und jeder Atem –, eine Wirkung auf unser Wohlbefinden hat. Wir werden nur hören, sehen, essen, trinken, denken und atmen, was uns in unserem Wohlbefinden und in unserer Harmonie unterstützt. Wir werden die Entwicklung der Menschheit einen Schritt weitergebracht haben, und wir werden uns immer weiter entwickeln.

Herrlich, so eine Vision zu entwickeln. Ich frage mich, was mit unseren Schutzengeln passieren wird. Natürlich werden wir sie sehen, aber vielleicht verschmelzen wir miteinander. Wenn unsere Schutzengel die Vision von uns in sich tragen, was passiert, wenn wir diese Vision werden?

Ich schickte meine Vision per Fax, und Niki rief mich am nächsten Tag an. »Das ist alles schön und gut, aber glauben kann ich es nicht.«

»Irgendwann einmal wird unsere Welt so sein. Und je mehr jeder einzelne dafür tut, desto schneller werden wir in so einer wundervollen Welt leben.«

Ich höre Niki am anderen Ende der Leitung lachen.

»Na ja, deine Welt ist auf jeden Fall schöner als die, die ich jeden Tag sehe.«

»Du bist herzlich eingeladen«, antworte ich ihm.

Ich weiß noch, wie sein letzter Satz in meinen Ohren nachklang. Wir schaffen uns unsere eigene Realität. Wenn Reichtum, Schönheit und Gesundheit uns alleine glücklich machen würden, dann wäre jeder, der reich, schön und gesund ist, glücklich. Wir wissen, daß das nicht zutrifft.

Was macht mich glücklich? So zu sein, wie ich bin. Zu wissen, daß ich liebevoll und gut bin, weil ich in Harmonie mit mir, Gott und der Welt lebe. Und es wird täglich besser.

Ich habe in den letzten Jahren erkannt, daß Engel uns ohne »Wenn« und »Aber« lieben. Sie erkennen in uns den Wunsch und die Sehnsucht nach Liebe und Frieden. Und sie warnen uns, trösten uns, besuchen uns, beschützen uns und heilen uns. Sie warten nur auf ein offenes Herz, um uns den Weg zu zeigen.

Wenn wir unsere Augen schließen und nach unseren Engeln fragen, werden wir ihre Liebe fühlen. Wir haben die Wahl, ob wir das Fenster zur Engelwelt aufmachen wollen, und sei es noch so ein kleiner Spalt. Durch die Liebe der Engel und durch unseren Einsatz wird dieser Spalt größer und größer, bis das Fenster aufgerissen wird und irgendwann einmal ganz verschwindet.

Mein tiefer Wunsch ist es, daß ich Ihnen Hoffnung und Zuversicht geben durfte oder vielleicht sogar die Bestätigung, daß unsere Engelwelt real ist. So wirklich wie die Liebe, die wir fühlen.

Ich habe gehofft, daß ich vor Abschluß des Buches meinen Schutzengel sehen werde. Ich habe ihn noch nicht gesehen. Doch das entmutigt mich nicht. Ich konzentriere mich darauf, was ich von ihm weiß. Ich fühle ihn, ich höre ihn, und ich weiß, daß ich unendlich geliebt werde. Und ich vertraue darauf, daß ich ihn irgendwann sehen werde.

Es hängt von mir ab, wann ich ihn sehen werde. Es ist meine Wahl, meine Gedanken zu kontrollieren, meine Mitmenschen zu verstehen und zu lieben. Und mit dieser Wahl erreichen wir es, immer engelgleicher zu sein. Wir werden uns wohler fühlen, gesünder und fröhlicher sein. »Der Weg ist das Ziel«, irgendein kluger Mensch hat das einmal gesagt. Mein Weg hat mich meinem Ziel, Frieden in mir zu finden, schon sehr viel näher gebracht. Vor drei Jahren war ich zu 95 Prozent unzufrieden, unruhig, einsam, grantig, ängstlich und traurig. Heute bin ich zu 95 Prozent glücklich, zufrieden, fröhlich, gelassen und liebevoll. Die restlichen 5 Prozent werden doch wohl bald zu schaffen sein. Absolute Glückseligkeit zu haben und weiterzugeben, das ist meine Vision. Und, glauben Sie mir, wenn ich das schaffe, dann kann das jeder schaffen. Ich würde mich freuen, von Ihrer Vision für diese neue Welt zu hören. In einer Welt, in der niemand mehr die Frage stellen wird, wie Engel uns lieben. Denn wir werden es alle selbst wissen.

Ich werde jetzt meine Augen schließen und nach einem Ton suchen. War es nicht ein Ton, der meinen Schutzengel zu mir bringt?

Nachwort

»Aber Sabrina, bei aller Liebe,
wo bleibt in deinem Buch die Demut?
Engel gut und schön – ich verstehe auch,
daß man wächst und einiges dazulernt,
aber sollten wir das nicht mehr für uns behalten?«

Vor zwei Jahren bekam ich eine Weihnachtskarte mit einem Auszug aus Nelson Mandelas Antrittsrede als Präsident von Südafrika zugeschickt. Er sagte:

»Unsere tiefste Angst ist nicht,
daß wir unzulänglich sind.
Unsere tiefste Angst ist,
daß wir grenzenlose Macht in uns haben.
Es ist unser Licht und nicht unsere Dunkelheit,
vor dem wir uns am meisten fürchten.
Wer bin ich schon, fragen wir uns,
daß ich schön, talentiert
und fabelhaft sein soll?
Aber ich frage Dich, wer bist Du, es nicht zu sein?
Du bist ein Kind Gottes.
Dich kleiner zu machen dient unserer Welt nicht.
Es ist nichts Erleuchtendes dabei,
sich zurückzuziehen und zu schrumpfen,
damit andere Leute nicht unsicher werden,
wenn sie in deiner Nähe sind.
Wir wurden geboren, um die Herrlichkeit Gottes,
die in uns ist, zu offenbaren.
Sie ist nicht nur in einigen von uns,
sie ist in jedem von uns.
Wenn wir unser eigenes Licht strahlen lassen,

geben wir unterbewußt unseren Mitmenschen
die Erlaubnis,
dasselbe zu tun.«

Ich trage dieses Zitat in meinem Geldbeutel herum. Ich weiß noch, wie beeindruckt ich damals war, und jedesmal, wenn ich es lese, bin ich wieder ergriffen von diesem Gedanken.

Ja, uns wurde beigebracht, bescheiden zu sein. Bescheidenheit bis zur Selbstverleugnung. »Wer bin ich denn schon?« – »Nein, das ist doch nichts Besonderes.« – »Was soll denn an mir schon liebenswert sein?« – »Das kann doch jeder.« – »Nein, ich bin nicht schön, sieh doch nur meine dicken Hüften.«

Wir haben uns selbst kleiner gemacht, damit bloß keiner eifersüchtig wird. Wir haben Angst, auf uns stolz zu sein – ist stolz doch ein Schimpfwort, das arrogante und egoistische Menschen beschreibt.

Aber vor lauter Angst, als stolz bezeichnet zu werden, haben wir das Kind mit dem Bad ausgeschüttet: Wir haben uns nicht erlaubt, uns selbst zu lieben. Vor einigen Jahren wurde ich in einem Interview gefragt, ob ich mich liebe. Ich habe geantwortet: »Ich habe mich an mich gewöhnt!« Als ob ich irgendein schlimmer Virus wäre. Ich fühlte mich unwohl bei der Vorstellung, was die anderen wohl denken könnten, wenn ich sage, daß ich mich liebe. Das klingt so selbstverliebt, so egoistisch, so arrogant, so ... (hier können Sie einfügen, was immer Ihnen dazu noch einfällt).

Wir müssen lernen, uns selbst zu lieben. Wenn wir uns nicht selbst lieben, wie können wir dann andere lieben? Gibt es etwas, was uns an uns nicht gefällt, nicht wertvoll genug erscheint, haben wir die Macht, es zu verändern. Wenn unser Licht nicht hell genug leuchtet, sind wir in der Lage, die Lampe zu putzen.

Es ist Zeit, so glaube ich, unser Licht strahlen zu lassen. Vor zweitausend Jahren sprach Jesus in der Bergpredigt (Matthäus

5,14) über das gleiche Thema: »Ihr seid das Licht der Welt; eine Stadt, die auf einem Berge liegt, kann nicht verborgen bleiben. Auch zündet man ein Licht nicht an, um es unter den Scheffel zu stellen, sondern auf den Leuchter, damit es allen leuchtet im Hause. So leuchte Euer Licht vor den Menschen, damit sie Eure guten Werke sehen und Euren Vater im Himmel preisen.«

Ist es nicht so, daß wir oft die schlimmen Dinge am lautesten verkünden? Laßt uns die freudigen Dinge laut preisen! Ich bedanke mich bei Gott und meinen Engeln jeden Morgen für die Gnade, Freude und Inspiration weiterverschenken zu dürfen.

Laßt unser Licht erstrahlen, damit die Welt zu dem Paradies wird, zu dem sie ausersehen ist. Und jedes Licht von uns wird mehr und mehr die Dunkelheit verdrängen. Möge in uns allen das Licht leuchten und weit strahlen.

Zarathustra sagte einmal: »Wenn Ihr gefragt werdet, wo Ihr herkommt, sagt: Wir kommen daher, wo das Licht gemacht wird.«

Mögen wir uns alle daran erinnern.

Anhang

Die meistgestellten Fragen

Im Lauf der Jahre sind mir viele Fragen zu Engeln gestellt worden. Dabei weiß ich nicht alles. Ich lerne selbst. In manchen Dingen habe ich es zu einer gewissen Meisterschaft gebracht, aber ich sehe mich als jemanden, der jeden Tag etwas Neues dazulernt – und hier teile ich einfach nur meine Erfahrungen mit. Eine der wichtigsten Lektionen in diesem Leben, die ich bisher gelernt habe, ist, daß ich nichts zu hundert Prozent sicher und objektiv weiß. Ja, ich habe Erfahrungen gemacht, und ja, diese Erfahrungen haben mir viel bewiesen, aber trotz alledem gehen sie durch meinen persönlichen Filter.

Mein Filter, das sind meine Gedanken, die sich gelegentlich so aufführen, als ob sie alles wüßten. So bitte ich Sie, meine Antworten nicht als das »Amen in der Kirche« aufzufassen. Hören Sie in sich selbst hinein, ob das, was ich zu sagen habe, auch für Sie stimmig ist. Wahrheit fühlen wir immer tief in uns selbst. Da regt sich etwas in unserem Inneren, was das Gelesene oder Gehörte bestätigt. Wir sind auf dieser Erde, um unserer eigenen Intuition zu lauschen, denn in uns selbst haben wir alle Wahrheiten der Welt.

Einige dieser Fragen stammen aus Briefen, andere von meiner Website und wieder andere aus Gesprächen. Manchmal ist die Antwort per du, ein andermal per Sie, je nachdem, wie ich angeschrieben wurde. Manche der Antworten werden sich zum Teil wiederholen. Ich habe sie trotzdem nicht gekürzt, da es mir persönlich immer sehr geholfen hat, wenn ich gewisse Dinge ein paarmal gehört habe. So richtig verstand ich sie erst in einem anderen Zusammenhang.

Naturgemäß stellen wir Fragen, wenn wir mit einer bestimmten Situation Schwierigkeiten haben. Ich möchte natürlich nicht, daß hier der Eindruck entsteht, es gäbe jede Menge Probleme, wenn man sich mit Engeln beschäftigt. Aber ich glaube, es ist doch nützlich, zu wissen, daß man auf unserem Weg diverse Herausforderungen antrifft und es ja der Sinn und Zweck im Leben ist, uns mit Hilfe von Herausforderungen selbst besser kennenzulernen. Sehr viele Menschen schreiben mir, wie wundervoll und wie leicht der Kontakt mit den Engeln sei und wie sehr dies ihr Leben bereichert habe. Dem kann ich mich nur aus vollem Herzen anschließen. Doch manchmal stehen wir uns halt einfach selbst im Weg – wer kennt das nicht?

Die Fragen sind in drei Bereiche gegliedert: einmal Fragen zu Gott und den Engeln, dann zu Meditationen sowie Gebeten und schließlich zu Lehrern. Gelegentlich erwähne ich andere Bücher, die ich gern empfehle, oder aber auch meine eigenen. Ich möchte sie Ihnen nicht aufdrängen, aber auch nicht vorenthalten. Ich tue es für diejenigen, die weitere Informationen über ein bestimmtes Thema suchen. Ich würde mich freuen, wenn Sie das einfach als Angebot sehen könnten. Da Sie ja auf Ihre eigene Intuition hören, werden Sie schon ein Gefühl dafür haben, ob weitere Lektüre für Sie interessant ist.

Was mir früher noch möglich war, ist jetzt wegen der großen Zahl nicht mehr zu schaffen: all Ihre Briefe mit Ihren Fragen persönlich zu beantworten.

Aus diesem Grunde bitte ich Sie von ganzem Herzen, sich über das Internet an meine Website www.SabrinaFox.com zu wenden und Briefe nur dann zu schreiben, wenn Ihnen diese Möglichkeit nicht zur Verfügung steht. Ich bemühe mich, alles zu beantworten, es mag aber eine Zeitlang dauern. Es ist auch leichter für mich, wenn Sie sich in Ihrem Schreiben möglichst kurz fassen.

Ich bin nicht die einzige, die Fragen beantworten kann (das anzunehmen wäre ja auch recht vermessen, nicht wahr?), sondern unsere Fragen werden auf mannigfaltige Art und Weise beantwortet: in unseren Gebeten und in den Zeiten der Stille. Manchmal in Büchern. Manchmal in der Familie, von Freunden und Kollegen. Oft ersuche ich auch meine Freundinnen um einen Rat.

Wenn ich eine Frage habe und darauf noch keine zufrieden-
stellende Antwort bekommen habe, dann bitte ich in meinen
Gebeten Gott, daß er/sie mir die Antwort schickt, und dann
beobachte ich aufmerksam, was sich da in meinem Leben so
zeigt.
Wir werden immer gehört ...

Engel und Gott

*Woher weiß ich, daß da wirklich mein Engel zu mir spricht? Ich
kann das einfach nicht so recht unterscheiden, da ich in »meiner
eigenen Stimme« Antworten in meinem Kopf höre. Vielleicht
führe ich ja sogar nur Selbstgespräche oder bin verrückt?*
Erst einmal ein paar Sätze vorab: Für mich gibt es keinen Unterschied zwischen der Information, die von Gott, den Engeln
und meiner eigenen tiefen Intuition kommt. Wahrheit ist
Wahrheit – gleich, woher sie stammt. Wenn sich Wahrheit mit
Strom vergleichen ließe, so wäre es der gleiche Strom, ob er
nun aus der Steckdose im Schlafzimmer oder durch eine Lampe
oder durch eine elektrische Heizung käme. Meine Engel werden
mir keine andere Information geben als meine Intuition. Da
Engel die göttlichen Boten sind, gibt es natürlich auch keinen
Unterschied zwischen der Information, die von Gott kommt,
und derjenigen, die von den Engeln stammt. Es ist die gleiche
Quelle. Deshalb mache ich nur *einen* Unterschied: Kommt die
Information von meiner Seele oder meiner Persönlichkeit?
Meine Seele ist ein ewig lebender Teil von Gott, und meine
Persönlichkeit ist wie ein Kleid, das ich mir auf dieser Reise, in
diesem Leben, anziehe. Wenn ich dieses Leben verlasse, ver-
lasse ich auch größte Teile meiner Persönlichkeit. Meine Seele
dagegen – die göttliche Verbindung – bleibt.

Woher weiß ich also, daß mein Engel und nicht meine Persönlichkeit, also mein Verstand, mit mir spricht?

Das ist am Anfang gar nicht so klar zu unterscheiden, und ich habe oft selbst darüber gerätselt, woher denn die Information kommt. Nach einer Weile erkannte ich mein »Persönlichkeits-Ich« sehr schnell: In der Regel ist es das faulere ...

Oftmals muß ich bei den Informationen, die von den Engeln kommen, irgend etwas tun. Da gibt es einen Zeitaufwand, der damit verbunden ist. Nicht selten etwas, das meine gesamte Planung oder Vorstellung über den Haufen wirft. Manchmal ist mir das Vorgeschlagene unangenehm, und ich versuche, es mit einem »Na ja, das bilde ich mir vielleicht nur ein« einfach wegzuwischen. So nach dem Motto: »Ich suche mir lieber selbst aus, was Gott mir zu sagen hat.« Häufig wurde sehr viel Mut von mir verlangt, etwas zu tun, was mein Engel mir sagte. Einmal sollte ich einen Bettler umarmen (dieser Gedanke wurde mir von meinem Engel geschickt), und es hat sehr lange gedauert, bis ich endlich zugehört und es dann auch getan habe.

Ein anderes Beispiel – wenn ich immer nur bitte: »Gott, hilf mir, ich bin so allein« und auf einen Prinzen (oder eine Prinzessin) auf einem weißen Pferd (oder in einem Schloß) hoffe, ohne meine Wohnung zu verlassen, dann sieht es nicht gut aus. So ein Pferd kommt schließlich kaum ins Haus, womöglich noch den zweiten Stock hinauf ...

Ich würde folgendes Gebet vorschlagen: »Lieber Gott, danke, daß du mir Freunde schickst.« Und dann beobachten wir aufmerksam, wer uns so über den Weg läuft. Wenn wir dabei nur auf den Prinzen auf dem weißen Pferd warten, dann gehen wir an dem König, der zu Fuß geht, achtlos vorbei. Zum Beispiel mag es da eine Nachbarin geben, die wir im Flur treffen und die irgendwie durcheinander ist. Vielleicht kommt uns nun der himmlische Gedanke, nachzufragen, wie es ihr geht. Wenn wir das tun, wird sich möglicherweise ein wundervolles Gespräch und eine schöne Freundschaft entwickeln. Aber wir müssen selbst etwas tun, in diesem Beispiel eben die Nachbarin ansprechen. Meine Engel (Gott, meine Intuition) schicken mir eine Idee, und ich führe sie aus – das funktioniert wie die rechte und linke Seite vom Reißverschluß, die dann harmonisch zusammenfinden. Die Ideen werden uns oft geschenkt, sie auszuführen ist jedoch unsere Aufgabe. Ich nehme mir da immer gern Jesus als Vorbild. Er hat wahrlich viel getan und nicht nur gewartet, daß die Dinge einfach so geschehen. Seine vierzig Tage in der Wüste zum Beispiel: Sie waren eine klare Entscheidung, sich selbst im Tiefsten kennenzulernen. Wer weiß, vielleicht war es auch bei ihm ein Engel, der ihm diesen Gedanken schenkte.

Unsere Engel zu hören ist so eine Art Training, das wir alle selbst absolvieren müssen. Wir sollten es einfach ausprobieren. Jeder von uns hat da seinen eigenen Weg. Ich bitte oft um ein Gefühl, falls ich mir nicht so ganz sicher bin. Wenn ich eine »neutrale« Empfindung habe oder »nichts« fühle, dann ist es für mich ein »Nein«. Ein »Ja« kommt bei mir immer mit einem sanften »Hochgefühl«; dann »regt« sich etwas in mir.

Und noch ein Gedanke dazu: Wir brauchen nicht alle vierzig Tage in die Wüste zu gehen, aber auch nicht jede Einsamkeit muß vermieden werden. Oft bringt uns gerade das Alleinsein zu unserem göttlichen und wahren Selbst. Wenn niemand anders da ist, der uns »ablenkt«, setzen wir uns endlich mit uns selbst auseinander ...

Seit kurzer Zeit interessiere ich mich sehr für spirituelle Fragen und Engel. Ich habe schon oft versucht, Kontakt mit meinen Engeln aufzunehmen, aber irgendwie verstehe ich sie nicht, und ich bekomme auch keine Antworten. Oder höre ich sie einfach nur nicht? Was kann ich tun, um Kontakt aufzunehmen? Wenn es um das Kaufen von Büchern geht, habe ich bereits viermal das richtige Buch bekommen. Ist das vielleicht der Anfang?

Ja. Unsere Intuition und die Ideen, die uns die Engel schicken, kommen auch dann zu uns, wenn wir nicht beten oder meditieren. Das ist ja das Spannende am Leben. Wir gehen unseren alltäglichen Beschäftigungen nach und hören gleichzeitig in uns hinein. Und so ist es wahrscheinlich auch bei der Buchauswahl gewesen. Da hat man plötzlich das Gefühl: »Das ist genau das richtige für mich.« Manchmal fällt in solch einem Fall sogar ein Buch vom Regal ...

Wenn wir mit Engeln kommunizieren wollen, läßt sich das mit dem Erlernen einer Sprache vergleichen, die wir schon einmal beherrschten, aber vergessen haben. Wir stehen uns da oft selbst im Weg – zumindest war es bei mir so. Ich hatte auch immer bestimmte Erwartungen, »wie es denn zu sein hat«, und habe mich nicht einfach neugierig dafür geöffnet, »wie es ist«. Wir lernen, unsere Gedanken zu beruhigen, und der erste Schritt in der Stille (oder der Meditation) ist immer der, sich selbst zu fühlen. Im eigenen Zentrum zu sein. Erst dann, wenn wir innerlich ruhig werden, sind wir in der Lage, die Nachrichten der Engel wahrzunehmen. Das ist genau so, wie wenn ich versuche, in einer lauten Bar zu telefonieren. Die Geräusche um mich herum sind zu laut, als daß ich die leise Telefonstimme hören und verstehen könnte. Ich beginne zuerst mit einem entspannenden Atmen. Und das mag gute zehn bis fünfzehn Minuten so gehen. Und erst wenn ich mich in meinem Zentrum fühle und ganz »in mir bin«, stelle ich in Gedanken eine Frage an meine Engel, und dann warte ich ab. Wie beim Telefonieren warte ich ab, was der andere denn sagt, ohne die Antwort schon »erahnen« zu wollen.

Das ist leichter gesagt als getan, aber es wird schon. Unsere Engel sprechen fast immer »leise« in uns. Die Angst äußert sich in der Regel »laut« – denn sie will ja unbedingt gehört werden.

Ich glaube nicht, daß es ein Patentrezept für alle gibt. Die Art und Weise, wie wir mit unseren eigenen Engeln kommunizieren, ist einzigartig. Wie wir selbst. Und noch etwas: Bleibe während der Meditation »in« Deinem Körper – meine Engel haben mir mal gesagt, es sei leichter für sie, mit uns Kontakt aufzunehmen, wenn wir auch »zu Hause« (also in unserem Körper) sind.

Manchmal, wenn ich nicht in der Lage bin, meinen »Verstand« ruhigzustellen, bitte ich um ein Zeichen innerhalb der nächsten vierundzwanzig Stunden. Dann beobachte ich aufmerksam, was denn da so in meinem Leben passiert. Und sehr häufig bitte ich »um den nächsten Schritt zur Heilung dieser Herausforderung«. Manchmal ist es für mich leichter, nur den nächsten Schritt aufzunehmen.

Ich spreche täglich mit meinem Engel und bitte um Antworten, aber es hat bisher noch nicht geklappt. Ich wollte mir vor einer Woche ein Buch über Engel kaufen und konnte mich zwischen zweien nicht entscheiden. Da spürte ich, als ich das eine Engel-buch in der Hand hielt, einen starken Druck am Kopf, so als ob ich einen ganz engen Hut aufhätte. Ich glaube, da wollte mir mein Engel sagen, daß ich das Buch, das ich in den Händen hielt, kaufen soll, was ich auch tat. Dieses Gefühl hatte ich schon öfters. Ich dachte nur, wenn Engel Gefühle schicken, dann fühlt sich das schön an und nicht, als ob man einen engen Hut aufhat, oder?

Unser Körper verändert sich, wenn wir neue Erfahrungen und Wahrheiten aufnehmen. Und so »öffnet sich unser Verstand« auch für neue Informationen (die in Wahrheit natürlich »alte« Informationen sind, wir haben sie nur vergessen). Unser Schei-telchakra (ein Energiefeld am Oberkopf) wird weiter und öffnet sich. Und manchmal fühlt sich das »komisch« oder »eng« an, wenn wir es erweitern. Wenn Du das nächste Mal wieder das Gefühl hast, magst Du Dich vielleicht innerlich fragen, was das bedeutet.

Vielleicht ist das aber auch zusätzlich eine enge Umarmung von Deinem Engel.

Ich meditiere regelmäßig, kann aber vor meinem inneren Auge immer noch nicht meinen Schutzengel sehen. Was kann ich verbessern?

Manchmal haben wir bestimmte Vorstellungen, wie Schutzengel mit uns in Kontakt treten sollen. Also ein paar Flügel sollten es schon sein, ein liebliches Gesicht, vielleicht noch wunderschöne Musik im Hintergrund ... Engel kommen so zu uns, wie wir sie brauchen. Manchmal als Gefühl, dann als Licht oder Lichtpunkte, ein andermal als Stimme bzw. eindringliche Gedanken oder als komplette Figur. Engel kommunizieren meistens durch unsere Gedanken mit uns. Sprechen Sie am Anfang ein Gebet und formulieren Sie Ihren Wunsch. Und dann warten Sie ab, was sich da in Ihren Gedanken zeigt. Viele von uns suchen auch einen Engel »hinter den geschlossenen Augenlidern«. Engel präsentieren sich oft so, wie sich Träume zeigen. Doch auch wenn sich kein Engel zu erkennen gibt, wird das seine Richtigkeit haben. Meiner Meinung nach existieren keine Fehler im Universum, und ich bemühe mich, mich nicht mit der Realität anzulegen. Die Gegenwart ist, »wie sie ist«. Aber wir können unseren Engel trotzdem fragen, warum wir ihn noch nicht sehen oder in welcher Gestalt er sich denn zeigen möchte.

Ich saß vor einiger Zeit auf meiner Terrasse und las Dein Buch Wie Engel uns lieben, *und da ging es über Meditation und Schutzengel und Federn. Ich ging in die Küche, um mir was zu trinken zu holen, und lief durch eine Wärmequelle. Sie ging vom Kopf bis zu den Hüften. Eine sehr intensive, wundervolle warme Quelle. Zuerst wußte ich das nicht richtig einzuordnen. Die Rolläden waren unten, kein warmes Haushaltsgerät an. Dann lief ich noch mal durch. Als ich mich draußen wieder auf den Stuhl setzte, lag vor mir eine Feder! Ich war total überrascht. Es passierte einfach. War das mein Engel? Ich habe mir auch die Meditationskassette von Dir bestellt, habe aber meinen Engel leider noch nicht gesehen. Bin ich zu ungeduldig?* Du hast ihn noch nicht gesehen, schreibst Du. Federn und Wärmefelder gelten wohl nichts ...? Für mich hört sich das sehr danach an, als ob sich Dein Schutzengel gezeigt hat. Nur anders, als Du Dir das vorgestellt hast. Wie wundervoll!

Ich suche meinen Schutzengel. Woran merkt man, daß man ihn gefunden hat? Wie nehme ich seine Anwesenheit wahr? Wie muß ich mir das vorstellen? Ich bin ein wenig betrübt darüber, daß so viele Leute bereits Kontakt zu ihrem Schutzengel haben, nur ich nicht. Zumindest nehme ich ihn nicht wahr. Kannst Du mir weiterhelfen?

Das Wundervolle ist, daß wir unsere Schutzengel nicht »verlieren« können. Sie sind immer da. Also paßt der dritte Satz am besten: »Wie nehme ich seine Anwesenheit wahr?« Manchmal sind es Veränderungen in der Temperatur, manchmal eine Gänsehaut, manchmal ein Geruch. Wir sensibilisieren uns selbst, und dann wird es leichter für uns, unseren Engel zu fühlen. Aber auch das hält nur für eine Weile, denn wenn wir an uns arbeiten, werden wir »leichter«. Und dann ist der Unterschied zwischen unseren Engeln und uns selbst nicht mehr so gewaltig. Da Engel leichte Energien haben, ist auch ihr Kontakt leicht. Und deswegen gibt es keine Vorstellungen, die für alle gelten. Das läßt sich mit einem bestimmten Geschmack vergleichen. Wie kann ich jemandem, der noch nie eine Erdbeere gegessen hat, erklären, wie eine Erdbeere schmeckt? Vielleicht schmeckt er sie ganz anders, als ich es tue? Wenn es Dir möglich ist, verlaß Dich darauf, daß Deine Engel bei Dir sind. Gerade am Anfang hilft es, »Selbstgespräche« zu führen. Tu einfach so, als ob Du mit Deinem Engel sprichst. Damit öffnen wir die Tür zur Möglichkeit, und bald kommen »Antworten in unseren Selbstgesprächen«, an die wir selbst nicht gedacht haben. Wenn Du möchtest, stell Deinem Engel die Frage: »Liebst Du mich?« und warte, was da an Gefühlen oder Gedanken auftaucht. Keiner ist ohne Engel, auch Du nicht.

Ich habe mit Hilfe Ihrer Meditationskassette meinen Schutzengel kennengelernt. Ich spüre ihn ganz deutlich. Es ist so beruhigend, so wohlig. Wenn ich in meiner Meditation bin, ist alles so klar, so deutlich ... Aber dann, wenn mein Kopf wieder seine Arbeit aufnimmt, sind da tausend Fragen. Als erstes sehe ich keine Leiter (Anm.: so auf der geführten Meditationskassette von Sabrina Fox), sondern ein rotes Band, das mich nicht auf einen Regenbogen, sondern auf ganz weiche weiße und rosafarbene Wolken bringt. Meist wartet mein Engel schon auf mich. Er hat ein indianisches Gesicht mit einer riesigen Adlernase, und er hat Flügel. Er antwortet mir auch immer ganz spontan. Aber verflixt, ich glaube einfach, ich bilde mir das alles nur ein. Ich verstehe manche Antworten auch nicht richtig, denke ich. Eine meiner Aufgaben in diesem Leben scheint es zu sein, Vertrauen zu lernen. Aber auch das fällt mir furchtbar schwer. Ich bin einfach zu mißtrauisch. Aber ich wünsche mir so sehr, dieses geborgene Gefühl in meiner Meditation in meinen Alltag mitzunehmen. Nur – wie geht das?

Willkommen im Club! Jeder von uns hat seine Herausforderungen. Die Meditationskassette sowie die CD sind nur Anregungen – Ihr Engel weiß schon, was richtig für Sie ist, und deshalb führt er Sie auch auf die Wolke und nicht auf den Regenbogen. Ebenfalls ein Zeichen, daß Sie geführt werden, nicht wahr? Denn das haben Sie sich ja nun wirklich nicht vorgestellt, sondern Sie waren davon auch selbst sehr überrascht. Unser Verstand sagt uns: »Das bildest du dir nur ein.« Aber wieso würden Sie sich etwas einbilden können, was Sie sich noch nicht einmal vorgestellt haben? Und wegen des Vertrauenlernens: Fragen Sie doch mal Ihren Engel, ob er dazu einige Vorschläge hat. Natürlich fällt uns unsere größte Aufgabe schwer, und wir haben ja auch unser ganzes Leben Zeit, es zu erfahren. Rom wurde auch nicht an einem Tag gebaut. Wir schaffen das schon, nicht wahr?

Ich fühle täglich eine innere Stimme, die mich in meinem Tun und Handeln unterstützt. Die mir Kraft gibt und die mir hilft, nicht so schnell aufzugeben und an mich bzw. an Gott zu glauben. Wer oder was ist diese Stimme? Du beschreibst in Deinen Büchern die Gespräche mit Zarathustra, Deinen Engeln, Jesus und Gott. Wann weißt Du denn, wer in diesem Moment mit Dir spricht? Ich kannte Zarathustra, bevor ich Deine Bücher gelesen hatte, noch nicht, habe mich ein wenig über ihn erkundigt. Ich muß jedoch gestehen, daß mir seine Art von Schreiben zu verstehen sichtlich schwerfällt. Kannst Du mir einen Tip geben, wie ich ihn finden und verstehen kann? Ich möchte gern von seinen Weisheiten lernen.

Da ich glaube, daß Gott, meine Engel, Jesus, Mutter Maria, Zarathustra, Solano und meine Intuition mir ein und dasselbe sagen, ist es mir persönlich nicht so wichtig, wer genau da antwortet. Wenn es Dir wichtig ist, frag doch einfach nach. Vielleicht gibt es dann eine Antwort, die für Dich von Bedeutung ist. Wegen Zarathustra: Vieles an Lektüre ist sehr alt und in einem Stil geschrieben, der vor vielen Hunderten von Jahren üblich war. Wenn Du möchtest, zünde eine Kerze an, schau hinein, sprich Dein Gebet und bitte Zarathustra, mit Dir zu sprechen. Dann ist er einfacher zu verstehen. So mache ich das auch.

Seitdem ich mit meinen Engeln kommuniziere, habe ich die schrecklichsten Träume. Ich schlafe ein und habe das Gefühl, ich wache dann wieder auf, schreie und bringe keinen Ton heraus. Ich sehe Schatten und komische Gestalten. Ich weiß, daß ich schlafe und keine Angst zu haben brauche; und trotzdem habe ich solche Angst, daß sich mir (wie bei einem Hund) die Nackenhaare aufstellen und ich innerlich zu zittern anfange. Ich bin morgens immer ganz zerschlagen. Wie kann ich diese Träume verhindern?

Meine Liebe, in vielen Träumen lösen wir uns von alten Glaubenssätzen. Das ist sozusagen auch oft der Abfalleimer unseres

Unterbewußtseins. Irgendwie müssen diese Ängste ja auch losgelassen werden. Ihre Träume wollen Ihnen etwas zeigen. Das ist ein Geschenk. Wenn Sie aufwachen, schreiben Sie auf, woran Sie sich erinnern. Und ganz wichtig: auch die Emotionen dazu. Wie fühlten Sie sich? Nur panisch, oder gab es da ein Gefühl des Beobachtens dabei? Wie ging der Traum aus? Wie löste sich das alles? Träume zeigen uns alle unsere Aspekte. Gibt es einen Teil von Ihnen, der Angst vor diesen neuen Erfahrungen hat? Angst davor, was die Engel vorschlagen könnten? Angst davor, was unsere Nachbarn über uns sagen, wenn sie hören, daß wir mit Engeln reden wollen? Angst davor, daß wir damit die Büchse der Pandora aufmachen und Probleme kriegen werden, weil wir uns mit spirituellen Dingen beschäftigen? Es scheint so, als ob Sie wissen, wenn Sie träumen. Wenn Ihnen solch ein Traum also wieder »bewußt« ist, dann versuchen Sie, sich in das »Beobachten« hineinzuversetzen. Beobachten Sie den Traum, als ob Sie einen Film anschauen. Beten Sie auch. Wenn ich in einer Angelegenheit unsicher bin, dann bitte ich meinen Engel, mir zu helfen. Oftmals sage ich auch: »Jesus, bitte kümmere dich darum.« Träume sind Geschenke. Sie machen uns auf etwas aufmerksam. Wir können sie nicht verhindern, denn das ist nicht der Sinn der Sache. Vor dem Einschlafen haben Sie auch die Möglichkeit, sich vorzubereiten: »Lieber Gott, danke für die Träume, die mich auf meinem Weg unterstützen. Bitte hilf mir, Klarheit darüber zu finden. Amen.«

Ich bin dreizehn Jahre alt und interessiere mich sehr für Engel. Soll ich in meinem Alter an Engel glauben? Könnte ich, auch wenn ich noch jung bin, Kontakt mit meinem Schutzengel herstellen?

Wie fühlst Du Dich, wenn Du an Engel denkst? Ich beobachte bei mir immer eine Leichtigkeit, und ich fange fast automatisch zu lächeln an. Wenn wir auf die Welt kommen, haben wir einen innigen Kontakt mit unseren Engeln, da wir sie sehen und fühlen können. Dann haben wir sie uns im »Lauf unseres Lebens abgewöhnt«. Wohl auch aus dem Grund, weil es spannend ist, sie wiederzufinden. Unsere Aufgabe in diesem Leben ist, »das Göttliche in Körperform zu leben«. Und deswegen »vergessen« wir unsere Engel. Wir »vergessen« selbst, daß wir ein Teil der Göttlichkeit sind, um das Leben spannend zu gestalten. Deshalb ist es leichter, je jünger wir sind. Wenn Du mit Deinem Engel Kontakt aufnehmen willst, dann such Dir einen ruhigen Platz und frag Deinen Engel: »Liebst du mich?« Und dann warte auf das Gefühl, das Dir geschenkt wird. Wenn Du magst, kannst du auch verschiedene Meditationen ausprobieren – oder such Dir Deine eigene Art, mit Engeln zu sprechen, aus. Viel Spaß dabei!

Ich habe so einen großen Wunsch, mit meinem Engel Kontakt aufzunehmen. Manchmal steigen mir auch Düfte von Vanille in die Nase, obwohl nichts in der Nähe ist, was mit Vanille gemacht wird. Ist das ein Zeichen meines Engels?
Ja. Engel versuchen es auf jede erdenkliche Weise, sich bemerkbar zu machen. Und Düfte sind eine Möglichkeit. Wenn so ein Duft noch mal kommt, frag einfach: »Bist du es, mein Engel?«

Liebe Sabrina, könntest Du nicht Deine Engel fragen, ob Sie mal mit meinem Engel reden? Ich brauche dringend Hilfe und kriege einfach keine Antwort.
Deine Engel sind immer da und auch nicht beleidigt oder hören gar weg. Ich habe keinen »besseren Kontakt« zu Engeln als jeder andere auch. Der liebe Gott hat *nicht* gesagt: »Und dir, Sabrina, gebe ich den besten Kontakt mit Engeln ...« Manchmal haben wir Schwierigkeiten, wirklich hinzuhören, denn bei jedem Vorschlag kommen wir schon automatisch mit einem »Aber«. Dein Engel schlägt Dir in Gedanken vor: »Wechsle deine Arbeitsstelle«, und da kommt schon der Verstand und sagt ganz laut: »*Aber* ... bei der heutigen Wirtschaftslage finde ich doch nichts Besseres«, und wir tun es nicht. Dein Engel sagt:

»Entschuldige dich ...«, und dann kommt der Verstand und sagt ganz laut: »*Aber* ... ich bin ja gar nicht allein schuld, und der andere soll sich gefälligst zuerst entschuldigen.« Dein Engel schlägt Dir vor: »Sprich diese Frau dort an«, und da kommt schon der Verstand und sagt ganz laut: »*Aber* ... ich kenne die doch gar nicht, die wird mich doch für verrückt halten.«

Ich sage natürlich nicht, daß dieses Szenario sich genau so bei Dir abspielt. Aber es kommt doch häufiger vor. Und dann rufen wir in unseren Gebeten zu unseren Engeln: »Warum sprecht ihr nicht mit mir?« Ich mußte auch häufig bei mir selbst feststellen, daß ich mit der Antwort, die mir die Engel gaben, nicht zufrieden war. Sie gefiel mir einfach nicht. So wollte ich eine andere Antwort, die natürlich nicht kam. Ich bin ein bißchen stur ... bei mir hat das ein Weilchen gedauert, bis ich das eingesehen habe. Du wirst es wahrscheinlich sehr viel schneller lernen. Denk auch daran, daß die Engel meistens die »leise« Stimme, die »kleine« Stimme sind. Wenn Du Dir also eine Frage stellst, beobachte, welche Antwort (welcher Gedanke) laut und welcher leise kommt. Schreib Dir beide auf und vergleiche dann ...

Ich habe auch schon aus tiefstem Herzen darum gebetet, meine Engel kennenzulernen. Oft bekomme ich dabei ein ganz beklemmendes Gefühl, als ob ich mit meinem Wunsch »böse Geister« gerufen hätte. Ich fühle mich dann ganz ängstlich und beklommen in meiner Wohnung. Kann da irgend etwas passieren?

Meine Liebe, das kann ich gut verstehen. Oftmals machen wir uns Sorgen, wenn wir die »Welt des Nichtsichtbaren« betrachten wollen. Wer weiß, was da sonst noch lauert? Schließlich haben wir alle genug Geister- und Horrorfilme gesehen.

Grundsätzlich glaube ich, daß es nichts gibt, vor dem ich mich fürchten muß. Ich bin in mir und in Gott sicher. Klar, mein Körper kann verletzt werden, und ja, ich kann sterben. Das ist, meiner Meinung nach, aber nicht das Schlimmste, was mir passieren kann. Denn mir kann nichts Schlimmes passieren. Ich bin eine ewige Seele, die ewig lebt und sich diesen Körper nur für einige Zeit ausgesucht hat. Wie ein Kleid, das ich so lange trage, bis es mir nicht mehr gefällt, bis es zu ausgewaschen ist oder bis es zerreißt – so lange habe ich diesen Körper. Wenn ich bete und meine Engel bitte, mit mir zu sprechen, dann öffne ich mit diesem Gebet ein Fenster in einem bestimmten Stockwerk. Natürlich gibt es in dem »Haus des Ungesehenen« viele Stockwerke und Keller. Und es gibt sicher auch »Ungesehenes«, das sich nicht leicht anfühlt und somit eine Schwere oder Traurigkeit bringt. Deshalb bete ich vorher. Damit ich allein dieses Fenster in einem hohen Stockwerk aufmache, durch das nur das Licht und die Leichtigkeit kommen können. Deshalb sind für mich Gebete so wichtig. Sie zeigen dem Universum meine Absicht.

Natürlich gibt es Geister – ich sage lieber »Spirits« dazu –, die zwar ohne Körper, aber »schwerer« sind. Wir fühlen uns leichter, wenn wir liebevoll sind, und schwer, wenn wir uns Sorgen machen und Angst haben. Gelegentlich fühle ich solch eine Seele, und dann schicke ich sie liebevoll ins Licht, indem ich einfach sage: »Begib dich dorthin, wo das Licht ist, dort wirst du Frieden und Liebe finden.« Diese schwerere Seele, so ist es nach meiner Erfahrung, kommt nicht zu mir, um mich zu erschrecken. Sie kommt zu mir, damit ich ihr helfe. Sie fühlt sich von dem Licht angezogen und nicht von der Dunkelheit. Und deshalb bitte ich dann Gott um Unterstützung. Wir sind Lampen, die das Licht Gottes ausstrahlen. Und es liegt an uns, wie »sauber« unsere Lampe ist. Und wenn das Licht strahlt, dann zieht es Menschen wie Seelen an, die sich zum Licht und zur Wärme hingezogen fühlen. Das ist eine große Gnade.

Zusammenfassend: Es ist ganz normal, daß man sich Sorgen macht. Wichtig dabei ist, diese Sorgen und diese Ängste zu akzeptieren und sie sich genauer anzuschauen. Sie einfach zu unterdrücken funktioniert auf gar keinen Fall. Alles Unterdrückte kommt irgendwann einmal wieder hoch, denn es ist ja nicht richtig verarbeitet worden.

Jede Angst ist auch ein Geschenk. Denn unsere Ängste sind große Pfeile, die uns auf die Ecken in unserer Persönlichkeit hinweisen, welche noch im dunkeln liegen. Wenn also so ein »beklemmendes Gefühl« in mir auftaucht, dann lasse ich mich ganz darauf ein. Ich gehe in das Zentrum dieses Gefühls und beobachte es. Wie fühlt es sich an? Bebt es? Kribbelt es? Ist es schwer? Ist es heiß? Ist es kalt? Ist es groß? Und dann, wenn ich es genau beobachtet habe, dann frage ich: »Was liegt darunter?«, und ich gehe immer tiefer hinein. Da mag die Angst vor Neuem darunter liegen. Es mag die Angst vor einem strafenden Gott sein. Oder ein Erlebnis aus der Kindheit. Was immer es ist – es existiert, um geheilt zu werden. Durch uns selbst mit Gottes Hilfe. Sie können das, da bin ich ganz sicher.

Manchmal gibt es natürlich Situationen, in denen ich mich unwohl fühle und, nachdem ich mich selbst geprüft habe, zu dem Ergebnis komme, daß das an der Umgebung liegt. Dann »reinige« ich entweder diese Umgebung (mit Hilfe von Räucherstäbchen, Salbei und Musik) oder verlasse sie. Ich bin sicher, Sie finden den Unterschied bald selbst heraus.

Ich habe Angst, daß mich ein Geist besetzt hat. Wie finde ich das heraus, und wenn ja, wie werde ich ihn wieder los?

Das »Besetzen« kann man sich so vorstellen: Ich wohne in meiner Wohnung und lasse Tag und Nacht die Tür sperrangelweit auf. Dann merke ich eines Tages, daß jemand in der Küche war und etwas gegessen hat. Ich versuche, mich davon zu überzeugen, daß ich mir das nur einbilde, und lasse weiterhin meine Türen weit auf. Nach einer Weile hat sich der andere so breit gemacht, daß mir in meiner eigenen Wohnung kaum mehr Luft zum Atmen bleibt.

Wer oder was hat mich »besetzt«? Wenn wir diesen Körper verlassen (also sterben), wissen die meisten von uns darum und beginnen einen »neuen Traum«, ein neues Leben, eine neue Reise. Sie haben die Persönlichkeit abgelegt und sich ihrem

Seelen-Sein zugewandt. Manche allerdings weigern sich, den menschlichen Körper zu verlassen – und auch ihre Persönlichkeit. Sie sind gestorben, versuchen aber verzweifelt, so zu tun, »als wäre nichts passiert«. Ihre Seele (das Seelen-Sein) wartet geduldig, bis die Persönlichkeit erkennt, daß sie nicht mehr in menschlicher Form lebt. Natürlich ist der menschliche Körper irgendwann einmal nicht mehr da, und so suchen sie sich einen Körper, dem sie sich anschließen können. Dieser Anschluß ist allerdings nur dann möglich, wenn es der andere auch zuläßt (wir also unsere Türen auflassen).

Wann lassen wir unsere Türen auf? Jede Angst ist ein Loch in unserer Aura, und unsere Aufgabe besteht darin, diese Löcher im Lauf unseres Lebens wieder zuzumachen. Die Löcher lassen sich mit den offenen Türen vergleichen. Wenn ich glaube, daß mich jemand besetzen kann, dann ist das auch möglich. Denn unser Glaube (unsere Gedanken) bestimmt unsere Realität.

Wie bei dem unerwünschen Besuch in meiner Wohnung ist es mir auch möglich, dem Gast zu sagen, daß er hier nicht bleiben kann, indem ich ihn entweder im Gebet und/oder einem Ritual auffordere, zu gehen, und ihn ins Licht schicke. Das können Sie allein machen oder mit Freunden, die Sie lieben und unterstützen.

Ich würde das im Namen »des Vaters, des Sohnes und des Heiligen Geistes« tun und meine Engel um Unterstützung bitten. Ich würde auch den Engel des Menschen bitten, der sich bei mir eingenistet hat, ihm seinen Weg ins Licht noch mal zu zeigen. (Natürlich versucht das der Engel eh schon die ganze Zeit, dieses Gebet unterstützt es nur noch etwas mehr.) Es hilft auch, mit der Persönlichkeit dieser Seele Kontakt aufzunehmen und ihr zu erklären, was passiert ist: »Du bist gestorben, und hier gibt es nichts mehr für dich zu tun. Das ist mein Körper, und ich erlaube dir den Zugang nicht mehr. Im Namen des Vaters, des Sohnes und des Heiligen Geistes, verlasse mich. Ich schicke dich zu Gott ins Licht. Hab keine Angst, denn das Licht ist da, um dich zu unterstützen. Du brauchst mich nicht. Das Licht wird dir Wärme und Klarheit schenken und die Liebe und die Aufgabe, nach der du suchst. Alles ist gut. Du wirst geliebt. Siehst du das Licht? Folge ihm.«

Wir nehmen Kontakt mit der anderen Seele auf, indem wir (nach einem Gebet) einfach zu sprechen anfangen. Die andere Seele hört uns schon.

Wenn wir Liebe schicken statt Angst, kann der andere nicht bleiben, denn es ist unsere Angst, die ihn nährt! Das ist eine ganz wichtige Erkenntnis in diesem Zusammenhang. Wenn wir uns in eine innere Kriegssituation begeben (»Ich hasse dich! Verschwinde!«), dann geben wir mehr und mehr negative Kraft in diese Situation, und die Heilung wird hinausgezögert, denn wir schütten sozusagen Öl ins Feuer!

Du kannst Deine Engel auch bitten, Dir zu zeigen, wo an Deinem Körper Du mit dem anderen verbunden bist. Manchmal ist es eine Art »Schnur«, die vom Solarplexus, vom Bauch oder vom Herzen ausgeht. Trenne diese Schnur mit einer imaginären Schere. Auch hier soll man immer daran denken, daß man dem anderen nichts Gutes tut, wenn man ihn bei sich »hängen« läßt. Dadurch wird seine weitere Entwicklung nur verzögert. Wir helfen dem anderen nicht, wenn wir ihn bei uns lassen. Erinnern wir uns daran, daß es die Persönlichkeit ist, die am Leben und/oder an uns hängt. Die Seele dieses »Geistes« weiß um die Liebe und die Ewigkeit Gottes.

Anschließend solltest Du entweder ein ausgiebiges Bad nehmen oder lange duschen. Sing währenddessen, so daß die vorher verbundenen Stellen mit Deiner Energie wieder geheilt werden.

Wenn anschließend der eine oder andere Angstgedanke wieder in Deinem Inneren auftaucht – »Hoffentlich hat das geklappt« –, solltest Du diesen Gedanken durch ein Gebet und die Erinnerung »ersetzen«, daß Du laut und klar »nein« gesagt hast. Ich denke mir übrigens, diese Situation entsteht recht selten. Manchmal höre ich allerdings auch Kommentare wie: »Ich habe das und das getan, weil ich nicht anders konnte. Ich bin ja schließlich fremdbesetzt. Dadurch wurde ich dazu gezwungen.« Die Betreffenden sollten diese Aussagen genauestens überprüfen. Manchmal haben wir damit nämlich einfach nur eine (mehr oder weniger) »nette Entschuldigung«.

Ich lese viel und entdeckte vor ein paar Wochen ein Engeltarot. 21 Engelskarten werden gemischt, und eine Karte wird jeden Tag gezogen. Ein entsprechender Text soll darauf hinweisen, was man gerade an Rat oder Inspiration braucht. Nun hat ein Freund mir dringend geraten, dieses Kartenspiel wegzuwerfen. Ich soll unbedingt die Finger davonlassen. Ist das denn so? Und was ist mit Pendeln? Auch davon rät mein Freund dringend ab.

Es gibt viele Hilfsmittel auf unserem Weg zur Selbsterkenntnis und zu Gott. Ich habe es auch mit Tarot, Pendeln, Astrologie, Channeling, Wahrsagern und einigem anderen ausprobiert. Diese Hilfsmittel unterstützen uns auf unserem Weg, und solange sie als zusätzliches Mittel gebraucht werden, ist das meiner Meinung nach auch vollkommen in Ordnung. In dem Moment, in dem wir davon »abhängig« werden, wird es bedenklicher – also wenn wir zum Beispiel keine Entscheidung mehr treffen, ohne unser Pendel zu befragen. Oder wenn wir nichts in Zweifel stellen, was von einem Wahrsager kommt; mein »Channel« für mich entscheidet, was ich nächste Woche mache; oder ich mich gar von einer Freundin oder einem Freund trenne, weil unsere Sternzeichen nicht zusammenpassen ...

Befinden wir uns in Abhängigkeit, dann haben wir versucht, »Sicherheit« zu erlangen. Wir hoffen, daß uns »nichts Unangenehmes passieren wird«, wenn wir genau das tun, was uns dieses Hilfsmittel sagt. Aber das Dasein besteht aus Herausforderungen! Das ist ja das wichtigste Geschenk in diesem Leben. Ohne Herausforderungen würden wir nichts dazulernen.

Wie stärken wir unsere Muskeln? Durch Widerstand! Wir heben schwere Gewichte auf, um unsere Muskeln zu trainieren.

Das ist anstrengend. Und so ist das auch auf unserem Weg auf der Erde. Wir wollen, als Seele, Widerstand. Denn dadurch lernen wir. Und so versuche ich nicht, Probleme aus dem Weg zu gehen; vielmehr freue ich mich neuerdings regelrecht darauf. Denn ich lerne, Probleme zu meistern, und erkenne dadurch, was ich schon gelernt habe. So sagt uns unsere Intuition genau das gleiche wie ein Tarot, im Zweifelsfall verlasse ich mich allerdings auf meine Intuition. Aber das ist meine Entscheidung. Und das Schöne am Leben ist auch, daß jeder von uns seine eigenen Entscheidungen trifft.

Ich versuche mir die Engel als Beispiel zu nehmen und alle zu lieben und alles zu verzeihen. Am Anfang hat mir das auch sehr geholfen, und gerade in meiner Familie war es sehr viel einfacher. Neuerdings fühle ich mich aber so richtig in die Ecke gedrängt. Ich bin auch erschöpft und fühle mich nicht selten ausgenützt. Ich muß mich auch häufig zur Freundlichkeit zwingen und habe dann einen richtigen Stein im Magen. Ich bitte meine Engel, mir diese Schwere zu nehmen, aber die geht nicht weg. Was kann ich sonst noch tun?

Ich höre häufig, daß wir glauben, spirituelle Leute sollten alles verstehen und alles verzeihen. Das mag ja sein, aber auf unserem Weg ist es oft wichtig, ein klares »Nein« auszusprechen. Sonst werden wir zum Opfer. Und das wäre nicht im Sinne unseres spirituellen Erwachens. Dennoch bemühen wir uns, so liebevoll wie nur möglich zu sein, obwohl es innerlich in uns brodelt. *Doch wenn wir uns anstrengen müssen, liebevoll zu sein, dann sind wir es nicht.* Daran merken wir sofort, daß wir ein anderes Gefühl einfach nur nicht zulassen. Unangenehme Gefühle – sind sie einmal da – müssen zum Ausdruck gebracht werden. Immer so zu tun, als ob wir ruhig sind, wenn dies nicht zutrifft, verdrängt diese Gefühle in tiefere Schichten unseres Inneren, und dort bleiben sie, nur um uns dann irgendwann wieder einmal – meist um so heftiger – in Bedrängnis zu bringen. Wir lösen sie auf diese Weise nicht auf, sondern wir horten sie sozusagen. Wenn also solch ein Gefühl bei mir auftaucht, dann bemühe ich mich, zu erklären, wie ich mich fühle: »Ich fühle mich verletzt« statt »Du hast mich verletzt« oder »Ich bin wütend« statt »Du machst mich wütend«. Somit übernehme ich die Verantwortung für meine Gefühle (es sind ja schließlich meine ...) und akzeptiere mich so, wie ich in diesem Moment bin. Und nicht, wie ich gern wäre.

Wenn ich bestimmte Weisheiten und Wahrheiten gelernt habe, dann werden meine Reaktionen automatisch weniger dramatisch. Lange Jahre auf meinem spirituellen Weg versuchte ich, meine Gefühle zu unterdrücken, denn ich dachte, daß ich mich ja schließlich zum besten Menschen entwickeln möchte, der ich sein kann, und da muß ich mich eben »anders, als ich bin« benehmen. Mein Mann hat mich gern damit aufgezogen, wenn ich mal wieder gereizt, wütend oder ärgerlich war: »Ah, offensichtlich hast du durch das Meditieren nicht viel dazugelernt. Du bist noch genauso dramatisch wie früher.« Damals hat mich das zur Weißglut gereizt und kurz danach sofort in ein Schuldgefühl getrieben. Heute ist es mir sogar manchmal möglich, zu grinsen und ihm zuzustimmen: »Ja, das sieht wirklich so aus.«

Was ist der Unterschied zwischen Lichtwesen und Engel? Und wie muß man sich solch eine Engelhierarchie vorstellen?
Ich weiß es nicht. Ich versuche, nicht in Hierarchien zu denken. Jeder von uns ist einzigartig, und keiner von uns ist »besser oder schlechter«. Jeder hat in sich das gleiche Potential. Und selbst wenn es aussieht, als ob einer »langsamer wäre« oder »noch nicht soweit sei« – ich bevorzuge es, in jedem das Potential zu sehen und nicht die Probleme. Ähnlich sehe ich es mit den Engeln. Ob mein Engel nun in der vermeintlichen Engelshierarchie ganz oben oder ganz unten steht, ist mir im Grunde gleichgültig. Offensichtlich ist er jetzt gerade wichtig für mich, sonst wäre er nicht hier. Da sich alles bewegt und verändert in

diesem Universum, bewegt und verändert sich auch die Welt der Engel; nichts ist meiner Meinung nach »für alle Ewigkeit in Stein gemeißelt«. Außerdem gibt es eine Erkenntnis, die mir immer sehr geholfen hat, eine gewisse Leichtigkeit zu bewahren: Was können wir schon wirklich wissen? Ja, wir bekommen Informationen von unseren Engeln, aber sind wir wirklich in der Lage, sie mit unserem begrenzten Verstand so zu erfassen, daß wir wahrlich *alles* davon begreifen? Sicher nicht! Diese Einsicht hilft mir, offen zu sein für das Wissen anderer: Wer weiß, vielleicht haben sie ja recht.

Wie läßt sich Gott beweisen? Ich kann einfach nicht blind an Gott glauben.
Das ist auch nicht notwendig. Wozu hat Gott Ihnen sonst einen Verstand und die Möglichkeit des Ausprobierens mitgegeben? Niemand soll einfach alles als gegeben hinnehmen, nur weil es jemand anders behauptet. Das gilt natürlich auch für das, was ich hier schreibe.

Es gibt jedoch einen großen Unterschied zwischen den Einstellungen »Das glaube ich nicht, und deshalb gibt es das auch nicht« und »Das kann ich mir nicht vorstellen, aber ich probiere es einfach mal aus«. Ich war vor kurzem in einer Talkshow, in der einige Gäste geringschätzig über Vision Quests und heilige Orte gesprochen haben. Beide meinten, daß das vollkommen sinnlos und lächerlich sei. Als ich fragte, ob sie das schon ausprobiert hätten, verneinten sie. Für mich ist das so, als wenn ich ein Restaurant danach beurteile, was auf der Speisekarte steht. Ich muß das Essen probieren, um zu wissen, ob das Restaurant gut ist. Und so mache ich mich auch auf meinen spirituellen Weg, um Gott zu »probieren«. Und erst dann, Stück für Stück, nähere ich mich der Großartigkeit und der Liebe Gottes. Es läßt sich auch mit dem Spielen eines Musikinstruments vergleichen. Wenn ich Klavierspielen lernen möchte, dann weiß ich, daß ich nach zwei Stunden auf gar keinen Fall wie Mozart klingen werde. Ich übe und übe und übe. Mit dem Weg in unser wahres Selbst (in Gott – da wir meiner Meinung nach nicht getrennt sind) ist es ähnlich. Wir merken zwar sofort, wie gut es einem tut, denn unser Leben wird klarer, aber manchmal lassen Visionen auf sich warten ... wie die Konzerte, in denen ich wie Mozart klinge. Probieren Sie verschiedenes aus. Fragen Sie Gott nach Beweisen. Ich habe im Laufe der letzten Jahre viel erleben und erfahren dürfen, das mich nicht mehr an Gott zweifeln läßt. Der spirituelle Weg beginnt mit Neugierde; und es ist immer spannend zu beobachten, wie es weitergeht.

Läßt sich die Seele beweisen?
Für mich ja, und zwar ganz einfach: Ich dachte immer, ich bin, was ich denke. Meine Gedanken sind ich. Dann begann ich zu meditieren, und eine der Übungen bestand darin, mich selbst zu beobachten; genauer gesagt: zu beobachten, was ich denke. Wenn ich also mein Denken *beobachten kann*, wie kann ich dann mein Denken *sein*? Wer oder was ist es, was »mich« beobachtet? Also »bin« ich offensichtlich nicht nur mein Denken, denn ich befinde mich in der Lage, dieses Denken zu beobachten.

Das bin ich, als Seele, die mein Denken, also meine Persönlichkeit, beobachtet. Und wenn ich mich auf das Beobachten konzentriere, dann verliere ich viele »Dramen«, mit denen ich mich im Leben früher umgeben habe. Wenn ich also tiefe Emotionen spüre, dann beobachte ich sie. Ich ignoriere sie nicht, sondern versuche sie zu begreifen, indem ich sie betrachte. Wie alles, was wir verstehen wollen, hilft uns das genaue Hinschauen. Die größten wissenschaftlichen Leistungen begannen mit dem Beobachten ... (Ich empfehle dazu das wundervolle Buch *Jetzt!* von Eckhart Tolle.)
Meine Seele lebt nicht in den Dramen und Problemen, in denen meine Persönlichkeit sich verfangen kann. Meine Seele ist sehr wohl in der Lage, den »Wald vor lauter Bäumen zu sehen«. Mei-

ne Seele hilft mir, den Überblick über meine Situation zu bewahren. Meine Seele ist imstande, mein Denken zu beobachten. – Diese leichte Übung ist für mich der Beweis der Seele.

Ich war vor einiger Zeit bei einem Ihrer Vorträge und machte da die Engelmeditation (meine erste) mit. In der Meditation konzentrierte ich mich darauf, wie der Name meines Engels ist. Nach kurzer Zeit habe ich den Namen Tobias wahrgenommen. Nun habe ich ein wenig geforscht, doch es gibt gar keinen Engel mit Namen Tobias. Das verwirrt mich sehr. Was habe ich falsch gemacht?

Gar nichts. Können wir wirklich wissen, daß es keinen Engel gibt, der Tobias heißt? Es gibt Millionen und Abermillionen von Engeln – warum sollte da kein Tobias dabeisein? Hier geht es auch darum, wie sehr Sie bereit sind, sich auf sich selbst zu verlassen – und nicht auf Informationen, die woandersher kommen. Wer kann schon wahrlich wissen, wie Engel heißen? Ich würde mich an Tobias erfreuen, es wird schon einen Grund haben, warum ausgerechnet dieser Name und keiner der tausend anderen kam. Und bitte grüßen Sie Tobias von mir ...

Wie viele Engel hat denn so eine Person?

Meine Engel sagten mir, daß es einen Schutzengel gibt und zwischen zwanzig und dreihundert andere Engel pro Person. Es gibt Engel, die für Vergebung zuständig sind, für Mut, für Großzügigkeit, für Selbsterkenntnis, für Leichtigkeit. Dann gibt es Engel, die für Reisen zuständig sind, andere für die Wohnung, wieder andere für die Zimmerpflanzen oder für Computer. Wenn Sie Lust haben, fragen Sie sich selbst: »Wie viele Engel habe ich?«, und warten Sie ab, was für eine Zahl da in Ihrem Inneren auftaucht.

Warum kriege ich den Namen meines Engels nicht heraus? Gibt es irgendwelche anderen Möglichkeiten, ihn zu erfahren?

Wenn wir meditieren und dann nach dem Namen des Engels fragen, passieren manchmal folgende Dinge:

Wir warten, und da ist Stille, es kommt nichts. Dann machen wir die Augen auf und denken uns, daß unser Engel nicht mit uns spricht. Versuchen Sie es bitte noch mal. Manchmal dauert das einfach ein bißchen. Also sollten Sie so lange still und ruhig bleiben, bis ein Name auftaucht.

Oder wir bitten in der Meditation um den Namen unseres Engels, und dann kommt einer, der uns nicht zu passen scheint, Bruno zum Beispiel. Und wir denken uns: Das ist nicht möglich, wie kann ein Engel Bruno heißen? (Womit nichts gegen diesen Namen an sich gesagt sein soll ...) Und dann suchen wir weiter nach einem neuen Namen, aber da kommt nichts mehr, da der Name ja schon da ist.

Manchmal hören einige von uns auch einen seltsamen Namen, »Amatesea« zum Beispiel, und denken sich, daß das ja wirklich zu komisch und bestimmt nicht richtig sei.

Dann erscheinen oftmals auch nur kurze Silben wie »nah«, und auch da denken wir: Das gibt es nicht!

Oder in unserer Stille der Meditation ist es nicht wirklich still. Laut, schnell und hektisch springen unsere Gedanken von einem Namen zum anderen. In solchen Fällen versuche ich erst einmal, Ruhe in meinen Geist zu bringen, indem ich meinem Atem zuhöre oder jeden Gedanken erst mal akzeptiere, ihm aber nicht folge. Würde ich also zum Beispiel denken: »Bei mir klappt das bestimmt nicht, daß ich einen Namen kriege«, dann beobachte ich diesen Gedanken und sage einfach: »Ah, ich denke.« Damit gebe ich ihm keine Kraft mehr. Ich »laufe« ihm also nicht hinterher, sondern bleibe weiterhin in mir, in meinem Zentrum. Und irgendwann einmal, nach dem hundertsten Gedanken, dem ich ein »Ah, ich denke« hinterhergeschickt habe, wird es ruhiger, und dann frage ich noch einmal nach dem Namen – und warte, was da kommt. Ich muß den Namen nicht aktiv herausfinden. Mein Verstand muß daran nicht arbeiten. Wir warten einfach ... bis er von selbst erscheint.

Manchmal kann es helfen, nach dem ersten Buchstaben zu fragen. Nehmen wir an, es ist ein »A«. Dann fragen wir nach dem zweiten, und es kommt beispielsweise ein »F«. Wir lassen diese zwei Buchstaben »Af...« nun in Gedanken »hin und her kreisen«, und dann gesellen sich plötzlich andere Buchstaben hinzu, die einen harmonisch klingenden Namen ergeben. Jetzt verlassen wir uns darauf, daß mit diesem Gefühl der Harmonie auch der richtige Name gekommen ist.

Zuweilen ist es auch hilfreich, die Frage nach dem Namen einfach schriftlich zu formulieren. Holen Sie sich Block und Stift, oder setzen Sie sich an den Computer, und schreiben Sie immer wieder: »Mein Engel, wie heißt Du?« Manchmal seitenlang. Doch plötzlich kommt dann ein Name, der ebenfalls aufgeschrieben wird ... nur nicht aufgeben – oft dauert es ein Weilchen, bis unser Verstand müde wird. Denn es ist unser Verstand, der uns von der Aufnahme des Namens abhält.

Brauche ich denn unbedingt einen Namen für meinen Engel, um mit ihm zu kommunizieren?
Nein. Manchmal ist es aber einfach persönlicher, wenn man einen Namen für seinen Engel hat. Ich sage oft ganz allgemein: »Meine Engel« oder »Engel der Reise« bzw. »Engel der Autobahn«, wenn ich einen bestimmten Wunsch habe. Da Engel miteinander und mit uns telepathisch kommunizieren, sind Namen nicht unbedingt notwendig. Wer weiß, vielleicht ist ihre Reaktion auf einen Namen ja auch ein Zugeständnis an die Regeln in unserer Welt ...?

Seit einiger Zeit versuche ich, mit Engeln Kontakt aufzunehmen. Ich habe bisher weder Antworten, Gefühle noch irgend etwas anderes erhalten. Meine Freundin dagegen spricht dauernd mit ihrem Engel und erzählt mir von ihren Erlebnissen, dabei hat sie mit Spiritualität weniger zu tun als ich. Wie gibt es denn das?

Ich kann das gut verstehen. Mir ging es auch oft so. Ich glaube, es lag an meinen Erwartungen und an den Vergleichen, wie es andere denn erleben. Ich erwartete »lautere« Stimmen, »klarere« Anweisungen und hörte deshalb diese leise Stimme in mir nicht. Und ich dachte mir auch, daß das, was meine Freundin erlebt, so ist, wie es sein soll. Und bei mir kam einfach nichts. So war es mir zunächst nicht möglich, auf mich selbst zu hören, denn ich verglich mich ja mit meiner Freundin. Wenn ich Erwartungen habe, verkrampfe ich mich. Und wenn ich mich verkrampfe, bin ich nicht offen genug, um etwas zu fühlen oder zu hören. Kann es sein, daß das auch bei Dir zutrifft?

Manchmal habe ich auch Antworten gefühlt, aber ich traute ihnen nicht und fragte immer und immer wieder nach – aber da kam nur Stille, denn die Antwort wurde mir ja schon gegeben.

Besonders Menschen, die sich sehr auf ihren Verstand verlassen, haben damit eine größere Herausforderung als diejenigen, die sich leichter mit der Intuition tun. Ich bin auch jemand, für den alles erst einmal logisch sein muß, und so war es für mich sehr schwer, andere Sensibilitäten zuzulassen.

Und noch etwas: Wir stellen uns das immer schwieriger vor, als es ist. Da ich es für schwer gehalten hatte, entging mir die Leichtigkeit.

Also, ich bete und sage meinen Engeln, daß ich mit ihnen sprechen möchte. Denn ich gehe davon aus, daß sie da sind. (Wo sollten sie auch sonst sein?) Anschließend stelle ich meine Frage und warte auf die Antwort. Ganz leicht – wie man auf die Antwort einer Freundin in einem Chatroom oder am Telefon wartet. Ich *denke* mir nicht, was sie antworten könnte. Ich *weiß*, daß sie mir antworten wird. Und so bleibe ich einfach offen und geduldig, bis etwas kommt.

Was mir auch geholfen hat, ist, daß ich meinen Freundinnen

ihre Erfahrungen gönnte. Ich dachte mir dann: Wenn sie es können, kann ich das auch. Und so ist es!

Ich bin Anfänger auf dem Gebiet, und ich habe das Gefühl, ich mache alles falsch. Ich habe Schwierigkeiten mit dem Loslassen. Dann habe ich auch keine genaue Vorstellung davon, wie ein Engel aussieht, und ich kann mir da kein genaues Bild machen. War es bei Dir auch so am Anfang?

Ja. Ich glaube, das geht vielen von uns so. Aber wir machen nichts falsch. Wir lernen vielmehr, tiefer in uns hineinzugehen.

Übrigens ist es ganz und gar unwichtig, ob wir eine klare Vorstellung von einem Engel haben oder nicht. Der Engel zeigt sich uns halt so, wie er sich uns zeigt. Das ist ähnlich wie bei einer Brieffreundin. Wenn wir sie zum ersten Mal sehen, ist es vollkommen unwichtig, wie wir sie uns vorgestellt haben. Sie sieht so aus, wie sie eben aussieht.

Deshalb versuch es einmal andersherum und frag: »Mein Engel, ich bin neugierig, wie du aussiehst und wie du dich anfühlst.« Und dann warte ab. Es wird schon kommen – manchmal kann es ein Licht sein, ein Funke, eine Wolke, eine Farbe ... Nimm einfach das an, was kommt.

Ich beschäftige mich erst seit kurzem mit Spiritualität, Gott und Engeln und muß sagen, daß ich sehr durcheinander bin. Jeder scheint etwas anderes zu sagen. Der eine meint, man soll so beten, der andere, so. Manche Bücher sagen, daß Engel das tun, und die anderen widersprechen dem. Was soll ich denn nun glauben?

Gar nichts. Auch nicht das, was ich hier schreibe. Man *glaubt* etwas, wenn man Vermutungen anstellt. Man *weiß* es aber erst, wenn man selbst Erfahrungen damit gesammelt hat. Ich glaube, daß mir das Essen beim neuen Italiener schmecken wird, wenn ich es nur vermute; und mir schmeckt das Essen beim

Italiener – oder eben auch nicht –, wenn ich es probiert habe. So ist das auch auf unserem spirituellen Weg. Wir hören uns an, was die anderen zu sagen haben, und dann finden wir »es« selbst heraus. Das ist das Spannende am Leben und wohl auch der ganze Sinn und Zweck dieser unterschiedlichen Informationen. Die Basis ist in der Regel die gleiche: Alle Religionen und Glaubensgemeinschaften erzählen von einer Liebe, die tief und klar ist. Von guten Gedanken, guten Worten und guten Taten. Davon, deinen Nächsten wie dich selbst zu lieben. Ich nehme mir gern Jesus zum Vorbild.

Unser Erdenleben ist wie eine Schnitzeljagd. Und wir alle haben uns dafür angemeldet. Jeder von uns sucht seinen eigenen Schatz – der tief in uns selbst zu finden ist. Viel Spaß bei der Suche! Der einzige Tip, den ich Ihnen geben kann: Vertrauen Sie sich selbst.

Ein Beispiel dazu: Ich habe einen Freund, der vor einer großen Herausforderung steht. Er machte vor fünf Jahren eine Internetfirma auf. Er hat sein Büro nach Feng Shui ausrichten lassen. Er traf sich über die Jahre mit fünf Wahrsagern, die alle prophezeiten, sein neues Geschäft würde einen riesigen Erfolg haben; und auch seine Astrologin konnte das nur bestätigen.

Er mußte letzten Monat Bankrott anmelden. Wir saßen zusammen, und er sagte, er wolle mit Spiritualität nichts mehr zu tun haben. Er hätte doch alles getan, was getan werden konnte. Ich fragte ihn, ob dies eine rhetorische Frage sei oder ob er darauf eine Antwort haben möchte. Erstaunt schaute er auf und fragte mich, ob ich denn eine hätte. Ich nickte, denn ich hatte einige Gedanken dazu.

Mein Freund hatte versucht, sich »abzusichern«. Das hat etwas mit Angst zu tun. Ich fragte ihn, warum er zu den Wahrsagern gegangen war. Er meinte, er habe ein komisches Gefühl gehabt und wollte sicher sein, daß alles »noch in den richtigen Bahnen« laufe.

Ein komisches Gefühl. Woher kam das komische Gefühl denn?

Aus seiner Intuition – die er mit Feng Shui, fünf Wahrsagern und seiner Astrologin zum Schweigen bringen wollte. Außerdem hat er sich selbst nicht mit Spiritualität beschäftigt. Er ging zu »Experten«. *Er* war es nicht, der meditierte. Betete. Er selbst machte sich nicht auf den Weg. Er »bestellte« seine Informationen bei anderen.

So hat er natürlich nicht »alles auf dem spirituellen Weg probiert«, denn er ist ihn nicht selbst gegangen. Deswegen sehe ich auch in seiner Situation eine große Gnade. Seine Seele hat sich dieses Szenario ausgesucht, damit seine Persönlichkeit lernt, sich auf sich selbst zu verlassen und sich selbst in eine Situation hineinzubegeben – und sie nicht von anderen beurteilen zu lassen.

Doch warum haben die Wahrsager und die Astrologin Informationen bekommen, die nicht stimmten? Das mag verschiedene Gründe haben, und ich weiß nicht, ob ich überhaupt alle erkennen kann. Einer wird sein, daß trotz allen Zweifelns der Wunsch nach Erfolg so groß und in seiner Aura entsprechend präsent war, daß vor allem dies von den Wahrsagern gelesen wurde. Auch ist er prinzipiell ein erfolgreicher Mensch, und so wird auch das immer in seiner Aura zu erkennen sein. Vielleicht konnten sie auch den »Erfolg« lesen, den seine *Seele* mit dieser Erfahrung hat, den Erfolg nämlich, sich selbst zu erkennen! Er will ja weiterkommen und sich mit seiner Seele tiefer und tiefer binden. Er will lernen, sich auf sich selbst zu verlassen, und deshalb gibt es solche Szenarien, die sozusagen Prüfungen sind, damit wir daraus lernen.

Aber auch das sind natürlich nur meine Gedanken dazu. Ich bin sicher, Sie haben Ihre eigenen.

Früher wollte ich immer meine Zukunft wissen. Ich hatte nämlich Angst davor. Wird alles gut werden? Wird mein Kind gesund bleiben? Mein Mann? Werde ich beruflich das und das tun? Oder gibt es andere Möglichkeiten, an die ich noch nicht gedacht hatte?

Heute bemühe ich mich, im Jetzt zu leben und darauf zu vertrauen, daß *alles*, was auf mich zukommt, zu meinem Besten ist. Besonders meine Herausforderungen.

Ich fürchte mich vor der Unfaßbarkeit der Engel. Was kann ich tun, um Zugang zu finden?
Wenn wir uns vor etwas fürchten, machen wir sozusagen »die Tür zu«. Ich glaube nicht, daß Ängste von selbst verschwinden. Im Gegenteil. Ängste werden immer größer, je mehr wir versuchen, die gefürchteten Situationen zu umgehen. Zum Beispiel hatte ich früher sehr viel Angst vor der Nacht. Und so vermied ich es, allein draußen zu sein, so gut ich nur konnte. Natürlich wurde dadurch meine Angst immer größer. Deswegen begann ich eines Tages, draußen im Wald zu schlafen. Ich bin mittlerweile sehr häufig im Freien, wenn es dunkel ist, und ich habe mich mit der Nacht angefreundet. Ich liebe jetzt die Nächte. Ich liebe die Grillen, die Geräusche in der Dunkelheit und die Heiligkeit, die sich da auf Mutter Erde legt.

Meine Tochter hat sich beim Reiten den Arm gebrochen. Ja, so etwas passiert. Soll sie deswegen nicht mehr auf ein Pferd steigen? Dadurch würden die Ängste immer größer werden. So reitet sie wieder und hat damit ihre Angst überwunden.

Wir sind Seelen, die eine menschliche Erfahrung machen. So »wissen« wir tief in unserem Inneren mehr, als unser Verstand zulassen möchte. Denn er sucht Sicherheit. Aber die gibt es so nicht, wie er es sich ausdenkt. Das Leben ist – in seinem Sinne – nicht »sicher«, denn es endet mit dem Tod ... Und doch ist es wieder wundervoll »sicher«, wenn wir es aus Sicht der Seele betrachten: Wir leben ewig, gleich, ob mit oder ohne Körper.

Oftmals fürchten wir uns auch vor Dingen, die neu sind. Das ist aber nicht nur Furcht, sondern ebenso eine gewisse Aufregung, die wir manchmal mit Furcht verwechseln.

Deine Engel sind stets da und lieben Dich immer; Du wirst bei all Deinen neuen Erfahrungen von ihnen begleitet. Es hilft, auf diesem neuen Weg Freunde zu haben, die ihn auch gehen und schon Erfahrungen damit haben. Such Dir entweder eine(n) Meditationslehrer(in) oder spirituelle Freunde. Auf meiner Website www.SabrinaFox.com findest du eine große Kontaktliste mit vielen Menschen, die auf diesem Gebiet schon Erfahrungen gesammelt haben. Das, was uns an Neuem begegnet, erlebten andere auch. Und wenn wir darüber reden, wird es leichter. Ich wünsche Dir viel Kraft auf Deinem Weg – und ich weiß, daß Du sie hast!

Warum hat uns Gott erschaffen? Was für einen Sinn hat es, daß wir Seelen überhaupt existieren? Gibt es darauf eine Antwort?
Jeder muß die Antwort darauf selbst finden. Ich kann aber gern meine Gedanken dazu mitteilen.
Wir sind alle ein Teil Gottes. Gott ist meiner Meinung nach kein Wesen, das auf uns »herunterschaut« und uns »allein« gelassen hat. Ich vergleiche das oft mit der Sonne. Wenn Gott die Sonne wäre, dann sind wir wie die Sonnenstrahlen. Die Sonnenstrahlen sind ein Teil der Sonne, wie wir ein Teil Gottes sind. Wie die Sonnenstrahlen, die sich scheinbar von der Sonne trennen, sieht es manchmal so aus, als ob wir von Gott getrennt wären. Gott hat uns aber nicht von sich getrennt erschaffen, sondern wir, als Gott, haben uns aufgeteilt – ähnlich wie die Sonnenstrahlen, die immer zur Sonne gehören. Wenn es in der Bibel heißt, daß Gott uns nach seinem Angesicht geschaffen hat, bedeutet dies nicht, daß Gott so aussieht wie wir, sondern daß wir die gleichen Möglichkeiten – sprich: die gleichen göttlichen Gaben und Qualitäten – haben.
Die größten Gaben sind unser freier Wille und die Gnade der Schöpfung. Wir erschaffen durch unsere kollektiven Gedanken, Worte und Taten den Erdball, auf dem wir leben. Je mehr Menschen sich Frieden wünschen und auch aktiv dafür etwas tun, desto wahrer wird unser Wunsch. Frieden entsteht allerdings nicht durch Gesetze. Frieden entsteht durch jeden einzel-

nen von uns. Wie wir persönlich mit uns selbst und den anderen leben, entscheidet, wieviel Frieden wir auf der Welt haben. Wenn es uns nicht gelingt, innerhalb unserer Familien friedlich und harmonisch zusammenzuleben, wie können wir dann erwarten, daß es das auf der Erde gibt? So unterstützt uns ein spirituelles Leben dabei, zuerst in uns selbst Frieden zu finden, denn dadurch entsteht mehr Verständnis für andere und ihre Herausforderungen. Wir kreieren Frieden in uns selbst und in unserer Umgebung, weil wir uns genau betrachtet haben.

Wie können wir uns das vorstellen? Jeder von uns hat seine Herausforderungen, und wir treffen Entscheidungen, wie wir mit diesen Herausforderungen umgehen. Wir mögen mit Wut, Ärger, Hilflosigkeit oder Traurigkeit darauf reagieren, oder wir haben Verständnis, fühlen Wißbegierde und versuchen, durch Gespräche, Gebete und Liebe diese Herausforderungen zu meistern. Wir entscheiden, wie wir uns verhalten wollen. Erst dann erkennen wir, wer wir wirklich sind. Wenn uns unsere Reaktionen nicht gefallen, sind wir in der Lage, im Prozeß der Selbsterkenntnis neue Gewohnheiten zu entwickeln; und somit verändern wir unsere Reaktionen auf die kommenden Herausforderungen. Wir wünschen uns als Seelen diese Aufgaben (unsere Persönlichkeit ist da öfter ganz anderer Meinung), denn wir wollen aus diesem Erdenleben lernen.

Wie bekommt ein Bodybuilder seine Muskeln? Er trainiert. Er hebt und senkt Gewichte, die schwer sind. Er trainiert seinen Körper durch die Überwindung von Widerständen. Genau das tun wir im übertragenen Sinne alle. Wir sind hier auf Erden, um mit Hilfe von Herausforderungen zu erfahren, wer wir sind.

Wenn ich wissen will, ob ich großzügig bin, dann brauche ich jemanden, der etwas von mir will, das mir sehr am Herzen liegt. Wenn ich wissen will, ob ich verzeihen kann, dann brauche ich jemanden, der mich verletzt, damit ich etwas zum Verzeihen habe.

Wenn ich wissen will, ob ich liebevoll zu allen Wesen sein kann, dann brauche ich jemanden, der mir auf die Nerven geht. Unsere Seele kreiert unseren Lehrplan. Diese Herausforderungen, die wir brauchen, um zu wachsen, tauchen vor uns auf! Immer. Alles, was in unserem Leben entsteht, hat stets etwas mit uns zu tun. Es gibt meiner Meinung nach keine Zufälle oder Versehen. Wenn wir vor einer unserer Aufgaben stehen, haben wir zwei Möglichkeiten: sie als Lektion zu akzeptieren oder sie zu ignorieren. Doch wie wir aus Erfahrung wissen, will das mit dem Ignorieren nicht so recht funktionieren, denn die Herausforderung wird dann lediglich um so stärker.

Wir brauchen uns nur unser Umfeld anzuschauen, um zu wissen, was wir kreiert haben. Mein Leben war früher bestimmt von Dramen: Ich reagierte beleidigt, wütend, verletzt auf die Herausforderungen meines Lebens. Doch als ich anfing, mich selbst zu verändern und Verantwortung für meine Gedanken, Worte und Taten zu übernehmen, begann sich damit auch langsam mein Leben zu verändern. Es wurde ruhiger, entspannter, fröhlicher. Ich distanzierte mich von Klatsch und Tratsch, Anschuldigungen und Unwahrheiten, erkannte mich und meine schlechten Angewohnheiten und begann, offener und wahrhaftiger zu leben. Ich bin natürlich noch lange nicht fertig – jede neue Herausforderung zeigt mir, wie weit ich schon bin und was ich noch nicht gelernt habe.

Wir erfahren, was es bedeutet, Gottes Licht im menschlichen Körper erstrahlen zu lassen. Es gibt übrigens einige gute Bücher darüber. Ich empfehle gern Neale Donald Walshs *Gespräche mit Gott* oder sein wundervolles Kinderbuch *Ich bin das Licht. Die kleine Seele spricht mit Gott*, das nicht nur für Kinder geeignet ist. Auch ich habe einiges darüber in meinem Buch *Die Sehnsucht unserer Seele* geschrieben.

Es ist nicht meine Erfahrung, daß wir nur einmal leben. Ich glaube, wir kreieren immer und immer wieder einen neuen Körper und eine neue Persönlichkeit, um mehr über uns zu erfahren. In einem Leben wollen wir vielleicht wissen, wie es ist, viele Kinder aufzuziehen; in einem anderen wollen wir mit Ruhm fertig werden; in einem weiteren, wie wir mit den Herausforderungen einer körperlichen Behinderung umgehen oder mit Macht oder dem Gefühl der Machtlosigkeit.

Wir brauchen uns nur unser jetziges Leben anzuschauen. Was uns am schwersten fällt, ist genau das, was wir hier lernen wollen. Und jeder hat seine eigene, ganz spezielle Hausaufgabe ...

Ich bitte meinen Engel schon seit Jahren um meine große Liebe. Hört mein Engel schlecht – oder warum kommt er nicht?

Meiner Meinung nach gibt es keine Fehler im Universum, und solange der Gute nicht erscheint, ist es eben noch nicht soweit.

Wenn ich darf, würde ich auch gern noch ein paar Gedanken hinzufügen. Stellen Sie sich vor, Sie stehen auf einem Berg und rufen alles, was Sie gern hätten, hinaus ins Universum. Das Universum reagiert wie ein Echo, das Ihnen das zurückbringt, was Sie erwarten. Zum Beispiel rufen Sie, daß sie Liebe »suchen« (mit Betonung auf dem Wort »suchen«). Als Antwort wird Ihr *Suchen* unterstützt, nicht das *Finden* ...

Doch ist es wirklich wahr, daß wir suchen müssen? Wir suchen, weil wir glauben, daß uns andere Liebe bringen. Wir glauben, daß wir dann glücklich werden, wenn der richtige Mann auftaucht, der neue Job da ist, wir die größere Wohnung haben, wir wieder gesund sind, die Nachbarn endlich netter sind, der Chef uns am Morgen grüßt usw. Oder, auf einer globalen Ebene, wir wären dann glücklich, wenn es Frieden auf Erden gäbe, der Börsenmarkt sicher wäre und Krankheiten nicht mehr existierten.

Wir suchen »außerhalb« unserer selbst nach Erfüllung und sind dabei wie eine Wüste, die nie genug Wasser bekommt, da wir keine inneren Wurzeln entwickelt haben. Wir suchen in der Zukunft nach unserem Wohlbefinden, und selbst wenn etwas Erwünschtes eingetroffen ist, haben wir schon etwas »Neues«

gefunden. Nach der neuen Wohnung das neue Haus. Nach der Gehaltserhöhung den Lottogewinn. Nach der neuen Frisur die Schönheitsoperation. Das heißt übrigens nicht, daß wir uns nichts wünschen sollen. Hier geht es einzig und allein darum zu erkennen, daß wir unser »Glück« und »Wohlbefinden« in die Zukunft projizieren und nie mit dem zufrieden sind, was wir im »Jetzt« haben.

Die Gegenwart ist aber immer die einzige Zeit, in der wir wirklich leben. Und so hilft es uns, wenn wir es uns erlauben, auf das zu schauen, »was ist« – statt uns auf das »Suchen« zu konzentrieren und das Gegebene zu verpassen. Ich suche Liebe? Ich *habe* Liebe: in mir, wenn ich mich selbst liebe. Und falls ich das nicht tue, dann habe ich noch nicht gelernt, den wichtigsten Menschen in meinem Leben zu lieben, nämlich mich selbst.

Wir werden geliebt – von unseren Eltern, unseren Freunden, unseren Tieren ... Ja, ja, ich weiß, es soll aber »die große Liebe« sein. Doch wenn wir das Gefühl haben, daß wir *nicht* geliebt werden, und dann auch rufen: »Mich liebt keiner!« oder »Warum habe ich niemanden, der mich liebt?«, befinden wir uns im Irrtum; wir beginnen also die Äußerung unseres Wunsches ans Universum mit einer Unwahrheit. Denn wir werden geliebt: Irgend jemand liebt uns mit Sicherheit.

Jesus hat gesagt: »Liebe deinen Nächsten wie dich selbst.« Und das tun wir auch: Wir lieben uns nicht und wir lieben unseren Nächsten nicht. Jesus war es offensichtlich wichtig, daß wir uns auch selbst lieben. Denn wie können wir etwas geben, das wir selbst nicht haben?

Ein Beispiel mag dies deutlicher zum Ausdruck bringen: Wir suchen nach einem Partner, und niemand würdigt uns auch nur eines Blickes. Dann endlich sind wir verliebt, und wir werden wiedergeliebt. Wir strahlen. Und plötzlich kommen aus allen Ecken und Kanten Menschen auf uns zu, die mit uns flirten wollen. Ja, wo waren die denn, als wir sie gesucht haben?

Ganz einfach: Die anderen fühlen eine Liebe in *uns*, und das zieht Menschen an. Wenn wir also frisch verliebt sind, übt das eine Attraktion auf andere Menschen aus.

Unabhängig von der Existenz eines Partners können wir aber auch in uns selbst verliebt sein – ich meine damit nicht die narzißtisch-egoistische Nabelschau –, und auch das zieht Menschen an. Es ist das gleiche Gefühl.

Sich selbst zu lieben ist eine große Herausforderung, aber eine, die jeder von uns annehmen muß, um ein erfülltes Leben zu leben. Der andere ist nicht für unser Wohlbefinden zuständig. Das sind wir selbst. Warum wollen wir uns denn »mit aller Gewalt« verlieben? Manchmal, weil wir selbst unsicher sind. Wir fühlen uns »wertvoll«, wenn uns jemand Bestimmtes liebt: »Guck mal, ich bin wer. Soundso liebt mich.« Dieses Gefühl können wir aber ebenso gut in uns selbst kreieren.

Wir fühlen uns auch oft einsam, weil es uns schwerfällt, mit uns selbst eine innige Beziehung aufzubauen. So konzentrieren wir uns auf die romantische Liebesbeziehung in unserer Vorstellung.

Doch was passiert normalerweise in reellen Liebesbeziehungen? Jemand sieht uns für eine Weile durch die rosarote Brille, und dann findet er oder sie nach und nach unsere »Fehler« heraus; die Eigenschaften, die wir bisher nicht gezeigt haben: Kleinlichkeit, Eifersucht, Ängstlichkeit, Vorsicht etc. Und dann beginnen unsere »Probleme« in der Beziehung, manchmal endet damit auch die »Liebe«.

Liebe ist ein gegenseitiges Sich-Achten und kann nur in Wahrhaftigkeit entstehen. Sonst ist es ein gegenseitiges Sich-Manipulieren. Und das Achten beginnt bei mir selbst.

Ich lerne, mich zu lieben. Es ist spannend. Ich bin jetzt sehr gern allein.

Wenn es meiner Tochter langweilig ist, dann sage ich zu ihr: »Wie kann es dir mit dir selbst langweilig sein? Du bist so eine interessante Person!« Dann rollt sie mit den Augen (denkt sich wahrscheinlich: »Warum habe ich so eine komische Mutter?«) und trollt sich. Kurze Zeit später ist sie aber mit etwas Spannendem beschäftigt – eben mit sich selbst ...

Wenn ich meine Wünsche ins Universum hinausschicke, dann rufe ich nicht nur, was mir fehlt und was ich in der Zukunft gern hätte, sondern auch, was ich jetzt im Moment empfinde. Statt immer zu rufen: »Niemand liebt mich«, bin ich nun aufmerksamer in meinem Leben. Und wenn mich eine Freundin umarmt und ich ihre schwesterliche Liebe fühle, dann könnte ich auch hinausrufen: »Ich werde geliebt.« Dadurch bestätige ich Liebe in meinem Leben – und entsprechend wird auch das Echo des Universums sein: »Ich werde geliebt.« Die Liebe kann so in meinem Leben wachsen.

Es mag übrigens auch sein, daß der passende Liebespartner genauso an sich arbeitet, wie Sie es gerade tun. Ist es nicht wunderbar, daß Sie beide dann sehr viel weiter in Ihrer Entwicklung wären und weniger Probleme hätten als vorher? Übrigens: Der Engel hat Ihren Wunsch beim ersten Mal gehört. Wenn wir ihn immer und immer wiederholen, gehen wir davon aus, daß uns niemand zuhört. Einmal reicht. Und dann kann man ruhig abwarten, was da kommt – und sich währenddessen in die Person verwandeln, in die man sich selbst gern verlieben würde ...

Ich habe Deine Meditationskassette, und dazu habe ich eine Frage: Wieso soll ich die beiliegende Feder in der linken Hand halten?
Die linke ist die aufnehmende Seite, deshalb der Vorschlag. Wenn Du aber die rechte Hand bevorzugst, dann solltest Du die Meditation hier einfach ändern. Folge Deiner eigenen Intuition. Das ist immer am besten.

Zur Zeit geht es mir nicht besonders gut. Obwohl ich an Engel glaube und auch meditiere, fühle ich mich seit einer Weile sehr

traurig. Manchmal weine ich ohne richtigen Grund. Warum ist
das so?

Das kann verschiedene Ursachen haben. Eine davon ist die
sogenannte »dunkle Zeit«, auch »dunkle Nacht der Seele« genannt. Alles, was wir bisher gelernt haben, stellen wir in Frage.
Und das ist im Prinzip gut so. Wir überlegen uns, ob das, was
wir neu erfahren haben, auch stimmt. Widme Dir selbst genug
Zeit und laß auch diese Traurigkeit zu.

Wie oft haben wir uns zurückgehalten mit unseren Tränen, und
diese »aufgestauten und aufbewahrten« Tränen wollen sich
irgendwann lösen. Doch das kann nur geschehen, wenn wir
auch wirklich weinen. Es gab ein Jahr, in dem ich fast nur weinte – offensichtlich hatte ich vorher vieles zurückgehalten ...

Schreib ein Tagebuch, das mag Dir helfen. Wenn ich solch eine
Traurigkeit in mir fühle, dann frage ich die Traurigkeit, warum
sie da ist. Ich warte dann auf die Antwort. Ich gehe also immer
tiefer in die Traurigkeit hinein. Manchmal sind es Kindheitser-
innerungen, ein andermal Erinnerungen an frühere Erlebnisse
oder frühere Leben, die wir damit loslassen. Und sei gut zu Dir.
Gönn Dir Ruhepausen, Massagen, Schlaf. Wir sind sehr streng
mit uns. Wir können nur dann Liebe geben, wenn wir sie selbst
in uns zulassen. Und wenn wir uns selbst »antreiben«, dann
treiben wir auch die anderen an.

Das Leben soll nicht nur anstrengend sein, sondern uns auch
Freude bringen. Das Leben »ist auch zu unserer Unterhaltung
da«, zu unserer Freude. Nur Freude und Liebe wird unsere Umgebung zum Positiven hin verändern. Nicht Erschöpfung und
Selbstkasteiung.

Buddha versuchte die Erleuchtung zuerst durch Selbstkasteiung zu erreichen. Er aß kaum etwas, lebte in Askese. Dann
erkannte er, daß er damit seinen Körper nur ruinierte. Er wurde
erleuchtet, als er wieder aß und sich an der Schönheit des
Lebens erfreute.

Bitte auch Deine Familie und Deine Freunde um Umarmungen

und Unterstützung. Wenn ich traurig bin, dann gehe ich zuerst tief in mich hinein, um die Ursache zu finden, und dann lasse ich mich von anderen trösten. Ich lege mich in die Arme meines Mannes, meiner Tochter und meiner Freundinnen und Freunde. Und alles, was ich von ihnen will, ist eine Umarmung. Ich schicke Dir eine liebevolle Umarmung!

Während eines Ihrer Vorträge sprachen Sie davon, daß wir alle das Potential haben, jeden Menschen zu lieben, so wie es uns Jesus vorgelebt hat. Und daß wir unseren Engeln näher sind, je mehr wir in der Lage sind, zu lieben. Das ist mein großes Problem. Im Moment verachte ich die Menschen, ich schäme mich regelrecht für sie. Das hat unter anderem folgenden Grund: Ich liebe Tiere über alles. Und ich kann es nicht begreifen, wieso es Tierversuche gibt und wieso manche Menschen Tiere quälen. Kann ich nicht meinem Engel näherkommen, wenn ich Tiere liebe statt Menschen?

Meist hören wir in den Nachrichten und auch oft in unseren Gesprächen nur über die schrecklichen Dinge, die Menschen machen, aber die täglichen guten Taten bleiben unerwähnt. Gibt es nicht auch viele von uns, die liebevoll mit ihren Tieren umgehen, sogar oft ihr eigenes Leben für sie aufs Spiel setzen? Durch diese unausgewogene Berichterstattung entsteht der Eindruck, daß mehr Tiere gequält als geliebt werden. Das glaube ich nicht.

Jeder Mensch versucht, sein Leben zu leben, so gut er nur kann. Das ist meine Erfahrung. Ich glaube nicht, daß es »böse« Menschen gibt, ich glaube, es gibt nur Unwissende. Wir reagieren mit Aggression auf Dinge, vor denen wir Angst haben. Manche von uns lassen ihre Aggressionen an Tieren aus, denn sie haben nichts anderes gelernt, gesehen und damit erfahren.

Viele glauben, daß sie mit Tierversuchen Menschenleben retten. Das ist deren Meinung. Wenn wir keinen Haß auf der Welt haben wollen, dann gibt es nur eine Möglichkeit: Wir fangen bei uns selbst an. Wir lassen Verständnis zu.

Das Leben ist ewig, und alles, was sich während unseres Erden-
daseins abspielt, dient unserem Lernprozeß. Wie kann es Frieden geben, wenn ich jemanden hasse? Verändern sich Menschen, wenn wir sie hassen? Haben wir schon jemals jemanden
von etwas wirklich überzeugen können, wenn er es selbst nicht
wollte? Das hat nur sinnlose aggressive Debatten zur Folge,
wie wir sie beispielsweise aus den einschlägigen Talkshows
kennen, in denen kein wirklicher Dialog stattfindet, sondern
nur ein gegenseitiges »Hauen und Stechen«. Erst wenn wir uns
erlauben, die anderen auch anzuhören, ist ein wahrhaftiger
Dialog und damit eine Annäherung möglich.

Tiere sind wunderbare Helfer. Sie zeigen uns, wie es ist, »ohne
Wenn und Aber zu leben«. In meinem Buch *Die Sehnsucht unserer Seele* schreibe ich am Schluß von einer E-Mail, die mir
eine Freundin geschickt hat. Sie trägt den Titel »Bist du schon
so gut?«:

»Wenn du den Tag ohne Kaffee beginnen kannst, ohne gereizt
zu sein,

wenn du immer fröhlich bist und Wehwehchen und Schmerzen
ignorieren kannst,

wenn du dich nicht beschwerst oder Leute mit deinen Problemen langweilst,

wenn du jeden Tag dasselbe essen kannst und dafür noch
dankbar bist,

wenn du Verständnis dafür hast, daß die Menschen, die du
liebst, zu beschäftigt sind, um Zeit mit dir zu verbringen,

wenn du darüber hinwegsehen kannst, daß die, die du
liebst, manchmal ohne Grund ihre Aggressionen an dir aus-
lassen,

wenn du einen reichen Freund nicht besser als einen armen
behandelst,

wenn du der Welt ohne Lüge und ohne Täuschung gegenüber-
stehen kannst,

wenn du wahrlich sagen kannst, daß es in deinem Herzen keine

Vorurteile gegen die verschiedenen Rassen, Farben, Religionen, Weltanschauungen und politischen Meinungen gibt,
wenn du bedingungslos lieben kannst, ohne Druck auszuüben oder Erwartungen zu haben,
dann, mein Freund, bist du fast so gut wie dein Hund.«
Meine Liebe, wir können die Liebe der Tiere zu den Menschen als Vorbild nehmen. Mögen wir auch so lieben, wie unsere Tiere es können.

Engel, die uns als Menschen begegnen: Gibt es die? Und wenn ja – zeigen sie sich nur für einen kurzen Augenblick, also einmalig, oder ist es durchaus möglich, daß sie unser Leben sozusagen »Tür an Tür« begleiten, ohne selbst etwas davon zu wissen?
Ich nehme an, daß es Engel gibt, die sich eine menschliche Erfahrung aussuchen, um mehr Verständnis für uns zu entwickeln. Wie oft wird sich wohl mein Engel gedacht haben: »Warum kapiert Sabrina das bloß nicht?« Und ich glaube auch, daß es manchen von diesen menschlichen Engeln so geht wie uns: Sie vergessen, wer sie sind, um diese menschliche Erfahrung auch wirklich in ihrer ganzen Tiefe zu erleben. Vielleicht sind Sie ja einer? Und ja, ich denke mir auch, daß es für Engel möglich ist, »kurzfristig« menschliche Gestalt anzunehmen. Es gibt ja genügend Berichte über Begegnungen mit ihnen.

Ich hatte einen Engel, mit dem ich nun fast ein Jahr kommunizierte, und jetzt ist plötzlich ein anderer Name aufgetaucht. Was passiert mit meinem »alten« Engel? Und ist er nicht traurig, daß er jetzt nicht mehr bei mir ist? Ich bin es ...
Viele Engel sind für bestimmte Bereiche »zuständig«. Zum Beispiel mag es da einen geben, der uns bei unserem ersten »Aufwachen« unterstützt, dann gibt es andere, die uns beim Vergeben helfen. Manche sind für Mut zuständig, wieder an-

dere für Ehrlichkeit. So kommt immer der Engel, der uns in der entsprechenden Situation behilflich ist, und dann geht es darum, jemand anderem zu helfen, der da gerade in diesem Bereich Unterstützung braucht.

Manchmal »verschwindet« der Engel auch gar nicht, sondern er tritt nur in den Hintergrund. Denn ein anderer unserer vielen Engel ist jetzt wichtiger. Da Engel alle lieben und um die Ewigkeit der Liebe wissen, gibt es bei ihnen keine Eifersucht und kein »Verlassenheitsgefühl«. Engel wissen, daß wir alle eins sind. Das ist auch etwas, was wir von ihnen lernen können.

Ich sehe meinen Engel in meinen Meditationen nicht richtig. Der ist irgendwie »unscharf«. Wie kriege ich ihn »schärfer«?
Wozu? Engel haben keine scharfen Linien und Grenzen, da ihre Liebe wie ihre Natur fließend ist. Das mag der Grund für diese »Unschärfe« sein.

Ich bekomme Angst, sobald ich an Engel denke. Meine Furcht begann in meiner Kindheit. Sie waren für mich die Abgesandten des strafenden Vatergottes. Wie werde ich das los?
Das haben Sie selbst wunderbar erkannt: Wenn Gott ein böser und strafender Gott wäre, dann wollte ich mit seinen Helfern auch nichts zu tun haben. Ich würde hier bei meinem Verständnis für Gott ansetzen. Wer oder was ist Gott für Sie? Ist dieses Bild von Gott ein »Gottesbild« oder ein »Menschenbild«? Haben nicht Menschen dieses Gottesbild so geschaffen, um andere unter Druck zu setzen? Damals wurde mit Gott gedroht, und auch heute finden wir das zum Teil noch.

Ich würde mich über verschiedene Gottesbilder informieren und in meinen Gebeten Gott selbst fragen. Das ist ein Prozeß, der vielleicht ein bißchen dauern wird. Es hat ja auch ein paar Jahre gedauert, bis wir uns so richtig vor Gott gefürchtet haben.

In meinen Gebeten würde ich um Unterstützung bitten, die wahre Natur Gottes zu erleben. Und wenn das geheilt und erkannt ist, wird ebenso die Angst verschwinden. Aber auch hier muß man sich durch die Angst »durcharbeiten«; doch das wissen Sie natürlich selbst.

Wer braucht wen nötiger zum »Überleben«: der Mensch den Engel oder der Engel den Menschen?
Da wir alle eins sind und alle ewig »leben« und nie sterben, sondern sich nur der Körper verändert, stellt sich die Frage des »Überlebens« nicht. Wir existieren in einem Miteinander, das um so aktiver wird, je inniger unser Austausch ist. Ein harmonisches Miteinander – wie alles in der Natur. Meine Antwort dazu ist: Ich lebe mit Engeln angenehmer. Und Sie?

Ich habe gehört, daß Verstorbene auch Engel für ihre Angehörigen sein können. Kann das stimmen?
Auch hier gilt: Wer weiß das schon genau ...? Verstorbene bewegen sich ja auch auf der Ebene der Engel – also mit den Engeln –, und deshalb mag diese Verbindung eine sehr enge sein. Bestimmt gibt es da Seelen, die gern noch eine Weile bei ihren »Angehörigen« bleiben möchten und so gemeinsam mit den Engeln bei ihnen sind.
Diesen Gedanken las ich auf meiner Website als Antwort zu der Fragen-Antworten-Abteilung. Fragen werden dort nicht nur von mir, sondern auch von anderen Lesern und Leserinnen beantwortet. Anonym übrigens. Damit meine Antworten nicht wichtiger genommen werden als die der anderen. Diese hat sich für mich sehr wahr »angefühlt«.

Warum werden Engel eigentlich fast immer als hellhäutig dargestellt. Gibt es denn keine dunkelhäutigen?
Engel sind ja feinstofflich – sprich: Sie haben gar keine Haut, sondern sind diese bewegliche Energie (die wir als Menschen natürlich auch haben, nur unsere ist dichter und weniger

durchsichtig). Und da ja Engel mehr oder weniger »durchsichtig« sind, scheinen die Farben vielleicht eher heller.

Ich habe schon mal eine Meditation ausprobiert, aber das funktionierte nicht. Gibt es denn auch andere Wege, um mit den Engeln Kontakt aufzunehmen?
Meditation bedeutet einfach nur Stille. Und in der Stille ist es einfacher, seine Engel zu hören. Einfacher deswegen, weil wir von nichts anderem abgelenkt werden. Auch hier gilt es, dies auszuprobieren und zu üben. Je mehr Zeit wir mit den Engeln verbringen, desto klarer ist unser Signal ans Universum, was wir wollen. Ein Beispiel: Wenn ich etwas über italienische Skulpturen lernen will, dann fange ich an, Bücher darüber zu lesen. Ich melde mich in einer Bildhauerklasse an und übe. Ich gehe in Museen, um mich umzuschauen. Ich reise vielleicht nach Italien und sehe mir dort die Werke an. All das bringt mir als Ergebnis ein Wissen über italienische Skulpturen, und mit diesem Wissen kommt auch eine Erfahrung.
Das ist mit Engeln im Prinzip nichts anderes. Diese Neugierde, die da am Anfang entsteht, kombiniert mit einem gewissen Maß an Ausdauer, wird uns die Informationen bringen, die wir suchen. Immer. Denn es ist uns versprochen worden: »Wer suchet, der findet.« Das hat sich für mich bestätigt. Und da gibt es noch eines meiner Lieblingssprichwörter: »Übung macht den Meister.«

Bis vor drei Monaten habe ich in meinen Meditationen regelmäßig meine Engel gefühlt, und sie haben mir auch viele Hilfestellungen und Gedanken gegeben. Doch seit drei Monaten ist Sendepause. Wo sind sie geblieben? Liegt es an mir?
Nein, meine Liebe, das geht vielen so. Engel sind gerade am Anfang sehr aktiv. Dann tritt plötzlich eine Ruhepause ein, und wir denken, wir hätten etwas falsch gemacht. Diese Zeit der »Stille der Engel« ist für uns da, um all das auszuprobieren, was uns gesagt worden ist. Wir müssen unsere eigenen Erfahrun-

gen machen, denn Engel sind nicht dazu da, daß sie uns jeden Bissen vorkauen. Wir lernen durch unsere Erfahrungen, besonders diejenigen, die für uns anstrengend sind. Diese sollten wir nicht zu umgehen versuchen.

In meinem Morgengebet bedanke ich mich jeden Tag für die neuen Herausforderungen in meinem Leben, damit ich weiterhin lerne. Wie ich schon mal gesagt habe: Wir lernen durch Widerstand. Also, wie ein Bodybuilder seine Muskeln durch schwere Gewichte trainiert, so trainieren wir unseren Geist durch Herausforderungen. Das läßt sich mit dem Radfahren vergleichen. Zuerst helfen uns die Eltern, und dann müssen sie irgendwann einmal die Stützräder entfernen und uns auch loslassen. Wir müssen selber radfahren.

Die Engel sind da und melden sich auch wieder; Sie sollten einfach weitermachen mit den Meditationen und den Zeiten der Stille. Die Engel melden sich erneut, wenn es wieder etwas zu sagen gibt. Wir Menschen haben die Angewohnheit, viel zu reden. Engel sind davon manchmal vielleicht ein bißchen überrascht ...

Ich fühle mich so furchtbar einsam. Niemand kümmert sich um mich. Es ist schrecklich, wie alte Leute abgeschoben werden. Ich bete dauernd zu meinem Engel, daß er mir jemanden schicken soll, aber es kommt einfach niemand. Warum hört er mir nicht zu?

Erst einmal möchte ich Ihnen eine liebe Umarmung schicken. Die Einsamkeit scheint wie ein Loch zu sein, das immer tiefer wird, je länger wir darin verharren; und irgendwann einmal mag es tatsächlich so aussehen, als ob wir nichts machen könnten. Ich bin sicher, daß der Engel zuhört, aber auch er wartet darauf, daß Sie Ihren Teil dazutun. Wenn ich Ihnen verspräche, daß dadurch die Einsamkeit verginge, würden Sie es tun?

Ja, es mag Überwindung kosten, schließlich ist es ja etwas Neues, was Sie ausprobieren. Aber offensichtlich hat der alte Weg nicht funktioniert, sondern Ihnen nur noch mehr Einsamkeit gebracht. Vielleicht haben Sie ja Interesse daran, meinen Vorschlag auszuprobieren. Ich wünsche Ihnen von Herzen Kraft dazu. Bitten Sie Ihren Engel doch in Ihrem nächsten Gebet darum, Ihnen zu sagen, was Sie tun können, um aus dieser Einsamkeit herauszukommen.

Es mag sein, daß Sie das Gefühl haben, da käme gar nichts. Manchmal ist es aber so, daß wir uns nicht trauen, wirklich zuzuhören, denn wir haben Angst, unser Leben zu verändern, und so verharren wir zuweilen in einem eher unausgefüllten Leben, statt uns wieder für Spannung und Abenteuer zu öffnen. Und es ist wahrlich spannend, sich neuen Menschen anzuschließen, nicht wahr?

Vielleicht möchten Sie einem gemeinnützigen Verein beitreten (manche holen Sie auch ab). Eventuell einer Nachbarin durch Babysitten helfen. Die Pfarrei, die Volkshochschule – alles Plätze, an denen man sich treffen kann. Vielleicht fühlen Sie sich in einem Seniorenheim wohler?

Ja, es erfordert Mut, wieder rauszugehen; und es mag auch sein, daß die anderen mit ihrem eigenen Leben beschäftigt sind und so wenig Zeit haben. Manchmal wünschen wir uns »einen« Menschen, der sich um uns kümmert. Aber der hat sein eigenes Leben und seine eigenen Verpflichtungen. Es ist einfacher, eine Gruppe von Menschen zu suchen.

Ich bin sicher, Sie haben im Lauf Ihres Lebens viele Talente entwickelt, und bestimmt sind die noch nützlich. Manchmal dauert es halt eine Weile, bis man die geeigneten Personen findet, die das auch brauchen können. Vielleicht möchten Sie ausländischen Kindern beim Deutschlernen helfen? Möglicherweise waren Sie Künstlerin und können so anderen älteren Menschen etwas beibringen? Oder Sie waren eine begnadete Köchin und helfen einer jungen Mutter beim Kochen? Sie waren Geschäftsfrau und können einem jungen Selbständigen Tips geben? Gibt es ein Tierheim, bei dem Sie helfen können? Das Leben auf der Erde ist erst dann vorbei, wenn wir unseren

Körper verlassen. Jetzt ist es für Sie auf jeden Fall zu früh! Trauen Sie sich, dann haben die Engel auch wieder was zu tun. Ich wünsche Ihnen wie gesagt viel Kraft dabei.

In meinen Meditationen bekomme ich dieses wunderschöne Glücksgefühl; leider hält das nach der Meditation nicht weiter an. Wie kann ich das verlängern?
Das Glücksgefühl war ein Geschenk für Dich von Deinen Engeln. Das ist die tiefe Liebe, die wir fühlen, wenn wir uns »eins in Gott« fühlen. Meist verlassen wir diesen Ruheplatz in uns selbst und finden uns in der Hektik der Welt wieder. Je mehr wir in uns Klarheit schaffen (durch Selbsterkenntnis, Verständnis für andere und uns selbst), desto häufiger verspüren wir dieses Glücksgefühl. Wir fühlen uns wohl »in unserer Haut« *und* unserer Umgebung. Dieses starke Glücksgefühl, das am Anfang relativ selten auftaucht, wird nach meiner Erfahrung von einem steten Wohlgefühl abgelöst.
Wenn wir in dem üblichen Drama leben, dann ist die Ruhe der Meditation etwas Ungewöhnliches für uns; deshalb fällt uns diese unterschiedliche Ebene so besonders auf. Es ist das Ruhe- und Glücksgefühl, das wir zu Beginn nur ganz selten erleben. Je mehr wir auf dieser Ebene leben (durch Selbsterkenntnis und Veränderung), desto selbstverständlicher wird dieses Gefühl für uns, und es fällt uns nicht mehr so auf. Wir fühlen uns dann wohl in unserem Leben. Jederzeit und in jeder Situation.
Natürlich bedeutet das nicht, daß wir uns nicht gelegentlich über etwas ärgern. Oder daß uns etwas stört. Das ist ja das Spannende am Leben. Es hat nun mal seine Aufregungen – ich habe dafür meinen Mann und meine Ehe ...

Ich merke, wie sich langjährige Freunde von mir zurückziehen, und ich komme mir nun langsam ziemlich einsam vor. Die Gesprächsthemen, die mich jetzt interessieren, interessieren sie nicht, und vieles, was ich früher tat, langweilt mich jetzt. Ich

hoffe nicht, daß mein Engel der einzige bleibt, der noch mit mir spricht?
Auch das ist normal. Viele Freundschaften lösen sich, da das gemeinsame Interesse nicht mehr da ist. Das heißt übrigens nicht, daß sie für immer verschwinden. Ich habe viele Freundschaften nach Jahren wieder »zurückbekommen«. Auch meine Freunde gingen ihren eigenen spirituellen Weg. Anders als meiner, aber trotzdem auch in die gleiche Richtung. Es kommen neue Freunde dazu. Manchmal glauben wir, daß sich Freundschaften nicht verändern sollen. Alles im Leben verändert sich, wir brauchen nur die Natur zu betrachten. Ich bat damals Gott, daß er mir neue Freunde schickt, und ein paar Wochen später traf ich auch schon die erste spirituell interessierte Freundin.

Mein Mann findet, daß ich langsam, aber sicher verrückt werde. In unserer Ehe beginnt es auch gehörig zu kriseln, seit ich mich mit spirituellen Dingen beschäftige. Muß ich mich zwischen meinem Mann und den Engeln entscheiden?
Mir ging es ähnlich. Mein Mann hat jahrelang zu mir gesagt: »Und du bist auf dem falschen Weg.« (Ich schreibe ausführlich darüber in meinem Buch *Die Sehnsucht unserer Seele*.) Bei mir war es so, daß ich jahrelang versuchte, meinen Mann glücklich zu machen, und ich stellte meine Wünsche und Ansprüche in den Hintergrund. Ich hoffte natürlich, daß mein Mann dann irgendwann auch mal all das tut, was ich für ihn tat ... aber das tat er nicht. Er verlangte einfach immer mehr. (Das muß natürlich nicht in Ihrer Situation so sein.) Wir gingen durch sehr tiefe und schwere Krisen, und ich dachte mehr als einmal, daß unsere Ehe das nicht aushalten würde. Aber mit jeder Krise kam mehr Wissen. Wir sind ehrlicher miteinander geworden. Offener. Wahrhaftiger. Er akzeptiert mich mehr, und ich akzeptiere ihn mehr ... und zwar so, wie er ist, und nicht so, wie ich ihn mir gern gebastelt hätte.
Mein Mann meditiert immer noch nicht mit mir, und das geht

mich auch nichts an. Das ist sein Weg. In Ehen ist es interessant, daß man nicht nur seinen eigenen Weg verfolgen kann, sondern auch gleichzeitig den Weg des anderen.

Wie entscheidet er sich in bestimmten Situationen?

Wie entscheide ich mich in bestimmten Situationen?

Was ich vorschlagen möchte, ist Offenheit. Ich habe meinem Mann jahrelang Erfahrungen auf meinem spirituellen Weg verheimlicht, weil ich dachte, daß er dafür sowieso kein Verständnis hätte. Damit habe ich ihn ausgeschlossen. Ganz davon abgesehen, daß ich ihn für zu »unspirituell« hielt, um meine tollen Erlebnisse überhaupt zu verstehen (da war ich auf dem Gipfel meines spirituellen Größenwahns – das kommt gelegentlich mal vor ...).

Hören Sie Ihrem Mann zu, wenn er Bedenken äußert. Vielleicht hat er ja recht. Ich habe meine spirituellen neuen Freunde immer vor ihm verteidigt, bis ich merkte, daß er eine sehr große Menschenkenntnis hat und es mir nicht schadet, ihm zuzuhören. Manchmal stimme ich ihm zu und manchmal nicht.

Wenn Sie möchten (und sich trauen), bitten Sie Ihren Mann um ein gemeinsames Gebet. Sagen Sie ihm auch, wie wichtig Ihre Ehe für Sie ist. Oftmals machen sich unsere Partner Sorgen um uns. Sie wollen auch nicht, daß sich zuviel in der Ehe verändert, und die Ehe wird sich verändern. Das ahnen sie.

Ich habe mal irgendwo gelesen: Nach der Eheschließung wünschen sich die Männer, daß sich die Frauen nie verändern, und die Frauen, daß sich die Männer verändern. Da ist wohl was Wahres dran.

Diese Antwort gilt umgekehrt natürlich genauso für einen Mann, dessen Ehefrau seinen spirituellen Weg nicht nachvollziehen kann.

Wir schließen uns in Ehen zusammen, um uns zu lieben, so wie wir sind, uns besser kennenzulernen und um uns gemeinsam bei unseren Lernaufgaben zu unterstützen. Diese Zeit mag manchmal länger und manchmal kürzer sein. Natürlich gibt es

Krisen, und es ist nicht der Sinn der Ehe, vor diesen Krisen davonzulaufen. Bestimmte Situationen stehen auf unserem Seelenlehrplan, und die werden uns so lange präsentiert, bis wir sie verstanden haben. Und wenn nicht mit diesem Partner, dann eben mit dem nächsten ...

Ehen sind nicht dazu gedacht, daß wir aus Notwendigkeit zusammenbleiben. Wenn wir glauben, daß wir den anderen zum Glücklichsein brauchen, dann haben wir noch keinen Frieden in uns selbst gefunden. Wir »suchen« die Liebe außerhalb unserer selbst und nicht innerhalb. Wir »brauchen« etwas, weil wir es selbst nicht haben. Das ist kein Gleichgewicht. Ehen sind eine Wahl: Ich entscheide mich für dich als Lebenspartner, nicht weil ich dich brauche, sondern weil ich gern meine Zeit mit dir verbringen will. Das ist der Unterschied.

Wenn wir die Lehren aus unserem Seelenlehrplan verstanden haben, dann gibt es zwei Möglichkeiten: Entweder ist die Ehe sehr viel besser geworden, die Liebe größer, und die gemeinsame Zeit ist eine glückliche. Oder wir erkennen, daß diese Partnerschaft nicht die Qualität hat, die wir uns wünschen. Wir erkennen, daß es dem anderen nicht möglich ist, eine solche Partnerschaft zu leben. Mit dieser Klarheit und diesem Verständnis kommt eine tiefe Ruhe. Die emotionalen Höhen und Tiefen, die vorher in diversen Krisen aufgepuscht wurden, sind dann nicht mehr da.

Ich werde oft gefragt, wann man denn wisse, daß eine Ehe zu Ende ist. Meiner Meinung nach dann, wenn man nicht mehr zweifelt. Solange ich zweifle, so lange ist die Ehe noch nicht zu Ende. Falls eine Ehe beendet werden soll, wissen wir es plötzlich ganz genau. Und mit diesem Wissen kommen die Ruhe und das Verständnis für den anderen. Dieses Gefühl für die Trennung kommt nicht im Zorn, sondern mit einer großen Gelassenheit. Es ist alles getan und versucht worden. Die Klarheit kommt fast wie mit einem »Es ist vollbracht«. Die Liebe und das Verständnis für den anderen mögen gerade in dieser Zeit sehr groß sein, da wir uns von den emotionalen Dramen gänzlich verabschiedet haben. Aber das Wissen und die Klarheit, daß die Beziehung in dieser Form beendet ist, ist dann für uns offensichtlich.

Übrigens ist es nicht notwendig, sich zu »ent-lieben«. Es liegt in unserem Potential, alle zu lieben, und das schließt unsere früheren Partner mit ein.

Ich sehe aus den Augenwinkeln immer so leichte Schatten oder Bewegungen. Sind das Engel?
Das nehme ich auch an.

Soll ich nicht gleich zum lieben Gott beten statt zu den Engeln?
Wie Sie möchten. Manchmal ist es einfacher, mit Engeln zu beten, da für einige von uns »Gott« so groß scheint, daß wir vielleicht keinen Ansatz finden. Da Engel die Botschafter Gottes sind, kommen alle Gebete an.

Ich bitte meinen Engel um gute Noten in der Schule, und es klappt einfach nicht. Paßt denn da der Engel nicht auf?
Kann es sein, daß *Du* vielleicht nicht aufpaßt? Wäre es nicht herrlich, wenn es Engel gäbe, die alles für uns auf Erden erledigen? – So funktioniert es leider nicht. Doch Du kannst Deinen Engel fragen, was *Du* tun mußt, um bessere Noten zu bekommen. Vielleicht hilft eine Meditation vor dem Lernen oder ein Gebet. Dein Engel kann Dir sagen, *wie* Du effektiver lernst, um bessere Noten zu bekommen, aber für das Lernen mußt du schon selbst sorgen. Probier es einfach mal mit folgendem Gebet und warte, was dann kommt: »Lieber Schulengel, was kann ich machen, um Mathe besser zu verstehen?« Und dann warte, was als Antwort kommt. Ich bin sicher, mit Deiner Hilfe und der Hilfe der Engel wirst Du gute Noten schreiben. Offensichtlich bist Du sehr klug, denn sonst wärst Du nicht darauf gekommen, um Hilfe zu bitten. Zu erkennen, wann man Unterstützung braucht, ist immer ein Zeichen von Klugheit!

Wenden sich Engel manchmal auch von uns ab?
Nein. Wenn sich jemand abwendet, dann sind wir es ...

Eine Bekannte hat einen Engel, der ihr recht burschikos antwortet und in meinen Augen sogar unhöflich ist. Gibt es denn das?
Engel versuchen auf alle mögliche Weise, Kontakt mit uns Menschen aufzunehmen. Und manche von uns sind eben ein bißchen burschikoser als andere. Da Engel telepathisch mit uns kommunizieren, mag es sein, daß der Mensch, der Gedanken von seinem Engel erhält, sie durch seinen »burschikosen Filter« erhält und sich somit der Engel »unhöflicher« anhört, als er eigentlich ist. Aber hier handelt es sich natürlich nur um eine Annahme von mir. – Ich höre gerade in mich hinein und frage meine Engel, ob das denn so stimmt, und da höre ich: »Wir versuchen, die Sprache des jeweiligen Menschen zu sprechen.« Danke, meine Engel, für die Antwort.

Ich glaube an Engel, und sie helfen mir auch in meinem täglichen Leben. Aber wenn ich von solch schrecklichen Attentaten wie mit den gekidnappten Flugzeugen in den Staaten erfahre, wobei so viele Menschen getötet wurden, da frage ich mich, wo denn da die Engel waren? Und wenn wir schon dabei sind: Warum läßt Gott das zu?
Ja, gerade solche Ereignisse veranlassen uns dazu, das, was wir glauben, genauestens zu betrachten. Ich möchte Ihnen hier meine Gedanken dazu wiedergeben, wie sie nach den Ereignissen vom 11. September 2001 ähnlich in einem Brief auf meiner Website standen:
Wir sind unsterbliche Seelen, die hier auf Erden eine menschliche Erfahrung suchen. Jeder von uns hat seine eigenen Herausforderungen. Wir versuchen, oftmals verzweifelt, diese Welt »sicher« zu machen. Wir wollen uns, unsere Kinder, Angehörigen und Freunde schützen: vor Schmerzen, vor Unfällen, vor tragischen Ereignissen, vor Krankheiten, sogar vor dem

Tod. Wir wollen uns alle »vor dem Leben schützen« – und das geht nicht bis ins letzte Detail. Da gibt es Unfälle, Krankheiten, Terroristen ...

Das Leben besteht aus Erfahrungen und Herausforderungen. Wir glauben zwar, daß wir uns wohler fühlen, wenn wir nur angenehme Erfahrungen machen. Aber natürlich wissen wir ebenso – aus unserem eigenen Erleben und aus der Geschichte –, daß wir am meisten in Krisen lernen. Wir erkennen dann, wer wir wirklich sind. Wir erkennen die Kapazität unserer eigenen Liebe, unseres eigenen Mutes und unserer Großzügigkeit.

Das Leben hier auf Erden ist nicht »sicher«, denn es endet mit dem Tod. Nur unsere Seele ist »sicher«, da sie unsterblich ist. Solange wir versuchen, Sicherheit »in Körperform« zu kreieren, so lange werden wir enttäuscht werden. Erst wenn uns klar ist, daß die einzige Sicherheit in dem Wissen des ewigen Lebens liegt, kehrt Frieden in uns ein.

Oftmals verwechseln wir auch Mitgefühl mit Mitleid. Mitge*fühl* bedeutet, daß wir mit den anderen *fühlen*. Wir können ihre Schmerzen, ihre Traurigkeit nachvollziehen, aber wir verlieren uns selbst nicht darin. So haben wir die Möglichkeit, zu trösten, zu umarmen, zu beten und die zu lieben, die leiden. Es ist nicht notwendig, mitzuleiden. Das wäre so, wie wenn jemand ertrinkt und wir sprängen hinterher, um auch zu ertrinken. Es ist sinnvoller, mit einem Rettungsreifen ins Wasser zu springen, um dem anderen zu helfen.

Oft sind wir angesichts solcher Ereignisse auch schockiert, weil wir befürchten, daß wir »die nächsten« sein könnten. Die Angst zu fliegen – die Angst zu leben – mag sich bei uns einnisten. Das ist aber die Angst um das eigene Leben, die oft verwechselt oder vermischt wird mit dem Mitgefühl für andere. Wir haben plötzlich erkannt, daß es »jeden Moment soweit sein kann«. In jedem Augenblick! Und daß es nichts, aber auch gar nichts gibt, was uns davor schützt. Viele von uns besinnen sich bei solchen Gelegenheiten wieder darauf, wie wichtig es ist, den

Augenblick, die Gegenwart voll auszuschöpfen. Familien rücken aus Dankbarkeit näher zusammen. Und wir verändern nicht selten unsere Prioritäten.

Eines ist dabei ganz wichtig: Wenn Gefühle hochgekommen sind, hilft es nicht, sie zu unterdrücken. Im Gegenteil: Sie sind da, weil sie uns etwas sagen wollen. Gefühle wie Panik, Angst, Wut oder Verzweiflung müssen betrachtet werden. Aber wie? Wir können uns in der Stille unserer Meditation fragen: »Wer in mir hat da Angst?«, und dann warten wir ab, was in uns aufsteigt. Oftmals kommen Erinnerungen hoch, die entweder aus unserer Vergangenheit (also etwa der Kindheit) oder aus früheren Leben stammen. Wir sind dann in der Lage, uns selbst zu trösten. Wir bringen »unser Kind in uns nach Hause« (in das Wissen unserer Seele).

Was ist die Aufgabe der Engel in solch einer Zeit? Viele Engel waren und sind weiterhin in New York, in Washington und sonst überall auf der Welt, wie sie natürlich auch in dem bei Pittsburgh abgestürzten Flugzeug waren. Aber hier gilt wie an jedem anderen Ort die Wahrheit, die immer gilt: *Engel sind nicht dazu da, für uns das Leben zu führen.* Sie sind da, um uns in unserem Leben beizustehen. So werden wir von ihnen unterstützt, wenn wir in der Lage sind, um Hilfe zu fragen. Laßt uns unsere Engel um Hilfe bitten! Die Unterstützung wird uns immer gewährt. Aber auch dann geht es nicht darum, daß sie stellvertretend für uns leben. Doch wir können Weisheit, Wahrheit, Liebe und Trost darin finden.

Wie ich immer wieder betone, glaube ich nicht, daß es »Fehler im Universum« gibt: Gott hat nicht »weggeschaut«, und die Engel waren nicht »in Urlaub«. Die Ereignisse in unserer Welt geschehen, damit wir Lehren daraus ziehen. Ist es nicht unser Wunsch, Frieden auf Erden zu erschaffen? Dazu brauchen wir Veränderungen. Wir lernen offensichtlich am nachhaltigsten aus den tragischen Ereignissen (wie zum Beispiel aus den Schrecken des sogenannten Dritten Reiches), wie wir uns als gesamte Menschheit in der Zukunft verhalten wollen. Die Welt bewegt sich in ein Zeitalter des Friedens. Des Weltfriedens. Und dazu wird die Welt vereint. Emotional wurde die Welt zum ersten Mal durch den Tod von Prinzessin Diana im Jahr 1997 vereint. Kurz danach starb Mutter Teresa. Wieder fühlten wir gemeinsam.

Jetzt wird die Welt politisch vereint. Die Menschen stehen zum ersten Mal global einig hinter dem Wunsch nach Frieden. Wir erkennen immer mehr, daß wir alle eins sind und alle gemeinsam Frieden erschaffen wollen.

Nach der Reinkarnationslehre hat jede Seele ihre eigene Aufgabe. Wir als Seelen entscheiden »vor diesem Leben«, was wir hier erreichen wollen. Einige von uns sammeln sich für solche Aufgaben. Sie haben – als Seelen – entschieden, diesen riesigen Schub zur Veränderung persönlich zu unterstützen. Sie sind bereit, ihr irdisches Leben in diesen tragischen Ereignissen zu beenden. Natürlich wissend, daß das wahre Leben ewig ist ...

Diese Seelen sind nicht nur die Passagiere in den Flugzeugen und die Opfer unter den Trümmern; diese Seelen sind auch die Terroristen. Und hierin besteht für viele die große Herausforderung: auch ihnen zu vergeben. Alle spirituellen Meister sprechen von der Wichtigkeit des Vergebens. Eine Mutter, deren Tochter im World Trade Center ums Leben kam, bat öffentlich, den Tätern zu vergeben. Sie weinte dabei: »Ich will keinen Krieg. Ich will nicht, daß noch mehr Menschen ihr Leben lassen müssen.«

Diese Mutter zeigt uns, was wahres Vergeben heißt. Sind wir in der Lage, dasselbe zu tun?

Das heißt natürlich keineswegs, wir sollten nichts dagegen unternehmen, daß die Täter ihre Verantwortung übernehmen. Durch gegenseitiges Töten kann das allerdings nicht geschehen.

Die Welt verändert sich. Immer. Wir wachsen. Und manchmal mag das Wachsen wie ein Auseinanderfallen aussehen. Wenn wir umziehen, sehen wir uns schon in der neuen Wohnung. Doch der Umzug selbst ist oftmals hektisch: Gegenstände zerbrechen, gehen verloren, passen nicht mehr zu dem übrigen Inventar. Ohne die Vorfälle in New York, Washington und bei Pittsburgh bagatellisieren zu wollen, kann man die aktuelle Situation mit einem »globalen Umzug« vergleichen. Die Welt, bisher eingeteilt in gut und böse, reich und arm, ist dabei, sich zu verändern. Und diese Umwälzungen sind nicht einfach. Viele der Veränderungen ergeben sich wie gesagt durch dramatische Ereignisse, die trotz aller Schutzmaßnahmen immer wieder eintreten. Das heißt nicht, daß wir für die Betroffenen kein Mitgefühl haben sollten. Im Gegenteil! Wir beten für sie. Wir spenden Blut, Geld, Zeit – was immer wir können.

Laßt uns in uns den Frieden und die Ruhe finden. Laßt uns uns bemühen, Spekulationen und Aggressionen zu vermeiden, denn damit wird nur eine zusätzliche Dramatik kreiert. Laßt uns nicht endlos wiederholen, was wir bereits vernommen haben, denn damit produzieren wir nur noch mehr Energie für Ängste. Laßt uns ein Hafen der Stille, der Liebe und des Mutes sein. Laßt uns durch unsere Gebete und unsere Liebe ein Netzwerk des Friedens erschaffen. Denn in unseren Gebeten verbinden wir uns miteinander. Wir schaffen so einen neuen Traum für die Welt. Unsere neue Welt. Wir wissen, daß nicht nur Aktionen, sondern auch Gedanken und Worte Kraft haben. Laßt uns bewußt sein, wohin wir unsere Kraft legen.

So wie Jesus am Kreuz starb und uns das ewige Leben zeigte, so sind auch die Menschen, die in diesem Angriff ihr Erdenleben gelassen haben, nicht »umsonst« gestorben. Sie sind gestorben, um die Veränderung von einer getrennten Welt in eine vereinte Welt zu unterstützen.

Ich empfinde tiefe Dankbarkeit für ihre Entscheidung und ihr Tun, und ich danke ihnen von Herzen dafür.

Meditationen und Gebete

Warum schlafe ich beim Meditieren immer ein?
Keine Sorge, dafür gibt es einen einfachen Grund: Wahrscheinlich sind Sie müde und brauchen mehr Schlaf. Nachdem Sie Ihrem Körper mehr Ruhe und Entspannung gegeben haben, versuchen Sie es einfach noch mal. Am besten im Sitzen und mit geradem Rücken, denn da schläft es sich so schwer. Um am Anfang in einen günstigen Rhythmus zu kommen, ist es am besten, nicht im Bett kurz vor dem Einschlafen zu meditieren. Es ist schwieriger, im warmen, gemütlichen Bett wach zu bleiben.
Versuchen Sie es zu einer Zeit, in der Sie hellwach sind. Falls es nicht zu kalt ist, ist es im Freien auch wunderbar.

Ich habe gelesen, daß man am besten auf einem Stuhl sitzend meditieren und sich dabei nicht anlehnen soll, damit der Energiestrom besser fließen kann. Mir gefällt es aber tatsächlich im Schneidersitz am besten. Soll ich das nun ändern?
Der Grund, warum man beim Meditieren eher »unbequem« sitzen soll, ist, damit wir mit unserem Geist auch im Körper bleiben und nicht irgendwohin verschwinden. Die Herausforderung der Meditation ist, *im* Körper zu bleiben und in der Gegenwart präsent zu sein. Ich habe früher beim Meditieren immer versucht, meinen Körper zu verlassen. Ich dachte, das sei der Sinn der Sache.
Ich war auf der Flucht – vor mir selbst. Ich suchte einen Platz der Sicherheit, und den möglichst weit weg von mir. Jetzt bin ich in meinen Meditationen immer »in mir«. Unsere Engel haben es leichter, wenn wir ganz da sind. Und ich war selten ganz da. Ich war entweder in der Zukunft, in der Vergangenheit oder beschäftigte mich mit anderer Leute Angelegenheiten. Jetzt versuche ich wie gesagt, ganz in mir zu sein. Und

wenn ich leicht unbequem sitze (sprich: mich nicht anlehne), dann fällt es mir leichter.

Ich meditiere aber genauso gut im Schneidersitz und ebenso frühmorgens, wenn ich noch im Bett liege. Ich bemühe mich nur, auch vollständig »da« zu sein. Zu diesem Zweck ist es vielleicht auch für Sie interessant, wenn Sie gelegentlich eine andere Position ausprobieren.

Ich habe gehört, daß man beim Meditieren besonders darauf achten muß, die Chakren auf- und dann wieder zuzumachen, um sich zu schützen. Wovor muß ich mich denn schützen?
Gute Frage. Die habe ich mir auch gestellt. Chakren sind feinstoffliche Energiezentren unseres Körpers (es gibt viele gute Bücher darüber). Diese Energiezentren werden bei einigen Meditationen bewußt geöffnet, indem man sich einfach darauf konzentriert. Also ich gehe zum Beispiel zum ersten Chakra, das sich am Sitz befindet, und stelle mir vor, daß es sich im Uhrzeigersinn öffnet und weiter wird. Dadurch fließt die Energie leichter. Nachdem alle Chakren geöffnet worden sind, lasse ich die Energie des göttlichen Universums durch meinen Kopf (Kronenchakra), den Körper und dann durch die Füße in die Erde abfließen und hole mir dann – mit dem nächsten Atemzug – die Kraft der Erde durch die Füße nach oben.

Das ist natürlich nur eine Unterstützung der Chakrenöffnung. Diese Energiezentren öffnen sich eigentlich durch unser Verhalten. Also versuche ich, liebevoll und verständnisvoll zu sein; und immer dann, wenn ich liebevoll und verständnisvoll bin, öffnet sich mein Herzchakra ein bißchen mehr. Manchmal fühlen wir in bestimmten Gegenden (zum Beispiel am Hals oder an der Schädeldecke) eigenartige Gefühle. Auch das ist oftmals ein Öffnen der dort plazierten Chakren. Je weiter sie werden, desto mehr göttliche Liebe fließt durch uns hindurch. Die Meditation ist somit nur der Start, die Öffnung muß sich im täglichen Leben durch unser Verhalten fortsetzen. Denn selbst wenn wir ein Chakra beim Meditieren öffnen, aber dann, wenn wir aus der Meditation herausgegangen sind, die erste Person, die uns begegnet, anschnauzen, ist es sofort wieder zu.

Ich schließe meinen Chakren nicht, um mich zu schützen, da ich ja zu allen Zeiten göttliche Liebe durch mich fließen lassen möchte.

Natürlich sind wir empfänglich für die Energien anderer – gute wie anstrengende. Wir senden nicht nur aus, sondern wir empfangen auch. Selbstverständlich gibt es Umgebungen, die uns nicht guttun. Bin ich zum Beispiel auf einer Party, auf der viel über andere gelästert wird, dann gehe ich. Ich verurteile die Menschen, die lästern, aber nicht, denn was sie tun, ist nicht meine Angelegenheit. Sondern ich ziehe mich zurück. Das ist keine Umgebung, in der ich mich aufhalten möchte. Denn Gedanken lassen sich mit Gerüchen vergleichen. Sie riechen entweder gut, oder sie stinken. Wenn ich mich in einem Raum aufhalte, in dem viel geraucht wird, dann riechen meine Kleider nach Rauch, wenn ich heimkomme. (Ich bin Nichtraucherin, will aber nichts gegen Raucher sagen, ich habe früher schließlich selbst geraucht ...) Ähnlich bleiben negative Gedanken an einem haften.

Wenn ich mich allerdings in Situationen aufhalten muß, in denen die Energien »dichter« sind, erinnere ich mich und meinen Körper daran, daß ich nur das in mir aufnehme, was leichter ist. Und alles andere lasse ich von mir abfließen. Das kann man als »Schutz« auffassen. Ich sehe es einfach als Möglichkeit, mich selbst »klar« zu halten.

Immer wenn ich in meiner Meditation versunken bin, spüre ich meine Hände nicht mehr. Ist das normal?

Ja, das geht vielen so. Wir fokussieren unsere Gedanken auf etwas anderes ... tief in uns hinein – und so nehmen wir manchmal das »Äußere« und sogar unseren Körper nicht mehr wahr. Das habe ich früher immer so gemacht. Heute versuche

ich, mich auf meinen Körper zu konzentrieren. Was fühle ich
wo ...? Und beobachte das Gefühl, das da »unter dem Hände-
fühlen« liegt.

Ich meditiere und bete, und irgendwie habe ich das Gefühl, da
passiert nichts. Was kann ich tun, um das zu verändern?
Da haben wir so viel vor (wir wollen ja schließlich die Welt verbessern): Wir meditieren regelmäßig, glauben an alle unsere
Möglichkeiten, beten viel, versuchen, unsere Gedanken und
unsere Zweifel zu kontrollieren, und wollen so zuversichtlich
wie nur möglich in die Zukunft schauen – und nichts scheint
sich zu ändern. Die Zeit läuft uns offenbar davon, als ob sie mit
uns nichts zu tun hätte, und das Wort »vertrödeln« kommt
einem leicht in den Sinn. Aber es gibt eine andere Erklärung
für das Phänomen, daß anscheinend »nichts« geschieht: Wir
verdauen das Gelernte. Wir integrieren es. Wir üben. Wir bereiten uns vor.
Oftmals läßt sich unser Leben mit den Wellenbewegungen des
Meeres vergleichen. Mal rollt eine Welle fort, und mal kommt
sie zurück. Das ist der normale natürliche Rhythmus des Daseins: Mal stürmen wir vorwärts, und dann sieht es wieder so
aus, als ob das Leben und die Bewegung sich zurückzögen.
Betrachten Sie die Zeit, in der Sie glauben, daß Sie sie vertrö-
delt haben. Was haben Sie in dieser Phase gelernt? Manchmal
gibt es solche Ruhepausen, damit der Körper das aufsammeln
kann, was unsere Persönlichkeit gelernt hat. Wir haben es
begriffen, aber unser Körper braucht ein bißchen Zeit, um es
umzusetzen, umzuwandeln. Wir brauchen diese Ruhepausen.
Es ist allerdings häufig auch eine Herausforderung, unserem
eigenen Rhythmus zu vertrauen.
Wie ich schon öfter gesagt habe, gibt es meines Erachtens keine Fehler im Universum. Es ist, wie es ist. Und wenn zur Zeit
Ruhe herrscht, dann muß es so sein. Woher ich das weiß? Weil
es so ist! Ich lege mich nicht mehr mit der Realität an. (Ich

empfehle zu diesem Thema gern »The Work« von Byron Katie bzw. Moritz Boerners Buch *Byron Katies »The Work«.*)

Manchmal geht uns eine Veränderung auch nicht schnell genug. Wir haben Schwierigkeiten mit den Eltern, und wir dachten, wenn wir mit den Engeln beten, dann verschwindet das Problem sofort. Und nein, es verschwindet natürlich nicht. Das dauert eine Weile, bis sich die Situation verändert, weil wir uns verändern. Schließlich hat es ja auch Jahre gedauert, bis wir die verfahrene Situation so hingekriegt haben. Da dürfen wir der Situation ruhig ein paar Monate geben, bis sie heilt (wobei spontane Veränderungen natürlich auch nicht auszuschließen sind ...).

Unser Wunsch nach Veränderung wird Veränderungen nach sich ziehen. Jeder Zweifel und jeder negative Gedanke ist nur eine Leine, die uns von unserem Ziel wieder wegzieht. In uns reifen nur die Wünsche, die wir auch erfüllen können. Es gibt da bestimmt viele, die Kunstmaler werden wollen oder Flugkapitän oder Ärztin. Warum ist mir so ein Wunsch nie gekommen? Weil es nicht in meinem Seelenplan liegt. Vielleicht weil ich dazu keine Talente habe. Unser Wunsch kommt aus dem tiefen Wissen, daß ebendieser Wunsch erfüllbar ist. Machen Sie nur weiter. Irgendwann bewegt sich schon wieder etwas. Vielleicht fragt sich auch der Baum im Winter, ob er jemals wieder Blätter kriegt?

Wie bete ich richtig?

Ich bete wie zu einer wundervollen Mutter, zu einem wundervollen Vater. Unsere Intention zählt. Gott fühlt unsere Seele, und wenn die Worte nicht perfekt gewählt sind, stört das nicht. Das Wichtigste, was ich über das Beten gelernt habe, ist jedoch das Wissen, daß es einen guten Grund dafür gibt, wenn meine Gebete nicht in Erfüllung gehen. Irgend etwas Besseres kommt dann statt dessen. Und so berücksichtige ich dies auch in meinen Gebeten, indem ich etwa formuliere: »Lieber Gott, ich danke dir für das und das oder etwas Besseres.« Gott weiß schon, was am besten für mich ist.

Als ich vierzehn Jahre alt war, verliebte ich mich in einen bestimmten Jungen, und ich betete darum, daß er mich heiraten möge. Meine Gebete sind nicht erhört worden. Gott sei Dank! Oder ich betete um eine Fernsehsendung (ich war früher mal TV-Moderatorin) und wünschte mir von Herzen, daß diese Sendung erfolgreich würde. Sie war es nicht. Die Sendung wurde abgesetzt, und ich hatte keinen Job mehr. Damals war ich verzweifelt. Auch hierzu sage ich heute: »Gott sei Dank«, denn durch diese Verzweiflung lernte ich mich selbst besser kennen. Ich machte mich auf meinen spirituellen Weg. Aus Verzweiflung. Weil ich von irgendwoher Hilfe brauchte. Weil ich das Universum, die Welt verstehen lernen wollte. Wäre diese Sendung erfolgreich geworden, hätte ich mich vielleicht nie auf die Suche gemacht.

Manchmal beten wir dafür, daß wir eine Stellung behalten – aber vielleicht ist es ja die Kündigung, die für uns wichtig ist.

Manchmal beten wir, daß wir dringend Geld bekommen, um unser Haus weiter abbezahlen zu können – aber vielleicht ist es ja der Verkauf und das Umziehen, die wichtig für uns sind.

Manchmal beten wir für eine schnelle Gesundung – aber vielleicht ist es ja die Ruhepause, die unser Körper so dringend braucht.

Manchmal beten wir für ein Kind – aber vielleicht ist es ja unser eigenes Bemuttertwerden, das in diesem Leben wichtiger ist.

Unsere Gebete werden alle gehört. Wenn sie nicht erfüllt werden, dann gibt es einen Grund dafür. Gott hat den Überblick über unser Leben. Auf diesen Überblick verlasse ich mich. Denn wenn ich mein Leben rückblickend betrachte, gab es nie einen »Fehler«.

Ich vertraue darauf, daß meine Gebete erhört werden. So wie ich meiner Tochter zuhöre, wenn sie mit mir spricht, so hört auch Gott mir zu. (Schließlich ist er ja nicht »in Urlaub« oder »beleidigt« ...) Natürlich immer wissend, daß ich ein Teil von Gott bin und somit zur Gesamtheit Gottes bete, die mich mit einschließt.

Soll man denn für andere beten, und wie funktioniert denn das?
Wenn ich für andere bete, dann schicke ich ihnen quasi einen Blankoscheck mit meiner Liebe. Was derjenige damit macht, ist seine Sache. Löst er den Scheck ein? Und wieviel davon setzt er um? Nimmt er wenig oder viel von meiner Liebe an? All das ist seine oder ihre Entscheidung.

Ich schicke durch mein Gebet einen Liebes»scheck« als Geschenk, und der andere kann dann meine Liebe als zusätzliches Kraftinstrument benutzen, um sein Leben positiv zu verändern.

Oder auch nicht.

Gebete sind nicht dazu da, andere zu manipulieren. Wenn ich also für eine Nachbarin bete, die oft wütend ist und mir somit das Leben in meiner Wohnung erschwert, dann schicke ich ihr mit meinem Gebet Liebe. Liebe, die sie dazu benutzen kann, um sich selbst klarer zu sehen, Hilfe zu suchen, offener zu werden, Gefühle zu akzeptieren ... oder sie benutzt meine geschenkte Liebe nicht. Das läßt sich nicht manipulieren. Ich kann nicht jemanden »freundlich« beten ohne sein Einverständnis. Dazu gibt es den freien Willen, den uns Gott geschenkt hat. Und den hat er *jedem* von uns geschenkt.

Wenn ich bete, sage ich auch nie, was ich dem anderen wünsche. Was am besten für ihn ist, kann ich nämlich schlichtweg nicht wissen. Wenn jemand im Sterben liegt und ich »bete dafür, daß er nicht stirbt«, dann schicke ich keinen »Blankoscheck«, sondern einen solchen, der nur »für eine bestimmte Situation gilt«. Kann ich wirklich wissen, ob der andere jetzt sterben oder leben soll? Gott wird das schon wissen. Niemand stirbt aus Versehen. Es gibt keine Unfälle beim Tod. Wenn es meine Zeit ist, dann sterbe ich, ansonsten nicht.

Woher weiß ich, daß jemand hatte sterben sollen? Weil er gestorben ist!

So maße ich mir nicht an, »recht zu haben«. Ich weiß nicht, was diese Seele sich wünscht. Ich schicke also mein Gebet frei: »Ich bete für dich!« Und verlasse mich darauf, daß der andere schon weiß, was er damit anfangen will.

Wenn ich bete, ertappe ich mich oft dabei, daß ich plötzlich nicht mehr bete, sondern an irgend etwas anderes denke. Passiert das vielen so?
Das Beten ist eine wunderbare Möglichkeit, im »Jetzt« zu sein. Wir sind vollständig da, ganz präsent (denn schließlich wollen wir ja unsere Liebe weitergeben) ..., bis wir uns in unseren Gedanken verloren haben. Was passiert, ist folgendes: Wir konzentrieren uns auf Gott und auf unser Gebet. Dann kommt ein anderer Gedanke, und »schwupps!« sind wir ihm nachgelaufen und haben unser Gebet und unsere Intention zurückgelassen. Jedesmal wenn mir das passiert, hole ich mich einfach wieder zurück. Ich erkenne dabei immer wieder, wie häufig ich noch unaufmerksam jedem »dahergelaufenen« Gedanken folge. Wenn es uns auffällt, werden wir mit der Zeit immer schneller in der Lage sein, uns wieder zum Gebet, also ins Jetzt, zurückzuholen.

Warum habe ich beim Meditieren Schmerzen?
Ich hatte das auch sehr häufig. Ich hatte einen fürchterlichen Juckreiz, der erst dann aufhörte, wenn ich die Meditation abbrach. Damals glaubte ich, es sei vielleicht nur eine Abwehrhaltung meiner Persönlichkeit. Heute denke ich mir, daß sich auch der Körper verändert und diese Schmerzen durch das Loslassen verursacht werden. Und dieses Loslassen (durch die Veränderung, die infolge der Meditation und der Selbsterkenntnis in mir entstanden ist) löste das Jucken aus. Ich habe die Erfahrung gemacht, daß die meisten Schmerzen in Meditationen deshalb entstehen, weil wir uns aufmachen. Nicht nur beim Verkrampfen, sondern auch beim Entkrampfen entstehen Gefühle, die sich manchmal als Schmerzen äußern. Das ist normal und geht auch vorbei.
Mein Vorschlag: Beobachten Sie genau, wie es sich anfühlt. Und

schauen Sie intensiv hin: Wo genau schmerzt es? Wie häufig tut es weh? Ist die Stelle heiß? Kalt? Warm? Pulsiert der Schmerz? Ich gehe immer ins Zentrum des Schmerzes und erlaube mir, alles darin zu fühlen. Denn manchmal ist es am schmerzhaftesten, wenn wir versuchen, diese Schmerzen zu vermeiden.

Zuweilen frage ich mich auch: »Wer in mir hat diese Schmerzen?« oder »Warum habe ich diese Schmerzen« bzw. »Schmerz, was möchtest du mir sagen?«, und dann warte ich auf die Antwort.

Je intensiver wir es beobachten, desto leichter wird der Schmerz, bis er irgendwann ganz verschwindet.

Ich habe gerade meinen spirituellen Weg begonnen, und alles begeistert mich sehr. Nur mit dem Meditieren klappt es nicht recht. Es passiert folgendes: Ich überlege mir vorher, was ich in der Meditation fragen will, und da schießen mir auch gleich die Antworten in den Kopf. Die habe ich aber schon länger im Kopf, also habe ich selbst bereits lange darüber nachgedacht; und ich bin mir nicht so sicher, daß das so richtig ist. In der Meditation bekomme ich dann genau die Antworten, und das ist dann auch nicht befriedigend. Stimmt das denn so?

Meditation ist ja erst einmal Stille. Deshalb würde ich vorschlagen, als erstes die Stille bei sich herzustellen. Das kann durch tiefes Ein- und Ausatmen oder durch das Hören von Geräuschen entstehen. Also ich sitze, schließe die Augen, bete und höre einfach, was sich da um mich herum so tut. Oder ich beobachte meinen Körper. Was immer an Gedanken kommt, lasse ich einfach durch mich durchgehen, ohne es festzuhalten oder »mitzulaufen«. Erst am Ende meiner Meditation stelle ich eine Frage. Oftmals ist die Antwort aber auch genau die Antwort, die ich mir selbst schon »gedacht« hatte. Warum auch nicht? Je weiter wir auf unserem spirituellen Weg und mit unserer eigenen Selbsterkenntnis sind, desto ähnlicher sind sich die Antworten. Die Antwort unserer Engel muß nicht immer »überraschend« sein. Ich frage meine Engel häufig: »Was ist der erste Schritt, um diese Situation (in der ich stecke) zu heilen?« Und dann warte ich ab.

Ich glaube nicht, daß es irgend etwas in unserem Leben gibt, das »falsch« ist. Wir können prinzipiell keine »falschen« Entscheidungen treffen. Jede Entscheidung bringt uns die Erfahrung, die für uns wichtig ist. Ein Beispiel: Wir verlieben uns immer in den »falschen Partner«. Der Betreffende nutzt uns weidlich aus, denn wir können einfach nicht nein sagen. Warum suchen wir uns immer wieder solche Partner aus? Weil wir das Neinsagen in diesem Leben lernen wollen. Deshalb wird immer wieder der gleiche Partnertyp von uns angezogen werden, bis wir das Neinsagen gelernt haben. Und irgendwann einmal wird sich eine andere Partnerschaft ergeben, weil wir unsere Lektion geschafft haben. Das heißt übrigens nicht, daß die vorherigen Partner falsch waren. Sie waren genau richtig. Denn ohne sie hätten wir das nicht gelernt.

So sucht sich unsere Seele immer wieder die Erfahrungen aus, die für uns wichtig sind. Und daß wir keine Fehler machen können, ist doch sehr beruhigend zu wissen, nicht wahr?

Ja, ja, ich weiß … der eine oder andere wird hier sagen: »Na, also das stimmt doch nicht. Ich kann doch einen Fehler machen. Wenn ich zum Beispiel zwei Stellenangebote habe und mich für eines entscheide und dann feststelle, daß meine Chefin schrecklich ist, dann habe ich doch einen Fehler gemacht. Ich hätte mich für die andere Stelle entscheiden sollen.«

Ich glaube, nicht. Woher weiß ich, daß Sie sich für die »schreckliche Chefin« hatten entscheiden sollen? *Weil* Sie sich dafür entschieden haben! »Irgend etwas« hat Sie dazu bewogen, genau diese Stelle anzunehmen. Genau diese Wahl zu treffen. Selbst wenn wir keine »aktive Entscheidung« getroffen haben, dann haben wir so lange gewartet, bis jemand anders dies für uns tut. So oder so: Wir haben entschieden. Was ist nun das »Irgend etwas«, das uns diese Entscheidung gebracht hat? Unser tiefes Wissen, daß wir genau die Situation kreieren wollen, aus der wir am meisten lernen.

Wie gesagt, ich glaube nicht, daß es Fehler im Universum gibt. Da ist vielmehr immer etwas in jeder Situation, das es zu lernen gilt. Das bedeutet nicht unbedingt, daß wir lernen müssen, »es mit dieser schrecklichen Chefin auszuhalten«, obwohl das schon auch eine Möglichkeit ist. Wir lernen vielleicht, zu verstehen, *warum* sie so schrecklich ist. Oder wir schauen uns die Sache eine Weile an und sprechen dann mit ihr darüber. Eventuell war es ja genau solch ein klärendes Gespräch, das sich unsere Seele als Aufgabe für uns ausgesucht hat.

Und wer weiß, was in dem anderen Job gewesen wäre ...?

Leider gelingt es mir nur phasenweise, täglich zu meditieren. Und ich fühle mich da schon recht schuldig. Meine Tage haben auch keinen richtigen Rhythmus, da ich beruflich viel unterwegs bin. Gibt es irgendwelche Ratschläge dafür?

Sie machen es, so gut Sie können. Oftmals beschimpfen wir uns selbst, wenn wir etwas nicht schaffen. Zu einem glücklichen und erfüllten Leben gehört aber auch eine gewisse Leichtigkeit. Ich war ebenfalls sehr »gut« darin, mich selbst zu beschimpfen. Mir selbst vorzuwerfen, was ich alles hätte tun sollen und wozu ich »immer noch zu blöd bin«. Ich habe gemerkt, daß ich regelrecht einen »Krieg« in mir führe: Die Sabrina, die ich sein möchte, kämpft mit der Sabrina, die ich bin. Auch ich tue mein Bestes. Aber manchmal bin ich einfach zu erschöpft, um alles perfekt zu machen. Und wer oder was ist schon »perfekt«?

Also probieren Sie es einfach, so gut Sie können, ich versuche das auch. Und wenn wir eine Pause brauchen, dann gönnen wir uns die Pause. Vielleicht hilft es Ihnen, gleich nach dem Aufwachen ein Gebet zu sprechen, um so den Tag zu beginnen. Das mache ich immer, selbst wenn ich manchmal tagsüber nicht meditiere.

Wie lerne ich das Meditieren am einfachsten?

»Leider« gibt es keine Pille und keinen Tee, die uns in den Zustand der Meditation versetzen ... Meditation ist eine Art Training. Wir trainieren unsere Gedanken darin, zur Ruhe zu kommen. Wie schnell uns das gelingt, kommt also auch darauf an, wie ruhig unsere Gedanken schon sind.

Als ich zu meditieren anfing, hatte ich extreme Schwierigkeiten, denn meine Gedanken waren wie eine Horde ungezogener Hunde, die alle wild in meinem Kopf hin und her liefen. Jetzt, nach vielen Jahren Übung, bin ich in der Lage, »meine Gedankenhunde stillzuhalten«. Dann gibt es Zeiten ohne Gedanken.

Es existiert übrigens ein Unterschied zwischen »nicht denken« und »nicht wahrnehmen«. Natürlich nehmen wir wahr, was um uns herum passiert, wir sind ja schließlich nicht leblos.

Mir ist aufgefallen, daß Gedanken in *Sätzen* kommen, etwa: »Habe ich das Bügeleisen ausgemacht?«, »Warum ruft Soundso nicht an?« oder »Mir tut mein Magen weh, hoffentlich ist das kein Geschwür«. Wahrnehmungen dagegen sind nur *Worte*: »Rücken«, »bellen«, »heiß«. Uns fällt etwas auf, aber wir »denken« nicht weiter darüber nach.

Ich schalte in meinen Meditationen das »Wahrnehmen« nicht aus, sondern nur das »Denken«. Manchmal konzentriere ich aber meine Gedanken in eine bestimmte Richtung (lasse also meine »Gedankenhunde« eine Fährte aufnehmen), etwa: »Wie fühlt sich mein Körper an?« – Und auch das ist Meditation, und auch das ist Training.

Es gibt viele verschiedene Methoden, genauso, wie es viele verschiedene Speisen gibt. Suchen Sie sich das aus, was Ihnen »schmeckt«. Aber natürlich wird es in jeder Trainingsmethode »Herausforderungen« geben. Das heißt nicht, daß wir dann jedesmal das Programm ändern sollen. Sondern wir gehen dann durch diese Schwierigkeiten hindurch. *Jedes* Trainingsprogramm hat leichtere und schwerere Zeiten. Erst nach einer Weile mag es dann unter Umständen zu einer Veränderung des

Meditationsprogramms kommen. Wann die Zeit dafür reif ist, das fühlen wir dann tief in uns selbst.

Ich begann meinen spirituellen Weg mit der Transzendentalen Meditation (TM). Die machte ich ungefähr ein Jahr. Dann haben mich »visualisierte Meditationen« interessiert, das sind Meditationen, in denen man sich etwas vorstellt (wie die Engelmeditation in diesem Buch zum Beispiel). Diese praktizierte ich fünf Jahre. Dazwischen lernte ich das Beten mit der heiligen Pfeife und erlebte eine parallel verlaufende, sehr intensive, ebenfalls fünfjährige Phase, in der ich viel von der indianischen Kultur und Weisheit lernen durfte. Dazwischen fing ich auch wieder an, auf Knien zu beten.

Mir war bewußt, daß meine »Gedankenhunde« immer noch sehr aktiv waren, und so begann ich im Jahr 1999 ein sehr intensives Sieben-Monats-Training. Ich nahm mir pro Tag zwei Stunden Zeit, um zu meditieren, mehr als doppelt so lange wie sonst. Das bedeutete auch, daß ich vieles absagen mußte, da ich nicht genügend Zeit für andere Dinge hatte (mehr dazu in meinem Buch *Auf der Suche nach Wahrheit*). Erst nach sieben Monaten war ich in der Lage, in mir still zu sein, keine Gedanken mehr zu haben ... ich bin sicher, bei Ihnen geht das schneller.

Anschließend hörte ich von der Methode, sich in seinen Körper einzufühlen und den Körper zu beobachten. Etwas, was für mich sehr wichtig ist, da ich manchmal nicht genug »geerdet« bin. Und durch den Fokus und die Konzentration auf meinen Körper bin ich in mir mehr präsent. Die Meditation am Ende meiner CD *Meine Lieder* ist solch eine Meditation. Seit dieser Zeit wechselt sich die »Sein-Meditation« (nicht denken) mit der »Beobachtungsmeditation« (Wie fühlt sich mein Körper an?) bei mir ab.

Einige Meditationsmethoden haben sich allerdings aus meinem Leben verabschiedet: TM und auch meine heilige Pfeife. Letztere »schläft«. Ich merkte, daß ich immer weniger Lust und Interesse an Pfeifenzeremonien hatte, und auf dem letzten Vision Quest, den ich leitete, war mir während der Pfeifenzeremonie bewußt geworden, daß die Pfeife schlafen wird. Ich habe sie seit 1999 nicht mehr benutzt. Kurz danach, in einem Sturm, zerriß der Wind die Hülle meines Tipis, eines indianischen Zelts. Das war für mich die Bestätigung dafür, daß dieses Kapitel des Lernens abgeschlossen ist und ruht. Wer weiß, vielleicht kommt es später in dieser Richtung noch mal zu einer weiteren Lektion.

Das bedeutet übrigens nicht, daß die Meditation mit der heiligen Pfeife weniger wert oder wichtig ist als die »Sein-Meditation«. Meine Freundin Sharon, die ich sehr bewundere und die mir in vielem weit voraus ist, betet regelmäßig mit ihrer heiligen Pfeife. Alle diese Meditationen habe ich über Jahre ausprobiert. Und wie schon am Anfang erwähnt, gab es bei jeder der Methoden spezielle Herausforderungen. Erst dann, wenn wir die Herausforderungen gemeistert haben, mag es zu einer Verabschiedung oder einer Veränderung kommen ... oder auch nicht. Da würde ich mich ebenfalls auf meine eigene tiefe Intuition verlassen.

Der Zweck einer Meditation ist es, wie gesagt, die Stille in sich zu finden und die Gedanken zu entspannen. Das gelingt nicht immer leicht ... es ist aber unsere wahre Natur, und durch ein konzentriertes Training wird es uns möglich sein, uns in dieser Ruhe und Stille wiederzufinden.

Ich habe mit Erschrecken und Erstaunen gelesen, daß Jacqueline Snyder (Anm.: Sie hat Zarathustra gechannelt) verstorben ist. Wie ist das passiert?
Ich beschreibe das ausführlich in meinem Buch *Die Sehnsucht unserer Seele.* Hier nur soviel: Jacqueline starb an Krebs. Wir sterben dann, verlassen also die menschliche Hülle, wenn das, was wir hier auf Erden erreichen wollten, erreicht ist. Wir beginnen dann ein neues Leben, einen neuen Traum. Ich sehe das Leben hier wie einen Traum. Wir »träumen uns dieses Leben zusammen«. Und wenn es »ausgeträumt« ist, dann wachen wir in einem neuen Traum auf. So wie wir es jede Nacht in unseren Träumen und am darauffolgenden Morgen tun.

Meine Kontakte mit Zarathustra sind jetzt auf meine Meditationen beschränkt. Wir lernen auch daraus, uns auf uns selbst zu verlassen. Zarathustra und Jacqueline haben uns immer wieder beigebracht, daß der Sinn und Zweck des Lebens ist, *auf sich selbst zu hören*, die Weisheit *in uns selbst* wahrzunehmen. Und wenn wir uns zu sehr auf einen Lehrer bzw. eine Lehrerin verlassen, dann *verlassen* wir auch ein bißchen uns selbst. Das heißt nicht, daß wir uns nicht von anderen inspirieren lassen sollen. Ich bewunderte Jacqueline sehr. Sie hatte all das, was ich mir wünschte: Gottvertrauen, Liebe für sich selbst und andere. Sie liebte das Leben. Und so sah ich in ihr jemanden, den ich mir als Beispiel nehmen konnte. Natürlich wurde ich nicht wie Jacqueline. Sie ist einzigartig, so wie wir alle. Aber ich sah bei ihr zum ersten Mal, daß es solche Menschen auch gibt, und daraufhin machte ich mich auf, mein eigenes Potential zu leben. Wir können nur an anderen erkennen, was wir selbst haben!

Lehrer(innen) sind wundervoll und für einen bestimmten Zeitraum gedacht. Wir sollen ihnen nicht folgen, denn sie zeigen uns nur den Weg. Gehen müssen wir ihn schon selbst. Ich bin Jacqueline unendlich dankbar für all das, was ich von ihr lernen durfte.

Meine Freunde meinen, ich flüchte mich in die Spiritualität. Kann das sein?

Das können nur Sie selbst beantworten. Ich dachte früher immer, ich sei bei der Geburt vertauscht worden und irgendwann einmal würden meine richtigen Eltern kommen. Später, als ich mich dann Gott zuwandte, dachte ich mir: »Ich bin hier bestimmt auf dem falschen Planeten. Das muß ein Versehen sein« und »Ich will nach Hause!«

»Nach Hause« war für mich dahin, wo meine Seele herkommt. Wo alle lieb und nett zu mir wären und ich keine Probleme hätte. Wenn damals mein Engel aufgetaucht wäre und gesagt hätte: »Komm heim«, wäre ich ohne Zögern mitgegangen.

Deshalb war der Anfang meines spirituellen Lebens bestimmt auch eine Art Flucht. Ich hoffte, daß ich mit Hilfe der Engel endlich Frieden in meinem Umfeld hätte und daß dann automatisch alle Menschen und Situationen, die mich störten, aus meinem Leben verschwinden würden.

Mittlerweile kann ich darüber lachen. Woher weiß ich, daß ich hier auf Erden sein soll? Weil ich hier bin! Wie ich schon oft gesagt habe, lege ich mich nicht mehr mit der Realität an. Es ist, wie es ist, und dafür gibt es einen Grund. Nachdem ich mehr an mir gearbeitet und erkannt hatte, daß ich nicht immer recht habe (was eine ganz schöne Herausforderung für mich war ...), konnte ich erkennen, daß auch andere Menschen ihr Bestes geben. Damit entstand eine Veränderung in meinem Denken, die auch eine Veränderung in meinen Erfahrungen nach sich zog. Statt mich von den Menschen zurückzuziehen, liebte ich sie wieder.

Ein spirituelles Leben ist meiner Meinung nach also immer ein Leben *in* der Welt. Viele buddhistische Mönche, die für Jahre in der Einsamkeit lebten, erzählten, wie schwierig die Rückkehr in das »normale« Leben war. Obwohl sie jahrelang meditiert hatten und in sich »ruhig und entspannt« waren, kamen alle alten Probleme wieder hoch, wenn sie zu einem Familienfest nach Hause fuhren. Und das ist nicht erstaunlich, denn unsere Mitmenschen sind unsere Lehrer. Wir erkennen nur durch die Hilfe unserer Kollegen, Ehepartner, Kinder oder Nachbarn, was uns noch reizt, was uns ärgert – was uns auf die Palme bringt. Und dieses Training kann nur erfolgreich sein, wenn wir auch im täglichen Leben in der Nähe von Menschen sind. Im »normalen« Beruf, im »normalen« Leben. Ich wünschte mir auch lange Jahre, nur noch von spirituellen Menschen umgeben zu sein. Wäre das nicht herrlich? Aber das bin ich ja schon: Jeder ist ein spiritueller Mensch! Sogar diejenigen, die es selbst noch nicht wissen. Denn ich lerne von jedem, den ich treffe.

Flucht ist es dann, wenn wir nicht wahrlich da sind, nicht wirklich präsent sein wollen. Wenn wir die Realität nicht anerkennen. Wenn wir gern woanders wären. Manchmal haben wir uns eine Phantasiewelt kreiert, die nichts mit der Realität zu tun hat. Die Welt ist so, wie sie ist, für uns geschaffen, damit wir daraus lernen können. Und wir verändern die Welt, indem wir uns verändern. Nicht andersherum. Aber auch das ist nur meine persönliche Erfahrung ...

In meinen Gebeten bitte ich immer um irdische Hilfe, die mir bei meinen Schwierigkeiten hier helfen soll. Ich höre immer nur: »Du kannst das selbst.« Ist das nicht Selbstüberschätzung?
Nein, das glaube ich nicht. Denn wenn es Selbstüberschätzung wäre, würdest Du es ja nicht in Frage stellen, nicht wahr? Ja, wir können es auch selbst. Manchmal trauen wir uns nicht, oder wir glauben, daß wir es nicht können. Es kann gut sein (und es sieht sehr danach aus), daß das die größte Herausforderung für Dich ist. Deshalb beginn einfach damit, die Entscheidungen so zu treffen, wie Du es Dir denkst. Ich habe mir auch immer jemanden gewünscht, der alles richtig macht und dem ich nur folgen muß. Ich wollte einfach keine Probleme haben und hoffte, ihnen aus dem Weg zu gehen. So funktioniert das natürlich nicht, denn es liegt an uns, zu lernen, und zum Lernen brauchen wir ein Übungsfeld. Viel Spaß beim Üben – ich übe auch ...

Lehrer(innen)

Ich möchte gern Meditieren lernen. Gibt es irgendwelche Schulen und Lehrer(innen), die Sie mir empfehlen können? Und gibt es irgendwelche Richtlinien im Erkennen von guten Lehrer(innen)?
Es gibt viele wunderbare Lehrer und Lehrerinnen, und hier

312

beginnt auch schon die spannende Reise der Selbsterkenntnis: indem wir selbst eine(n) geeignete(n) Lehrer(in) finden. Da gibt es Volkshochschulen, die Kurse anbieten; manche Kirchen machen das auch; private Meditationslehrer(innen); Buchläden haben oftmals Infomaterial; und dann sind da noch die Retreats oder Workshops und natürlich Empfehlungen von Gleichgesinnten.

Was ist nun das richtige?

Verlassen Sie sich wie immer auf Ihre Intuition. Erkundigen Sie sich zuerst, was es gibt. Und dann fühlen Sie in sich hinein, was Sie gern ausprobieren möchten. Scheuen Sie sich nicht, Fragen zu stellen. Wenn ich in der Auswahl unsicher wäre, dann würde ich den Lehrer fragen, ob ich mit anderen Schülern sprechen könnte. Auch die Preise sollten stimmen. Natürlich müssen Meditationslehrer wie jeder andere Mensch Geld verdienen. Das ist nur ein völlig akzeptabler Austausch von Energie für den Zeitaufwand des anderen. Wenn es allerdings überproportional viel ist und auch wenn abenteuerliche Versprechungen gemacht werden nach dem Motto »Nach diesem Kurs werden Sie keine Probleme mehr haben« oder »Erleuchtung garantiert« (zugegeben, diese Beispiele sind ein wenig übertrieben ...), dann verlassen Sie sich auch hier wieder auf Ihren Instinkt.

Ebenso wenn es etwas geben sollte, was Ihnen »nicht geheuer« vorkommt. Fragen Sie immer nach. Wenn mir jemand erklärte, daß eine Sache »nur so und nicht anders« sei und ich ihm »ohne Widerrede« folgen solle, dann würde ich gehen. Auch dann, wenn mir in irgendeiner Weise gedroht wird (zum Beispiel: »Sie werden schon sehen, als was Sie dann reinkarniert werden«), würde ich mich von diesem Lehrer trennen. Oder wenn Ihnen jemand sagt: »Mein Gott, Sie haben ja eine schreckliche Aura!« Kein guter Lehrer würde so etwas tun. Selbst wenn er in der Lage ist, die Herausforderungen in Ihrer Aura zu sehen, würde er Sie unterstützen, indem er Ihnen beispielsweise mehr Ruhe empfiehlt. Ein guter Lehrer *unterstützt* Sie grundsätzlich in Ihrem

Wachstum. Und diese Hilfe ist leicht zu erfühlen. Wenn uns jemand »kleinzumachen« versucht, dann lehrt er uns nichts.

Beobachten Sie den Lehrer auch. Wie verhält er sich anderen gegenüber? Beim Einkaufen? Beim Autofahren? Ist er selbst so großzügig, wie er es lehrt, oder wird er kleinlich und behandelt andere von oben herab? Er soll im besten Fall das vorleben, was er verkündet. Obwohl auch Lehrer natürlich nicht perfekt sind. Lehrer, die glauben, sie seien vollkommen, sind ein Problem. Wenn der Lehrer mich »von oben herab« behandelte, würde ich gehen. Die Lehrer, die ich kennengelernt habe, sehen in mir mein Potential, und sie wissen, daß sie selbst ebenfalls immer weiterlernen. Jemand, der sagt, er weiß schon alles, und bei dem das dann stimmt – nun ja, den würde ich auch gern mal kennenlernen ...

Wenn Sie sich einer Gruppe anschließen, sollten Sie sich wieder auf Ihre Intuition verlassen. Wie sind die anderen Gruppenmitglieder? Folgen die jemandem blind? Darf man anderer Meinung sein? Wird offen und liebevoll diskutiert? Gibt es Geheimnisse? Wie werden die anderen, die nicht zur Gruppe gehören, behandelt? Wird von Ihnen verlangt, daß Sie Beziehungen zu denen, die außerhalb der Gruppe sind, abbrechen sollen? Wird Ihnen in irgendeiner Weise gesagt, wie Sie und mit wem Sie Ihre Zeit verbringen sollen? Wird die Zeit in der Gruppe als die wichtigste gesehen, oder regt man dazu an, sich in jedem Aspekt des Lebens wohl zu fühlen?

Und beobachten Sie sich auch selbst. Suchen Sie nach jemandem, der Ihnen Ihre Entscheidungen abnimmt? So werden Sie sich zu Gruppen hingezogen fühlen, die genau das anbieten. Doch das ist nicht der Sinn und Zweck der Selbsterkenntnis. Ein guter Lehrer und eine klare Gruppe wird Ihre Selbständigkeit unterstützen. Sie werden aufgerufen, immer und immer wieder Ihre eigenen Entscheidungen zu treffen. Sie werden in Ihrer eigenen Entwicklung unterstützt. *Sie werden zum Schäfer ausgebildet, nicht zum Schaf.*

Wenn Sie einen Lehrer oder eine Lehrerin suchen, bitten Sie Ihren Engel um Unterstützung. Und dann seien Sie einfach aufmerksam, was sich in Ihrer Umgebung bewegt. Es mag sein, daß wir uns zu einer bestimmten Zeitschrift hingezogen fühlen, und dort steht eine Annonce. Oder da kommt uns ein Gedanke in den Sinn, am Schwarzen Brett von unserer spirituellen Buchhandlung nachzuschauen. Vielleicht ist es eine Internetadresse, die Ihr Interesse weckt. Wenn wir nach dem Gebet unserer Intuition folgen, wird sie uns zu jemandem führen. Manchmal dauert das ein bißchen, aber ich versuche immer, »aufmerksam« zu bleiben.

Ist es überhaupt notwendig, auf dem spirituellen Weg Lehrer zu haben, oder geht das auch allein?
Es ist wie bei allem, was wir neu lernen (oder an das wir uns wieder erinnern). Es gibt natürlich auch Autodidakten, aber mir hat es immer geholfen, wenn ich mit jemandem über neue Erfahrungen und Erkenntnisse sprechen kann, der sich auf dem Gebiet auskennt. Gerade am Anfang fühlt man sich auf dem Weg ziemlich allein. Die Freunde schauen schon so komisch, der Ehemann oder die Ehefrau meint, wir hätten den Verstand verloren, unsere Eltern sehen uns bereits in einer Sekte. Mir half es, daß ich spirituelle Freunde hatte, die mich dabei unterstützten. Falls Sie nun gar niemanden kennen, beten Sie und bitten Sie Ihre Engel, daß Ihnen jemand geschickt wird. Wenn der Schüler soweit ist, taucht der Lehrer auf ... viele von uns haben das schon gehört. Und wenn Sie Lust haben, können Sie Ihren Wunsch auch auf meiner Website unter »Kontakte« selbst eintragen.

Sabrina, sind Sie eine Sekte?
Nein. Mir folgt nicht mal mein Mann ...
Eine »Sekte«, so wie sie landläufig verstanden wird, ist eine Gruppe, die einem Guru folgt, der versucht, die anderen dahingehend zu manipulieren, daß sie alles tun, was er sagt. »Sekte« ist im ursprünglichen Sinn aber eigentlich nur ein Wort für eine

315

Religionsgemeinschaft, und »Guru« bedeutet nichts weiter als »Lehrer«. Ich bin bzw. vertrete keine Religionsgemeinschaft, da ich der Meinung bin, daß jeder seinen eigenen Weg in Gott findet (erinnern wir uns daran, daß wir ein Teil von Gott sind). Ich bin Christin, achte aber auch andere Gemeinschaften und Religionen. Ich liebe ebenfalls Buddha und seine Lehren sehr; die haben mir entscheidend geholfen. Mir kann man auch nicht folgen ... was schon dadurch erschwert würde, daß ich nicht in Deutschland lebe. Und es gibt auch kein Zentrum, das man aufsuchen kann, und keine Beiträge, die man zahlt, um Mitglied zu sein. (Übrigens habe ich nicht prinzipiell etwas dagegen, wenn jemand Beiträge für die Mitgliedschaft in einer Vereinigung erhebt. Schließlich gibt es das de facto bei den Kirchen ja auch.) Allerdings habe ich eine Website aufgebaut: als Forum zum Austausch für Gleichgesinnte. Diese Website hat folgendes Motto:

Erhören – ohne zu verurteilen
Nahebringen – ohne überzeugen zu wollen
Geben – ohne zu erwarten
Einfühlen – ohne sich selbst zu verlieren
Lieben – ohne zu besitzen.

Ich finde es ganz furchtbar, wenn spirituelle Lehrer Geld verlangen. Soll die Liebe nicht umsonst sein? Jesus hat doch auch nichts verlangt.
Die Liebe ist ja umsonst; Sie zahlen aber für die *Zeit*, die der Betreffende aufwenden muss. Übrigens ging Jesus ebenfalls sehr häufig in die Häuser der Reichen und fand dort Unterkunft. Er wurde deswegen auch sehr angegriffen.
Unsere Meditationslehrer haben genauso Mieten zu zahlen und Familien zu ernähren wie alle anderen Menschen auch. Als ich anfing, Workshops zu leiten, hatte ich große Schwierigkeiten damit, Geld dafür zu verlangen. Ich fühlte mich schuldig. Auch ich dachte mir, daß »wahre Lehrer umsonst arbeiten«. Meine En-

gel bestanden jedoch darauf, daß ich Geld verlange. Sie sagten mir, daß es sich hierbei um einen Austausch von Energie handele, und stellten mir die Frage: »Ist deine Arbeit denn nichts wert?« Jeder gute Lehrer wird Möglichkeiten finden, daß jemand auch teilnehmen kann, wenn er sich in einem finanziellen Engpaß befindet. Zu meinen Erlebnisabenden und Workshops ist man immer herzlich eingeladen. Man zahlt eben, was man kann. Und das sehe ich bei vielen anderen auch so.

Ich wollte mit Gleichgesinnten eine Meditationsgruppe aufbauen, die sich vierzehntäglich treffen soll. Ich hatte auch vierzehn Leute zusammen, die sich alle dafür interessierten. Ich fand einen schönen Raum und eine wundervolle Leiterin, die das ganz herrlich macht. Ich informierte telefonisch noch jeden kurz vorher über den Termin, doch nur zwei Personen kamen. Ich mache irgendwas falsch. Ob ich nicht ganz dahinterstehe?
Was für eine wundervolle Lektion das ist, die Du Dir da offensichtlich gewünscht hast ... und auch erhalten hast. Wessen Angelegenheit ist es, ob die anderen kommen? Deren Angelegenheit!
Du machst, was Du machen möchtest, und die anderen machen, was sie machen möchten. Offensichtlich gab es da etwas, was für die anderen wichtiger war. Denn zum Meditieren kann man niemanden zwingen. (Das schreibe ich mit einem Augenzwinkern, denn ich wünsche mir sehr, daß Dir das den Streß wegnimmt.) Woher weiß ich, daß nur zwei Leute zum Meditieren kommen sollen? Weil nur zwei da sind! Es gibt keine Fehler im Universum. Früher, auf meinen ersten Lesereisen, kamen manchmal nur zwei Zuhörer (heute sind es im Durchschnitt drei- bis vierhundert). Das war wunderbar für mich. Ich lernte Demut. Wer weiß, wie größenwahnsinnig ich geworden wäre, wenn gleich so viele aufgetaucht wären? Ich bin im nachhinein sehr dankbar für diese Erfahrung. Damals war es für mich aber auch eine Herausforderung, mich mit der Realität anzufreunden.

Ich bin da verunsichert, was meine Meditationslehrerin betrifft. Sie ist wirklich eine herzensgute Frau, aber wehe, man erwähnt andere Lehrer. Da wird sie plötzlich sehr kalt, und ich merke immer, wie sie sich dann zurückzieht. Was soll ich bloß machen? Mir eine andere Gruppe suchen (ich liebe die Gruppe und will sie eigentlich nicht verlieren) oder einfach andere Bücher und Lehrer nicht mehr erwähnen?

Ja, das gibt es manchmal. Meine erste Lehrerin verhielt sich genauso. Sie wollte die Welt »allein retten«, und alles andere betrachtete sie als Konkurrenz. Natürlich war das für mich sehr schwer zu begreifen, denn ich vertraute ihr. Sie war liebevoll und wunderbar ... solange ich ihre Autorität nicht in Frage stellte. Ich sprach mit ihr darüber – und trennte mich dann von ihr.

Mein Vorschlag zu Deiner Situation (aber bedenke bitte auch, daß dies nur mein Vorschlag ist; Du entscheidest natürlich selbst): Ich würde allein mit ihr reden. Ich würde mit ihr vorher gemeinsam beten und ihr dann erzählen, wie Du Dich fühlst. Versuch, es nicht als Angriff zu formulieren. Frag sie, ob sie nicht glaubt, daß auch andere Lehrer gut sind. Und dann hör zu, was sie zu sagen hat. Fühl in Dich hinein, wie Du dann weiter vorgehen willst. Manche Lehrer machen dadurch enorme Schritte in Richtung Großzügigkeit, und dank der Hilfe ihrer Schüler sehen sie plötzlich, daß viele diesen Weg gehen und daß wir alle Kinder Gottes sind.

Manchmal vergessen Lehrer, daß sie ebenfalls lernen. Wenn ich Workshops gebe, lerne ich immer etwas dazu. Falls Deine Lehrerin sich noch nicht für die Großzügigkeit entscheiden sollte, kannst Du auch mit deinen anderen Gruppenmitgliedern darüber sprechen. Vielleicht geht es ihnen ähnlich wie Dir. Und dann wird sich schon eine Entscheidung herauskristallisieren. Bedenke auch, daß eine Lehre niemals nur für einen allein gedacht ist. Diese Situation präsentiert sich nicht nur für Dich, sondern auch für Deine Lehrerin.

Ich war bei einem Medium, das einen Engel channelt. Ich hatte mir die Kontaktaufnahme ein bißchen anders vorgestellt. Ich stellte bei diesem Channeling Fragen, habe aber nur ausweichende Antworten bekommen. Ist das normal? Zum Beispiel sagte er mir, daß eine bestimmte Sache »für mich so nicht vorgesehen war und daß es ein Versehen war«. Was soll ich davon halten?

Gar nichts. (Aber das ist nur meine Meinung.) Ich glaube nicht an Versehen im Universum. Gott schaut nicht weg und sagt dann: »Hoppala, da habe ich aber nicht aufgepaßt.« Es gibt nichts im Universum, das nicht so ist, wie es sein soll. Auch hier lege ich mich nicht mit der Realität an: Woher weiß ich, daß es so hat sein sollen? Weil es so war!

Das heißt keineswegs, daß es in der Zukunft nicht anders sein kann. Wenn wir uns als Menschen verbessern, wird sich automatisch die Welt verbessern. Und das liegt an uns. Gott gab uns den freien Willen mit, um diese Erfahrungen zu machen. Diese Wahrheit schließt für mich aus, daß es »Versehen« gibt. Ich glaube auch nicht an Zufälle. Ich habe in meinem Leben schon viele Spirits gesprochen, die durch Channels sprechen. Zarathustra durch Jacqueline Snyder, Solano durch L. D. Thompson, Theo durch Sheila Gillette. Die Person, die channelte, war klar, und so waren auch die Nachrichten wunderbar weise.

Einige habe ich ausprobiert, die noch keine Klarheit erlangt hatten. Das waren immer die, die mir »ausweichende Antworten« gaben. Die erste Frage, die ich in einer neuen Channelingsession stelle, ist immer: »Wie siehst du die Herausforderungen, die ich im Moment in meinem Leben habe?« Und dann warte ich ab, was kommt. Wenn ich zum Beispiel eine Herausforderung in einer bestimmten Situation erlebe, dann frage ich nach ebendieser Situation ... und auch das recht vage: »Erkläre mir bitte die Hintergründe der Angelegenheit zwischen René und mir«, und auch dann warte ich aufmerksam darauf, was da kommt. Wenn mir dazu jede Menge Gegenfragen gestellt werden wie: »Wer ist René?«, »Wo wohnt René?«, »Was macht René?«, dann weiß ich, daß dieser Spirit nicht wirklich durch den Channel durchkommt. Natürlich bin ich in meinen Fragen nicht immer vage, denn damit initiiere ich ja auch sehr weit gefaßte Antworten. Oftmals wünsche ich sie mir sehr detailliert, und dann frage ich nach und gebe natürlich auch Informationen dazu. Wenn ich zum Beispiel eine starke emotionale Reaktion auf etwas zeige und das nicht verstehe, dann frage ich nach.

Es ist eine große Herausforderung für denjenigen, der channelt, für die durchgegebenen Informationen offen zu sein. Und viele Channels versuchen, ihre »Filter« sauber und klar zu halten.

Das heißt nicht, daß jemand, der channelt, mir »böswillig« falsche Informationen gibt. Er oder sie haben es nur noch nicht gelernt, sich komplett »rauszuhalten«.

Es gibt einen Grund dafür, warum Sie sich in dieser Situation unwohl gefühlt haben. Sie haben selbst gemerkt, daß da etwas nicht stimmt, nicht wahr? Deshalb war – meiner Meinung nach – der Termin für Sie auch besonders wertvoll: Sie haben dadurch gelernt, auf Ihre inneren Warnzeichen und auf Ihre Intuition zu hören. Das war den Aufwand doch wert, oder nicht? Ich gratuliere Ihnen!

Was ist denn der Unterschied zwischen jemandem, der intuitiv ist (also als Wahrsager arbeitet), und jemandem, der channelt?
Meiner Erfahrung nach gibt es in diesem Zusammenhang zwei Arten von Informationsvermittlung. Die eine Art ist das »Lesen« der Aura von anderen. Das bedeutet, daß wir die Gabe haben – entweder von Geburt an oder durch ein besonderes Training erworben –, die Emotionen und Erlebnisse anderer lesen zu können. Dieses Talent ist uns übrigens allen zu eigen. Bei manchen von uns ist es nur intensiver ausgeprägt.

Wie muß man sich das nun vorstellen? Jeder von uns trägt alle Erlebnisse und Emotionen unserer Existenz in sich. So als ob wir eine bestimmte Kleidung von Anbeginn der Zeit trügen. Da wären Flecken, Risse, schöne Momente wie gemalt auf dieser Kleidung. Zeit und Raum sind eine Kreation, die wir uns als Erdenseelen ausgedacht und gestaltet haben, um eine lineare Basis zu besitzen, auf der wir uns bewegen und treffen können. Das ist schwer zu erklären, wahrscheinlich auch aus dem Grund, weil es mein Verstand selbst nur sehr vage begreifen kann.

Unter intuitiven Menschen gibt es also diejenigen, die in einer anderen Person lesen können, was sie bisher erlebt hat und was sie aller Wahrscheinlichkeit erleben wird. Da wir täglich neue Entscheidungen treffen, ist diese »Wahrscheinlichkeit« natürlich veränderlich ... wie das Leben ja auch.

Deshalb ist es häufig so, daß intuitive Menschen sehr wohl meine Vergangenheit sowie meine Gegenwart äußerst zutreffend beschreiben können. Allerdings hört es da auch oft auf. Denn die Zukunft wird durch meine Aktionen bestimmt. Wenn ich unsicher bin, mich also selbst noch nicht erkannt habe, dann helfen mir intuitive Mitmenschen bei der Selbsterkenntnis. Sie sagen vielleicht – so war es bei mir gewesen –, daß man es immer allen recht machen will. Das war mir in meinem Fall lange Zeit nicht bewußt gewesen. So konnte ich darüber nachdenken und kam zu dem Schluß, daß es stimmt. Auf diese Weise hat mir der Termin sehr geholfen.

Channeling – die zweite Art der Informationsvermittlung – bedeutet, daß Menschen, die in der Lage sind, sich selbst ganz zurückzunehmen, einen Geist durchlassen, der nicht mehr in körperlicher Form existiert. Je nachdem, wie weise dieser Geist ist, desto klarer oder unklarer sind seine Informationen. »Tot« zu sein heißt noch lange nicht, daß man als Geistwesen auch weise ist. Es kommt also nicht nur darauf an, inwieweit der Channel in der Lage ist, sich zu öffnen, sondern auch darauf, wie weise der gechannelte Geist oder Spirit ist.

Ähnlich wie ein Athlet sein Talent geschult und seinen Körper durch Training in eine Höchstform gebracht haben muß, um an einer Olympiade teilnehmen zu können, muß die Vibration einer Person, die eine »hohe« Seele channelt, selbst sehr hoch sein, da sonst die Information überhaupt nicht durchkommen könnte. Gechannelte Informationen zeichnen sich in der Regel durch einen größeren Überblick aus, da der Channel nicht nur meine »Persönlichkeit« und deren Reisen, sondern hauptsächlich meine Seele »lesen« kann.

Wenn ich zu jemandem gehe, um mir Rat zu holen, dann betrachte ich das Umfeld sehr genau. Wird vorher gebetet? Wird eine Kerze angezündet? Werde ich als Person geachtet oder von oben herab behandelt? Wie fühlt sich der Raum an, in dem wir zusammensind?

Oftmals lernen wir den Menschen auch kennen, bevor wir den Termin für eine Session mit ihm ausmachen. Um sich selbst »klar und sauber« zu halten, wird diese Person idealerweise dafür sorgen, daß sie ein »sauberes und klares Leben lebt«. Das heißt nicht, daß die/der Betreffende langweilig sein soll oder »Om« summend und mit verklärtem Blick schwebenden Ganges durch die Gegend wandeln muß. Sondern da ist eine Ordnung in seinem Leben; eine Großzügigkeit; eine Klarheit; eine Reinheit. Und diese Person verströmt Liebe und Verständnis. Und (ganz wichtig!): Sie muß mir sympathisch sein. Wenn ich mich unwohl fühle, dann verlasse ich mich auf meine Reaktionen.

Ganz selten passiert es mir, daß ich mein Gegenüber nicht tief in meine Augen schauen lasse. Ich weiche seinem oder ihrem Blick aus. Das passiert mir so zwei-, dreimal im Jahr und hat immer einen Grund. Manchmal weiche ich dem Blick aus, weil er sexuelles Verlangen ausdrückt (und ich kein Interesse daran habe, Lust in fremden Männern hervorzurufen), manchmal ist es einfach ein Unwohlsein, und ich mag vielleicht nie herausfinden, weswegen. Aber ich verlasse mich auf meine Intuition und auf meine Gefühle. Ich reagiere »tief aus mir heraus« und zwinge mich nicht mehr, Reaktionen zu haben, die ich schlichtweg nicht habe.

Menschen, die intuitiv arbeiten oder sich als Channel zur Verfügung stellen, lassen sich mit Übersetzern vergleichen. Da gibt es einen Text, der in eine andere Sprache – unsere – übersetzt wird. Manche Übersetzer sind wundervoll, und manche üben halt noch. Niemals verlasse ich mich auf irgendeine Information von anderen, wenn ich nicht in mir eine Resonanz darauf verspüre. Ich spüre selbst, tief in mir, ob die Informationen stimmen. Und nur darauf verlasse ich mich.

Intuitive haben mir am meisten geholfen während einer Zeit, in der ich mich selbst nicht genug kannte. Ich wußte nicht genau, wer ich war, und es half mir, Menschen zu haben, die mir sagten, wer ich bin. Sie hielten mir also einen Spiegel vor, in dem ich mich betrachten konnte. Und da gab es einiges, was mir gefiel, und anderes, was mir nicht gefiel. Das gab mir die Möglichkeit, mich zu verbessern. Ich habe es aber nie als die letzte Instanz gesehen. Ich – in Gott – bin die letzte Instanz für mein Leben. Niemand anders kann diese Verantwortung übernehmen.

Channeling ist für mich interessanter, einfach deswegen, weil ich dort Informationen bekomme, die meine Seele betreffen und die ich manchmal nur erahne und durch den Channel konkreter gemacht werden. Aber auch hier höre ich aufmerksam zu. Zum Beispiel bekam ich wundervolle Informationen von einem Channel, aber als es um die Wechseljahre ging, wurden die Informationen plötzlich schwammig. Ich wunderte mich und fragte weiter und weiter nach. Bis ich zu dem Ergebnis kam, daß die Information nicht sauber durchkommen kann, weil die Person selbst, die channelt, bestimmte Glaubenssätze mit Wechseljahren verbindet (also ihr Filter ist nicht sauber). Und da kommt einfach nichts durch, was nicht in ihr Glaubenssystem paßt. Das heißt keineswegs, daß ich nicht alle Informationen aufnehme, sondern nur die, die sich nicht sauber anfühlen.

Also nehme ich keine Informationen von anderen ungeprüft auf – zumindest bemühe ich mich. Ich vertraue allerdings den Wissenschaftlern, wenn sie mir sagen, daß die Erde rund ist, obwohl ich auch das nicht selbst nachgeprüft habe …

Ich bin überzeugt davon, daß jeder einen Schutzengel hat. Nun hörte ich aber von dem Freund einer Bekannten, daß das nicht der Fall sein muß. Dieser Freund hat sich von einem Medium über seine Vergangenheit und seine Zukunft erzählen lassen. Es ging auch um einen schweren Verkehrsunfall, den er vor Jahren hatte. Das Medium sagte, daß er damals (als junger Mann) noch keinen Schutzengel gehabt hätte und es so zu dem Unfall gekommen ist. Kurz darauf sei sein bester Freund verstorben und zu seinem Schutzengel geworden. Nun würde auch nie wieder etwas Schlimmes passieren, da sein Freund auf ihn aufpaßt. Das Medium ist äußerst glaubhaft. Mich verwirrt, daß wir nicht alle von Geburt einen Schutzengel haben. Paßt in der Zwischenzeit ein »Aushilfsengel« auf uns auf? Können Sie mir helfen, Klarheit in mein Gedankenchaos zu bringen?

Meine Liebe, was mir auffällt, ist, daß diesem Medium hundertprozentig geglaubt wird. Die Aussagen wurden nicht in Frage gestellt. Selbst wenn einiges an seinen Äußerungen stimmen sollte, so muß es doch nicht alles sein! Ich kenne niemanden, der alles weiß. Sie? Also, warum soll ausgerechnet er keinen Schutzengel gehabt haben?

Wenn ein Unfall passiert, hat dies übrigens nichts damit zu tun, daß ein Schutzengel nicht aufgepaßt hätte oder nicht dagewesen wäre. Ich habe zum Beispiel gerade meinen Motorradführerschein gemacht. (Anm.: Davon ist weiter unten noch die Rede.) Und in der Abschlußprüfung bremste ich während der Kurvenfahrt, rutschte mit dem Motorrad auf dem Asphalt aus und fiel hin. Meine Hose und meine Lederhandschuhe waren aufgerissen, und ich hatte tiefe Wunden. Vor der Prüfung hatte ich um die Unterstützung meiner Engel gebeten. Doch nicht eine Sekunde machte ich sie dafür verantwortlich. *Ich* bin Motorrad gefahren. *Ich* habe in einer Kurve gebremst. So fragte ich mich nachher natürlich, warum mir das passiert ist und was ich daraus lernen wollte. Neben vielem anderen war mir auch von Anfang an klar, daß ich doch Angst davor hatte, vom Motorrad zu fallen. Ich bedanke mich immer bei meinen Ängsten und arbeite durch sie durch. Ja, ich bin vom Motorrad gefallen und habe damit meine Angst angeschaut und bin regelrecht »durchgerutscht«. Jeden Morgen bete ich übrigens darum, daß mir Herausforderungen gegeben werden, damit ich mich durch sie durcharbeiten kann und daraus lerne. Ja, ich habe mich verletzt. Und? Es heilt. Im Leben verletzen wir uns. Oftmals, weil wir nicht richtig zuhören oder nicht ganz im Körper anwesend sind und deswegen »Unfälle« passieren. Ich bedankte mich bei meinen Engeln, denn ich bin sicher, es hätte noch sehr viel schlimmer kommen können.

Uns widerfahren alle möglichen Sachen in diesem Leben, damit wir daraus lernen. Dies haben wir uns als Seele alles selbst ausgesucht. Denn dadurch erfahren wir, was wir erfahren wollen. Manchmal ist es das Loslassen von Kontrolle, manchmal ist es Vertrauen, manchmal lernen wir, daß wir im Leben nicht alles kontrollieren können und daß wir täglich mit dem Ende dieser Existenz konfrontiert werden.

Sterben ist kein »Problem«. Jeder von uns wird sterben. Das ist das »Gefährliche« am Leben: Es endet mit dem Tod. Die Frage ist nur, wann wir sterben. Jeder von uns ist (meiner Meinung nach) schon sehr häufig gestorben. Unsere Seele lebt weiter. Und wenn unsere Zeit gekommen ist, dann ist unsere Zeit eben gekommen, und kein Engel kann uns davon abhalten. Engel begleiten uns auf die andere Seite. Wir haben viele Engel, und einer, unser Schutzengel, ist während all dieser Leben immer bei uns.

Wenn das Medium also sagt, daß »ihm nie wieder so etwas Schlimmes passieren« würde, ist das eher unwahrscheinlich, denn schließlich wird der junge Mann irgendwann einmal sterben (falls man den Tod als etwas Schlimmes ansieht, was ich nicht tue). Nun erwarte ich natürlich auch nicht, daß Sie mir mehr als dem Medium glauben. Denn es ist wichtig, daß wir uns selbst vertrauen. Offensichtlich hatte der Freund, der zu dem Medium gegangen war, das Gefühl, er habe keinen

Schutzengel gehabt. Und so glaube ich eher, daß das »Medium«
die Aura des jungen Mannes gelesen hat und somit dort erkennen konnte, daß er sich von seinem Schutzengel verlassen
fühlte. Aber das ist natürlich nur eine Annahme von mir. Manche unserer Fragen werden vielleicht erst dann beantwortet,
wenn wir diese Erdenerfahrung hinter uns gelassen haben. In
der Zwischenzeit fragen Sie sich selbst, was Sie davon halten.
Ein Zeichen hatten Sie ja schon: Sie fühlten sich nach den
Informationen des Channels »im Chaos«, und das kann ich gut
verstehen. Die Nachrichten scheinen mir auch etwas chaotisch
zu sein.

Sabrina, kannst Du nicht meine Lehrerin sein?
Es ist günstiger, wenn man eine(n) Lehrer(in) hat, den oder die
man persönlich öfter treffen kann. Ich versuche, was ich kann,
weiß aber, daß meine Zeit begrenzt ist. Mal ganz davon abgesehen, daß ich meistens in Los Angeles bin. Deshalb habe
ich die Website www.SabrinaFox.com bzw. MyAngelandI.com
eingerichtet, damit Gleichgesinnte sich dort gegenseitig unterstützen können. Ich stehe gern für Fragen zur Verfügung, bitte,
wenn möglich, auf der Website, damit sie öffentlich beantwortet werden können und somit auch andere etwas davon haben.
Es gibt auf dieser Website die Lektionen in Meisterschaft, ein
Ein-Jahres-Programm (auch im Anhang von *Die Sehnsucht
unserer Seele* zu finden [»Erfahrungsprogramm für Meister«]),
in dem man sich selbst besser kennenlernt und damit einige
Veränderungen erzielen kann. Manche finden sich auch in
Gruppen zusammen und machen das als Gruppentraining.
Wenn ich auf Tour gehe, merke ich auch oft, daß sich viele ein
innigeres Erlebnis mit mir wünschen, nicht gemeinsam mit so
vielen anderen Leuten. Ich erinnere dann immer gern daran,
daß es nicht darum geht, *mich* besser kennenzulernen (das ist
meine Aufgabe), sondern daß jeder von uns *sich selbst* besser
kennenlernen sollte. Ich habe auch die Erfahrung gemacht, daß

Lehrer(innen) wechseln. Viele unterstützen uns nur während einer bestimmten Strecke auf unserem Lebensweg ... und ist diese Phase beendet, kommt jemand anders, der uns inspiriert. Laßt uns aber auch nicht vergessen, daß wir – tief in uns – alle Weisheiten selbst besitzen. Manchmal haben wir nur den Weg in unser Sein durch überkommene Vorstellungen, Regeln und Gebote so zugebaut, daß es ein bißchen dauern mag, bis wir zu uns selbst vorgedrungen sind. Wir erkennen die Menschen sofort, die sich natürlich in sich wohl fühlen, die diese göttliche Weisheit auch in sich gefunden haben. Da liegt eine Wärme, Leichtigkeit und auch Bestimmtheit in ihnen. Sie lassen sich weder durch Lob noch durch Beschimpfungen aus ihrer Bahn werfen. Sie wissen um sich selbst. Und dieses Potential liegt in jedem von uns. Ist das nicht wunderbar?

Das Leben
mit unseren Engeln

Ich habe in diesem Buch versucht, den Weg zu und mit den Engeln zu beschreiben. Natürlich kann ich nur aus meiner Sicht sprechen, deshalb ist es mir sehr wichtig, daß Sie dies lediglich als *einen* Erlebnisbericht lesen und meine Ausführungen nicht als *die* Engelerfahrung schlechthin werten.

Jeder von uns ist einzigartig, und somit sind es auch unsere Erlebnisse. Mir fällt jedoch auf, daß wir zunächst recht ähnliche Vorstellungen davon haben, *wie* diese Begegnungen auszusehen hätten: Wir ignorieren zum Beispiel häufig die kleinen und leisen Kontakte, weil wir auf »das große Erlebnis« warten.

Doch was würde uns mehr berühren? Jemand, der uns anbrüllt und uns zuschreit, welchen Weg wir gefälligst zu gehen hätten, oder jemand, der uns flüsternd und leicht Anregungen gibt und es uns überläßt, diese Anregungen anzunehmen und umzusetzen?

Gott brüllt nicht. Und so tun es die Engel auch nicht ...

Dieses Leben basiert auf unserem freien Willen. Es ist ein Gottesgeschenk, und so entscheiden wir, wie unsere Erlebnisse hier auf Erden aussehen werden. Unsere Seele führt uns zu den Gegebenheiten, die wir uns wünschen und die für uns wichtig sind – auch wenn es dazugehören sollte, daß wir keine Engel sehen, wie es bei mir der Fall ist. Doch hat mich das in meiner spirituellen Entwicklung behindert? Ich glaube, nicht. Im Gegenteil. Es hat mich angespornt. Und somit erfüllte es wohl seinen Zweck.

Als ich die ersten Male von Leuten hörte, die Engel sehen, fühlte ich mich zurückgesetzt. Warum kann ich keine Engel sehen? Was stimmt mit mir nicht? Ich nahm automatisch an, daß ich etwas falsch gemacht hätte. Ich fragte mich wohl regelmäßig mindestens einmal die Woche, was ich denn immer noch nicht »richtig« mache, und erst langsam, mit dem Wachsen meines Vertrauens in Gott, das Universum und nicht zuletzt in mich selbst, begannen diese Selbstbeschimpfungen weniger und weniger zu werden. Natürlich passiert es immer mal wieder, daß wir im ersten Moment in einer schwierigen Situation keinen Segen finden können und uns der Wunsch unserer Seele noch nicht gar klar ist. Aber eine Erklärung taucht immer auf. Ich habe bisher noch keine Ausnahme von dieser Regel erlebt.

Engel sind zu unserer Unterstützung da. Damit wir aufmerksam werden für das, was wir denken und fühlen, und für das, was daraus resultiert. Aber es gilt für sie nicht, wichtige Erlebnisse zu verhindern. So wie wir unsere Kinder nicht in ihrem Zimmer einsperren, damit sie sich beim Toben draußen nicht verletzen, so werden auch wir nicht »eingesperrt«. Wie wir alle wissen, lernen wir durch Herausforderungen, und manchmal ist es unsere größte Herausforderung, unserem eigenen Lebensweg zu vertrauen.

Da ich häufig unterwegs und durch meine Website auch erreichbar bin, höre ich von vielen, die auf einem ähnlichen Weg sind. Oft wird angenommen, meine Engel gäben mir pausenlos Informationen. Doch wäre das wirklich sinnvoll? Muß ich denn nicht selbst anwenden, was ich schon weiß? Was ich schon gelernt habe? Wenn ich zum Beispiel meiner jetzt zwölfjährigen Tochter immer und immer wieder sage, was sie machen soll, dann beschwert sie sich ja auch: »Mama, ich weiß, wie das geht.« Vor kurzem ertappte ich mich dabei, daß ich ihr laut aus der Speisekarte vorlas. Sie schaute mich nur kurz an und meinte trocken: »Mama, ich kann lesen!«

Ich mußte lachen. Ja, das ist wohl wahr! Und somit lasse ich zu, daß sie selbst erfährt, wieviel sie schon allein kann. Das tun unsere Engel nicht anders.

Dies bedeutet nicht, daß ich meine Engel weniger in mein tägliches Leben einbeziehe. Ich bitte meine Autobahnengel, meine Computerengel, meine Hausengel, meine Reiseengel, meine Website-Engel um Unterstützung. Doch vieles muß ich selbst herausfinden.

Ich machte vor kurzem meinen Motorradführerschein. Etwas, was ich schon mit sechzehn Jahren tun wollte, wofür ich aber nie das Geld hatte. Später verschwand dieser Wunsch in der hintersten Schublade. Ich habe es mir zur Angewohnheit gemacht, mich gelegentlich zu fragen, was mir von den Dingen, die ich so tue, keine Freude mehr bringt. Die lasse ich dann los. Anderes, Neues kommt hinzu, denn ich weiß um die Veränderung des Lebens.

Plötzlich tauchte der Wunsch nach einem Motorrad wieder auf. Ich wollte mir eine kleine Vespa kaufen, und deshalb meldete ich mich bei einer Motorradschule an. In den USA läuft das ein bißchen anders ab als in Deutschland. In Amerika gibt es nur einen Gruppenunterricht, der sich vor allem auf die Sicherheit auf dem Motorrad konzentriert und von der Regierung organisiert wird. Am Ende dieses dreitägigen Kurses gibt es eine Prüfung. Ich wußte nicht einmal, wo die Bremse bei so einem Motorrad ist, kam also äußerst unbedarft in diesen Kurs. Wir waren zwölf und erhielten jeweils unsere Motorräder. Wir wurden wundervoll angelernt, und als ich am nächsten Tag in den zweiten Gang schalten durfte, war es um mich geschehen: Ade, Vespa, ich will was »Richtiges«!

Mein Mann, der sich schon nicht mit dem Gedanken an eine Vespa anfreunden konnte, sah dem Ganzen nicht stillschweigend zu: »Du wirst dich noch damit umbringen!«, »Motorradfahren ist gefährlich!«, »Das ist kein Sport, das ist Selbstmord« und »Laß bloß nicht unsere Tochter drauf!«

Natürlich versprach ich ihm, nicht mit Julia zu fahren, denn schließlich achte ich seine Empfindungen; und ich dachte mir auch, wenn Julia unbedingt auf dem Motorrad mitfahren wollte, dann würde sie es ihrem Vater schon irgendwie beibringen.

330

Das ist nicht meine Aufgabe. Meinetwegen muß sie nicht mitfahren.

Ich merkte aber, wie diese konstanten Attacken ihre Wirkung
zeigten. Ich ging so ziemlich durch alle Emotionen: Unverständnis für meinen Mann und seine Position, Selbstmitleid,
Wut, Gereiztheit, Ärger, Beleidigtsein ...

Am Abend vor der Prüfung kam es wieder zu einem Streitgespräch. Dieses Mal stand ich früher vom Abendbrottisch auf
und ging frustriert zu Bett. So hatte ich mir das wahrlich nicht
vorgestellt. Mir war zwar klar, daß mein Mann von diesem
Abenteuer nicht sonderlich begeistert ist, aber irgendwann
muß doch mal Ruhe sein.

Offensichtlich nicht. Denn er gab keine Ruhe.

Am nächsten Morgen wachte ich um halb sechs auf und zog
mich an. Beim Anziehen fiel mein Blick auf eine Goretex-Hose,
und kurz schob sich der Gedanke in mein Bewußtsein, ob die
nicht vielleicht besser wäre als die Jeans, die ich in den letzten
Tagen zum Motorradfahren getragen hatte. Ich entschied mich
dagegen. Später wurde mir klar, daß ich mal wieder einen
Wink meiner Engel und meiner eigenen Intuition »aus Verstan-
desgründen« ignoriert hatte.

Ich verließ das Haus um sechs Uhr – das Motorradtraining
begann um halb sieben –, immer noch nicht entspannt. Ich
hinterließ meinem Mann eine Nachricht auf seiner Handy-
Mailbox und teilte ihm mit, wie verletzt ich mich dadurch fühlte, daß er so gar nicht meine Freude teilen kann und kein Verständnis für die Begeisterung hat, die ich auf diesem Motorrad
empfinde. Ich erwarte von ihm nicht, daß er ebenfalls begeistert ist, sondern einfach, daß er meine Entscheidungen akzeptiert, wie ich seine akzeptiere.

Ich legte auf, erleichtert.

Nach unserem letzten Vier-Stunden-Training trafen wir Vor-
bereitungen für die Prüfung. Ich fragte meine Mitschüler, ob
sie mit mir beten möchten. Wir hielten uns an den Händen, und

ich sprach ein Gebet, in dem ich die Engel der Motorräder bat, uns zu begleiten. Ich wünschte uns allen, daß wir die Prüfung bestehen.

Gleich nach dem Gebet merkte ich, daß ich nervös wurde. Seltsam. Wieso nur, fragte ich mich. Ich atmete tief ein, summte ein bißchen, sprach ein stilles Gebet und versuchte, die Nervosität durch eine freudige Erregung zu ersetzen. Ich hatte doch sonst soviel Spaß am Motorradfahren! Das sind doch dieselben Übungen, die ich schon vorher gut absolviert hatte! Ich versuchte, mich zu entspannen.

Es gelang mir nicht.

Ich machte Fehler. War ich im Kurs die Beste, fuhr ich hier, während der Prüfung, bei den Kurvenübungen über die Gummipfosten ... Meine Bremswege waren länger als normal, und eine Übung versiebte ich komplett.

Immer wieder merkte ich, wie ich mich beschimpfte, wenn ich zum wiederholten Male eine Übung nicht hundertprozentig ausführte. Ich war von mir selbst überrascht. Das hatte ich schon seit Jahren nicht mehr erlebt: Was ist nur mit mir los?

Immer wieder versuchte ich mich zu entspannen, und doch gelang es mir nicht ganz.

Die Stimmung der Prüfung, die Angst, zu versagen, die nächsten Kursteilnehmer beobachteten uns – all das muß sich wohl gesammelt auf die Gruppe gelegt haben.

Und dann, in der letzten Übung, schmiß es mich hin.

Ich mußte um fünf Gummipfosten fahren, die einen Lastwagen darstellen sollten, der plötzlich auf die Straße fuhr. Ich streifte den linken Gummipfosten, schimpfte auf mich, betätigte sofort ägerlich beide Bremsen, während das Motorrad in extremer Schräglage war, und ich verlor die Balance. Ich flog nach rechts, die Maschine nach links.

Das ging so schnell, daß ich nicht einmal zum Beten kam.

Da lag ich nun.

Ohne Schmerzen.

Jeans zerfetzt, Lederhandschuhe zerrissen, und meine Hüfte fühlte sich hart an. Ich atmete tief ein, summte und konzentrierte mich auf meinen Körper. Alles ist gut, sagte ich und tröstete ihn.

Mein Trainer lief auf mich zu. Ich schaute ihn an und meinte trocken: »Sieht so aus, als ob ich nicht bestanden hätte!«

Er nickte.

Ich saß nach ein paar Sekunden und legte mit geschlossenen Augen meine Hand auf mein rechtes Knie. Ich betete und beruhigte meinen Körper. Ich stellte mir vor, daß mein Körper ganz ist und geheilt. Die ganze rechte Seite, an der alle meine Verletzungen waren, war still. Meine linke Seite summte ihren fast normalen Ton.

Mir war klar, warum es mich umschmiß. Ich habe frustriert und ärgerlich die Bremsen gezogen, in einer Situation, in der man nie bremsen darf.

Eine gute Lehre.

Humpelnd schob ich mein Motorrad zu den wartenden Teilnehmern vom nächsten Kurs und erklärte, was mir passiert war. »Nur nicht bremsen!« warnte ich sie. Ich wünschte mir, daß dies niemand wiederholen müßte. Grinsend meinte ich: »Mein Auftritt war auf jeden Fall besser als die Filme, die wir in der Theorie gesehen haben.«

Nach dem Unfall war seltsamerweise meine Ruhe wieder bei mir eingekehrt. Ich wußte, was zu tun war. Ich wusch zuerst die Wunde aus, dann sog ich mit meinem Mund das restliche Blut heraus und spuckte es aus. Ich betete und entspannte mich. Beim Verabschieden der anderen bemerkte ich, wie Emotionen in mir aufstiegen. Meine Kehle wurde trocken und würgte mich, Tränen meldeten sich an. Ich wollte das den anderen nicht zeigen – aus Stolz natürlich –, und das konnte ich zu dem Zeitpunkt nicht mal mir selbst gegenüber zugeben.

Erst als ich allein in meinem Auto saß, ließ ich die Tränen wie einen Sturzbach hinaus. Nach einer Weile fing ich an, meine

Gedanken zu beobachten. Und es schrie in mir: »Ich hab's nicht geschafft! Was wird Richard sagen?« Ich wollte doch so gern mit dem Führerschein nach Hause kommen und ihn meinem Mann triumphierend unter die Nase halten. Und jetzt komme ich statt dessen humpelnd und verwundet an.

Die Emotion war da, und so ließ ich sie raus. Ich weinte für eine Weile dieses Kinderweinen mit viel Schluchzen und lautem Heulen. Nach einer Weile wollte ich mich wieder »zur Ordnung« rufen: »Stell dich nicht so an. Du machst so ein Theater wegen einer Motorradprüfung? Das ist ja schließlich kein Brustkrebs!« Aber es half nichts. Ich schluchzte weiter.

Zu keinem Zeitpunkt machte ich meine Engel dafür verantwortlich. Denn woher weiß ich, daß ich mich verletzen sollte? Weil ich mich verletzt habe! Ich war sicher, daß ich viele Lehren daraus ziehen würde. Eine war schon klar: »Bremse nicht, wenn du ausweichst.«

Meine Engel waren bei mir, und so ein Unfall hätte auch ganz anders ausgehen können. Ich hatte mir nichts gebrochen, nichts ernsthaft verrenkt, nichts gerissen. Ja, ich hatte blaue Flecken, und das Fleisch meiner Kniescheibe war »abgesäbelt«, meine Handgelenke taten mir weh, aber das war's auch schon. Ich mußte die Prüfung halt noch mal machen ... Es ist nicht die Aufgabe meiner Engel, mich vor meinen Erfahrungen abzuhalten. Sie sind da, um mich beim Leben zu unterstützen, was immer meine Seele als Lehrplan für mich ausgesucht hat.

Ich fuhr zu meiner Freundin, um meine Tochter Julia abzuholen. Ich wollte mich einigermaßen passabel präsentieren, was nicht ganz einfach war, so, wie ich aussah.

Ich ging in Tracys Haus, und wie sie auf mich zukam, merkte ich, wie es mir wieder in der Kehle brannte. Das Schluchzen wollte schon wieder hochkommen. Ihr Mann stand auch dabei, und beide meinten erschrocken: »Was ist denn mit *dir* passiert?« Ich wollte mir nichts anmerken lassen, und das fiel mir selbst natürlich sofort auf. »Ah«, sagte ich zu mir, »der dumme Stolz!«

Ich, die immer stark war, bei der andere um Hilfe fragen und sich ausweinen, ich weine wegen einer versiebten Motorradprüfung ...? »Aber ich hab' mir weh getan! Und ich will getröstet werden!« Und so erlaubte ich dem harten Griff meiner Disziplin, mich loszulassen. Ich gab mir die Erlaubnis, zu weinen, und so warf ich mich schluchzend an den Hals meiner Freundin und jammerte kaum verständlich: »Ich hab' mir weh getan, und ich habe die Prüfung nicht bestanden, und jetzt will ich einfach nur hier bei dir im Arm liegen und weinen.«

Und das tat ich auch.

Es war wundervoll!

Ich lag auf dem Sofa, meine Freundin schnitt meine Jeans ab und verarztete meine tiefe Wunde. Erstaunlicherweise hatte sich um die drei Zentimeter weite Aufschürfung eine Art weißer Kreis gebildet, der mir schon gleich nach dem Unfall aufgefallen war. Innerhalb dieses Kreises gab es keinen Schmerz.

Wie wundervoll unser Körper das doch einrichtet!

Als ich nach Hause kam, legte ich mich in den Garten und betete. Ich fragte meine Engel, warum mir das passiert sei.

Ich hörte nichts.

Ich wartete und fragte noch mal.

Wieder kam als Antwort nur Stille.

Nun gut, dann eben später.

Ich akzeptierte die Stille der Engel. (Was bleibt mir schon anderes übrig?) Wohl wissend, daß es dann auf anderem Wege Antworten gibt. Ich besprach die Situation mit meinen Freundinnen. Nach tagelangem Nachdenken kristallisierte sich folgende Situation heraus.

Durch die Angst meines Mannes, die für ihn seine Liebe zu mir ausdrückt, hat sich die Möglichkeit eines Unfalls immer tiefer in mein Bewußtsein eingegraben. Wenn jemand zu mir sagt: »*Du* bringst dich noch um!«, dann ist es eine Projektion, die in meine Richtung geht. Wenn es aber als »*Ich* habe Angst, daß du dich noch umbringst« ausgedrückt wird, dann bleibt es bei der Person, die das sagt. Es ist *ihre* Angst, nicht meine. Natürlich war mein Mann nicht der einzige, der davon alles andere als begeistert war. Meine Mutter sowie diverse Freunde und Freundinnen hatten ebenfalls nur noch den Kopf geschüttelt.

Auch hatte ich Bedenken, wie ich denn bei einem Unfall reagieren würde.

Fällt das Motorrad auf mich drauf? Tut es weh?

Zwei Dinge waren besonders auffällig: Erstens hatte ich mal wieder nicht auf meine Intuition gehört, sonst hätte ich die Goretex-Hose angezogen und dadurch meine Verletzung am Knie wahrscheinlich abgemildert. Zweitens wollte ich trotzdem weiterhin Motorrad fahren.

Ich glaube, daß man sich durch seine Ängste durcharbeiten muß. Und ich hatte nun mal Angst vor einem Unfall – ob mir diese Emotion paßt oder nicht. Mir war klar, daß ich bestimmter sein muß, wenn meine Liebsten mir ihre Projektionen an den Kopf schmeißen. Offensichtlich blieb doch einiges davon hängen.

Erst zwei Tage später hörte ich meine Engel in einer Abendmeditation.

Der Dialog hörte sich ungefähr so an:

»Himmlischer Vater, himmlische Mutter, geliebte Engel. Ich bitte wieder um Antworten für meine Motorradsituation.«

Dann wartete ich. Ich wartete, wie man auf ein Klingelgeräusch wartet. Ich dachte an nichts, sondern war nur still.

»Sprich.« Dieser Gedanke tauchte klar in meinem Kopf auf.

»Danke! Warum habe ich diese Nervosität bei der Prüfung gespürt?«

Sofort fügte sich meiner Frage diese Antwort an: »Es waren nicht nur deine eigenen Ängste. Auch die deines Mannes und die Ängste der anderen Mitschüler. Du warst nicht in der Lage, dich davon zu lösen.«

»Ich kann es offensichtlich immer noch nicht (ich fing zu

schluchzen an). All die Jahre Training, und ich kann meine Gedanken immer noch nicht sauberhalten (da war ich bis über beide Ohren im Selbstmitleid).«

»Ja.«

Ich schluchzte für eine Weile. Ich fühlte mich dumm und unfähig. Da versuche ich, anderen Leuten beizubringen, ihre Gedanken zu beobachten, und ich kann es selbst nicht! Tief in mir war diese unglaubliche Traurigkeit. Dieses Gefühl der Unfähigkeit. Ich schämte mich. Ich schämte mich in Grund und Boden.

Am liebsten hätte ich mich aufgelöst. Ich schämte mich vor meinen Engeln. Ich ließ alle Gefühle zu und war nach einer Weile in der Lage, mich und meine Gedanken zu beobachten. Als ich ausgeweint hatte, entspannte ich mich etwas.

Ich fragte: »Habe ich alle Lehren daraus gezogen? Habe ich sie alle gefunden?«

»Nein. Lehren sind nicht nur für einen da. Auch du hast anderen bei ihren Lehren geholfen.«

»Wie?«

»Was war das erste, was du gemacht hast, nachdem du verletzt warst?«

Ich antwortete: »Ich habe meinen Körper verarztet.«

»Nein, da war etwas vorher.«

Ich dachte nach, rekapitulierte den Hergang: »Ich habe zuerst gebetet, dann mit meinem Trainer gesprochen. Dann bin ich aufgestanden und habe mein Motorrad zum Parkplatzrand hingeschoben. Dort warteten schon die anderen, und jemand brachte mir Wasser und einen Erste-Hilfe-Kasten.«

»Und was hast du denen gesagt?«

»Ich habe mich bedankt.«

Meine Engel sind still. Was habe ich noch gemacht? Ach so, ja, ich bin zu den anderen gegangen und habe ihnen erklärt, daß sie bei dieser Übung erst dann bremsen dürfen, wenn das Motorrad wieder aufrecht steht.

»Ja«, bestätigten die Engel. »Du hast selbst in Schmerzen sofort an die anderen gedacht. Dein Wunsch war es, daß niemand dies wiederholen soll, und deshalb hast du deine Lehre sofort weitergegeben. Ist es nicht das, was du immer tust?«

Ich schluchzte wieder auf. Dieses Mal aus Dankbarkeit. Das Michschämen konnte ich dadurch loslassen.

Oft denke ich mir, ich könnte mehr tun, mehr helfen, mehr für andere dasein. Dieses »Es ist nie genug, was ich tue« ist seit vielen Jahren eine Herausforderung für mich. Ich weinte. Ich fühlte mich erlöst von diesem »Es ist nie genug«.

»Gibt es sonst noch etwas, was ich nicht verstanden habe?« fragte ich.

»Auch warst du nicht vollständig in deinem Körper.«

»Warum?«

»Was war mit dem jungen Mann, der während des Fahrunterrichts so viele Fehler gemacht hatte?«

»Ich dachte viel an ihn und betete für ihn.«

»Ja, und damit hast du dich selbst verlassen und warst mehr mit der Angelegenheit des anderen beschäftigt als mit deiner eigenen. Du warst nicht völlig präsent.«

»Aber ist es nicht richtig, daß ich für den anderen gebetet habe?« wandte ich ein.

»Es ist wunderbar, wenn du für den anderen betest. Doch dann komm wieder zu dir zurück. Du aber bist in Gedanken beim anderen geblieben und warst somit nicht ganz in deinem Körper.«

»... und das ist beim Motorradfahren keine gute Idee.«

»Das ist selten eine gute Idee.«

Ich nickte. Ja, es stimmt, daß ich mich in Gedanken mehr um den Mann als um mich selbst gekümmert habe. Hoffentlich hat er wenigstens die Prüfung bestanden! Wenn schon zwei von uns bei ihm waren ... Ich lachte und bedankte mich bei meinen Engeln.

Jetzt war der richtige Zeitpunkt für die Antworten der Engel gekommen. Obwohl ich die Tage vorher immer und immer wieder gefragt hatte, war es still gewesen. Ich mußte selbst meine »Hausaufgaben« machen. Selbst nachdenken. Selbst überlegen. Selbst zu Klarheiten kommen. Und erst dann waren meine Engel bereit, mir weitere, tiefere Informationen zu geben.

Übung macht den Meister. Unsere Engel möchten, daß wir uns an unsere Meisterschaft erinnern. Und da hilft uns das »Vorsagen« nicht. Wir lernen durch Erfahrung. Und Erfahrungen müssen wir – man kann es nicht häufig genug wiederholen – selbst machen. Ich frage trotzdem immer und immer wieder nach. Selbst wenn ich am Anfang keine Antworten erhalte. Mit diesem wiederholten Fragen rege ich nicht nur meine Gedanken und Ideen an, sondern ich zeige dem Universum auch, wie neugierig ich bin. Ich möchte diese Erkenntnisse, und ich bin bereit, etwas dafür zu tun.

Oft hat meine Persönlichkeit auch bestimmte Vorstellungen davon, wie sich die Dinge für spirituelle Leute zu entwickeln haben. Was, ein Unfall? Eine Krankheit? Scheidung? Kündigung? Spirituelle Leute lächeln weise, stoßen sich nie an, essen fleischlos, leben in harmonischer Zweisamkeit und werden selbstverständlich nie wütend, nicht wahr?

Vor drei Jahren wurde ich durch meine Engel angeregt, kein Fleisch mehr zu essen, und ich hielt mich daran. Ich bat meine Engel und Gott darum, mir meine Gelüste nach Fleischspeisen zu nehmen (besonders Leberkäse!), und dieser Wunsch wurde mir gewährt. Ich aß in den ersten zwei Jahren mindestens fünfmal die Woche Fisch, an den ich mich erst gewöhnen mußte, und einige Eier und ließ regelmäßig einmal im Monat bei meiner Ernährungsberaterin mein Blut untersuchen. Ich wollte ganz sicher sein, daß keine Mangelerscheinungen in meinem Körper auftreten. Ich beobachtete meinen Körper und merkte, daß ich fast täglich Proteine brauchte, um mich nicht müde und erschöpft zu fühlen.

Fast zwei Jahre später fiel mir auf, daß es mir immer schwerer fiel, täglich Fisch zu essen, und daß sich ein regelrechtes Unwohlsein entwickelte, immer wenn ich ans Essen – und damit meinen Fisch – dachte. Ich reduzierte die Mahlzeiten mit Fisch und aß ihn nur dann, wenn ich mich danach fühlte. Das war so ungefähr einmal die Woche. Mein Körper schien gut damit auszukommen. Ich fühlte mich in den kommenden Monaten wohl dabei. Ich war fest davon überzeugt, ich würde nie wieder Fleisch essen. Ich dachte mir auch, daß selbst der Fisch ganz von meinem Speiseplan verschwinden würde, und bereitete mich innerlich auf ein vegetarisches Leben vor – etwas, was ich schon sechs Jahre zuvor ausprobiert, aber dann auf Raten meines Heilpraktikers aufgegeben hatte. Denn mein Körper war aufgebläht, ich bekam Schwierigkeiten mit der Verdauung und konnte nicht mehr gut durchschlafen. Mein bayerisches Körper verweigerte sich, und mein sturer Verstand mußte einsehen, daß es ohne Zusammenarbeit mit dem Körper nicht geht. Ich ließ mein Vorhaben also ruhen. Ich nahm an, daß das Fischessen eine leichtere Variante wäre, um meinen Körper langsamer auf eine vegetarische Kost umzustellen.

Dann hatte ich mal wieder einen Termin bei meiner Ernährungsberaterin. Mein Blut signalisierte, daß es dringend Proteine brauchte (die weißen Blutkörperchen zeigten sich in einer Art Tränenform, statt rund zu sein), und ich dachte sofort, daß ich wohl wieder mehr Fisch zu mir nehmen müßte. Bei dem Gedanken daran wurde mir leicht übel. Ich spürte eine große Abneigung gegen Fisch in mir. Ich sprach auch mit meinem Heilpraktiker darüber. Seiner Meinung und Erfahrung nach leben wir in einer Welt, die immer noch auch für den Körper anstrengend sei, und ein vollständig fleischlos ernährter Organismus habe es einfach schwerer. Die Vegetarier unter seinen Patienten seien häufiger krank als die, die Fleisch essen. Ich hörte ihm aufmerksam zu und bedankte mich bei ihm für seine

Informationen. Ich fuhr nach Hause und meditierte und hörte ich mich hinein.

Früher hatte ich einen großen Unterschied zwischen den Engeln und meiner Intuition gemacht. Ich suchte entweder Information bei der einen oder der anderen Stelle. Fast als ob es entgegengesetzte Pole wären. Nachdem der Kontakt mit den Engeln etwas Natürliches geworden war, schien es fast so, als ob sie nicht mehr da wären. Sie waren so selbstverständlich für mich wie die Luft, die ich atme – ich atme sie, aber sage nicht bei jedem Einatmen: »Ah, da kommt wieder die Luft!«

Und so ist es ganz natürlich geworden, daß ich in mich hineinfühle, wo nicht nur meine persönliche tiefe Weisheit ruht – diese Weisheit ruht in jedem von uns –, sondern auch die Weisheit des Universums. Wie in einem Hologramm ist das Bild des Ganzen auch in jedem einzelnen kleinen Teil. Unsere Engel sind nicht »getrennt« von uns. Ich habe es schon an anderer Stelle etwa so beschrieben: Wir sind wie ein Liter Wasser, umgeben von Wasser. Unseres mag etwas unklarer sein – aber es ist trotzdem das gleiche Wasser.

Ich fühlte also in mich hinein, vernahm aber keine klare Aussage. Wieder einmal waren meine Engel still. Also war es wieder Zeit für meine Hausaufgaben. Sie beginnen damit, daß ich mich selbst aufmerksam beobachte, Fragen stelle und achtsam bin, was so als Ideen und Gedanken kommt.

Später tauchte der Gedanke nach Fleisch plötzlich auf. Vielleicht ist es das, was mein Körper braucht? Viele meiner Freunde essen Fleisch. Selbst Samantha, die mit den Tieren spricht, braucht Fleisch für ihren Körper. Natürlich achtet sie darauf, daß es aus artgerechter Haltung kommt, und selbstverständlich segnet sie ihre Mahlzeiten. Auch sie hatte versucht, vegetarisch zu leben, aber ihr Körper weigerte sich ebenfalls.

Und dann gibt es noch so ein Glaubenssystem, das da in mir auftauchte; es besagt, wahre spirituelle Leute äßen kein Fleisch. Was sollte ich tun? Ich zögerte noch ...

Zögern war etwas, was mich früher unglaublich störte. Ich wollte nicht zögern. Ich wollte mit hundertprozentiger Sicherheit wissen, was hier zu machen ist! Und natürlich, was hier *richtig* zu machen ist! Soweit kommt es noch, daß ich zögere ... Spirituelle Menschen zögern nicht, die wissen so was einfach! Hat Jesus jemals gezögert? Hat Buddha gezögert? Gandhi? Mutter Teresa?

Ja, ja und noch mal ja! Natürlich zögern wir. In uns reift ein Gedanke. Eine Idee. Die braucht manchmal ihre Zeit. Wir wägen ab. Wir meditieren. Wir diskutieren. Wir lachen und wir weinen darüber. Wir warten. Wir werden ungeduldig. Und doch zögern wir noch.

Bis wir es irgendwann einmal nicht mehr tun. Dann, wenn wir reif für den nächsten Schritt sind. Dann, wenn wir genug Zeit mit uns selbst verbracht haben. Dann, wenn wir wissen, was wir wollen – ebenso, wenn wir wissen, was wir nicht wollen. Sehr häufig erkenne ich, was ich will, daran, daß ich erst einmal etwas ausprobiere. Ich merke dann sehr schnell, was ich *nicht* will. Zum Beispiel hatte ich mir seit Kindesbeinen vorgestellt, wie herrlich es sein müsse, Sängerin zu sein. Vor anderen zu singen. Mit 42 erfüllte ich mir diesen Wunsch, indem ich eines meiner Lieder in einer deutschen Talkshow sang. Ich war überrascht. Es machte mir kaum Spaß! Ich singe eigentlich sehr viel lieber *mit* Menschen als vor ihnen. Doch das konnte ich erst wissen, nachdem ich eine dementsprechende Erfahrung gemacht hatte.

Und so weit war ich mit meinem Fleischessen noch nicht.

Ich merkte, daß mich der Gedanke daran nicht wieder losließ. Fleisch tauchte immer und immer wieder auf. Für mich ein Zeichen dafür, daß da »etwas im Busch« ist. Warum sonst zeigt es sich stets aufs neue?

Ich spürte, daß ich meine Herausforderung, komplett und tief im Körper zu sein, noch nicht überwunden hatte. Es war zwar in all den Jahren schon sehr viel besser geworden, aber ich hatte und habe immer noch Schwierigkeiten, mich zu erden. Es half mir, zu erkennen, daß der Körper eine Gnade und keine Strafe ist. Und so versuchte ich, mehr und mehr im Jetzt zu sein. Ich versuchte, tiefer in meinem Körper zu sein und ihn selbst bei meinen Meditationen nicht mehr zu verlassen. Ich freute mich daran, einen Körper zu haben, und ich bedankte mich für die Gnade, im Körper sein zu dürfen.

Allerdings war mir auch klar, daß sich mit unserem spirituellen Erwachen unsere Energien verfeinern und wir »leichter« werden. Dieses leichtere Gefühl ist wunderbar, doch es muß ausgeglichen sein. Neben dem »Leichteren« muß es auch das »Schwerere« geben, und das ist nun mal der Körper. Es ist wichtig, daß wir uns erden. Schließlich wollen wir Auto fahren, uns bewegen und im Körper leben, und dazu ist es notwendig, daß wir auch komplett da sind. Das tiefe Ein- und Ausatmen, das Barfußgehen, viel zu trinken, zu schwimmen, Sport zu treiben und Fleisch zu essen – all das hilft uns dabei. Jedesmal wenn ich Energiesprünge erfahre (übrigens passiert das immer wieder in unserem Leben), merke ich, daß ich mehr Schlaf brauche. Oft bin ich auch erschöpft. Mein Körper läßt mich wissen, daß ich Ruhepausen brauche. Da ich manchmal ein bißchen stur bin, lege ich nicht immer genügend Ruhepausen ein und merke dann sehr schnell, daß ich zu viel mache. Ich merke es unter anderem daran, daß ich mich dann oft an etwas stoße: Ich brach mir zum Beispiel einen Monat vor meinem Motorradunfall einen meiner rechten Zehen.

Die Gedanken an Fleisch kamen immer haufiger. Ich rief drei Freundinnen an und fragte sie um Rat. Alle drei fühlten, daß ihnen Fleisch die nötige Basis gibt, und ich fühlte mich bestätigt.

Am nächsten Abend fing ich an, wieder Fleisch zu essen. Ich merkte den Unterschied sofort. Als erstes fiel mir auf, daß ich mich nicht mehr davor ekelte. Ein Jahr vorher hatte ich ausnahmsweise ein Wiener Würstchen gegessen, und es lag zwei Tage lang ein unangenehmer Geschmack auf der Zunge. Das passierte mir diesmal nicht. Im Gegenteil. Dieses Fleisch schmeckte mir. Ich dachte an all die Speisen, die ich schon seit Jahren nicht mehr gekostet hatte: Leberkäse! Spareribs! Würstchen! Bierschinken! Ich fühlte in mir eine Freude aufkommen und eine Lust, das wieder zu probieren.

Tage später – immer noch aß ich regelmäßig Fleisch – bemerkte ich an einem Abend unkontrollierbare Zuckungen, die für eine Stunde durch meinen Körper gingen, hauptsächlich die Beine. Als ich meine Engel danach fragte, wurde mir sofort der Gedanke geschickt, daß die Zellen das Protein aufnehmen. So als ob sie durch das Eiweiß mehr Lebenskraft bekämen.

Ja, oft antworten die Engel auch sofort.

In einer meiner Meditationen fragte ich genauer nach dem Sinn des Fleischessens. Was mich besonders verwirrte, waren meine drei Jahre Pause. Irgendwie verstand ich das nicht.

Mir wurde gesagt, daß ich die drei Jahre Abstinenz vom Fleisch brauchte, um mich zu reinigen. Es war äußerst wichtig für mein Wachstum, daß ich diese drei Jahre einhielt. Doch jetzt war dieser Teil des Wachstums abgeschlossen. (Bitte beachten Sie, daß ich nur von *diesem* Teil des Wachstums gesprochen habe; ich bin noch lange nicht fertig. Das Wachsen hört meiner Meinung nach nie auf.) Meine Energie läßt sich nun mit einem brennenden Feuer vergleichen, und dieses Feuer braucht Nahrung. Durch diese weitere Veränderung der Energie wurde auch mein Stoffwechsel angeregt, und somit verbrenne ich meine Nahrung schneller. Fleisch, aus tiergerechter Aufzucht, ist dazu für mich am besten geeignet. Wir wissen natürlich selbst, daß wir auf unseren Körper hören sollen. Er wird mir sagen, wann und wieviel fleischliche Nahrung er braucht.

Das Leben ist spannend. Es kann leicht, fröhlich und liebevoll sein. Doch manchmal machen wir es uns schwerer, weil wir uns gegen den Strom stellen. Unseren eigenen Strom. Der Strom, das ist unsere Seele, die uns führt. Unsere Engel begleiten uns. Immer. Und es ist für die Engel und für uns leichter, wenn wir ein bißchen weniger stur sind und nicht so genau bestimmte Vorstellungen davon haben, wie unser Leben denn ablaufen sollte.

Und als Bayerin weiß ich, wovon ich rede ...

Mein Mann konnte es kaum glauben, daß ich wieder Fleisch aß. Ich nehme an, er schöpft jetzt Hoffnung, daß ich vielleicht sogar wieder Alkohol trinke und das eine oder andere Glas Wein mit ihm genieße.

Das glaube ich nun wiederum nicht.

Was habe ich da gerade geschrieben?

Da ertappe ich mich doch glatt wieder dabei, daß ich genau das tue, was ich ein paar Absätze vorher beschrieben habe: Ich habe offensichtlich immer noch bestimmte Vorstellungen, wie mein Leben ablaufen sollte. Ob ich es jemals lerne? Gut, daß wir über uns selbst lachen können!

Wir machen es, so gut wir können.

Und ich bin sicher, daß wir, als Gott, dafür Verständnis haben.

Meditationen

Diese Meditationen sind so einfach wie möglich. Falls Sie lieber eine ausführlichere, geleitete Version haben möchten, können sie eine von mir besprochene Kassette bei »My Angel and I«, Susanne Adlmüller, Postfach 1516, 82029 Grünwald, Fax (08170) 92025 oder per E-Mail MyAngelD@aol.com bestellen.

Suchen Sie sich einen bequemen und ruhigen Platz. Sie können auch gerne liegen. Überkreuzen Sie Ihre Beine nicht. Sorgen Sie dafür, daß Sie nicht gestört werden, und meiden Sie möglichst Geräusche. Nehmen Sie sich mindestens 20 Minuten Zeit. Falls Sie die Möglichkeit haben, gehen Sie ins Freie, und legen Sie sich flach auf die Erde oder lehnen Sie sich an einen Baum. Diese Meditationen funktionieren übrigens auch hervorragend in der Badewanne.

Noch ein paar Worte zum Gebet. Das Gebet ist ein Gespräch mit Gott, bei dem Sie Ihren Vorsatz ausdrücken. Oft werde ich gefragt: »Woher weiß ich, daß mein Engel mit mir spricht und ich mir das nicht nur einbilde?« Der Vorsatz ist entscheidend. Wenn Sie im Auto sitzen und den ersten Gang einlegen, wissen Sie, daß Sie vorwärts und nicht rückwärts fahren. Wenn ich mit meinen Engeln sprechen möchte, bete ich zuerst. In diesem Gebet sage ich, was ich möchte. Zum Beispiel: »Lieber Gott, geliebte Engel, ich bedanke mich für eure Mithilfe und bitte um Unterstützung bei der Beantwortung folgender Fragen.«

Das einzige, was Sie noch tun müssen, ist vertrauen. Vertrauen gewinnt man, indem man ausprobiert, was einem gesagt wird. Ich vertraue jetzt den Informationen meiner Engel, weil sie es mir oft genug bewiesen haben.

Engel sprechen meistens in unseren Gedanken. Es öffnet sich in den seltensten Fällen der Himmel, und Gott oder die Schutzengel sprechen zu uns. Sie benutzen unseren Verstand, unsere Intuition, um mit uns Kontakt aufzunehmen. Wie wenn ich ein

Fax empfange. Es kommt in meinem Gerät, auf meinem Papier, mit meiner Tinte an. Aber das Fax kommt von jemand anderem. Und genauso ist es mit den Engeln. Ich schalte (durch mein Gebet) auf Empfang und warte auf die Botschaft. Und wie bei allen Dingen gilt: Übung macht den Meister (es gibt ein paar wirklich kluge deutsche Sprichwörter.)

Irgend jemand hat mir einmal erklärt, wie unsere Verbindung mit Gott und unseren Engeln funktioniert: »Wenn du zu Hause eine Lampe einschalten willst, und sie funktioniert nicht, dann stellst du auch nicht gleich den Strom in Frage. Du schaust, ob der Stecker richtig sitzt, und prüfst die Glühbirne. Mit uns und Gott ist es genauso. Gott ist wie der Strom. Er ist immer da. Wir sind die Lampe, und es liegt an uns, ob wir ›leuchten‹ oder nicht.«

Rosa Licht
Wie Sie Ihren Schutzengel fühlen

Atmen Sie ein paarmal tief ein und aus und lauschen Sie Ihrem Atem. Wenn Sie das Gefühl haben, jetzt reicht es, machen Sie für mindestens fünf Minuten weiter.

Sprechen Sie ein Gebet, das so einfach sein kann wie: »Ich möchte meinen Schutzengel fühlen.« Was immer Sie sagen mögen, sagen Sie es.

Dann stellen Sie sich ein zart rosafarbenes Licht in Ihrer Herzgegend vor. Konzentrieren Sie sich auf das Licht. Ihr Schutzengel wird Ihnen durch dieses Licht ein Gefühl schicken.

Beobachten Sie Ihren Körper. Tasten Sie ihn ab, und vergessen Sie nicht: Je öfter Sie Kontakt mit Ihrem Schutzengel aufnehmen, desto mehr werden Sie ihn fühlen. Die Ruhe und die

Gelassenheit, die zu Ihnen kommen, sind die Gefühle, die der Schutzengel schickt.

♥ Schließen Sie Ihre Augen.
♥ Lauschen Sie Ihrem Atem.
♥ Sprechen Sie ein Gebet.
♥ Stellen Sie sich rosafarbenes Licht in Ihrem Herzen vor.
♥ Fühlen Sie Ihren Schutzengel.

Regenbogen
Wie Sie Ihren Schutzengel
vor Ihrem inneren Auge sehen

Machen Sie es sich bequem, meiden Sie alle Geräusche und sorgen Sie dafür, daß Sie ungestört bleiben. Lassen Sie sich für diese Meditation mindestens 20 Minuten Zeit.
Lauschen Sie Ihrem Atem.
Sprechen Sie ein Gebet, in dem Sie Ihre Absicht kundtun. Benutzen Sie Ihre eigenen Worte, damit machen Sie Ihr Gebet persönlich. Und so soll es sein.

Stellen Sie sich eine wundervolle Wiese vor, und beobachten Sie die Natur um sich herum. Betrachten Sie die Blumen, hören Sie auf die Geräusche, saugen Sie die Gerüche ein, und halten Sie sich eine Weile auf dieser Wiese auf.
Wenn Sie nach oben schauen, werden Sie einen Regenbogen finden. Legen Sie sich auf die Wiese, und lassen Sie die Farben des Regenbogens in Ihren Körper eindringen. Vertrauen Sie darauf, daß die richtigen Farben zu Ihnen kommen und Sie in Ihrem Heilungsprozeß unterstützen.
Wenn Sie das Gefühl von »fertig« haben, stehen Sie auf und

steigen auf die Leiter, die Sie zur Spitze des Regenbogens bringen wird. Gehen Sie die Leiter nach oben, dort wird Ihr Schutzengel auf Sie warten.

Sie können Ihrem Schutzengel alle Fragen stellen. Vertrauen Sie darauf, daß Sie die Antwort nicht suchen müssen, sondern die Antwort kommt. Manchmal ist es ein bißchen wie »Berufe raten«. Fragen Sie einfach so lange, bis Sie mit der Antwort zufrieden sind. Falls Sie Bilder statt Gedanken bevorzugen, bitten Sie Ihren Schutzengel um Bilder.

Am Schluß verabschieden Sie sich von Ihrem Schutzengel mit dem Wissen, daß Sie ihn jedesmal über dem Regenbogen finden werden.

♥ Lauschen Sie Ihrem Atem.
♥ Sprechen Sie ein Gebet.
♥ Stellen Sie sich eine Wiese vor.
♥ Über Ihnen steht der Regenbogen.
♥ Steigen Sie über die Leiter zu Ihrem Schutzengel.
♥ Stellen Sie Ihre Fragen.
♥ Bedanken Sie sich.

Gefühlte und schnelle Antworten

Fühlen Sie tief in Ihren Körper hinein. Wie fühle ich mich an? Warten Sie ein bißchen ab, bis Sie ein harmonisches und wohliges Gefühl in sich fühlen. Falls Sie in einer Streßsituation sind, ist es wichtig, den Körper erst einmal zu entspannen. Es ist sehr schwer, klare Antworten durch die Hektik und Schnelligkeit dieses Streßgefühls zu bekommen. Es hilft, wenn Sie ein paar Mal ruhig und tief ein- und ausatmen.

Sprechen Sie ein kurzes Gebet und bitten Sie dabei Ihren Engel um Unterstützung.

Stellen Sie eine Frage, die mit Ja oder Nein zu beantworten ist.

Fühlen Sie in sich hinein. Wenn sich nichts regt, dann ist es aus meiner Erfahrung ein Nein.

Ein Ja kommt für mich immer mit einem leichten Hochgefühl, auf jeden Fall einer Bewegung in mir. Bei mir ist diese Bewegung zwischen Nabel und Herzen.

Und dann bedanke ich mich am Schluß.

♥ Atmen Sie ruhig und gelassen ein und aus.
♥ Sprechen Sie Ihr Gebet.
♥ Stellen Sie Ihre Frage.
♥ Erfühlen Sie die Antwort.
♥ Bedanken Sie sich.

Tiefe Entspannung

Falls Sie nervös sind, sich ärgern, nicht einschlafen können, tausend Gedanken im Kopf haben oder einfach nur rastlos sind – egal, wo Sie gehen und stehen:

Lauschen Sie Ihrem Atem. Konzentrieren Sie sich auf das Geräusch beim Ein- und Ausatmen. Das ist alles.

Um eine Traurigkeit zu bewältigen

Singen Sie! Man kann nicht weinen und gleichzeitig singen.

Indianische Weisheiten

Ich habe in diesem Buch nicht nur über Engel geschrieben. Meine Liebe zu der Engelwelt gleicht meiner Liebe zur Natur. Da gibt es eine Ausgewogenheit, ein Gleichgewicht. Wir sind wie ein Baum: Wer hoch hinaus will, muß tiefe Wurzeln haben, sonst fallen wir um. Unsere Spiritualität muß in liebevollem Umgang mit unserer Mutter Erde verbunden sein. Es gibt viele Möglichkeiten, das zu tun. Manche wandern gerne, haben einen kleinen Garten oder Topfpflanzen auf dem Balkon, um die sie sich kümmern. Manche üben sich in Schamanismus und keltischen Ritualen, andere wieder, wie ich, haben sich indianischen Weisheiten zugewandt. Alles ist Gott, es wird nur verschieden ausgedrückt. An Engel zu glauben und gleichzeitig die Friedenspfeife zu rauchen ist nicht so weit entfernt, wie es sich anhört. Mit diesem Anhang möchte ich Ihnen die Möglichkeit geben, mehr darüber zu erfahren, wie ich zur Pfeifenträgerin wurde.

1994 nahm ich zum ersten Mal an einer Pfeifenzeremonie teil. Meine Freundin Jacqueline Snyder, halb Cherokee, halb Weiße, lud uns am Ende eines Workshops ans Lagerfeuer ein. Ihr geistiger Name ist »Eagle speaks Woman«. Meine einzige Verbindung zu Indianern war, daß ich bei Filmen im Fernsehen immer zu den Indianern hielt. Ich dachte mir damals schon, sie sind ungerecht behandelt worden. Ihnen wurde ihr Land und ihre Kultur weggenommen. Im Namen des Geldes und im Namen Gottes wurde fast alles zerstört. Heiden wurden sie genannt und Wilde. Und das nur, weil wir uns nicht Zeit genommen haben, ihre Kultur zu verstehen. Sie verehren die Mutter Erde und den »Großen Geist«.

Die Friedenspfeife, wie sie irrtümlich von den weißen Siedlern genannt wurde, ist eigentlich eine Zeremonienpfeife. Die Pfeife wurde den Weißen nur in Friedenszeremonien angeboten, deshalb war ihnen nicht bewußt, daß die Pfeife sehr viel öfter geraucht wird. Der Rauch der Pfeife macht die Gebete sichtbar. Der Rauch, der nach oben steigt, trägt die Gebete zum »Großen Geist«, zu dem, was wir Gott nennen.

Ich beobachtete damals staunend, wie »Eagle speaks Woman« ihre ledergebundene Pfeifentasche öffnete und alle möglichen Objekte herausholte. Zuerst einmal eine Abalone-Muschel und ein Bündel Salbei. Dann ein Federbündel, das aus kunstvoll zusammengebundenen Federn besteht. Dann einen 30 Zentimeter langen Stab, mit einem roten Tuch umwickelt, und ein kleineres viereckiges Stück, ebenfalls in einem roten Tuch. Verschiedene Steine und Muscheln, ein Tabaksbeutel, eine Rassel, die aus einer Schildkröte gemacht wurde. Zuerst wickelte sie die beiden roten Tücher aus. Da kam der Pfeifenhals und der Pfeifenkopf zum Vorschein. Ihre Pfeife ist fast weiß, kunstvoll verziert und mit Federn dekoriert. Der Pfeifenkopf besitzt die Form eines Adlers. »Die Pfeife wird immer separat aufgehoben. Der Pfeifenkopf präsentiert das Weibliche, der Hals das Männliche in uns. Zu Beginn einer Pfeifenzeremonie verbindet man beides und sorgt dadurch für das Gleichgewicht. Man weckt damit die Pfeife auf, die damit ein Instrument zum Beten wird«, erklärte »Eagle speaks Woman«.

»Eagle speaks Woman« ist kein indianischer Name, es ist ein geistiger Name. Der Name, auf den unsere Seele hört. Die Indianer ehren die Natur, die »Vierbeiner«, die »Geflügelten« ebenso wie die »Zweibeiner«. Wir sind alle Verwandte, und unsere Aufgabe ist es, in Harmonie miteinander zu leben. Der Wind ist ein Bruder, die Erde die Mutter. Wenn die Indianer Tiere töteten, taten sie es immer in einer Zeremonie. Es wurde vorher die Pfeife geraucht, miteinander gebetet und der Geist des Tieres um Mitarbeit gebeten. Wenn ein Tier getötet wurde, gibt es je nach Stamm verschiedene Rituale, seine Seele zu ehren. Hat es sich doch für seine »zweibeinigen Verwandten« geopfert. Alles an dem Tier wurde benutzt: die Haut, das Fleisch, die Gedärme, die Knochen, die Haare. Nichts blieb übrig. Es wurde damals nur dann gejagt, wenn man etwas brauchte. Nicht wie später, wo die Büffel nur wegen ihrer Felle getötet wurden und der Rest zum Verrotten zurückblieb.

Ich erinnere mich, wie erstaunt ich diese Pfeifenzeremonie betrachtete. Diese Rituale, die mir als Deutscher so fremd waren, faszinierten mich. Eine Zeremonie dauert eine Stunde oder mehr und läuft nach bestimmten Regeln ab. Zuerst verbrennt man den Salbei, um sich selbst und die Pfeife zu reinigen. Dann stopft man die Pfeife viermal, um die vier Himmelsrichtungen zu ehren. Was dann kommt, ist je nach Person und Stamm verschieden. Der Hintergrund bleibt gleich: Konzentration auf das Gebet und das Gebet sichtbar machen. Der Rauch der Pfeife wird in alle Richtungen geblasen. Zuerst nach oben zum Großen Geist, dann nach unten zur Mutter Erde, dann in die vier Himmelsrichtungen. Dann zum Feuer, das das Leben repräsentiert. Dann zu einem selbst. Diese Rituale sind seit Jahrhunderten weitergegeben worden, und dementsprechend gibt es viele Variationen. Es gibt keinen falschen Weg, die Pfeife zu rauchen, solange sie mit Respekt und Liebe behandelt wird. Die Pfeife ist für die Indianer, was der Rosenkranz für die christliche Welt ist. Mit beiden wird gebetet.

Am Ende meiner ersten Pfeifenzeremonie beobachtete ich, wie »Eagle speaks Woman«, die Augen geschlossen und die Pfeife der Länge nach senkrecht an ihre Stirn gepreßt, betet. Nach einer Weile öffnet sie die Augen und nickt einem Mann zu, der mir gegenübersitzt. Der nickt fragend, und »Eagle speaks Woman« deutet mit einer Handbewegung an, daß er zu ihr kommen möge. Er sitzt im Schneidersitz vor ihr, und ich beobachte, wie »Eagle speaks Woman« die Pfeife nochmals anzündet. Sie legt die Pfeife mit dem Mundstück auf das Herz des Mannes, der vor ihr sitzt, und bläst den Rauch in sein Herz.

»Was könnte das bedeuten?« denke ich mir und frage mich, wie es sich wohl anfühlt, wenn der Rauch in das Herz geblasen wird. »Dein Name ist ›Buffalo Heart‹. Der Büffel ist das einzige Tier, das dem Sturm ins Auge sieht. Die anderen Tiere verstecken sich oder drehen dem Sturm den Rücken zu. Du hast das Herz eines Büffels. Du bist stark in deiner Liebe, und du stellst dich jeder Herausforderung. Mögest du den Namen in Ehre tragen«, erklärt »Eagle speaks Woman«. Ich höre ein Schluchzen und bin erstaunt. Dieser Bär von einem Mann, er wird Mitte 40 sein, der mir bisher nur durch seine Ruhe aufgefallen war, weint. Der Name muß wohl einiges für ihn bedeuten. Ich freue mich für ihn. »Eagle speaks Woman« gibt ihm ein Stück Fell. »Das ist von meinem Büffel.« Der Mann nimmt zärtlich das Stück Fell in die Hand und verbeugt sich. »Eagle speaks Woman« nickt ihm zu, und er steht auf.

Ein paar Monate später darf ich wieder Gast bei einer Pfeifen-zeremonie sein, und dieses Mal wurde mir mein Name verliehen: »Your name is Soaring White Eagle and your spirit is the light.« Auf deutsch heiße ich: »Sich aufschwingender weißer Adler«, und mein Geist ist das Licht. Ich habe öfter einen wei-ßen Adler in meinen Meditationen gesehen. Ich fragte »White Star Woman«, eine Pfeifenträgerin und Expertin in Sacred Pipes, was mein Name bedeutet: »Ein Adler sieht weit, sehr weit, und hat ein besonderes Wahrnehmungsvermögen. Von seiner Position aus hat er einen großen Überblick, und er ist für sein Adlerauge bekannt. Diese Weitsichtigkeit, diese Klarheit und dieses Wahrnehmungsvermögen sind die Geschenke, die Medizin, die dir deinen Namen geben. Du hast ihn dir mit dei-nem bisherigen Leben verdient.«

»Was bedeutet, daß mein Geist das Licht ist?«

»Das Licht ist Gott und damit fühlst du dich von Gott geführt.«

Da empfand ich eine tiefe Dankbarkeit für den Adler in mir. Ich fühlte mich sofort wohl mit diesem Namen und hätte am lieb-sten Sabrina abgelegt. Ich begann Briefe an Freunde damit zu unterschreiben und gewöhnte mich schnell daran. Wenn einem Kind ein geistiger Name gegeben wird, dann kommen immer mehr Namen dazu, je nach den Veränderungen, die das Kind bis zum Erwachsenenalter durchmacht. An meinem nächsten Geburtstag, es war mein 36., brachte mir meine Freundin Suzane eine weiße Feder – es war mein schönstes Geschenk.

Ich wollte auch eine Pfeife haben, wurde aber vertröstet. Zuerst kommt die Vision einer Pfeife, dann bist du soweit. Visionen lassen sich nicht herzaubern. Sie kommen, wenn man soweit ist. Und meine Vision ließ auf sich warten.

Mittlerweile erfuhr ich mehr über die Namensgebungen. Neben dem Namen gibt es den Spirit, dann den Clan und dann den Warrior, was frei übersetzt »Krieger« bedeutet. Krieger hat dabei weniger mit Krieg als mit Tapferkeit zu tun. Ein Warrior ist tapfer und handelt ehrenvoll. Da Tapferkeit und Ehre meistens in Krisensituationen auf die Probe gestellt werden, wurde daraus ein Krieger.

Man erfährt mehr über sich durch die Namen, die man bekommt. Verschiedene Tiere haben verschiedene Talente. Wenn ein Tier zu deiner »Medicine« wird, dann hast du Talente dieses Tieres in dir. Ein Büffel geht Krisen nicht aus dem Weg. Eine Schildkröte steht für Weisheit oder ein Bär für Stärke, ein Reh für Zartheit und Eleganz.

Einige Monate treffe ich einen Wolf in meinen Meditationen. Ich finde mich in einem Wald wieder, und plötzlich taucht ein Wolf auf. Er schaut mich durchdringend an und läuft dann vor mir her. Ich merke, daß ich ihm folgen soll. Ich schließe mich ihm an und fühle schon bald meinen Adler über mir fliegen. Mir scheint es, als ob wir tagelang unterwegs sind. Irgendwann erreichen wir einen Berg. Auf diesem Berg steht ein Baum. Der Adler läßt sich im Wipfel nieder. Der Wolf stellt sich neben den Baum und lädt mich ein, neben ihm Platz zu nehmen. Ich lege mich unter den Baum, und mit diesem Bild endet meine Vision.

Ich bin deshalb nicht verwundert, als ich in Breitenbusch

meinen Clan erfahre. Wir sitzen in einer Zeremonie mit fünf anderen Pfeifenträgern, und ich werde nach vorne geholt, mir wird ins Herz geblasen, und dann höre ich, daß der Wolf mein Clan ist. Ich fange zu weinen an und habe das unbezähmbare Verlangen, in ein Wolfsgeheul auszubrechen. »Das kannst du doch nicht machen«, denke ich mir kurz und dann: »Warum nicht?« Tränen laufen mir die Wangen herunter, während ich das »Lied des Wolfes« singe. Anschließend bin ich vollkommen erschöpft. Ich fühle mich, als hätte ich gerade einen Berg bestiegen. Mir wurde die Medizin des Wolf-Clans erklärt: »Der Clan repräsentiert die Familie. Du gehörst also zur Wolfsfamilie. Ein Wolf bringt das Geschenk der Demut. Ein Wolf sorgt immer dafür, daß jeder im Clan zuerst ißt, bevor er selbst etwas zu sich nimmt. Ein Wolf kümmert sich um seine Familie. Ein Wolf zieht sich oft alleine zurück und kommt erst wieder, wenn er Antworten zu seinen Fragen gefunden hat.«

Ja, das stimmt. Ich schaue immer, daß jeder versorgt ist. Ein Freund nannte mich früher oft die Herbergsmutter. Und ich bin oft alleine, um über Dinge nachzudenken. Auch fühle ich die Demut in mir. Danke.

Ich warte immer noch auf meine Pfeifenvision und schaue sehnsüchtig den anderen zu, wie sie ihre Pfeifen einpakken.

Ein paar Monate später sah ich sie plötzlich: meine Pfeife. Es war in einer meiner Meditationen, in der ich eine Kerze vor mir habe und in die Flammen starre. Und da sah ich sie. Ich sah einen grauhaarigen Mann, der mir meine Pfeife übergab. Der Pfeifenhals hatte eine Welle eingeschnitzt, der Kopf war ein Wolf mit einem Adler drauf.

Ich erkannte den grauhaarigen Mann nicht. Komisch, dachte ich mir, hoffentlich treffe ich ihn bald. Ich vertraute darauf, daß mir dieser Mann zugeführt wird, schließlich kommen Visionen nicht von ungefähr. Sechs Wochen später kam ich zu meinem zweiten Vision Quest, und als wir, eine Gruppe von

20 Leuten, am ersten Abend in Montana auf dem Pryor Berg sitzen, höre ich, wie sich dem Feuer Schritte nähern. Da kommt mein grauhaariger Mann! Ich erkenne ihn sofort. Er trägt eine Pfeifentasche und für einen kurzen Moment denke ich, daß das wohl meine sein muß. Die Pfeife wird einem Mann übergeben, aber ich bin trotzdem glücklich. Ich habe zumindest meinen grauhaarigen Mann gefunden, und er schnitzt auch noch Pfeifen. Am nächsten Tag gehe ich zu ihm. Er heißt Neil, und ich bitte ihn zum Gebet. Ich gebe ihm Tabak, das traditionelle Geschenk, um den anderen zu ehren. Tabak kommt aus der Mutter Erde, und damit segne ich die Person, der ich den Tabak gebe. Ich bitte ihn, mit mir zu beten und zu sehen, ob er eine Vision meiner Pfeife bekommt.

Wir sitzen ums Feuer, und Neil schließt die Augen. Zehn Minuten später öffnet er sie wieder. »Du wirst eine große Pfeife, eine Männerpfeife haben. Sie hat eine Welle im Pfeifenhals, und der Kopf ist ein geschnitzter Wolf mit einem Adler drauf.« Ich freue mich riesig. Das klappt ja hervorragend.

Am Abend darauf bekomme ich meinen Warrior genannt. Ich bin Regenbogen-Warrior. Wie gesagt, der Warrior hat mit Kämpfer wenig zu tun. Ein Warrior beschützt seine Familie mit seinen Talenten und seiner Liebe. In meinem Fall dem Regenbogen. Der Regenbogen hält die Farben des Lichts, und wenn man bedenkt, daß mein Spirit das Licht ist, ergibt das einen Sinn. Daß ich zwischen Los Angeles und Deutschland hin- und herfliege, bedeutet, daß ich eine Regenbogenbrücke baue und unterschiedliche Kulturen miteinander verbinde, um so die Grenzen zwischen uns abzubauen. Ich als Regenbogen-Warrior bringe Menschen zusammen.

Es vergehen einige Monate. So eine Pfeife kann nicht zwischen Mittwoch und Donnerstag geschnitzt werden. Da braucht man den richtigen Stein für den Pfeifenkopf (in der Regel Sandstein) und das richtige Holz für den Hals. Man muß in der richtigen Stimmung sein, der Mond muß richtig stehen. Manchmal will das Holz erst ruhen, bevor es verarbeitet wird. Alles braucht seine Zeit.

Endlich ist es soweit. Neil lebt in Seattle, und dort sollte ich meine Pfeife abholen. Ich war mit Julia in München, und statt direkt nach Los Angeles zu fliegen, plante ich einen Abstecher nach Seattle ein. Am vorletzten Tag in München lud ich meine Schwestern und einige meiner Freundinnen zu meiner Mutter ein, bei der ich wohnte. Wenn ich in Deutschland bin, rauche ich immer. Wir sitzen in der Küche, lachend, weintrinkend und rauchend, und haben einen herrlichen Abend. Es ist fast drei Uhr, als ich ins Bett gehe, und ich schließe die Augen für eine Meditation.

In den letzten Monaten sehe ich in den Meditationen neben meinem Engel Euphenia oft auch einen alten Krieger vor dem Lagerfeuer sitzen. Sein Name ist »White Wolf«. Er erklärt mir oft den Weg der Natur. Er ist liebevoll und streng mit mir. Allerdings war ich auf diesen Empfang nicht vorbereitet: »Was um Himmels willen denkst du dir dabei?« schrie er mich an, kaum hatte ich die Augen geschlossen. Er stand hinter dem Lagerfeuer, und seine Augen funkelten vor Zorn. Ich hatte keine Ahnung, warum er so ärgerlich war, und fragte nur erstaunt: »Was gibt es?«

»Du benutzt den Rauch, als ob er nichts wäre.«

Oh, er muß meine Zigaretten meinen. »Aber ...«, versuche ich mich zu rechtfertigen. Mit wenig Chancen.

»Du willst ein Pfeifenträger sein und hast keine Achtung vor dem Rauch?«

Ich entschließe mich zu einer Entschuldigung. Erklärungen scheinen wenig auszurichten. Ich habe von Pfeifen gehört, die beim ersten Mal einfach auseinandergebrochen sind, weil der zukünftige Pfeifenträger vor einer Zeremonie Alkohol getrunken hatte. Ich habe auf meine Pfeife zu lange gewartet, um durch irgendeine blöde Angewohnheit dieses Erlebnis zu zerstören.

»Du wirst ab heute nicht mehr rauchen«, befiehlt er mir. Da wußte ich, entweder höre ich zu rauchen auf, oder es gibt keine Pfeife.

Dummerweise kann ich mich aber doch nicht zurückhalten und frage: »Für wie lange?« Ich merke sofort, daß ich einen Fehler gemacht habe.

»Weil du gefragt hast, wirst du auch mit dem Alkohol aufhören. Keine Zigaretten und kein Alkohol für ein Jahr.«

Ich beiße mir auf die Zunge. Ich frage lieber nichts mehr, wer weiß, was er mir sonst noch verbieten will.

Mein Mann kann es kaum glauben, als ich ihm am Telefon erzähle, daß ich mit dem Rauchen aufgehört habe. »Wie, einfach so?« Ich erzähle ihm von meiner Meditation. Er fragt ungläubig: »Ich bin nicht sicher, ob ich das ganz verstehe? Da rede ich auf dich ein, mit dem Rauchen aufzuhören, und es zeigt überhaupt keine Wirkung. Dann sagt dir ein alter Indianer in deinem Kopf, daß du aufhören sollst, und du hörst darauf?« Ich grinse. »Ja«, antworte ich lachend, »das hast du richtig verstanden.« – Wenn es ein Jahr anhält, meint er trocken, »soll mir dein alter Indianer recht sein.«

Es hielt. Seit der Zeit trinke ich keinen Alkohol und rauche keine Zigaretten mehr. Selbst als das Jahr vorbei war, habe ich nicht wieder angefangen.

Ich flog nach Seattle und bekam meine Pfeife. Julia saß neben mir am Feuer, als sie von Neil ausgewickelt wurde. Sie ist wunderschön, schwer und lang. Ein bißchen zu lang. Pfeifen werden in die verschiedenen Richtungen gedreht, und ich mußte meinen Arm extrem ausstrecken, um mir nicht beim Drehen den Kopf anzuhauen. Außerdem war das Mundstück zu rund. Ich brauchte es kleiner. Zuerst dachte ich, daß ich sie Neil wieder zurückgeben müßte, damit er sie kürzer macht, aber da kam »White Wolf«: »Die Pfeife wird erst deine, wenn du damit arbeitest.« Ich verstand.

Ich flog nach Hause und kaufte mir Holzschnitzwerkzeug. Ich

hatte noch nie Holz geschnitzt und so betete ich erst einmal. Ich nahm die Pfeife auf meinen Schoß und fragte, wie ich vorgehen sollte. »Befeuchte das Holz, bevor du daran arbeitest«, hörte ich und befolgte es auch. Ich war überrascht, wie leicht das Kürzen der Pfeife ging. Das anschließende Schnitzen machte sehr viel Spaß. Ich spürte, wie mit jeder Bewegung die Pfeife mehr meine wurde.

Ich habe meine Pfeife seit fast zwei Jahren. Sie reist immer mit mir. Ich betrachte sie als heiliges Objekt, wie meinen Rosenkranz, ein Kristallkreuz, ein Buddha, Federn und Steine, die auf Reisen auch dabei sind.

Zu meinem letzten Geburtstag bekam ich von meinem Mann ein Tipi geschenkt. Es war ein herrlicher Tag, als wir das Zelt aufbauten. Ich hatte sechs Pfeifenträger eingeladen, und wir hielten eine wundervolle Zeremonie ab. An jeder Stütze hängen »Prayertags«. Das sind Stoffstücke, die zu einem Knoten verbunden werden. Sie enthalten Tabak, mit dem man betet. Man gibt also sein Gebet in den Tabak und hängt ihn dann über dem Tipi auf, so daß Bruder Wind alle Gebete verteilen kann. Wir beteten um Frieden und Verständnis füreinander. Jedesmal, wenn ich den Wind fühle, weiß ich, daß unsere Gebete weitergetragen werden.

Ich hoffe, daß ich mit diesen Erklärungen mehr Verständnis für die Kultur der Indianer erreiche. Sie können sich solch einen »Prayertag« selbst machen. Nehmen Sie ein Stück Stoff (die Indianer benutzen meistens weiß oder rot) und reißen Sie einen Streifen davon ab (4 cm mal 10 cm). Nehmen Sie Tabak und halten Sie ihn in Ihrer linken Hand. Schließen Sie die Augen und geben Sie ihr Gebet hinein. Zuerst betet man für jemand anderen, dann für sich selbst. Schließen Sie den »Prayertag«, indem sie einen Knoten um den Tabak machen. Nun gibt es verschiedene Möglichkeiten, ihr Gebet zum »Great Spirit« zu schicken. Sie können es entweder verbrennen oder an einem Baum oder Busch aufhängen.

Nachwort
zur überarbeiteten
und erweiterten Neuausgabe

Liebe Leserin, lieber Leser,
in diesem Buch beschreibe ich meine Erfahrungen zwischen 1995 und 1996. Inzwischen habe ich natürlich einiges mehr dazugelernt und würde hier gern noch ein bißchen was erzählen (siehe Anhang: »Die meistgestellten Fragen« und »Was mich die Engel sonst noch mitzuteilen baten ...«). Ihre erste Frage beantworte ich selbstverständlich sofort: Nein, ich habe bisher noch keine Engel gesehen, und das Wunderbare dabei ist, daß es mir jetzt nicht mehr so viel bedeutet. Wichtig für mich ist, daß es mir so geht wie vielen von uns. Seit der ersten Auflage im Mai 1997 hat sich *Wie Engel uns lieben* schnell zu einem erfolgreichen Buch entwickelt, und ich bekam viele liebe Briefe. Ich bin sehr dankbar, daß sich mein Verlag weiterhin so liebevoll darum gekümmert hat. Und ich danke all denen, die ihre Herzen für die Engel aufgemacht haben.
Eines liegt mir sehr am Herzen. Bitte vergleichen Sie diese Engelerlebnisse nicht mit Ihren eigenen. Oftmals gewinnen wir den Eindruck, daß die anderen diese überwältigenden Erlebnisse haben, und unsere nehmen sich dagegen eher spärlich aus. Wenn Engel mit uns sprechen, dann ist es selten so, daß sich »der Himmel auftut und die Geigen ertönen«, obwohl das bestimmt in dem einen oder anderen Fall geschehen kann. Mir ist es noch nie so passiert. Engel sprechen wie gesagt leise mit uns. Flüstern fast. Sind oft wie ein Windhauch ... und deshalb können ihre Vorschläge leicht im lauten hektischen Getümmel unserer Gedanken übersehen werden.
Daher hilft es, still zu sein. Sich selbst und seine Gedanken zu beobachten, damit diese Ruhe eintritt, die wir brauchen, um

unsere Engel auch zu hören. Wenn wir mit Engeln sprechen, dann ist es nützlich, sich auch Zeit für die Antworten zu lassen. Wie beim Telefonieren: Wir sagen erst etwas, dann warten wir, bis der andere antwortet. Und in dieser Zeit des Wartens beobachten wir einfach aufmerksam, was denn da kommt. Es ist nicht ganz einfach, das gebe ich zu, denn unser Verstand möchte doch zu gern erraten, was die Engel denn sagen könnten, und gibt uns oftmals diverse Vorschläge. Wenn es uns gelingt, in dieser Zeit des Wartens einfach offen dafür zu sein, was da als Gedanke oder Antwort kommt, dann wird es einfacher. Das ist natürlich auch ein Training. Wir erinnern uns wieder an eine Sprache, die wir früher verstanden haben, und das Erinnern mag manchmal ein bißchen dauern ... es hat ja auch Jahre gedauert, bis wir es vergessen hatten.

In diesem Buch beschreibe ich viele meiner eigenen Meditationen. Besonders auf meiner Reise nach Indien, wo ich immer »meinen Körper nach oben verlasse«, um meine Engel zu hören. Das mache ich jetzt nicht mehr. Meine Engel haben mir gesagt, daß es viel leichter für sie sei, mit uns Kontakt aufzunehmen, wenn wir auch zu Hause, also ganz im Körper sind.

War es denn damals falsch, wie ich meditiert habe? Nein, das glaube ich nicht. Für den damaligen Zeitpunkt war das richtig. Woher ich das weiß? Weil ich so meditiert habe! Ich glaube wie gesagt nicht, daß es Fehler im Universum gibt, und wenn ich es damals so gemacht habe, dann hat das damals für mich seine Richtigkeit gehabt. Heute ist es mir aber lieber, wenn ich auch wirklich in meinem Körper präsent bin und somit alle Nachrichten sozusagen »von zu Hause aus« empfangen kann. Damals fühlte ich mich auch in mir selbst noch unwohl. Ich war in mir nicht ganz daheim, und deswegen hätte wohl meine jetzige Art zu meditieren seinerzeit noch nicht funktioniert.

Ich ertappte mich früher auch häufig dabei, daß ich mit den Gegebenheiten unzufrieden war: »Das hätte nicht passieren sollen«, »Die anderen sollten höflicher sein«, »Mein Mann sollte mir besser zuhören« usw. Ich hatte mich »mit der Realität angelegt«, also mit der Wahrheit. Gewisse Dinge sind mir passiert, manchmal sind die anderen nicht höflich, und mein Mann hört mir nicht besser zu, als er mir zuhört ... Es war sehr schwer für mich, die Realität so zu akzeptieren, wie sie ist. Ich habe jedoch gemerkt, daß es sinnlos ist, sich mit schon entstandenen Gegebenheiten »anzulegen«. Wenn es regnet, dann regnet es; ein »Es sollte nicht regnen« hilft mir hier nicht weiter. Und so versuche ich auch, mich nicht mit der Realität anzulegen, wenn ich mit meinen Engeln rede. Erstens ist es hoffnungslos, und zweitens ist es, wie es ist.

Natürlich bedeutet es manchmal eine große Herausforderung für uns, unsere Erwartungen loszulassen. Ich habe gelernt, daß, was immer passiert, genau so richtig ist, wie es ist. Woher ich es weiß? Weil es passiert ist! Der liebe Gott wird schon seinen Grund dafür haben, warum ich mich in dieser Situation befinde. Wenn ich in solch einer Lage bin, in der ich einfach nicht weiterweiß, dann bitte ich meine Engel »um den nächsten Schritt zur Heilung dieser Situation«. Und dann warte ich ab, was da als Gedanke kommt.

Mit Engeln zu arbeiten ist Teamarbeit. Ich weise immer wieder darauf hin, daß sie unser Leben nicht verbessern können, das müssen wir schon selbst tun. Sie können uns aber anregen und vorschlagen, welche Veränderungen wir bei uns selbst und bezüglich unserer Lebensumstände machen können, um ein friedlicheres, liebevolleres und leichteres Leben zu führen. Damit übernehmen wir ja auch die Verantwortung für unser Leben und schieben es nicht anderen (oder den Engeln) in die Schuhe (oder in die Flügel ...?).

Meine Engel melden sich nicht immer bei mir. Wahrscheinlich würde mich das auch zu sehr von meinem Leben ablenken. Manchmal haben sie mir schon Antworten gegeben, und die gefielen mir nicht. Mit dem ewigen neuen Fragen hoffte ich auf eine neue, andere Antwort, die mir besser in den Kram paßte.

Doch da kommt dann natürlich nichts mehr, denn die Antwort ist ja schon da. Manchmal sind sie auch still, denn die Engel sind nicht dazu da, uns alle Entscheidungen abzunehmen. Wie beim Klavierspielen müssen wir irgendwann einmal die Sonate selbst spielen, um zu wissen, wieviel wir schon gelernt haben.

Übrigens, manchmal scheint bei anderen der Eindruck zu entstehen, daß sich meine Engel pausenlos bei mir melden. Das tun sie natürlich nicht. Es wird mit den Jahren immer weniger. Ich denke mir, daß ich – so hoffe ich es zumindest – auch einiges dazugelernt habe und deshalb nicht mehr so oft nachfragen muß. Ich genieße jetzt mehr das Gefühl, daß die Engel um mich herum sind, auch ohne daß ich pausenlos Fragen stelle.

Natürlich fordert es Mut, auf die Engel zu hören. Es wird allerdings mit der Zeit leichter. Ich vergleiche den Mut oft mit einem Muskel, der trainiert werden will. Mutige Menschen sind nicht die, die keine Angst haben, sondern die, die trotz der Angst weitergemacht haben (ich erinnere mich leider nicht mehr daran, von welchem klugen Menschen diese Weisheit stammt). Und glauben Sie mir – wenn ich es kann, dann können Sie es auch!

Herausforderungen wird es immer geben. Die gehören zum Leben. Wie wir damit umgehen, dabei können uns unsere Engel helfen. Ich hatte ganz am Anfang meines spirituellen Lebens die fixe Idee, durch meine Kommunikation mit Engeln verschwänden auch alle Probleme auf Nimmerwiedersehen. Und jedesmal, wenn ich vor solch einer Herausforderung stand, hatte ich das Gefühl, ich hätte etwas falsch gemacht oder etwas noch nicht gelernt. Doch oft tauchen diese Herausforderungen auf, damit uns klar wird, wieviel wir schon gelernt haben und wie anders wir uns jetzt verhalten. So können wir uns selbst mit den Reaktionen aus der Vergangenheit vergleichen und erkennen dadurch unseren Fortschritt.

In dem Buch *Frag den Buddha und geh den Weg des Herzens* von Jack Kornfield las ich folgendes: Der erleuchtete Buddha saß im Garten, als ein Mann vorbeikam und ihn wütend anspuckte. Freundlich lächelnd blickte der Buddha auf und meinte: »Ich habe mir gerade überlegt, ob mich noch etwas ärgert, und prompt kommst du vorbei und spuckst mich an. Mit Freude stelle ich fest, daß mich dein Anspucken nicht ärgert. Ich danke dir dafür. Du kannst jederzeit wiederkommen.«

Was für eine Weisheit!

Ich beschreibe in diesem Buch auch meine Zeit mit meiner wunderbaren Freundin Jacqueline Snyder. Jacqueline verließ ihren menschlichen Körper am 4. Juli 1998. Ihre Aufgabe war beendet. Ich glaube, daß ein Leben, wenn es erfüllt ist, sich »ausstirbt«. Ich bin ihr unendlich dankbar für ihre Liebe und ihre Unterstützung. Unsere Verbindung mit Zarathustra ist damit natürlich nicht unterbrochen. Er spricht in unserer Stille zu uns. Jacqueline meldete sich erst zwei Jahre später wieder bei mir. Ich stand mit drei Freundinnen in meiner Küche, und wir sprachen über sie. Und da umschmeichelte uns der Geruch von ihrem Parfüm. Alle vier schauten wir uns an und lachten laut auf.

Ich umarme Sie von Herzen und wünsche Ihnen viel Freude mit Ihrer Engelfamilie. Ich schicke Ihnen jetzt gern eine liebevolle Umarmung. Wenn Sie Lust haben, einfach kurz innezuhalten ... dann können Sie sie fühlen.

Schön, daß es Sie gibt! Wie wunderbar, daß wir dieses Leben gemeinsam erleben.

Bücher von Sabrina Fox

Endlich aufgewacht, Peter Erd Verlag, 1995
Der Anfang meines spirituellen Weges. Wie aus einer »ganz normalen« Fernsehmoderatorin jemand wurde, der unbedingt mit Engeln sprechen wollte.

Die Sehnsucht unserer Seele, Goldmann Verlag, 1999
In diesem Buch zeige ich anhand meines eigenen Weges, wie spannend das Leben sein kann, wenn wir der Sehnsucht unserer eigenen Seele folgen. Von der Kindheit an über Partnerschaft, Liebe, Geburt und Tod beleuchte ich alle Bereiche der menschlichen und seelischen Erfahrung. Inklusive der Ein-Jahres-Lektionen »Erfahrungsprogramm für Meister«.

Auf der Suche nach Wahrheit, Goldmann Verlag, 2001
Gibt es die einzige Wahrheit, die für alle richtig ist? Und bin ich wirklich ehrlich und offen oder habe ich mir da eine Sabrina zusammengebastelt, an der ich zu ersticken drohe? Dieses Buch schildert 21 Tage einer spirituellen Reise in die Wahrhaftigkeit.

Der klitzekleine Engel, Aquamarin Verlag, 2001
Die bekannte Seelenmalerin Wivica hat wunderschöne Bilder für dieses Kinderbuch gemalt, das kleinen Kindern hilft, die Angst vor dem Alleinsein mit Hilfe der Engel loszulassen.

Meine Lieder, Musik-CD, Goldmann Verlag, 2001
Musik zum Mitsingen, Leben, Meditieren und Tonen.

Wie Engel uns lieben, Hörbuch Axent Verlag, 2001
Eine Leserin, die fast erblindet ist, schrieb mir, es habe ein Jahr gedauert, bis sie das ganze Buch mit Hilfe einer Lupe fertig-

gelesen habe. und sie möchte sich bei mir dafür bedanken. Mit diesem Buch möchte ich mich bei ihr bedanken und bei allen, die lieber hören als lesen.

Informationen

Auf meiner Website www.SabrinaFox.com oder auch unter www.MyAngelandI.com (gleiche Website) können wir uns gemeinsam austauschen und Unterstützung auf unserem spirituellen Weg finden. Neben Gebetslisten, Informationen über Engel, Kontaktlisten, Frage-und-Antwort-Seiten gibt es auch Workshop- Informationen und die neuesten Daten über Erlebnisabende. Einmal die Woche gibt es einen gemeinsamen Termin im Chatroom.

Falls Sie Informationen über Erlebnisabende von mir haben wollen und über keinen Internet-Anschluß verfügen, können Sie auch einen frankierten Rückumschlag an meine Schwester Susanne Adlmüller schicken:

My Angel and I
Postfach 15 16
82029 Grünwald
Fax: (0 81 70) 9 20 25

Eine geführte Meditationskassette *Etwas Wundervolles passiert* mit einer Engelmeditation und einer Meditation zur Gedankenberuhigung gibt es von mir ebenfalls bei meiner Schwester Susanne oder auf der CD *Meine Lieder*.
Susanne leitet regelmäßig im Sommer Vision Quests in Bayern und gibt ebenfalls Meditationsseminare, die ich gern empfehle. Außerdem kann sie für Ganzkörper-Energiemassagen gebucht werden. Auch hierzu können Sie sich bitte an die obengenannte Adresse wenden.